商业银行放款实务

（第 2 版）

主　编　马丽斌
副主编　赵　蕾　唐　敏
参　编　周志翠　李　妍
　　　　王　潮　何　伟

北京理工大学出版社
BEIJING INSTITUTE OF TECHNOLOGY PRESS

内容简介

本书共包含四编十二章。第一编是商业银行资金来源与资金运用，包括第一至第三章，介绍了商业银行、商业银行资金来源与资金运用的基础理论和相关知识。第二编是贷款业务基础与法规制度，包括第四、第五章，从贷款法规、制度以及贷款流程管理角度，分别介绍了贷款原则与政策，贷款对象、条件与分类，贷款期限与利率，贷款程序，对借款人的信用分析与信用等级评定，贷款管理制度与贷款定价，贷款风险管理与不良贷款盘活，贷款担保，授信内部控制，个人贷款管理，小企业授信，流动资金贷款管理，固定资产贷款管理，以及借款合同等内容；第三编为个人贷款，包括第六至第九章，从个人贷款业务实务角度，详细重点介绍了个人贷款、个人消费贷款、个人经营类贷款、信用卡贷款、存单质押贷款、国债质押贷款等的含义、分类、贷款要素、贷款流程与操作要求等内容；第四编为公司信贷，包括第十至第十二章，从公司信贷业务实务角度，详细介绍了公司信贷基础知识、公司信贷的要素、贷款业务流程与操作要求等内容。

版权专有　侵权必究

图书在版编目（CIP）数据

商业银行放款实务/马丽斌主编．—2版．—北京：北京理工大学出版社，2018.9（2022.8重印）

ISBN 978-7-5682-6109-8

Ⅰ.①商… Ⅱ.①马… Ⅲ.①商业银行－信贷管理 Ⅳ.①F830.5

中国版本图书馆CIP数据核字（2018）第190434号

出版发行 /	北京理工大学出版社有限责任公司
社　　址 /	北京市海淀区中关村南大街5号
邮　　编 /	100081
电　　话 /	（010）68914775（总编室）
	（010）82562903（教材售后服务热线）
	（010）68944723（其他图书服务热线）
网　　址 /	http：//www.bitpress.com.cn
经　　销 /	全国各地新华书店
印　　刷 /	廊坊市印艺阁数字科技有限公司
开　　本 /	787毫米×1092毫米　1/16
印　　张 /	21.5
字　　数 /	505千字
版　　次 /	2018年9月第2版　2022年8月第3次印刷
定　　价 /	49.00元

责任编辑/李志敏
文案编辑/李志敏
责任校对/周瑞红
责任印制/李　洋

图书出现印装质量问题，请拨打售后服务热线，本社负责调换

第 2 版前言

本书编写人员根据近年来讲授"商业银行放款实务"课程的教案,在搜集大量商业银行贷款操作管理文件和案例的基础上,结合有关经济和金融法规、银行信贷业务发展实际,以及相关国际银行管理经验和发展趋势,参考原有校内讲义《银行信贷管理》的教材结构和部分内容,按照高职教育项目制要求,重新构架了商业银行放款的理论知识与案例内容,并在此基础上编写了本书。本书共包含四编十二章。第一编是商业银行资金来源与资金运用,包括第一至第三章,介绍了商业银行、商业银行资金来源与资金运用的基础理论和相关知识;第二编是贷款业务基础与法规制度,包括第四、第五章,从贷款法规、制度以及贷款流程管理角度,分别介绍了贷款原则与政策,贷款对象、条件与分类,贷款期限与利率,贷款程序,对借款人的信用分析与信用等级评定,贷款管理制度与贷款定价,贷款风险管理与不良贷款盘活,贷款担保,授信内部控制,个人贷款管理,小企业授信,流动资金贷款管理,固定资产贷款管理,以及借款合同等内容;第三编为个人贷款,包括第六至第九章,从个人贷款业务实务角度,详细重点介绍了个人贷款、个人消费贷款、个人经营类贷款、信用卡贷款、存单质押贷款、国债质押贷款等的含义、分类、贷款要素、贷款流程与操作要求等内容;第四编为公司信贷,包括第十至第十二章,从公司信贷业务实务角度,详细介绍了公司信贷基础知识、公司信贷的要素、贷款业务流程与操作要求等内容。

本书主要有以下特点:

(1) 注重贷款实务操作。结合部分商业银行信贷业务实际,突出信贷业务流程操作基本规定、各步骤主要任务及相关要求,使学生更清楚地理解自己在商业银行贷款业务中的职责和任务,掌握其工作要点和重点,强化学生实际操作能力,并融合了相关职业资格证书(银行业专业人员职业资格考试)对知识、技能的要求。

(2) 强调贷款流程管理。以商业银行信贷业务岗位的业务流程为线索设计课程内容,将个人贷款业务和公司贷款业务贯穿其中;增加借款人的信用分析与信用等级评定、贷款风险防范与控制、贷款五级分类、不良贷款处理等内容,进一步完善贷款管理过程与内容,重视贷前调查和贷款发放后的日常检查、风险预警及重大事项报告等,有利于客户经理(信贷人员)有效把握借款客户的偿债意愿和还款能力,尽可能减少不良贷款的发生。

(3) 适当补充专栏资料。在正文中增加银保监会职责、巴塞尔委员会、利息所得税、存款准备金率、企业与个人信用信息基础数据库、借款合同文本、固定利率房贷、助学贷款、商业银行不良贷款、邮储银行贷款等资料,以及信用卡透支与诈骗等案例,既可以作为对正文相应内容的解释和补充,又能够避免空洞说教,从而提高教材的可阅读性。

本书主要适合高职高专金融学专业学生使用,也可作为函授学员及社会公众(企事业单位、个人等)了解银行贷款活动及其要求的参考用书。

本书由石家庄邮电职业技术学院、河北地质大学和中国农业银行河北省分行等联合编写,由马丽斌担任主编,赵蕾、唐敏担任副主编,参与编写的还有周志翠、李妍、王潮、何伟。其中,石家庄邮电职业技术学院的周志翠编写了第一章,马丽斌编写了第二、第三、第五、第六、第七章,李妍、王潮编写了第八章,唐敏编写了第九、第十一章;河北地质大学的赵蕾编写了第十、第十二章,并与中国农业银行河北省分行的何伟联合编写了第四章。

由于编写时间紧张,书中如有不足敬请专家和广大读者给予批评指正,以便修订时改进。如读者在使用本书的过程中有其他意见或建议,恳请向编者(bjzhangxf@126.com)踊跃提出宝贵意见。

编　者

第 1 版前言

本书编写人员根据近年来讲授"商业银行放款实务"课程的教案，在搜集大量商业银行贷款操作管理文件和案例的基础上，结合有关经济和金融法规、银行信贷业务发展实际，以及相关国际银行管理经验和发展趋势，参考原有校内讲义《银行信贷管理》的教材结构和部分内容，按照高职教育项目制要求，重新构架了商业银行放款的理论知识与案例内容，编写了该教材。该教材共分四编十二章。第一编是商业银行资金来源与资金运用，包括第一、第二、第三章，介绍了商业银行、商业银行资金来源与资金运用的基础理论和相关知识。第二编是贷款业务基础与法规制度，包括第四、第五章，从贷款法规、制度以及贷款流程管理角度，分别介绍了贷款原则与政策，贷款对象、条件与分类，贷款期限与利率，贷款程序，对借款人的信用分析与信用等级评定，贷款管理制度与贷款定价，贷款风险管理与不良贷款盘活，贷款担保，授信内部控制，个人贷款管理，小企业授信，流动资金贷款管理，固定资产管理，借款合同等内容；第三编为个人贷款，包括第六、第七、第八、第九章，从个人贷款业务实务角度，详细重点介绍了个人贷款、个人消费贷款、个人经营类贷款、信用卡贷款、存单质押贷款、国债质押贷款等的含义、分类、贷款要素、贷款流程与操作要求等内容；第四编为公司信贷，包括第十、第十一、第十二章，从公司信贷业务实务角度，详细重点介绍了公司信贷基础知识、公司信贷的要素、贷款流程与操作要求等内容。

该教材主要有以下特点：

第一，注重贷款实务操作。结合部分商业银行信贷业务实际，突出信贷业务流程操作基本规定、各步骤主要任务及相关要求，使学生更清楚理解自己在商业银行贷款业务中的职责和任务所在，掌握其工作要点和重点，强化学生实际操作能力，并融合了相关职业资格证书（银行业专业人员职业资格考试）对知识、技能的要求。

第二，强调贷款流程管理。以商业银行信贷业务岗位的业务流程为线索设计课程内容，将个人贷款业务和公司贷款业务贯穿其中；增加借款人的信用分析与信用等级评定、贷款风险防范与控制、贷款五级分类、不良贷款处理等内容，进一步完善贷款管理过程与内容，重视贷前调查和贷款发放后的日常检查、风险预警及重大事项报告等，有利于客户经理（信贷人员）有效把握借款客户的偿债意愿和还款能力，尽可能减少不良贷款的发生。

第三，适当补充专栏资料。在正文中增加银监会职责、巴塞尔委员会、利息所得税、存款准备金率、企业与个人信用信息基础数据库、借款合同文本、固定利率房贷、助学贷款、商业银行不良贷款、邮储银行贷款等小资料，以及信用卡透支与诈骗等案例，既作为对正文相应内容的解释和补充，又能够避免空洞说教，从而提高教材的可阅读性。

该教材主要适合高职高专金融学专业学生使用，也可作为函授学员及社会公众（企事业单位、个人等）了解银行贷款活动及其要求的参考用书。

本书由石家庄邮电职业技术学院、河北地质大学和中国农业银行河北省分行等联合编写。马丽斌担任主编，赵蕾、唐敏担任副主编，参与编写的还有周志翠、李妍、王潮、何伟。其中，石家庄邮电职业技术学院的周志翠编写了第一章，马丽斌编写了第二、第三、第五、第六、第七章，李妍、王潮编写了第八章，唐敏编写了第九、第十一章；河北地质大学的赵蕾编写了第十、第十二章，与中国农业银行河北省分行的何伟联合编写了第四章。

由于编者专业知识水平所限，书中如有不足敬请使用本书的师生与读者批评指正，以便修订时改进。如读者在使用本书的过程中有其他意见或建议，恳请向编者（bjzhangxf@126.com）踊跃提出宝贵意见。

编　者

第一编 商业银行资金来源与资金运用

第一章 商业银行基础知识 （3）
第一节 商业银行的含义与发展沿革 （3）
第二节 商业银行的性质、职能与组织形式 （8）
第三节 商业银行经营管理的目标与原则 （11）
第四节 商业银行业务与资金运动 （13）

第二章 商业银行资金来源 （16）
第一节 商业银行资本 （16）
第二节 商业银行负债业务 （23）

第三章 商业银行资金运用 （39）
第一节 商业银行资金运用的构成 （39）
第二节 商业银行资金运用要求与管理规定 （39）

第二编 贷款业务基础与法规制度

第四章 贷款业务基础知识 （55）
第一节 贷款原则与政策 （55）
第二节 贷款对象、条件与贷款分类 （56）
第三节 贷款期限与利率 （59）
第四节 贷款程序 （63）
第五节 对借款人的信用分析与信用等级评定 （78）

第六节　贷款管理制度与贷款定价 ……………………………………（104）
　　第七节　贷款风险管理与不良贷款盘活 ………………………………（109）
第五章　贷款业务法规制度 ……………………………………………（124）
　　第一节　贷款担保 ………………………………………………………（124）
　　第二节　授信内部控制 …………………………………………………（134）
　　第三节　个人贷款管理 …………………………………………………（137）
　　第四节　小企业授信 ……………………………………………………（141）
　　第五节　流动资金贷款管理 ……………………………………………（144）
　　第六节　固定资产贷款管理 ……………………………………………（147）
　　第七节　借款合同 ………………………………………………………（150）

第三编　个人贷款

第六章　个人贷款概述 …………………………………………………（179）
第七章　个人消费贷款 …………………………………………………（189）
　　第一节　个人消费贷款概述 ……………………………………………（189）
　　第二节　个人住房贷款 …………………………………………………（193）
　　第三节　个人汽车贷款 …………………………………………………（210）
　　第四节　个人教育贷款 …………………………………………………（221）
　　第五节　其他个人消费贷款 ……………………………………………（230）
第八章　个人经营类贷款 ………………………………………………（231）
　　第一节　个人商用房贷款 ………………………………………………（231）
　　第二节　个人经营贷款 …………………………………………………（235）
　　第三节　农户贷款与下岗失业小额担保贷款 …………………………（238）
　　第四节　小额贷款 ………………………………………………………（241）
　　第五节　个人商务贷款 …………………………………………………（254）
第九章　其他个人贷款 …………………………………………………（264）
　　第一节　信用卡贷款 ……………………………………………………（264）
　　第二节　存单质押贷款 …………………………………………………（278）
　　第三节　国债质押贷款 …………………………………………………（279）

第四编　公司信贷

第十章　公司信贷概述 …………………………………………………（283）
第十一章　公司信贷业务流程 …………………………………………（288）
　　第一节　贷款申请受理与贷前调查 ……………………………………（288）

第二节　贷款审查与审批 …………………………………………………（294）
  第三节　贷款合同签订与贷款发放 ……………………………………（298）
  第四节　贷后管理 …………………………………………………………（302）
第十二章　商业银行公司贷款 ……………………………………………（309）
  第一节　短期贷款 …………………………………………………………（309）
  第二节　中长期贷款 ………………………………………………………（316）
  第三节　其他类公司贷款 …………………………………………………（327）
参考文献 ……………………………………………………………………（331）

第一编
商业银行资金来源与资金运用

第一章

商业银行基础知识

第一节 商业银行的含义与发展沿革

一、商业银行的含义

商业银行是商品经济和信用制度发展的产物，是适应市场经济发展和资金配置需要而形成的一种金融组织。经过几百年的演变，现代商业银行已成为各国金融体系中最重要的组成部分。

《中华人民共和国商业银行法》规定，商业银行是指依照《中华人民共和国商业银行法》和《中华人民共和国公司法》设立的吸收公众存款、发放贷款、办理结算等业务的企业法人。通常，商业银行是指以利润最大化为经营目标，以多种金融资产和金融负债为经营对象，能够利用负债进行信用创造，能为客户提供多种服务的业务综合化、功能多样化的金融企业。

二、商业银行的发展沿革

英文单词"Bank"（银行）一词来源于拉丁文中的"Banca"或者"Banco"，原意是"长板凳"，是指在商业交易中所用的长凳和桌子。在中世纪中期的欧洲，各国之间贸易往来日益频繁，意大利的威尼斯、热那亚等港口城市由于水运交通便利，各国商贩云集，成为欧洲最繁荣的商业贸易中心。各国商贾带来五花八门的金属货币，不同货币由于品质、成色及重量不同，兑换起来非常麻烦，于是，出现了专门为商人鉴别、估量、保管及兑换货币的人。按照当时的惯例，这些人都在港口或集市上坐着长凳，等候需要兑换货币的人，渐渐这些人就有了统一的称呼——坐长凳的人。他们由于经常办理保管和汇兑业务，手里有了一部分没有取走的现金，所以就把这部分暂时不用兑付的现金借给急需用钱的人，从中赚取利息。客户有了闲钱就可以存到"坐长凳的人"那里，需要时再取出来。这些机构就像一个存钱的箱子，所以，后来英文移植为Bank，原意是指存放钱财的柜子，后来泛指专门从事货币存贷、办理汇兑和结算业务的金融机构。而我国早在

11世纪就有"银行"一词,当时人们习惯把各类从事商业或小商品生产的机构称作"行",即行业之意,故"银行"是指从事银器铸造和交易的行业。鸦片战争之后,外国金融机构侵入我国,人们根据我国长期使用白银作为货币的情况,将当时专门从事货币信用业务的这类外国金融机构 Bank 叫作"银行"。

商业银行的发展经历了四个阶段。

1. 货币兑换业

在封建割据的前资本主义社会,各个国家、地区使用的铸币材料、重量和成色各不相同,国际或不同地区之间的贸易往来就必然会产生对货币兑换的需要。于是,逐渐从商业社会中分离出一种专门从事货币兑换的商人,即货币兑换商,他们从事的行业被称为货币兑换业。

2. 货币经营业

随着商品生产和交换的进一步发展,货币兑换业的经营范围不断扩大,渐渐发展成为货币经营业,即专门办理货币兑换、保管和汇兑等与货币流通有关业务的行业。货币兑换业与货币经营业的区别在于业务范围的不同。经常往来各地的商人,为了避免自己保存货币与长途携带货币的不便和风险,就把自己的货币交给货币兑换商保管,并委托其办理货币支付和汇兑。因此,货币兑换商不仅兑换货币,还经办货币的保管、汇兑及结算等业务,并从中收取手续费。于是,货币兑换业就发展成为货币经营业。

3. 近代银行

货币经营业所从事的货币流通业务为银行业的形成提供了条件,这是因为银行必须有货币业务才能开展信贷业务。货币经营者在办理货币兑换、保管及汇兑等业务过程中,不但获得了大笔业务收入,而且集聚了大量货币资金,成为他们经营贷款业务的基础。最初,他们只用自己的资金放款,后来逐渐用吸收的存款来办理放款。于是,货币业务与贷款业务就有机结合在一起,货币经营业也就发展为银行业。

银行就是专门经营货币信用业务,充当债权人、债务人信用中介和支付中介的金融机构。以办理信用业务为主是银行业区别于货币经营业的标志。银行最初只接受商人存款,并为他们办理转账结算,后来才开始办理贷款业务,但主要对象依然是政府,且利率过高,规模不大;同时,高额贷款利息使职能资本家利润过低甚至无利可图,因此,他们迫切要求建立起一种既能汇集闲散资金,又能按照适度利率向资本家提供贷款的现代银行。

4. 现代商业银行

现代商业银行通过两条途径产生:一是旧的高利贷性质的银行为适应社会化大生产需要而转变过来;二是按照公司原则组建的股份银行。1694年,在英国政府的支持下由商人集资合股成立的英格兰银行是最早出现的股份制银行,它标志着资本主义商业银行的产生和现代银行制度的诞生。

英格兰银行最初的贷款建立在真正的商业行为之上,并以商业票据为凭证,一旦产销完成,贷款就可偿还。这类贷款偿还期短,流动性强。随着经济的快速发展,商业银行早已突破融通短期资金的界限,不仅发放短期贷款,还发放长期贷款;不仅向工商企业提供贷款,还向一般消费者发放;有些商业银行不仅通过发放贷款获取利润,还通过证券投资、黄金买卖、租赁、信托、保险及咨询业务等获取收入。商业银行最初的意义是经营短期商业资金的银行,但现代商业银行早已突破这一概念,逐渐成为全功能的、综合性的金融机构的代名词。

三、我国的商业银行

我国的金融机构始于唐代,北宋时期出现了世界上最早的纸币——交子,到明末清初,以"票号""钱庄"为代表的早期金融业已十分发达。鸦片战争之后,中国开始沦为半封建半殖民地社会,资本主义银行也随之涌入。1845年,英国就在广州设立了丽如银行,后改称东方银行。1897年,中国第一家民族资本银行——中国通商银行在上海成立。1906年,清朝政府设立了官商合办的户部银行,该银行可以铸造货币、发行货币和代理国库,具有国家银行性质,后改称大清银行,1912年又改称中国银行。1927年以后,国民党政府为控制中国金融业,于1928年成立中央银行,之后又控制了中国银行、交通银行和中国农民银行,设立了邮政储金汇业局、中央信托局和中央合作金库,逐渐形成了以"四行、二局、一库"为核心的官僚买办金融体系。

中华人民共和国成立后到1978年改革开放以前,与高度集中的计划经济体制相适应,金融机构单一,基本上只有一家银行——中国人民银行,既掌管货币发行权,管理金融活动,又办理所有银行业务。1978年经济改革开放,使我国金融业走上了蓬勃发展的轨道,并且逐步打破"大一统"的银行体系,恢复和组建了中国农业银行、中国银行、中国建设银行及中国工商银行四大国有商业银行,成立了交通银行、中信银行、招商银行与深圳发展银行等股份制银行,设立了中国农业发展银行、中国进出口银行和国家开发银行三家政策性银行等。目前,我国已基本建立了以国有金融机构为主体、各类金融机构分工合作的金融组织体系,逐步形成了银行、证券与保险业分业经营、分业监管的金融体制。

目前,我国金融机构按其地位和功能可分为三大类,即中央银行、金融监管机构和经营性金融机构。

1. 中央银行

中国人民银行是我国的中央银行。中国人民银行在国务院领导下,制定和执行货币政策,防范和化解金融风险,维护金融稳定,提供金融服务。

2. 金融监管机构

我国的金融监管机构为中国银行保险监督管理委员会(以下简称中国银保监会)。中国银保监会主要是依照法律法规统一监督管理银行业和保险业,保护金融消费者合法权益,维护银行业和保险业合法、稳健运行,防范和化解金融风险,维护金融稳定等。

3. 经营性金融机构

经营性金融机构包括以下几种。

(1)政策性银行。政策性银行是指由政府发起、出资成立,为贯彻和配合政府特定经济政策和意图而进行融资与信用活动的机构。

(2)商业银行。商业银行一般是指吸收存款、发放贷款和从事其他中间业务的营利性机构,包括国有商业银行、股份制商业银行、城市商业银行、农村商业(合作)银行、外资银行和合资银行等。

(3)证券机构。证券机构是指为证券市场参与者(如发行人、投资者)提供中介服务的机构,包括证券公司、证券交易所、证券登记结算公司、证券投资咨询公司及基金管理公司等。

(4) 保险机构。保险机构是指专门经营保险业务的机构，包括国有保险公司、股份制保险公司、在华开业的外资保险公司分公司及中外合资保险公司。

(5) 信用合作机构。信用合作机构主要是指农村信用社。

(6) 新型农村金融机构。新型农村金融机构包括村镇银行、贷款公司和农村资金互助社。

(7) 非银行金融机构。非银行金融机构主要包括金融资产管理公司、信托投资公司、企业集团财务公司、金融租赁公司、货币经纪公司、汽车金融公司、消费金融公司等。

截至2016年12月底，我国银行业金融机构共有法人机构4 399家，从业人员409万人；我国银行业金融机构包括1家国家开发银行、2家政策性银行、5家大型商业银行、12家股份制商业银行、134家城市商业银行、1 114家农村商业银行、8家民营银行、40家农村合作银行、1 125家农村信用社、1家邮政储蓄银行、4家金融资产管理公司、39家外资法人金融机构、1家中德住房储蓄银行、68家信托公司、236家企业集团财务公司、56家金融租赁公司、5家货币经纪公司、25家汽车金融公司、18家消费金融公司、1 443家村镇银行、13家贷款公司以及48家农村资金互助社（摘自"中国银行业监督管理委员会2016年报"）。

截至2018年1月底，我国上市商业银行达到41家，分别为深圳发展银行（2012年深圳发展银行吸收合并平安银行，并更名为平安银行）、上海浦东发展银行、民生银行、招商银行、华夏银行、交通银行、中国建设银行、中国银行、中国工商银行、兴业银行、中信银行、宁波银行、南京银行、北京银行、中国农业银行、中国光大银行、江苏银行、贵阳银行、江阴银行、无锡银行、常熟银行、杭州银行、上海银行、吴江银行、张家港农村商业银行、成都银行、重庆农村商业银行、重庆银行、微商银行、哈尔滨银行、盛京银行、青岛银行、锦州银行、郑州银行、天津银行、浙商银行、中国邮政储蓄银行、九台农村商业银行、广州农村商业银行、中原银行、甘肃银行（表1-1）。

表1-1 我国上市商业银行情况一览表

银行名称	上市时间	上市地点	股票类别
深圳发展银行（平安银行）	1991年4月3日	深圳证券交易所	A
上海浦东发展银行	1999年11月10日	上海证券交易所	A
民生银行	2000年12月19日	上海证券交易所	A
民生银行	2009年11月26日	香港联交所	H
招商银行	2002年4月9日	上海证券交易所	A
招商银行	2006年9月22日	香港联交所	H
华夏银行	2003年9月12日	上海证券交易所	A
交通银行	2005年6月	香港联交所	H
交通银行	2007年5月15日	上海证券交易所	A
中国建设银行	2005年9月25日	上海证券交易所	A
中国建设银行	2005年10月27日	香港联交所	H
中国银行	2006年6月1日	香港联交所	H
中国银行	2006年7月5日	上海证券交易所	A

续表

银行名称	上市时间	上市地点	股票类别
中国工商银行	2006年10月27日	上海证券交易所	A
		香港联交所	H
兴业银行	2007年2月5日	上海证券交易所	A
中信银行	2007年4月27日	上海证券交易所	A
		香港联交所	H
宁波银行	2007年7月19日	深圳证券交易所	A
南京银行	2007年7月19日	上海证券交易所	A
北京银行	2007年9月19日	上海证券交易所	A
中国农业银行	2010年7月15日	上海证券交易所	A
	2010年7月16日	香港联交所	H
中国光大银行	2010年8月18日	上海证券交易所	A
	2013年12月20日	香港联交所	H
江苏银行	2016年8月2日	上海证券交易所	A
贵阳银行	2016年8月16日	上海证券交易所	A
江阴银行	2016年9月2日	深圳证券交易所	A
无锡银行	2016年9月23日	上海证券交易所	A
常熟银行	2016年9月30日	上海证券交易所	A
杭州银行	2016年10月27日	上海证券交易所	A
上海银行	2016年11月16日	上海证券交易所	A
吴江银行	2016年11月29日	上海证券交易所	A
张家港农村商业银行	2017年1月24日	深圳证券交易所	A
成都银行	2018年1月31日	上海证券交易所	A
重庆农村商业银行	2010年12月16日	香港联交所	H
重庆银行	2013年11月6日	香港联交所	H
徽商银行	2013年11月12日	香港联交所	H
哈尔滨银行	2014年3月31日	香港联交所	H
盛京银行	2014年12月29日	香港联交所	H
青岛银行	2015年12月3日	香港联交所	H
锦州银行	2015年12月8日	香港联交所	H
郑州银行	2015年12月23日	香港联交所	H
天津银行	2016年3月30日	香港联交所	H
浙商银行	2016年3月30日	香港联交所	H
中国邮政储蓄银行	2016年9月28日	香港联交所	H
九台农村商业银行	2017年1月12日	香港联交所	H
广州农村商业银行	2017年6月20日	香港联交所	H
中原银行	2017年7月19日	香港联交所	H
甘肃银行	2018年1月18日	香港联交所	H

截至 2016 年 12 月，中国工商银行、中国建设银行、中国银行、中国农业银行、交通银行、中国光大银行、中国民生银行等 22 家中资银行业金融机构在海外设立了 1 353 家分支机构，其中，一级分支机构 229 家，覆盖亚洲、欧洲、美洲、非洲和大洋洲的 63 个国家与地区。非银行金融机构"走出去"破题，1 家金融租赁公司获批在境外设立专业子公司。

截至 2016 年 12 月，14 个国家和地区的银行在我国设立了 37 家外商独资银行（下设 314 家分行）、1 家合资银行（下设 1 家分行）和 1 家外商独资财务公司；26 个国家和地区的 68 家外国银行在我国设立了 121 家分行；44 个国家和地区的 145 家银行在我国设立了 166 家代表处。外资银行在我国 27 个省（自治区、直辖市）的 70 个城市设立营业机构，形成了具有一定覆盖面和市场深度的总、分、支行服务网络，营业网点达 1 031 家（表 1-2）。

表 1-2 在华外资银行业金融机构情况一览表

机构类型	外国银行	外商独资银行	合资银行	外商独资财务公司	合计
法人机构总行		37	1	1	39
法人机构分行		314	1		315
外国银行分行	121				121
支行	24	532			556
总计	145	883	2	1	1 031

专栏资料 1-1

中国银保监会主要职责

《中华人民共和国银行业监督管理法》规定，国务院银行业监督管理机构负责对全国银行业金融机构及其业务活动监督管理的工作；银行业金融机构，是指在中华人民共和国境内设立的商业银行、城市信用合作社、农村信用合作社等吸收公众存款的金融机构以及政策性银行。对在中华人民共和国境内设立的金融资产管理公司、信托投资公司、财务公司、金融租赁公司以及经国务院银行业监督管理机构批准设立的其他金融机构的监督管理，适用本法对银行业金融机构监督管理的规定。

《中华人民共和国保险法》（2015 年修订）第六章 保险业监督管理对保险监督管理机构作了明文规定。

中国银保监会主要职责：依照法律法规统一监督管理银行业和保险业，维护银行业和保险业合法、稳健运行，防范和化解金融风险，保护金融消费者合法权益，维护金融稳定。中国银保监会自 2018 年 4 月 20 日起正式履行职责。

中国银保监会监督管理的目标：促进银行业和保险业的合法、稳健运行，维护公众对银行业和保险业的信心。

第二节 商业银行的性质、职能与组织形式

一、商业银行的性质

1. 商业银行的一般企业性

商业银行与一般工商企业一样，拥有业务经营所需要的自有资本，依法经营、照章纳税

并自负盈亏，具有独立的法人资格，拥有独立的财产、名称、组织机构和场所，经营目标是追求利润最大化。

2. 商业银行的特殊企业性——金融机构性

（1）商业银行的经营对象和内容具有特殊性。一般企业经营的是物质产品和服务，从事商品生产和流通；而商业银行以金融资产和金融负债为经营对象，经营内容包括货币收付、借贷以及各种与货币有关或与之相联系的金融服务。

（2）商业银行与一般工商企业的关系具有特殊性。一般工商企业依靠银行办理存、贷款和日常结算，是商业银行业务经营的基础；商业银行依靠一般企业经营过程中暂时闲置的资金，扩大资金来源，并以一般工商企业为主要贷款对象，取得利润。

（3）商业银行对社会的影响具有特殊性。一般工商企业经营的好坏只影响到一个企业的股东以及与这一企业相关的当事人；商业银行的经营好坏却可能影响到整个社会的稳定。

（4）国家对商业银行的监管具有特殊性。国家对商业银行的监管比对一般工商企业的管理要严格得多，管理范围也要广泛得多。

二、商业银行的职能

1. 信用中介

信用中介的职能是商业银行最基本的也是最能反映其经营活动特征的职能。它是指商业银行通过负债业务，将社会上各种闲散资金集中起来，然后通过资产业务，将所集中的资金运用到国民经济各部门中，即在资金供给和需求双方之间充当中间人的角色，调节资金余缺。商业银行发挥这一功能具有以下作用：第一，使闲散货币转化为资本；第二，使闲置资金得到充分利用；第三，续短为长，满足社会对长期资本的需要。

2. 支付中介

支付中介的职能建立在信用中介基础之上，是指商业银行在办理负债业务的基础上，通过资金账户间的划拨和转移，为客户办理各种货币结算、货币收付、货币兑换和转移存款等业务活动。支付中介职能的发挥，大大减少了现金的使用，有利于加速资金周转，节约社会流通费用。

3. 信用创造

信用创造是指商业银行利用其吸收存款的有利条件，通过发放贷款，从事投资业务，派生出更多的存款，从而扩大货币供应量。当然，这种货币不是现金货币，而是存款货币，它只是一种账面上的流通工具和支付手段。商业银行的信用创造受以下因素的制约：第一，商业银行的信用创造以存款为基础；第二，商业银行的信用创造受到中央银行规定的法定存款准备金率、商业银行自主掌握的超额存款准备金率与客户提现率等因素的制约，创造能力与其成反比；第三，商业银行创造信用的前提条件是客户要有贷款需求。

4. 金融服务

金融服务是指商业银行利用其在国民经济活动中的特殊地位，以及其在提供信用中介和支付中介职能过程中所获得的大量信息，运用电子计算机等先进手段和工具，为客户提供的其他服务，这些服务主要包括财务咨询、代收代付、担保、信托、租赁、信用等级评估、投资理财及保管箱等。

5. 调节经济

调节经济是指商业银行通过其信用中介活动，调剂社会各部门的资金余缺，同时在中央银行货币政策的指引以及国家其他宏观政策的影响下，调控经济结构，调节投资和消费的比例关系，引导资金流向，从而达到促进经济发展的目的。

三、商业银行的组织形式

商业银行的组织形式是指商业银行在社会经济生活中的存在形式。由于各国的政治、经济情况不同，商业银行的组织形式也有所不同。一般来说，世界各国的商业银行组织形式主要有两种类型。

（一）按组织结构分类

从组织结构划分，可以分为单一银行制、总分行制、持股公司制和连锁银行制。

1. 单一银行制

单一银行制的特点是银行业务完全由各自独立的商业银行经营，不设立或不允许设立分支机构。

2. 总分行制

总分行制又称分支行制，是指在总行以外，可在本地或外地设有若干分支机构，从而形成以总行为中心、建立庞大的银行网络的银行制度。

总分行制按总行的职能不同可分为总行制和总管理处制。总行制是指其总行除了管理控制各分支行外，本身也对外营业和办理业务；总管理处制是指其总行只负责管理控制分支行，本身并不对外营业，在总管理处所在地另设对外营业的分支行。

目前，世界上大多数国家实行的是总分行制，我国也是如此。

3. 持股公司制

持股公司制又称集团银行制，是指由某一银行集团成立股权公司，再由该公司控制或收购两家以上的若干银行而建立的一种银行制度。其主要包括两种类型：

（1）非银行性持股公司；是指由非银行的其他企业通过控制银行的大部分股权而组织起来的。

（2）银行性持股公司；是指大银行通过控制小银行的大部分股权而组织起来的。

4. 连锁银行制

连锁银行制又称连锁经营制或联合制，是指由某一个人或某一个集团购买若干家独立的商业银行的多数股票，从而控制这些银行。

（二）按业务结构分类

从业务结构划分，可分为职能分工型和全能银行型。

1. 职能分工型

职能分工型又称银行分业制，即通常所说的分业经营，是指商业银行业务与证券业务、保险业务、租赁业务及信托业务截然分离，不同的业务由不同的金融机构经营。

2. 全能银行型

全能银行型又称综合银行制，即通常所说的混业经营，是指商业银行可以经营一切金融业务,即不仅可以经营普通的存贷款业务,还可以经营证券、保险和信托等业务。

第三节 商业银行经营管理的目标与原则

一、商业银行经营管理的目标

要研究或者明确商业银行经营管理的目标,首先应对经营和管理、商业银行经营、商业银行管理以及商业银行经营管理的含义加以理解。

(一) 商业银行经营管理的含义

1. 经营与管理的关系

经营是一个历史范畴,随着商品生产的出现而产生,随着商品经济的发展而发展。经营存在于商品再生产的全过程。广义上的经营,是指企业达到预期目标的活动的总称。

管理是组织人们为达到预定目标而进行的有效活动,其包括以下五个层次。

(1) 管理是协调个人活动进行整体要求的过程。

(2) 整体要求产生于既定目标,没有目标,就不会产生管理。

(3) 管理的主要手段是指挥和组织。

(4) 管理的对象是人的活动,而不是单纯的人,人的活动离不开物质条件,因而管理并不排除对物的管理。

(5) 有效活动是指实现目标的全部过程,即:事先预测—决策—组织指挥—成果—反馈调节。

经营与管理的关系是:经营决定管理,管理促进经营;经营侧重于外向的业务开拓,管理侧重于内向的组织活动,主要是人际关系的协调。

2. 商业银行经营与商业银行管理的含义

商业银行经营包括货币信用业务的全部活动,即银行要组织存款、发放贷款和办理结算,以及组织和调节货币流通。

商业银行为了处理好这些业务活动,一方面,要对人、财、物等诸要素进行科学的计划、合理的组织、有效的指挥及灵活的调度;另一方面,还要协调其与外部经济环境各个方面的关系以及银行同业之间、银行内部上下级行之间、同一行各职能部门之间的关系。上述计划、组织、指挥与调节等活动就是管理的基本内容。

因此,商业银行管理可概括为商业银行按照一定的原则、程序和方法,通过管理的各项功能,合理组织和运用银行的人、财、物,正确处理好各个方面之间关系的有效活动。

3. 商业银行经营管理的含义

商业银行经营管理是商业银行按照一定的原则、程序和方法,从人力、资金、物质、技术设备和信息资源等方面,对银行货币信用活动进行计划、组织、指挥、监督和调节,从而以尽量少的耗费取得最佳经营成果的活动的总称。

(二) 商业银行经营管理的目标

商业银行经营管理的目标主要包括经济效益目标、社会责任目标和职业道德目标。

1. 经济效益目标

商业银行作为一种企业,获取经济效益是其首要目标。因此,商业银行的经营管理要始终围绕这一目标来进行。如果银行经营管理能力增强,则表现为经营规模扩大、银行收入提高和边际成本下降，最终的结果是银行利润增加。

2. 社会责任目标

将社会责任作为商业银行经营管理的目标之一，是由于商业银行经营本身具有宏观性的特征。确立社会责任目标，不仅可以使商业银行努力降低潜在的社会成本，避免各种不必要的惩罚，还可以使人们对商业银行产生信赖感，提高其在社会公众中的信任度，最终使商业银行产生良好的宏观影响，真正取得全面的经营效益。

3. 职业道德目标

商业银行的职业道德目标表现为讲信用、善变通、广结交及团队协作。把道德风格和人格精神渗透到一切经营活动中，熏陶每一位员工，使所有客户通过与银行的交往感受到这种信息，使整个社会通过商业银行的影响扩散这种风尚，最终形成全社会的诚信意识和作风，这也是商业银行经营管理的崇高目标。

二、商业银行经营管理的原则

《中华人民共和国商业银行法》规定，商业银行以安全性、流动性、效益性为经营原则，实行自主经营，自担风险，自负盈亏，自我约束。在"三性"原则中，安全性是基础，流动性是条件，效益性是最终目的。

1. 安全性

安全性是指银行的资产、收益、信誉，以及所有赖以经营生存与发展的条件免遭损失的可靠程度。之所以要坚持安全性这一原则，主要是因为商业银行在经营过程中始终存在风险，而要把风险降低到最低限度，就要求商业银行采取适当措施，保证经营的安全。

2. 流动性

流动性是指商业银行所具有的能够随时应付客户提现、偿还到期借款和满足客户正常借款需要的能力。其主要包括两个方面：第一，资产的流动性，是指银行资产在不遭受损失的前提下，随时迅速变现的能力；第二，负债的流动性，是指银行能随时以合理的成本来筹集所需资金的能力。之所以要坚持流动性这一原则，是因为商业银行资金来源具有高负债性，资金运动具有不规则性。

3. 效益性

效益性是指商业银行作为一个经营企业，追求最大限度的利润的能力。效益性越高，获得利润的能力就越强；反之，则获得利润的能力就越弱。所以，坚持效益性这一原则，是由商业银行的本质要求决定的。而要保持效益性，就必须从增加收入和降低经营成本入手。

"三性"原则，既有统一的一面，又有相互矛盾的一面。一般来说，安全性与流动性是正相关的，如流动性较强的资产，风险较小，安全有保障。效益性与安全性和流动性之间往往呈反方向变动，即流动性强、安全性好的资产，效益性一般较低；效益性较高的资产，往往流动性较差，风险较大。因此，只能从现实出发，统一协调，寻求最佳组合，即在实现安全性、流动性的基础上，争取最大化的效益。

专栏资料 1-2

中国商业银行引入"骆驼"评级

2005年12月4日，我国通过《商业银行监管评级内部指引（试行）》原则。刘明康表示,我国商业银行监管评级,既要借鉴国际通用评价银行的良好做法,又要结合国内银行业监管实践经验,建立 CAMELS 评级体系。CAMELS 是进行银行金融分析时所用到的几个最重要的要素的首字母缩写——C:资本充足率;A:资产质量;M:管理效率和管理水平;E:盈利水平;L:流动性;S:对市场风险的敏感度。这几个字母加起来正是"骆驼(CAMELS)"的英文拼写。

第四节 商业银行业务与资金运动

一、商业银行的业务活动

根据是否列入资产负债表,商业银行业务可分为表内业务和表外业务。

1. 表内业务

表内业务包括商业银行资本、负债业务和资产业务。

资本是商业银行资金来源的基础部分,商业银行的设立和经营活动的开展都要以一定数量的资本金为前提。

负债业务是商业银行以债务人的身份筹措资金的活动,这是商业银行最主要的资金来源,也是其开展业务活动的基础。

资产业务是商业银行以债权人或投资者的身份运用资金的活动,是获得经营利润的直接途径。

2. 表外业务

表外业务又称中间业务,是指商业银行不运用或较少运用自己的资财,而以中间人的身份替客户办理收付和其他委托事项,提供各类金融服务,并收取手续费的业务。

二、商业银行的资金运动

(一)商业银行资金运动的过程

商业银行资金运动过程可以直观地划分为四个阶段:一是借债,即吸收存款;二是放债,即发放贷款;三是收债,即收回贷款本息;四是还债,即向存款人还本付息。这四个阶段环环相扣,构成一个完整的资金运动过程,如图1-1所示。

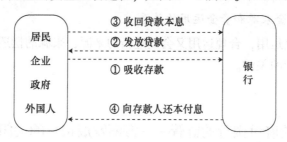

图1-1 商业银行的资金运动过程

(二)商业银行资金运动的特殊性

1. 特殊的债主体

一般的债通常有两个主体,即债权人和债务人,一对一,若发行债券,则是一个债务人面对一群债权人。而银行明显不同,在吸收存款时是债务人,而发放贷款时又变成债权人,所以银行集债权人、债务人于一身,以双重身份面对全社会,既对全社会承担债务责任,又享有向全社会收回债权的权利。

2. 特殊的债来源

所谓债来源,是指放债和偿债的资金来源。一般的债通常是债权人拿自己的钱放债,而债务人用自己可支配的收入还债。银行则是用借来的钱放债,用收回的钱偿债,即银行能否正常对存款人支付,从根本上取决于借款人是否还贷。

3. 特殊的债生债

一般的债权债务关系不可能产生新债。然而,商业银行具有信用创造功能,当银行把吸收的存款用于放款时,就把这笔放款转入借款人的存款账户,由借款人支配,此时贷款就变成一笔新存款,即债权变成债务,形成新的资金来源。

4. 特殊的债工具

一般的债本身特有的工具比较单一,如借条、债券等。而银行为了充分动员和有效使用资金,并方便债的流通与支付,创造了许多债工具,以承载不同支付需求的债,如各类账户、票据与支付凭证等。

5. 特殊的债经营

一般的企业不能从事债经营,而是以某些商品和劳务为经营对象,其债权债务的发生,通常是销售款项的延期支付,或为商品与劳务的赊销,或直接融资,债权收入也不构成利润的主要来源。银行则以存款债务经营为生计,完全将存款债务作为借贷资本来经营,并通过此种经营谋取利润。我国大多数商业银行利润的80%以上来自存贷利差。

6. 特殊的债循环

存款是暂时离开经济运行的闲置资金,在银行账面上表现为负债,银行随即将其以贷款或投资的方式投入经济运行,在账面上记为资产。资金虽然摆在银行账面上,但实际上却在国民经济中发挥着流通手段、支付手段的职能,并作为资本使用。因此,商业银行资金既在经济运行之外,又在经济运行之中,这也为商业银行收回贷款本息创造了可能。银行吸收存款、偿还存款债务的循环,完全取决于放贷、收贷的循环,依赖于国民经济的正常运行。

总之,银行资金运动是以银行为中介的特殊债运动,其特殊性与银行的信用中介、支付中介与信用创造等职能相联系。

(三)商业银行资金来源和资金运用的关系

资金来源决定资金运用,合理运用又会创造新的来源,来源的偿还对运用形成压力,合理运用是资金正常运转的关键。

专栏资料1-3

政府对银行的监管——海南发展银行的关闭

1998年6月21日,中国人民银行发表公告,关闭诞生两年零10个月的海南发展银行。这是中国金融史上第一次由于支付危机而关闭一家银行,因而不可避免地引起了社会各界的广泛关注。

海南发展银行成立于1995年8月,是海南省唯一具有独立法人地位的股份制商业银行,其总行设在海南省海口市,并在其他省市设有少量分支机构。它是在合并原海南省5家信托投资公司的基础上,吸收了40多家新股东后成立的。海南发展银行成立时总股本为16.77亿元,海南省政府出资3.2亿元,成为其最大的股东;关闭前有员工2 800余人,资产规模达160多亿元。

如此一家银行,为何开业不到3年就被迫关闭?事实上,早在海南发展银行成立之时,就已埋下隐患。成立海南发展银行的初衷之一就是挽救一些有问题的金融机构。1993年,海南众多信托投资公司由于大量资金压在房地产上而出现经营困难,在这个背景下,海南省决定成立海南发展银行,将5家已存在问题的信托投资公司合并为海南发展银行。据统计,合并时,这5家机构的坏账损失总额已达26亿元,有关部门认为,可以靠公司合并后的规模经济和制度化管理,使它们的经营好转,信誉度上升,从而摆脱困境。1997年年底,遵循同样思路,有关部门又将海南省内28家有问题的信用社并入海南发展银行,从而进一步加大了其不良资产的比例。

但是,合并后成立的海南发展银行并没有按照规范的商业银行机制进行运作,而是大量进行违法、违规经营。其中,最为严重的就是向股东发放大量无合法担保的贷款,而股东贷款实际上成为股东抽逃资本金的重要手段。海南发展银行于1994年12月8日经中国人民银行批准筹建,并于1995年8月18日正式开业,但仅在1995年5月至9月,就已发放贷款10.6亿元,其中股东贷款9.2亿元,约占贷款总额的87%。绝大部分股东贷款属于无合法担保的贷款,许多贷款实际上是用于归还入股的临时拆借资金;许多股东贷款发生在其资本金到账后1个月内,入股单位实际上是"刚拿来,又带走;拿来多少,带走多少",这种不负责任的行为显然无法使海南发展银行走上健康发展的道路。

由于上述原因,海南发展银行从开业之日起就步履维艰,不良资产比例大,资本金不足,支付困难,信誉差。在有关部门将28家有问题的信用社并入海南发展银行之后,公众逐渐意识到问题的严重性,从而出现了挤兑行为。持续几个月的挤兑耗尽了海南发展银行的准备金,而其贷款又无法收回。为保护海南发展银行,国家曾紧急调拨了34亿元抵御这场危机,但这只是杯水车薪。为控制局面,化解金融风险,国务院和中国人民银行当机立断,宣布自1998年6月21日关闭海南发展银行。

从宣布关闭海南发展银行起至其正式解散之日前,由中国工商银行托管海南发展银行的全部资产负债,其中包括:接收并行使原海南发展银行的行政领导权、业务管理权及财务收支审批权;承接原海南发展银行的全部资产负债,停止海南发展银行新的经营活动;配合有关部门清理原海南发展银行的财产,制订、落实原海南发展银行的清算方案和债务清偿计划。对于海南发展银行的存款,则采取自然人和法人分别对待的办法,自然人存款(即居民储蓄)一律由中国工商银行兑付;而对法人债权进行登记,将海南发展银行全部资产负债清算完毕后,按折扣率进行兑付。

第二章

商业银行资金来源

第一节 商业银行资本

资本是商业银行资金来源的基础部分，银行的设立和经营活动的开展都要以一定数量的资本为前提。更重要的是，银行资本的充足程度还关系到债权人和社会公众对银行的信心，因此，资本对于商业银行有着特殊的意义。

一、商业银行资本的含义与构成

（一）商业银行资本的含义

从财务会计、银行监管和内部管理等角度来看，资本的含义是不同的，银行常用的资本概念主要包括账面资本、监管资本和经济资本。

1. 账面资本

账面资本又称为会计资本，属于会计学概念，是指商业银行持股人的永久性资本投入，即出资人在商业银行资产中享有的经济利益，其金额等于资产减去负债后的余额，包括实收资本或普通股、资本公积、盈余公积、未分配利润等。账面资本反映了银行实际拥有的资本水平，是银行资本金的静态反映。

2. 监管资本

监管资本涉及两个层次的概念：一是银行实际持有的符合监管规定的合格资本；二是银行按照监管要求应当持有的最低资本量或最低资本要求。合格资本是指按照监管规定，银行根据自身情况计算得出的资本数量。从监管角度来看，部分账面资本不具有吸收损失的功能（如商誉），需要从资本中扣除；而某些不属于会计角度的内容（如可转换债券），但因具有一定的吸收损失功能，所以可计入监管资本当中。最低资本要求则是监管规定的，用于覆盖银行面临主要风险损失所必须持有的资本数量。外部监管当局最关心的是保护存款人利益，促进银行审慎经营，维持金融体系稳定，因此，要求银行持有足够的合格资本能够覆盖其所面临的风险水平，即应大于最低资本要求。

3. 经济资本

经济资本是描述在一定的置信度水平下（如99%），为了应对未来一定期限内资产的非预期损失而应该持有或需要的资本金。经济资本是根据银行资产的风险程度计算出的虚拟资本，即银行所"需要"的资本，或"应该持有"的资本，而不是银行实实在在拥有的资本。经济资本本质上是一个风险概念，因而又被称为风险资本。从银行审慎、稳健经营的角度而言，银行持有的资本数量应大于经济资本。经济资本是银行的一种内部管理工具，运用经济资本的方法，可以将银行不同类别的风险进行定量评估并转化为统一的衡量尺度，以便于分析风险、考核收益和经营决策。需要说明的是，商业银行可以结合自己的情况选择相应的计量方法和容忍度水平，对同样的风险水平，银行选择的方法和容忍度不同，经济资本计量结果也会不同。

账面资本、监管资本和经济资本三者之间既有区别，又有联系。账面资本反映的是所有者权益，而监管资本、经济资本则是从覆盖风险与吸收损失的角度提出的资本概念。在资本功能方面，账面资本与监管资本（银行持有的合格资本）具有交叉，可以用于吸收损失。从数量角度而言，账面资本经过一定的调整，可以得到符合监管要求的合格资本，合格资本的数额应大于最低监管资本要求；银行要稳健、审慎经营，持有的账面资本还应大于经济资本。就银行管理角度来看，相对于监管资本，经济资本更好地反映了银行的风险状况和资本需求，对银行风险变动具有更高的敏感性，目前已经成为先进银行广泛应用的管理工具。

（二）我国商业银行资本构成

我国《商业银行资本管理办法（试行)》（中国银监会2012年第1号令）规定，商业银行资本包括一级资本和二级资本。

1. 一级资本

一级资本分为核心一级资本和其他一级资本。

核心一级资本是银行资本中最核心的部分，承担风险和吸收损失的能力也最强。核心一级资本主要包括实收资本或普通股、资本公积、盈余公积、一般风险准备、未分配利润和少数股东资本可计入部分。

其他一级资本与核心一级资本相比，承担风险和吸收损失的能力相对差一些，主要包括其他一级资本工具及其溢价、少数股东资本可计入部分。在银行实践中，其他一级资本主要包括符合条件的优先股、永续债等。

2. 二级资本

二级资本与一级资本在持续经营前提下吸收损失不同，其主要是在破产清算情况下吸收损失，因此承担风险与吸收损失的能力相对更差，主要包括二级资本工具及其溢价、超额贷款损失准备和少数股东资本可计入部分。

专栏资料 2-1

资本工具合格标准

1. 核心一级资本工具的合格标准

（1）直接发行且实缴的。

（2）按照相关会计准则，实缴资本的数额被列为权益，并在资产负债表上单独列示和披露。

（3）发行银行或其关联机构不得提供抵押或保证，也不得通过其他安排使其在法律或经济上享有优先受偿权。

(4) 没有到期日,且发行时不应造成该工具将被回购、赎回或取消的预期,法律和合同条款也不应包含产生此种预期的规定。

(5) 在进入破产清算程序时,受偿顺序排在最后。所有其他债权偿付后,对剩余资产按所发行股本比例清偿。

(6) 该部分资本应首先并按比例承担绝大多数损失,在持续经营条件下,所有最高质量的资本工具都应按同一顺序等比例吸收损失。

(7) 收益分配应当来自于可分配项目。分配比例完全由银行自由裁量,不以任何形式与发行的数额挂钩,也不应设置上限,但不得超过可分配项目的数额。

(8) 在任何情况下,收益分配都不是义务,且不分配不得被视为违约。

(9) 不享有任何优先收益分配权,所有最高质量的资本工具的分配权都是平等的。

(10) 发行银行不得直接或间接为购买该工具提供融资。

(11) 发行必须得到发行银行的股东大会,或经股东大会授权的董事会或其他人员批准。

2. 其他一级资本工具的合格标准

(1) 发行且实缴的。

(2) 按照相关会计准则,若该工具被列为负债,必须具有本金吸收损失的能力。

(3) 受偿顺序排在存款人、一般债权人和次级债务之后。

(4) 发行银行或其关联机构不得提供抵押或保证,也不得通过其他安排使其相对于发行银行的债权人在法律或经济上享有优先受偿权。

(5) 没有到期日,并且不得含有利率跳升机制及其他赎回激励。

(6) 自发行之日起,至少5年后方可由发行银行赎回,但发行银行不得形成赎回权将被行使的预期,且行使赎回权应得到银监会的事先批准。

(7) 发行银行赎回其他一级资本工具,应符合以下要求:

① 使用同等或更高质量的资本工具替换被赎回的工具,并且只有在收入能力具备可持续性的条件下才能实施资本工具的替换。

② 或者行使赎回权后的资本水平仍明显高于银监会规定的监管资本要求。

(8) 本金的偿付必须得到银监会的事先批准,并且发行银行不得假设或形成本金偿付将得到银监会批准的市场预期。

(9) 任何情况下发行银行都有权取消资本工具的分红或派息,且不构成违约事件。发行银行可以自由支配取消的收益用于偿付其他到期债务。取消分红或派息除构成对普通股的收益分配限制以外,不得构成对发行银行的其他限制。

(10) 必须含有减记或转股的条款,当触发事件发生时,该资本工具能立即减记或者转为普通股。

(11) 分红或派息必须来自可分配项目,且分红或派息不得与发行银行自身的评级挂钩,也不得随着评级变化而调整。

(12) 不得包含妨碍发行银行补充资本的条款。

(13) 发行银行及受其控制或有重要影响的关联方不得购买该工具,且发行银行不得直接或间接为购买该资本工具提供融资。

(14) 某项资本工具不是由经营实体或控股公司发行的,发行所筹集的资金必须无条件立即转移给经营实体或控股公司,且转移的方式必须至少满足前述其他一级资本工具的合格标准。

3. 二级资本工具的合格标准
(1) 发行且实缴的。
(2) 受偿顺序排在存款人和一般债权人之后。
(3) 不得由发行银行或其关联机构提供抵押或保证,也不得通过其他安排使其相对于发行银行的存款人和一般债权人在法律或经济上享有优先受偿权。
(4) 原始期限不低于5年,并且不得含有利率跳升机制及其他赎回激励。
(5) 自发行之日起,至少5年后方可由发行银行赎回,但发行银行不得形成赎回权将被行使的预期,且行使赎回权必须得到银监会的事先批准。
(6) 商业银行的二级资本工具,应符合以下要求:
① 使用同等或更高质量的资本工具替换被赎回的工具,并且只有在收入能力具备可持续性的条件下才能实施资本工具的替换。
② 或者,行使赎回权后的资本水平仍明显高于银监会规定的监管资本要求。
(7) 必须含有减记或转股的条款,当触发事件发生时,该工具能立即减记或者转为普通股。触发事件是指以下两者中的较早者:
① 银监会认定若不进行减记该银行将无法生存。
② 银监会认定若不进行公共部门注资或提供同等效力的支持该银行将无法生存。
(8) 除非商业银行进入破产清算程序,否则投资者无权要求加快偿付未来到期债务(本金或利息)。
(9) 分红或派息必须来自可分配项目,且分红或派息不得与发行银行自身的评级挂钩,也不得随着评级变化而调整。
(10) 发行银行及受其控制或有重要影响的关联方不得购买该工具,且发行银行不得直接或间接为购买该工具提供融资。
(11) 某项资本工具不是由经营实体或控股公司发行的,发行所筹集的资金必须无条件立即转移给经营实体或控股公司,且转移的方式必须至少满足前述二级资本工具的合格标准。

二、商业银行资本的功能和作用

(一) 商业银行资本的功能

商业银行资本的功能,可以归纳为营业、保护和管理三大功能。

1. 营业功能

营业功能即经营功能,是指资本不仅满足监管机构对商业银行提出的,从开设时领取营业执照和金融业务许可证到营运过程中的最低资本要求,还包括其自身开设之初的铺底资金和经营过程中的营运资金,如租赁或建造营业场所、购置办公用品和雇佣员工等所需的资金。

2. 保护功能

保护功能是指资本可以起到保护存款人的利益,避免银行经营不善或意外事件冲击给存款人造成损失的作用。其主要表现在：第一，商业银行资本通过弥补经营过程中发生的损失，为银行免遭被兼并、收购、倒闭和破产提供保护；第二，资本能够提升社会公众对商业银行的信心，使存款人对存入款项有安全感。

3. 管理功能

管理功能即为监管当局提供控制银行风险的管理指标，也是商业银行自身决定业务能否开展的总体依据。

(二) 商业银行资本的作用

1. 资本是商业银行存在和发展的先决条件

一方面，由于商业银行在开业之前不能依靠外来资金的途径筹集资金，不能利用客户资金购置营业设备，所以，银行在开业之前必须有足够的资本，为银行的正式开业准备物质条件；另一方面，银行资本数量的多少是银行监管当局审批银行开业资格和对银行进行监管的重要指标。各国银行管理当局一般对银行开业规定了资本的最低限额，只有达到或超过这一限额才能获准开业。例如，根据《中华人民共和国商业银行法》的规定，设立全国性商业银行的注册资本最低限额为十亿元人民币，设立城市商业银行的注册资本最低限额为一亿元人民币，设立农村商业银行的注册资本最低限额为五千万元人民币。

2. 资本是商业银行承担经营活动的意外损失、保护存款人利益的基础

商业银行在业务经营过程中，既有获取盈利的可能，又有遭受损失的风险。当其贷款或投资收不回来或不能按期足额收回时，银行就要遭受损失，能够用来承担损失的只能是银行资本。

3. 资本是商业银行经营活动正常进行的保证

商业银行为了维护"信用"这个经营的基础，必须按时满足客户提取的需要和偿付到期债务。如果其发放的贷款不能按时收回或证券投资发生损失，且银行又没有足够资金，则会引发挤兑风波，甚至导致银行破产。这时，商业银行必须通过资产变现或重新向外筹措资金来弥补资金短缺。但不论采取哪种方法，都有一定的局限性，并且会产生一定的损失。充足的资本金不仅保证银行有较强抵御风险的能力，而且能够保证商业银行业务的正常运行。

4. 资本是控制贷款规模的尺度

为了控制本国商业银行的贷款规模和降低贷款风险，不同国家的金融监管当局都在不同程度上直接或间接规定了贷款与资本的比例关系。例如，根据《巴塞尔协议》的要求，商业银行资本总额与加权风险资产总额的比例（即资本充足率）不得低于8%；再如，《中华人民共和国商业银行法》规定，对同一借款人的贷款余额与商业银行资本余额的比例不得超过10%。

5. 充足的资本有利于提高商业银行的信誉

商业银行资本具有补偿和保护作用，如果银行的资本较多，社会公众就会认为这家银行的实力雄厚，在这家银行存款的安全性和办理其他业务的可行性就较大，也就更乐于与其发生业务往来。

(三) 商业银行资本充足率

1. 资本充足率的含义与计算要求

我国《商业银行资本管理办法（试行）》规定，资本充足率是指商业银行持有的符合本办法规定的资本与风险加权资产之间的比率;一级资本充足率,是指商业银行持有的符合本办法规定的一级资本与风险加权资产之间的比率;核心一级资本充足率,是指商业银行持有的符合本办法规定的核心一级资本与风险加权资产之间的比率。

商业银行应当按照本办法的规定计算并表和未并表的资本充足率。商业银行未并表资本充足率的计算范围应包括商业银行境内外所有分支机构。并表资本充足率的计算范围应包括商业银行以及符合本办法规定的其直接或间接投资的金融机构。商业银行及被投资金融机构共同构成银行集团。商业银行资本充足率计算应当建立在充分计提贷款损失准备等各项减值准备的基础之上。

2. 资本充足率的计算公式

$$资本充足率 = (总资本 - 对应资本扣减项) / 风险加权资产 \times 100\%$$

$$一级资本充足率 = (一级资本 - 对应资本扣减项) / 风险加权资产 \times 100\%$$

$$核心一级资本充足率 = (核心一级资本 - 对应资本扣减项) / 风险加权资产 \times 100\%$$

其中,商业银行总资本包括核心一级资本、其他一级资本和二级资本;风险加权资产包括信用风险加权资产、市场风险加权资产和操作风险加权资产;资本扣减项是指资本中一些不具有损失吸收能力的项目,主要包括商誉、无形资产(土地使用权除外)、由经营亏损引起的净递延税资产、贷款损失准备缺口等。

3. 我国商业银行资本充足率监管要求

商业银行资本充足率监管要求分为四个层次,分别为最低资本要求、储备资本和逆周期资本要求、系统重要性银行附加资本要求以及第二支柱资本要求。

第一层次为最低资本要求。核心一级资本充足率、一级资本充足率和资本充足率分别为5%、6%和8%。

第二层次为储备资本和逆周期资本要求。储备资本要求为2.5%,逆周期资本要求为0~2.5%,均由核心一级资本来满足。

第三层次为系统重要性银行附加资本要求。国内系统重要性银行附加资本要求为风险加权资产的1%,由核心一级资本满足。若国内银行被认定为全球系统重要性银行,所适用的附加资本要求不得低于巴塞尔委员会的统一规定。

第四层次为第二支柱资本要求。确保资本充分覆盖所有实质性风险。

专栏资料2-2

巴塞尔银行监管国际委员会

1974年,联邦德国的赫尔斯塔银行和美国的富兰克林国民银行相继倒闭。这两家著名的国际性银行的倒闭,使监管机构在惊愕之余开始全面审视拥有广泛国际业务的银行的监管问题。1974年9月,由国际清算银行发起,美国、英国、法国、联邦德国、意大利、日本、荷兰、加拿大、比利时、瑞典(简称"十国集团")以及瑞士、卢森堡等12个国家的中央银行官员在瑞士巴塞尔举行会议,讨论跨国银行的国际监督与管理问题。1975年2月,会议成立了常设监督机构——巴塞尔银行监管国际委员会,简称巴塞尔委员会。巴塞尔委员会就银行监管的国际合作制定并先后发布了一系列文件,这些文件统称为巴塞尔协议,并成为金融监管领域中的国际惯例和银行监管最佳实践的指南。

巴塞尔委员会中各国的代表机构为中央银行，如果中央银行不负责银行业的审慎监管，则该国的银行监管当局也可作为代表机构。该委员会的主要宗旨是交换各国的监管安排方面的信息，改善国际银行业务监管技术的有效性，建立资本充足率的最低标准，研究在其他领域确立标准的有效性。需要强调的是，委员会并不具备任何凌驾于国家之上的正式监管特权，其文件从不具备亦从未试图具备任何法律效力。然而，它制定了许多监管标准和指导原则，提倡最佳监管做法，期望各国采取措施，根据本国的情况，通过具体的立法或其他安排予以实施。委员会鼓励采用共同的方法和共同的标准，但并不强求成员方在监管技术上的一致。

1999年6月，巴塞尔委员会对外公布了《新的资本充足率框架》征求意见稿，并于2000年年底定稿，新框架除进一步保持了资本充足率的地位外，还增加了监管约束和市场约束的要求，从而构成了银行监管的三大"支柱"。

最新通过的《巴塞尔协议Ⅲ》受到了2008年全球金融危机的直接催生，该协议的草案于2009年提出，并在2010年11月在韩国首尔举行的G20峰会上获得正式批准实施。《巴塞尔协议Ⅲ》是国际清算银行（BIS）的巴塞尔银行业条例和监督委员会的常设委员会——"巴塞尔委员会"于1988年7月在瑞士的巴塞尔通过的"关于统一国际银行的资本计算和资本标准的协议"的简称。该协议第一次建立了一套完整的国际通用的、以加权方式衡量表内与表外风险的资本充足率标准，有效地扼制了与债务危机有关的国际风险。在最低资本金比率方面，商业银行的普通股最低要求将从目前的2%提升至4.5%，也就是所谓的"核心"一级资本比率，另外还需要建立2.5%的资本留存缓冲和0~2.5%的"逆周期资本缓冲"；商业银行更宽泛的一级资本充足率下限则将从现行的4%上调至6%。

专栏资料2-3

二十国集团（G20）

二十国集团成立于1999年9月25日，其成员包括八国集团成员国美国、日本、德国、法国、英国、意大利、加拿大、俄罗斯，以及中国、阿根廷、澳大利亚、巴西、印度、印度尼西亚、墨西哥、沙特阿拉伯、南非、韩国、土耳其和欧盟。

1997年亚洲金融危机的爆发使国际社会认识到，国际金融问题的解决除西方发达国家外，还需要有影响的发展中国家参与。1999年9月，西方七国集团财政部长和中央银行行长在华盛顿发表声明，表示同意建立由主要发达国家和新兴市场国家组成的二十国集团就改革国际金融问题进行磋商。

1999年12月16日，二十国集团的财政部部长和中央银行行长在柏林举行二十国集团创始会议。会议强调，二十国集团是国际货币基金组织和世界银行框架内非正式对话的一种新机制，旨在推动国际金融体制改革以及发达国家和新兴市场国家之间就实质性问题进行讨论和研究，以寻求合作并促进世界经济的稳定和持续增长。

二十国集团以非正式的部长级会议形式运行，不设常驻秘书处，主席采取轮换制。该集团的财长和中央银行行长会议每年举行一次。2008年11月15日，在金融危机不断加剧的背景下，二十国集团领导人在华盛顿举行了第一次金融峰会。2009年4月和9月，二十国集团分别在伦敦和匹兹堡举行了第二次和第三次峰会。

第二节　商业银行负债业务

银行负债是银行在经营活动中尚未偿还的经济义务，是组织资金来源的业务。商业银行作为信用中介，负债是最基本的业务，也是从事资产业务的重要基础。

一、商业银行负债业务的经营原则

商业银行的负债业务是一项基础性工作，既要满足业务发展的需要，尽可能以较低成本筹措所需资金，又要符合国家法律法规，考虑到商业银行经营所面临的客观环境。因此，负债业务的经营必须遵循一定的原则。

1. 合法性原则

合法性原则，又称依法筹资原则，是指商业银行在筹资过程中，不论采取何种筹资方式和渠道，都必须严格遵守该国的有关法律、法规，不得进行违法、违规的筹资活动。其主要包括两个方面的含义：一是商业银行的筹资范围和渠道必须合法，不得超越范围吸收资金；二是商业银行筹资必须遵守该国的利率政策，不得违反利率规定吸收资金。《中华人民共和国商业银行法》明确规定，"商业银行依法开展业务，不受任何单位和个人的干涉""商业银行开展业务，应当遵守法律、行政法规的有关规定，不得损害国家利益、社会公共利益""商业银行应当按照中国人民银行规定的存款利率的上下限，确定存款利率，并予以公告"等。

2. 效益性原则

效益性原则，又称成本可控原则，是指商业银行在筹资活动中，要采取各种方法和手段降低筹资成本，为取得合理的利差创造条件，努力提高盈利水平。利润最大化是商业银行的最终目标，而利润来自收益与成本之间的差额，故在收益率变动不大的情况下，商业银行必须控制和降低筹资成本，以相应地提高盈利水平。根据资金来源的不同，商业银行筹资成本由低到高的顺序一般为：活期存款→向中央银行借款→定期存款→同业拆入→金融债券→资本金。

3. 稳定性原则

稳定性原则是指商业银行应力求资金来源保持稳定，提高存款的巩固率，增加可用资金的规模和比例。一般情况下，负债的偿还期越长，其稳定性越高；负债的偿还期缩短，其稳定性也递减。短期负债的稳定性一般较差，但是通常能够形成一个相对稳定的余额，这个余额具有长期负债的性质。从稳定性原则分析，商业银行资金来源的稳定程度由低到高大致为：活期存款→同业拆入→向中央银行借款→定期存款→金融债券→资本金。

4. 对称性原则

对称性原则是指商业银行在筹集资金时，应根据资金运用的要求，选择恰当的筹资方式，以保持资金来源与资金运用的规模对称和结构对称。规模对称是资金筹集和资金运用数量的对应关系，即对效益好的资金需求，应该争取筹措资金给予满足，供给规模越大，带来的收益就越多，但同时也要考虑自身的承受能力。结构对称主要是指资金占用时间的期限结构对应关系，一般要求短期性资金来源应与短期性资金运用相对应，中长期资金来源应与中长期的资金运用相对应。

二、商业银行负债的构成

商业银行的负债主要由存款、借入款及结算性负债三个方面构成。虽然各国金融体制存在差异，金融市场发达程度也不同，但不管哪一个国家的哪一家商业银行，存款始终是其主要的负债和经常性的资金来源；借入款的比重随着金融市场的发展不断上升；结算性负债一直是商业银行资金来源的有益补充。

（一）存款

存款是商业银行以信用的形式，将社会上的闲置资金集中起来的一种活动。没有存款，也就不能称为银行，这也是商业银行作为特殊企业与一般企业的重要区别。商业银行的存款可以从不同的角度进行划分。

按存款人身份不同，可以将商业银行的存款划分为单位存款和居民储蓄存款。其中，单位存款包括企事业存款、财政存款、机关团体存款和同业存款等。

按存款稳定性不同，可以将商业银行的存款划分为活期存款、定期存款和定活两便存款。

按存款的来源不同，可以将商业银行的存款划分为原始存款和派生存款。

（二）借入款

根据借款期限的长短（是否超过一年）不同，可以将借入款划分为短期借款和长期借款。

1. 短期借款

短期借款是指商业银行主动通过金融市场或向中央银行借入的期限在一年以内的款项，主要包括同业拆借中的同业拆入、向中央银行借款等形式。

同业拆借是指金融机构之间的短期资金融通，主要用于支持日常性的资金周转，是商业银行解决短期资金余缺的重要渠道。根据同业拆借的方向不同，可以划分为同业拆入和拆放同业："同业拆入"属于银行负债类科目，用来核算银行向其他银行借入的短期和临时性资金；"拆放同业"属于银行资产类科目，用来核算银行拆借给其他银行的短期资金。

向中央银行借款主要是指当某家商业银行资金出现短缺时，可暂时从中央银行借入以缓解资金压力的行为，这是中央银行作为一个国家"银行的银行"职能的体现，充分发挥"最后贷款人"的角色。

2. 长期借款

长期借款主要是指商业银行通过向社会发行期限一年以上的金融债券所筹集的款项。

（三）结算性负债

结算性负债是指商业银行在结算业务活动中形成的负债，主要包括结算保证金、支票结算款项占用和联行汇差占用。

1. 结算保证金

结算保证金是指企业单位在办理转账结算前，须先把备付款项存入银行，这些保证金在尚未正式支付前就被银行占用，成为银行的短期负债。

2. 支票结算款项占用

支票结算款项占用是指企业单位用支票对外付款时，本单位在开户银行的存款数额减少,但其在收款人开户行于票据交换所结清这笔资金前,一直视之为短期负债加以运用。

3. 联行汇差占用

联行汇差占用是指银行之间进行资金汇划时,总会有一定的合理时间间隔,从而形成汇划资金差额的临时占用,这种由联行汇差形成的结算性负债是商业银行正常的短期负债。但随着商业银行联行系统的升级和资金汇划速度的加快,联行汇差占用所占的比重将越来越小。

三、商业银行存款的组织与管理

（一）商业银行存款的意义

第一,存款是商业银行发挥其职能的基础。商业银行作为信用中介,必须通过存款业务集中社会上的闲置资金,先使自己成为全社会最大的债务人,然后才能成为全社会最大的债权人;作为支付中介,商业银行必须以客户的存款账户为前提,这样才能办理货币资金的收付和划拨,发挥货币的流通手段和支付手段职能。

第二,存款是商业银行最主要的资金来源,对银行经营发挥着无法替代的支持作用。中国人民银行统计报表显示,截至2017年12月底,我国金融机构的资金来源中,各项存款达1 641 044.22亿元,占到84.94%,其中住户存款（即城乡居民储蓄存款）总额达643 767.62亿元,约占各项存款的39.23%（表2-1）。

表2-1 金融机构人民币信贷收支表

时间:2017年12月　　　　　　　　　　　　　　　　　　　　　　　　　单位:亿元

来源方项目	金　额	运用方项目	金　额
一、各项存款	1 641 044.22	一、各项贷款	1 201 320.99
1. 住户存款	643 767.62	1. 境内贷款	1 196 900.23
（1）活期存款	248 239.10	（1）住户贷款	405 045.45
（2）定期及其他存款	395 528.52	短期贷款	113 892.52
2. 非金融企业存款	542 404.58	中长期贷款	291 152.93
3. 政府存款	304 852.70	（2）非金融企业及机关团体贷款	785 495.79
4. 非银行业金融机构存款	139 551.92	短期贷款	276 555.01
5. 境外存款	10 467.40	中长期贷款	450 022.22
二、金融债券	47 999.58	（3）非银行业金融机构贷款	6 358.99
三、流通中货币	70 645.60	2. 境外贷款	4 420.75
四、对国际金融机构负债	9.47	二、债券、股权投资及其他投资	511 970.27
五、其他	172 235.54	三、黄金占款	2 541.50
		四、中国人民银行外汇占款	214 788.33
		五、在国际金融机构资产	1 313.32
资金来源总计	1 931 934.41	资金运用总计	1 931 934.41

备注:

1. 本表机构包括中国人民银行、银行业存款类金融机构、银行业非存款类金融机构;

2. 银行业存款类金融机构包括银行、信用社和财务公司。银行业非存款类金融机构包括信托投资公司、金融租赁公司、汽车金融公司和贷款公司等银行业非存款类金融机构。

第三，存款决定贷款。存款的运用主要是贷款，而贷款的规模、结构、期限及收益等均受存款来源状况制约。

第四，存款决定结算。结算是存款账户之间的资金转移。客户要想办理结算业务，必须在银行开户并存入一定金额的款项。

第五，存款的信用创造功能。

第六，存款吸收的连续性可以延缓不良贷款对银行的冲击。存款的持续增长，为商业银行提供了巨额的资金来源，可以大大抵消和延缓不良贷款对存款支付的负面影响，使商业银行能够保证存款提取和稳定经营。

（二）商业银行存款种类及其规定

1. 商业银行储蓄存款

储蓄存款，又称个人存款、住户存款，在商业银行存款业务中占有较大比重，是商业银行重要的资金来源。目前，我国储蓄存款业务主要有活期储蓄、定期储蓄、定活两便储蓄及通知存款等。

（1）活期储蓄。活期储蓄存款是指不定存期，根据个人客户需要和意愿，随时存入或提取的一种存款。个人活期储蓄存款有多种形式，如活期存折储蓄存款、活期支票储蓄存款及借记卡等银行卡存款等。这些存款品种的核心是活期存款，随时可以存取，按活期利率计息，只是按客户的需要通过不同的载体表现与交易。

专栏资料 2-4

商业银行实行小额活期账户收费制度

中国建设银行的深圳分行和四川分行自 2005 年 7 月 1 日起开收小额账户管理费。中国招商银行的北京分行和深圳分行也从 2005 年 7 月 1 日起，对在该行所存金融资产日均余额低于 1 万元的账户收取账户管理费。随后，中国建设银行决定，自 2005 年 9 月 21 日起，在全国建行系统（除西藏外）实行小额活期账户收费，将以季度为单位收取，每季度 3 元。其中，中国建设银行河北分行对日均存款不足 300 元的小额活期账户收取管理费，并且实行 0.01% 的年利率；但是，对持有有效《城市居民最低生活保障金领取证》的客户、全日制中专及以上高等学校在读学生、社保类代发离退休工资账户、储蓄卡代发离退休工资账户、储蓄卡代工资账户和一些功能性账户暂免收账户管理费，并仍执行中国人民银行规定的活期存款基准利率。继中国建设银行实行小额账户收费后，中国工商银行、中国农业银行及中国银行等也正式启动了小额账户收费程序。

专栏资料 2-5

存款计息方式进行调整

《中国人民银行关于人民币存贷款计结息问题的通知》已于 2005 年 5 月底下发到各商业银行，要求该方案于 2005 年 9 月 21 日起执行，部分农村信用社和邮政储蓄基层机构可推迟到 2006 年 1 月 21 日。

文件中对计息方式有两项重要的调整。

一项是活期存款计结息方式的转变。以前，银行的活期存款按年结息，即每年 6 月

30日为结息日，7月1日计付利息。调整后，每季度末月的20日为结息日，次日付息。其中，个人存款按结息日挂牌活期利率计息，单位存款在计息期内遇利率调整则分段计息。

另一项重要转变是，中国人民银行下放了6种存款计结息方式的决定权。除活期和定期整存整取两种存款外，通知存款、协定存款、定活两便、存本取息、零存整取及整存零取等存款种类，只要不超过中国人民银行同期限档次存款利率上限，计、结息规则由各银行自己把握。中国人民银行提供了两种计息方式的选择：一种是积数计息，将年利率折算成日利率，按存款实际发生的天数累积计息；另一种是逐笔计息，按整年整月计息，如果遇到有零头，零头部分按日计息。这6种存款具体采用何种计息方式将由各商业银行决定，储户只能选择银行，不能选择计息方式。

（2）定期储蓄。定期储蓄是相对活期储蓄而言的，客户在存款时约定存期，一次或按期分次存入本金，整笔或分期、分次支取本金或利息的一种储蓄方式。当客户存储定期储蓄时，由银行开出定期存单或定期存折，存款到期后，银行根据存款凭证支付本金与利息。

定期储蓄存款的品种主要包括整存整取、零存整取、整存零取及存本取息等。

① 整存整取定期储蓄。整存整取定期储蓄是指约定存期，整笔存入且到期一次支取本息的一种储蓄，是定期储蓄的基本储蓄形式。该种储蓄以50元起存，多存不限，存期分为三个月、六个月、一年、两年、三年、五年，不同档次执行不同利率，存期越长，利率越高。它适用于较长期不用的款项，较大的生活节余款及个人积累款的存储。

② 零存整取定期储蓄。零存整取储蓄是指存款时约定存期，按月定额存入，到期一次支取本金和利息的一种定期储蓄存款。该种储蓄一般以5元起存，每月存入金额固定，存期分为一年、三年与五年；中途如有漏存，应在次月补存时，将本月应存和本月补存一次办理。该储种存期固定，零星存入，一次支取，利率较高，适用于收入稳定，为将来筹措结婚费用、装修费用及购建房费等费用的客户存储。

③ 整存零取定期储蓄。整存零取定期储蓄是指存款时约定存期，一次存入本金，分期支取固定本金，利息到期一次结清的一种定期储蓄存款。该种储蓄一般以1 000元起存，存期分为一年、三年与五年，支取本金周期分为一个月、三个月与半年，由储户与储蓄机构开户时约定。利息于期满结清时支取。如果未到约定支取期，储户可以提前支取固定本金一次，但以后停取一次。该储种存期固定，一次存入大额本金，以后定期平均支付本金，便于有计划地安排生活，适用于一次性收入，以后逐期平均消费或支出的客户。

④ 存本取息定期储蓄。存本取息储蓄是指一次存入本金，约定期限，分期均等支取利息，到期一次性支付本金的一种定期储蓄存款。该种储蓄一般以5 000元起存，存期分一年、三年及五年，利息支取周期分为一个月、三个月、六个月与一年，由储户与储蓄机构开户时约定。另外，取息日必须大于或等于约定取息日；约定取息日未取，以后可以随时支取或到期一并支取。其特点是存款金额大，稳定性高，适用于有一笔较大款项，在一定时间不需要使用，但又需要一部分生活费用等零星支出的客户。

（3）其他储蓄存款。

① 定活两便储蓄。定活两便储蓄是存款时不约定存期，一次性存入本金，可随时一次

性支取本金和利息的存续存款。该种储蓄一般以50元起存,存款存期不限,不可部分支取;兼有定期和活期两种性质,利率随存期长短而变化;存期不满三个月的,按天数计付活期利息;存期为三个月以上(含三个月)但不满半年的,整个存期按支取日定期整存整取三个月存款利率打六折计息;存期半年以上(含半年)但不满一年的,整个存期按支取日定期整存整取半年期存款利率打六折计息;存期在一年以上(含一年),无论存期多长,整个存期一律按支取日定期整存整取一年期存款利率打六折计息;若利率打六折后低于支取日活期利率,则按活期利率计息。

② 个人通知存款。个人通知存款是存款人在存入款项时不约定存期,一次性存入本金,可以一次或分次支取的储蓄存款。按存款人提前通知的期限长短不同,可分为一天通知存款和七天通知存款两种。个人通知存款的最低起存金额和最低支取金额均为人民币5万元。

③ 教育储蓄。教育储蓄是国家为鼓励城乡居民以储蓄方式,为子女接受非义务教育而准备的积蓄资金,是促进国家教育事业健康发展而开办的一个业务种类。2000年中国人民银行颁布实施《教育储蓄管理办法》时,就对教育储蓄的办理储户范畴进行了明确规定:教育储蓄的对象(储户)为在校小学四年级(含四年级)以上学生;教育储蓄采用实名制,为零存整取定期储蓄存款;存期分为一年、三年和六年;最低起存金额为50元,本金合计最高限额为2万元。2005年9月,国家税务总局和中国人民银行、教育部联合制定《教育储蓄存款利息所得免征个人所得税实施办法》(自2005年10月1日起实施),规定教育储蓄到期时,储户必须持存折、身份证或户口簿(户籍证明)和所在学校开具正在接受非义务教育的学生身份证明(以下简称"证明")支取本息;储户凭"证明"可以享受利率优惠,并免征储蓄存款利息所得税,每份"证明"只可享受一次优惠;享受免征利息税优惠政策的对象必须是正在接受非义务教育的在校学生,其在就读全日制高中(中专)、大专和本科、硕士和博士研究生的3个阶段中,每个学习阶段可分别享受一次2万元教育储蓄的免税和利率优惠。

专栏资料2-6

储蓄存款利息所得税

储蓄存款利息所得个人所得税是以取得储蓄存款利息所得的个人为纳税义务人,以办理结付个人储蓄存款利息的储蓄机构为扣缴义务人。

在国际上,征收利息税是一种通行的惯例,操作方法包括美国式和日本式。美国不单独设立利息税项,存款利息与工资收入一样纳入所得税的收入范围,加总后的总收入达到一定应税档,就按照该档税率缴税,银行不扣利息税;而在日本,利息单独征税,税率为15%。

在我国,储蓄存款利息所得税的征收范围如下:凡个人直接从各商业银行、城市信用社及农村信用社等办理储蓄业务机构取得储蓄存款利息所得,应缴纳储蓄存款利息所得税,由国家税务总局负责征收管理。凡办理个人储蓄业务的储蓄机构,在对个人结付储蓄存款利息时,应依法代扣代缴其应缴纳的个人所得税税款。邮政储蓄机构以县级邮政局为扣缴义务人,商业银行以支行为扣缴义务人。扣缴义务人在代扣税款时,应当在储户的利息清单上注明已扣税的数额。注明已扣税款的利息清单视同完税证明,除另有规定者外,不再开具代扣代缴税款凭证。扣缴义务人每月所扣的税款，应当在次月 7 日内缴入中央金库，并向主管税务机关报送《储蓄存款利息所得税扣缴个人所得税报告表》以及主管税务机关要求报送的其他有关资料。

1950 年，我国曾颁布《利息所得税暂行条例》，规定对储蓄存款征收利息税，但因当时人均收入较低，所以于 1959 年停征了利息税。1980 年通过的《中华人民共和国个人所得税法》再次把利息税列为征收项目，但当时为鼓励居民储蓄，对利息税再次作出了免征的规定。为了拉动内需，刺激居民消费，国务院根据 1999 年修订的《中华人民共和国个人所得税法》和《对储蓄存款利息所得征收个人所得税的实施办法》，决定自 1999 年 11 月 1 日起，恢复对储蓄存款利息所得征收个人所得税，对储蓄存款利息所得征收个人所得税适用 20% 的比例税率。自 2007 年 8 月 15 日起，将储蓄存款利息所得个人所得税的适用税率由现行的 20% 调减为 5%。自 2008 年 10 月 9 日起，对储蓄存款利息所得（包括人民币、外币储蓄利息所得）暂免征收个人所得税。

2. 商业银行单位存款

（1）单位活期存款。单位活期存款是指存款人（各类企事业单位等）存入银行后随时可以支取的存款。其存款利率按照中国人民银行规定的利率执行，按结息日挂牌公告的活期存款利率计息，若遇利率调整则分段计息。这种存款的特点是不固定期限，客户存取方便，随时可以支取。单位活期存款包括四类账户，分别为基本存款账户、一般存款账户、临时存款账户和专用存款账户。

① 基本存款账户。基本存款账户是指存款人（企事业等独立核算的单位）因办理日常转账结算和现金收付需要而开立的账户。基本存款账户是单位存款人的主办账户，存款人日常经营活动的资金收付及其工资、资金等现金的支取，只能通过该账户办理。

② 一般存款账户。一般存款账户是指存款人有借款或其他结算需要，在基本存款账户开户银行以外的银行营业机构开立的结算账户。通过本账户可办理转账结算和现金缴存，但不能办理现金支取。

③ 临时存款账户。临时存款账户是存款人因临时经营活动需要，并在规定时间内使用而开立的账户。如果存款人是临时机构、有异地临时经营活动需要或要注册验资，可到银行开立临时存款账户。通过本账户，存款人可以办理转账结算以及国家现金管理规定的现金收付。

④ 专用存款账户。专用存款账户是指存款人因特定用途需要开立的账户。如果存款人有特定用途的资金，如基本建设资金、更新改造资金、需要专项管理和使用的资金等，就可以到银行开立专用存款账户。

（2）单位定期存款。单位定期存款是存款人（各类企事业单位等）与银行双方在存款时事先约定期限和利率，到期后方能支取的存款。单位定期存款期限分为三个月、六个月、一年、两年、三年、五年；存款时可以与银行约定是否办理到期自动转存业务，没有约定则视同为到期办理自动转存。在存期内，按存入日挂牌公告的定期存款利率计付利息，遇利率调整，不分段计息。起存金额为人民币 1 万元，多存不限。支取定期存款只能以转账方式将存款转入存款人的基本存款账户或一般存款账户，不能将定期存款用于结算，或从定期存款账户中提取现金。单位定期存款可以全部或部分提前支取，但只能提前支取一次，提前支取部分按照活期存款利息计息。

（3）单位通知存款。单位通知存款是一种比单位活期存款收益高，而又比单位定期存款支取更为灵活的大额存款方式，是指存款人（各类企事业单位等）在存入款项时不约定存期，支取时需提前通知银行，约定支取存款日期和金额方能支取的存款。

单位通知存款为记名式存款，采取记名存款凭证形式，存单或存款凭证须注明"通知存款"字样。按存款人提前通知的期限长短不同，可分为一天通知存款和七天通知存款两个品种。不论实际存期多长，一天通知存款必须提前一天通知约定支取；七天通知存款必须提前七天通知约定支取。单位通知存款起存金额为人民币 50 万元，必须一次存入，但可一次或分次支取，每次最低支取额为 10 万元以上，支取存款利随本清，支取的存款本息只能转入存款单位的其他存款户，不得支取现金。

（4）单位协定存款。单位协定存款是指存款人（各类企事业单位等）与银行商定结算户需保留的基本留存额度，超出部分转入协定存款户的存款。办理协定存款须由存款人与银行签订《协定存款合同》，约定合同期限，该期限最长不得超过一年，到期时，双方均未提出终止或修改的，则视为自动延期。合同期满，如不延期，存款人将协定存款账户的本息结清后，全部转入基本存款账户或一般存款账户。

存款人一旦与银行签订《协定存款合同》，银行就会在其基本存款账户或一般存款账户上开立协定存款账户，这个账户具有结算和协定存款双重功能。存款人可以约定在结算户需保留的基本存款额度，超过部分的资金由银行将其自动转入协定存款户，并按协定存款利率单独计算利息。协定存款账户按季结息，其中，基本存款额度以内的存款，按结息日中国人民银行公布的活期存款利率计息，超过部分按结息日中国人民银行公布的协定存款利率计息，遇利率调整则不分段计息。

专栏资料 2-7

账户管理方式：核准制与备案制

（1）核准制。核准制是指经中国人民银行核准后方可开立的银行结算账户。该类账户的开立、变更及撤销通过中国人民银行行政许可后才正式生效。

下列 4 类银行结算账户属于核准类账户：基本存款账户；临时存款账户（因注册验资和增资验资开立的除外）；预算单位专用存款账户；人民银行另有规定的专用存款账户。

（2）备案制。开户银行对存款人报送的申请书、账户证明文件进行审核，符合条件的可直接为其开立、变更及撤销账户，账户开立（变更、撤销）后需在完成行内系统处理后，通过人民币银行结算账户管理系统，向中国人民银行营业管理部备案。下列 3 类银行结算账户属于备案类账户：一般存款账户；非预算单位专用存款账户；个人银行结算账户。

专栏资料 2-8

人民币存款利率变动表见表 2-2。

表2-2 人民币存款利率变动表

年利率:%

项目	2006年8月19日至2007年3月17日	2007年3月18日至2007年5月18日	2007年5月19日至2007年7月19日	2007年7月20日至2007年8月21日	2007年8月22日至2007年9月14日	2007年9月15日至2007年12月20日	2007年12月21日至2008年10月8日	2008年10月9日至2008年10月29日
活期存款	0.72	0.72	0.72	0.81	0.81	0.81	0.72	0.72
整存整取定期存款								
三个月	1.8	1.98	2.07	2.34	2.61	2.88	3.33	3.15
半年	2.25	2.43	2.61	2.88	3.15	3.42	3.78	3.51
一年	2.52	2.79	3.06	3.33	3.6	3.87	4.14	3.87
二年	3.06	3.33	3.69	3.96	4.23	4.50	4.68	4.41
三年	3.69	3.96	4.41	4.68	4.95	5.22	5.40	5.13
五年	4.14	4.41	4.95	5.22	5.49	5.76	5.85	5.58

项目	2008年10月30日至2008年11月26日	2008年11月27日至2008年12月22日	2008年12月23日至2010年10月19日	2010年10月20日至2010年12月25日	2010年12月26日至2011年2月8日	2011年2月9日至2011年4月5日	2011年4月6日至2011年7月6日	2011年7月7日至2012年6月7日
活期存款	0.72	0.36	0.36	0.36	0.36	0.40	0.50	0.50
整存整取定期存款								
三个月	2.88	1.98	1.71	1.91	2.25	2.60	2.85	3.10
半年	3.24	2.25	1.98	2.20	2.50	2.80	3.05	3.30
一年	3.60	2.52	2.25	2.50	2.75	3.00	3.25	3.50
二年	4.14	3.06	2.79	3.25	3.55	3.90	4.15	4.40
三年	4.77	3.60	3.33	3.85	4.15	4.50	4.75	5.00
五年	5.13	3.87	3.60	4.20	4.55	5.00	5.25	5.50

项目	2012年6月8日至2012年7月5日	2012年7月6日至2014年11月21日	2014年11月22日至2015年2月28日	2015年3月1日至2015年5月10日	2015年5月11日至2015年6月27日	2015年6月28日至2015年8月25日	2015年8月26日至2015年10月23日	2015年10月24日至今
活期存款	0.40	0.35	0.35	0.35	0.35	0.35	0.35	0.35
整存整取定期存款								
三个月	2.85	2.60	2.35	2.10	1.85	1.60	1.35	1.10
半年	3.05	2.80	2.55	2.30	2.05	1.80	1.55	1.30
一年	3.25	3.00	2.75	2.50	2.25	2.00	1.75	1.50
二年	4.10	3.75	3.35	3.15	2.85	2.60	2.35	2.10
三年	4.65	4.25	4.00	3.75	3.50	3.25	3.00	2.75
五年	5.10	4.75						

注:2014年11月22日起,中国人民银行不再公布金融机构人民币五年期定期存款基准利率

专栏资料2-9

现行人民币城乡居民和企业、事业单位存款利率表见表2-3。

表2-3　现行人民币城乡居民和企业、事业单位存款利率表

2015年10月24日起执行　　　　　　　　　　　　　　　　　　　　　　　　　　年利率:%

利率项目			月利率/‰	年利率/%
定期	活期		0.29	0.35
	整存整取	三个月	0.92	1.10
		半年	1.08	1.30
		一年	1.25	1.50
		二年	1.75	2.10
		三年	2.29	2.75
		五年	—	—
	零存整取 整存零取 存本取息	一年	0.92	1.10
		三年	1.08	1.30
		五年	—	—
	定活两便		按一年期以内定期整存整取同档次利率打六折执行同前	

专栏资料2-10

人民币通知存款利率变动表见表2-4。

表2-4　人民币通知存款利率变动表

年利率:%

提前通知期限＼调整时间	2002年2月21日至2007年7月20日	2007年7月21日至2008年11月26日	2008年11月27日至2011年2月8日	2011年2月9日至2011年4月5日	2011年4月6日至2011年7月6日	2011年7月7日至2012年6月7日	2012年6月8日至2012年7月5日	2012年7月6日至今
一天	1.08	1.17	0.81	0.85	0.85	0.95	0.85	0.80
七天	1.62	1.71	1.35	1.39	1.49	1.49	1.39	1.35

专栏资料2-11

人民币协定存款利率变动表见表2-5。

表2-5　人民币协定存款利率变动表

年利率:%

调整时间	2002年2月21日至2007年7月20日	2007年7月21日至2008年11月26日	2008年11月27日至2011年2月8日	2011年2月9日至2011年4月5日	2011年4月6日至2012年6月7日	2012年6月8日至2012的7月5日	2012年7月6日至今
利率	1.44	1.53	1.17	1.21	1.31	1.21	1.15

（三）商业银行存款产品的营销

存款是商业银行向社会提供的产品或服务，存款种类之所以不同，关键在于其功能不同。

1. 商业银行存款产品的特点

世界上的存款种类本来就不少，而随着存款功能的不断开拓和创新，品种也越来越多，但不管品种如何纷繁复杂，只要称为存款，它们就必然具有共同的基本特征。

（1）利息的高低。利息是存款商品的价格，大部分存款都需要计息，而利息的高低通常是客户选择存款品种时首先要考虑的问题。在存款产品中，既有利息较高的定期存款，也有低息甚至无息的活期存款。

（2）利率的形式和计息的方法。要想计息，就有一个采取什么形式计息的问题，通常有固定利率和浮动利率，也可以采取名义利率。计息的方法有单利法和复利法，也有按照日、旬、月、季与年等不同期限计息的。

（3）存款期限。凡存款都有期限规定，否则借贷关系便不复存在。

（4）能否转让。借贷关系的实质是权利关系。在经济学上，权利是可以转让的，而在过去较长时期，除特殊情况外，存单不能转让。自1961年美国花旗银行首创大额可转让定期存单后，存单不仅具有保值功能，而且有流通功能。

（5）附加服务。银行存款的本质就是服务，除为客户资金提供安全可靠的场所外，还提供一系列的其他服务，如转账结算、代发工资、自动（约定）转存、通存通兑、代收代付、网上银行与电话银行等。附加服务加上存款利息，便构成了完整意义的存款价格，即存款客户把资金借给银行所获得的收益。

（6）提款方式。这是借款关系结束的形式，存款产品的提款方式多种多样，有的只能提现而不能转账，有的不能提现而只能转账等。

2. 商业银行存款产品的营销步骤

存款产品营销活动的目标在于出售能满足客户金融需求以及能为银行带来盈利的产品和服务。存款产品的营销过程大致可以分为以下四个步骤。

（1）调查研究客户的金融需求，在市场细分的基础上确定目标市场。存款营销的首要环节是研究客户的金融需要。客户购买存款产品的动机多种多样：有的要求保本增值；有的则着眼于计划消费，如子女教育支出；有的侧重于安全保密；有的则强调存取方便；等等。银行应针对客户的存款动机设计相应的存款品种，如保本储蓄，从而适应客户保本增值的要求；零存整取、整存整取、整存零取和教育储蓄等，能满足客户计划消费的需要；对注重安全保密的客户，可推出密码储蓄、指纹储蓄等；对要求存取方便的客户，可提供通存通兑、自动（约定）转存及自动银行等业务。

（2）在目标市场确定后，设计开发新的产品或完善原有产品。调查客户对金融产品的需求并不是目的，商业银行应根据经营环境的变化、自身规模及经营特点，具体规划新的产品或完善原有产品，如在通货膨胀比较严重的情况下，客户普遍担心货币贬值，银行可以在适当盈利的前提下，推出新的与物价指数挂钩的浮动利率存款。

（3）定价和促销。所谓定价，是指银行在交付客户满意的存款产品的同时，必须遵循获取一定利润的经营目标。如果新的存款品种只考虑客户一方的需求而不顾及银行自身的利益，那么存款新品种的推销必然受到银行成本负担能力的限制。例如，20世纪90年代初期，华夏银行北京分行曾推出安全保密性较强的指纹储蓄"一指妥"，但由于定价不合理，所以并没有在全国范围内推行开来。所谓促销，就是通过广告宣传和客户推介等方式，把新的存款品种推向市场，以迅速获得客户的认可和使用。

（4）对营销活动进行评价和改进，并预测和研究未来的金融需求。商业银行提供的存款品种是否属于"适销对路"的产品，是否能够很好地满足客户的需求，只有通过市场的检验才能证实。因此，为了更好地服务于客户，商业银行必须对其存款产品在市场中的"销路"进行调查分析，以便检验存款营销方案正确与否，并根据市场信息的反馈，进一步调整与修改，为下一个阶段的存款营销做好前期准备工作。

3. 商业银行存款规模的控制

存款的多与少，是一家商业银行规模和实力的标志，尤其是发展中国家相对更多地处于资金紧缺的状态，存款产品的营销和存款市场的开拓显得尤为重要。但是，存款并非越多越好。

从商业银行经营管理的角度来看，一家银行的存款量，应限制在其贷款的可发放程度及吸收存款的成本和管理负担承受范围内。如果超过这一程度和范围，就属于不适度的存款增长，会给商业银行经营带来困难。因此，商业银行对存款规模的控制，要以存款资金在多大程度上被实际运用于贷款和投资为评判标准。若存款的期限结构，既能满足银行资产业务的需要，又能适当降低成本；存款的品种结构，既能满足资产结构的要求，又能满足客户多样化的需求，其规模就是合理的规模。

四、商业银行借入款项的组织与管理

（一）商业银行的短期借款

1. 短期借款的主要特征

（1）对时间和金额上的流动性需要十分明确。
（2）对流动性的需要相对集中。
（3）面临较高的利率风险。
（4）主要用于短期头寸不足的需要。

2. 短期借款的种类及其规定

（1）同业拆借。同业拆借是指金融机构之间的短期资金融通，主要用于支持日常性的资金周转，是商业银行为解决短期资金余缺，调剂超额准备金头寸而融通资金的重要渠道。它最早源于法定存款准备金制度，现已发展成为负债管理的工具，即用循环拆借的方法解决营运资金不足的问题。

① 我国同业拆借的基本原则。我国同业拆借的基本原则，体现了拆借市场运行的内在机理和中国人民银行对拆借市场的监管目标。具体来说，包括以下几方面：

第一，参与拆借的市场主体必须是金融机构法人，非金融机构和非法人的金融机构不得进入拆借市场。

第二，拆借资金必须符合国家政策，并用于短期周转。严禁用拆入资金弥补信贷资金缺口和发放固定资产贷款，更不允许把资金变相拆给企业长期使用或利用拆借资金搞证券投资或炒房地产、炒股票等。

第三，科学、合理地确定拆借数额。金融机构拆出的资金，只能以存款大于贷款为前提，是缴足法定准备金、留足备付金、归还中国人民银行贷款等后的剩余资金。金融机构拆入的资金只能用于解决同城票据清算头寸不足和季节性先支后收等临时资金周转的需要。

第四，拆借利率由拆借双方协商议定。

第五，拆借资金应自由流动，不受地区和系统的限制。

第六，拆借双方要严格履约。

② 同业拆借的特点。

第一，期限短。同业拆借以日拆为主，最长期限不得超过一年，且不得展期。

第二，利率市场化。

第三，参与拆借机构需在中国人民银行开户，通过账户来划拨资金。

第四，拆出资金必须为拆出机构的暂时闲置资金，拆入资金必须用于满足周转性的资金需要。

第五，信用拆借。

第六，在统一市场进行，不得进行场外交易。

③ 同业拆借的方式。

第一，通过中介机构的同城同业拆借。这种方式多以支票作为媒体。拆入行与拆出行交换支票，通知同城中国人民银行分支机构在内部转账。次日，拆入行签发以自己为付款人的支票，由拆出行提交票据交换所交换后，再以拆入行在中国人民银行存款清算冲账。

第二，通过中介机构的异地同业拆借。其交易程序大体与同城的同业拆借程序相同。其区别主要是：拆借双方不需交换支票，仅通过中介机构以电话协商成交；成交后拆借双方通过各所在地区的中国人民银行资金汇划系统划拨转账。

第三，不通过中介机构的同业拆借。其交易程序与有中介机构的拆借程序大同小异，所不同的是：后者是双方直接洽谈协商，不通过专门的中介性机构，成交后相互转账，增减各自账户上的存款。

专栏资料2-12

上海银行间同业拆放利率

自2007年1月4日起，上海银行间同业拆放利率（Shanghai Inter-bank Offering Rate，即Shibor）正式开始运行。中国人民银行称，上海银行间同业拆放利率，是以位于上海的全国银行间同业拆借中心为技术平台计算、发布并命名，由信用等级较高的银行组成报价团自主报出的人民币同业拆出利率计算确定的算术平均利率，是单利、无担保及批发性利率。目前，Shibor品种包括隔夜、一周、两周、一个月、三个月、六个月、九个月及一年。Shibor报价银行团现由16家商业银行组成。报价行是公开市场一级交易商或外汇市场的做市商，在中国货币市场上人民币交易相对活跃、信息披露比较充分的银行。值得一提的是，为剔除"假利率"的影响，Shibor将遵循与以前电视大奖赛类似的计算标准，剔除最高、最低各两家报价，再对其余报价进行算术平均计算后，得出每一期限品种的Shibor，并于当天上午11:30发布。

（2）向中央银行借款。商业银行向中央银行借款，在惯例上只能用于补充准备金不足和资产结构的临时性调整。

商业银行向中央银行借款有两种形式，即再贷款和再贴现。再贷款是中央银行向商业银行提供的贷款，既可以是信用贷款，也可以是质押贷款。再贴现是指商业银行把已经贴现过但尚未到期的商业票据向中央银行再次申请贴现，是票据在商业银行和中央银行之间的转移。从世界各国来看，市场经济发达的国家，由于商业票据和贴现业务比较普遍，再贴现就成为商业银行向中国人民银行借款的主要渠道；而在商业票据不普及和金融市场不发达的国家，再贷款则成为主要的形式。目前，我国商业银行向中国人民银行借款主要采取再贷款的形式，再贴现所占比重较小。但不管是再贷款还是再贴现，期限都不得超过一年，而且一般只有商业银行的总行才具有借款的资格。

3. 短期借款的经营策略

与存款相比较，由于短期借款具有时间上和金额上相对比较集中的特点，而且一般只能调剂头寸，解决银行周转资金和临时性资金不足的问题，因此，商业银行在短期借款管理中需要注意以下几点。

（1）要选择恰当的借款时机。短期借款虽然可以满足商业银行经营过程中的资金需要，但是何时借，采用什么方式借，不仅影响商业银行的负债成本，也决定着借入资金的数量。因此，要想选择适当的时机借款，既要考虑到商业银行经营对资金的需求量，又要分析金融市场资金的供求状况。

（2）要确定适度的借款规模。在短期借款中，不论是同业拆入还是向中央银行借款，不管借款是为解决支付需要还是为扩大资产规模，有一点是相同的，那就是它们都是银行的债务，都需要偿还。基于此，商业银行必须测算一个适度的借款规模，需要在考虑自身承受能力的基础上确定借款数量。

（3）要合理安排借款结构。既要选择多种短期借款方式，避免借款方式单一造成借款数量较小但借款边际成本较高的尴尬局面，又要合理安排各种借款方式的期限结构，以便主动把握借款期限和金额，有计划地把借款到期时间和金额分散化，减少流动性需要过于集中的压力。

总体来讲，商业银行应尽可能多利用一些低息借款，少利用高息借款，以降低负债成本，但在资产预期收益较高或是流动性需求较为迫切而低息借款又难以争取时，也可适当借入一些利息较高的负债。

（二）商业银行的长期借款（发行金融债券）

商业银行长期借款一般采用发行金融债券（期限在一年以上）的形式。金融债券是指商业银行以发行人身份，通过承担债券利息的方式，直接向货币所有者举借债务的融资方式。

1. 商业银行金融债券的特点

商业银行之所以在存款之外还要发行金融债券，主要是因为金融债券具有不同于存款的特点。

第一，筹资的目的不同。吸收存款是全面扩大银行资金来源的总量，而发行金融债券则着眼于增加长期资金来源和满足特定用途的资金需要。

第二，筹资的机制不同。吸收存款是经常性、无限额的，而发行金融债券则是集中性、有限额的；吸收存款主要取决于客户的意愿，属买方市场，而发行金融债券的主动权掌握在银行手中，属卖方市场。

第三,筹资的效率不同。金融债券的利率一般高于同期限的存款利率,对客户的吸引力较强,因而筹资的效率也要高于存款。

第四,所吸收资金的稳定性不同。金融债券有明确的偿还期,一般不提前还本付息,资金的稳定程度高;而存款的期限具有弹性,资金的稳定程度相对低一些。

第五,资金的流动性不同。存款所体现的借贷关系一般固定在银行与存款客户之间(可转让存单除外),而金融债券一般不记名,可以在二级市场上流通转让,因此,金融债券比存款具有更强的流动性。

2. 商业银行发行金融债券的种类

以发行地为标准,可以分为在国内发行的金融债券和在国际金融市场发行的金融债券。

(1) 国内金融债券。国内金融债券主要有以下几种。

① 担保债券和信用债券。担保债券包括由第三方担保的债券和以发行者本身的财产作为担保的债券;信用债券也称无担保债券,是完全由发行者本身的信用作为保证发行的债券。我国国有银行所发行的金融债券都是信用债券。

② 固定利率债券和浮动利率债券。固定利率债券是指在债券期限内利率固定不变,持券人到期收回本金,定期取得固定利息的一种债券;浮动利率债券则是在期限内,根据事先约定的时间间隔,按某种选定的市场利率进行利率调整的一种债券。我国商业银行发行的都是固定利率债券。

③ 普通金融债券、累进利息金融债券和贴息金融债券。普通金融债券是定期存单式的到期一次还本付息的债券,这种债券的期限通常在三年以上,利率固定,平价发行,不计复利;累进利息金融债券是浮动期限式、利率和期限挂钩的债券,其期限通常为 3~5 年,持有债券时可以在最短和最长期限之间随时到发行银行兑付,但不满一年的不能兑付,利率采用累进制的方法计算,即按照债券的持有期限分成几个不同的等级,每一个等级按不同的利率计付利息,投资期限越长则利率越高;贴息金融债券是指银行在一定的时间和期限内,按照一定的贴现率以低于债券面额的价格折价发行的债券,这种债券到期按面额还本,其利息就是债券发行价格与票面价格的差额。我国银行曾发行过累进利息金融债券和贴息金融债券,但大多为普通金融债券。

(2) 国际金融债券。外国金融债券是指债券发行银行通过外国金融市场所在国的银行或金融机构发行的,以该国货币为面值的金融债券。

欧洲金融债券是指债券发行银行通过其他银行和金融机构,在债券面值货币以外的国家发行并推销的债券。

平行金融债券是指发行银行为筹措一笔资金,在几个国家同时发行以该国货币标明面值的债券。

3. 商业银行发行金融债券的经营管理

商业银行能否通过发行金融债券筹措资金,既受到一个国家金融法律法规的限制,也受到商业银行自身信用状况的制约;既要考虑金融市场上资金供求关系的影响,又要考虑商业银行自身的负担和承受能力。

(1) 债券发行与资金使用相配比。商业银行在利用金融债券筹资时,既要保持债券发行量和用款项目在资金数量上基本相等,避免资金闲置,又要搞好项目可行性研究,进行筹资成本与项目收益的比较分析，保证项目收益高于债券成本。

（2）科学选择利率和货币结构。一方面，根据利率变动趋势，确定适当的发行利率和计息方式，如预期利率有上升趋势，则应采取固定利率计息方式，反之，则采取浮动利率计息方式；另一方面，在发行国际债券时，原则上采取汇率具有下跌趋势的软货币作为票面货币，但同时也要考虑债券的销售问题。

（3）要掌握好发行时机。商业银行应选择市场资金供给大于需求、市场利率较低的时机发行债券，因为此时资金供应比较充足，商业银行可以较低利率将所发行债券推销出去。

（4）要分析研究投资者的心理。金融债券作为投资者可选择的一种金融产品，能否顺利推销在很大程度上取决于投资者的购买心理。因此，商业银行必须研究和了解投资者对购买金融债券的收益性、安全性、流动性和方便性的心理要求，并针对这些要求设计和创新债券品种，使金融债券具有更为广泛的市场购买力。

五、商业银行的负债成本

商业银行的负债成本不仅是商业银行经营成本的重要组成部分，而且是商业银行在组织资金来源过程中所花费的各种开支。它不仅反映了商业银行组织资金的能力和效率，也为合理确定贷款的价格提供了科学依据。

商业银行的负债成本包括利息成本和营业成本两部分。

利息成本是指商业银行按照约定的利率，以货币的形式向存款人或闲置货币资金的持有者支付的报酬，包括存款利息、向中央银行借款的利息、同业拆入的利息与发行金融债券的利息等，是商业银行负债成本的重要组成部分。

营业成本是指除了利息成本外的，在筹资过程中发生的其他所有开支，包括存款的广告宣传费用、筹资人员的工资、筹资所需设备和房屋的折旧费摊销、筹资过程中的管理费用以及为客户提供服务所发生的费用等。商业银行为了在存款竞争中处于优势，往往以提供更多的服务方式招揽客户，这是营业成本增长较快的重要原因。目前，我国商业银行负债的利率基本上是由国家统一规定的，所以，营业成本就成为商业银行成本控制的焦点。

资金成本是商业银行为筹集一定的资金所发生的一切费用，即利息成本与营业成本之和。

$$资金成本率 = (利息成本 + 营业成本)/筹集的资金总额$$

可用资金成本率是指商业银行可用资金所应负担的全部成本。

$$可用资金成本率 = (利息成本 + 营业成本)/可运用的资金总额$$

因为商业银行筹集的资金是不能全部运用出去的，所以为了满足法定准备金率的要求和解决流动性的需要，必须留有一定的库存现金，余下的才是可用资金。可用资金成本率是确定银行营利性资产价格的基础，也是分析负债成本的目的所在。

第三章

商业银行资金运用

第一节 商业银行资金运用的构成

我国商业银行资金主要用于缴存存款准备金、贷款、证券投资、存放同业与拆放同业以及本外币库存等方面。

(1) 缴存存款准备金。存款准备金是指金融机构为保证客户提存和资金清算需要而在中央银行的存款。1984年，中国人民银行专门行使中央银行职能后，建立起我国的存款准备金制度，准备金包括法定存款准备金和备付金两部分。1998年3月，中国人民银行决定将两个部分合并，称为准备金存款。中央银行可以通过调整存款准备金率影响金融机构的信贷扩张能力，从而间接调控货币供应量。

(2) 贷款。贷款是指商业银行作为债权人，把筹集到的资金贷放给资金需求者的业务活动，是商业银行资金运用的主要渠道。

(3) 证券投资。证券投资是指商业银行买卖有价证券的经营活动，而金融市场上有价证券的种类也就决定了商业银行证券投资的范围。基于商业银行的投资目的，可供商业银行投资的证券主要有政府债券、金融债券、公司债券和股票等。

(4) 存放同业与拆放同业。存放同业是商业银行与其他金融机构在日常资金往来中，存放于其他金融机构的存款。拆放同业是商业银行通过同业拆借市场拆出资金给其他金融机构。

(5) 本外币库存。本外币库存包括"库存现金"和"外汇占款"两个项目。库存现金是商业银行业务库中存放的周转性资金，又称现金资产。外汇占款是商业银行在办理外汇业务过程中，结存外汇所占用的人民币资金，用于结售汇业务的日常周转。

第二节 商业银行资金运用要求与管理规定

一、存款准备金

存款准备金及存款准备金率包括两部分：中央银行规定的存款准备金率被称为法定存

准备金率，与法定存款准备率对应的准备金就是法定准备金。超过法定准备金的准备金叫作超额准备金（国内习惯称其为备付金），超额准备金与存款总额的比例就是超额准备金率（国内常称之为备付率）。超额准备金的多少和超额准备金率的高低由商业银行根据具体情况自行掌握。因此，存款准备金的管理，要满足中央银行法定存款准备金要求和超额准备金适度规模控制两个方面。

（一）法定存款准备金要求

法定存款准备金是指商业银行根据存款余额，按照法定存款准备金率，向中央银行缴存的准备金。起初，法定存款准备金是出于防范商业银行流动性危机的需要而建立的，发展到现在，其目的已不仅限于此。它已作为中央银行调节商业银行信用规模和信用能力的一项重要工具，纳入货币政策的操作体系中去。对于中央银行的法定存款准备金要求，商业银行只能无条件服从。因此，对存款准备金的管理，应当先满足法定准备金的要求，而法定存款准备金管理，主要是准确计算法定存款准备金的需要量和及时上缴应缴的准备金。

（二）超额准备金的管理

超额准备金是商业银行最重要的可用头寸，是银行用于进行投资、贷款、清偿债务和提取业务周转金的准备资产。商业银行在中央银行的超额准备金，虽然也能获得一定的利息收入，但与其他盈利资产，如贷款和投资等相比，还属于微利资产（法定准备金存款年利率为1.62%，超额准备金存款年利率为0.72%）。因此，银行在超额准备金账户保留的存款不宜过多。银行超额准备金管理的重点，就是要在准确测算超额准备金需要量的前提下，适当地控制准备金规模。

1. 影响超额准备金需要量的因素

影响商业银行超额准备金需要量的因素主要有以下几个方面。

（1）存款波动。商业银行存款包括对公存款和储蓄存款。一般来说，对公存款的变化主要是通过转账形式表现，如本行客户对其他银行客户付款会导致对公存款下降，同时本行超额准备金流出；本行客户收取他行客户支付的货款，则会使本行对公存款增加，超额准备金也增加。对个人的储蓄存款和部分对公存款的变化则主要是通过现金收支来表现的：当存款增加，首先表现为现金增加，然后银行将现金交存中央银行，最终引起超额准备金的增加；反之，存款下降，银行现金支出增加，这时，需要从中央银行提取现金，从而导致超额准备金减少。

（2）贷款的发放与收回。贷款的发放与收回对超额准备金的影响主要取决于贷款使用的范围。如果贷款使用对象是本行开户的企业，那么本行在中央银行的存款将不会发生变化；如果贷款发放对象是在其他银行开户的企业，或者本行开户的企业在取得贷款后立即对外支付，就会减少本行在中央银行的存款，从而使本行的超额准备金下降。此时，银行就需要准备足够的超额准备金。同理，贷款的收回对超额准备金的影响也因贷款对象的不同而有所不同。其他银行开户的贷款企业归还贷款，会使本行超额准备金增加，而本行开户的贷款企业归还贷款，不会影响超额准备金的需要量。

（3）其他因素对超额准备金需要量的影响。除了存贷款因素外，其他一些因素也会影响商业银行超额准备金的需要量。

① 向中央银行借款因素。当商业银行向中央银行的借款数大于归还中央银行借款数时，商业银行的超额准备金会上升；如果商业银行归还中央银行借款的数额大于向中央银行借款

的数额，其超额准备金数额就会下降。

② 同业往来因素。如果商业银行在同业往来的科目是应付余额，就表明在这一时期内，该银行要向其他银行归还到期拆入款大于应该收回的拆出款，该行的超额准备金会下降，如果银行同业往来科目为应收余额，则表明该行到期应收回的拆出款大于应归还的拆入款，该行的超额准备金就会上升。

③ 法定存款准备金因素。当需要调增法定存款准备金时，商业银行就会从超额准备金中解缴法定准备金，从而减少超额准备金余额；而当调减法定存款准备金时，调减的部分会自动增加商业银行的超额准备金。

④ 信贷资金调拨因素。当需要调出信贷资金时，商业银行的超额准备金会减少；而当可以调入信贷资金时，超额准备金就会增加。

⑤ 财政性存款因素。财政性存款的上缴会减少商业银行的超额准备金。

根据以上各种因素，就可以测算在一定时期内商业银行超额准备金的需要量。

2. 超额准备金的调节

商业银行在预测超额准备金需要量的基础上，应当及时进行头寸调度，以保持超额准备金规模的适度性。当未来头寸需要量较大而现有超额准备金不足以应付需要时，银行就应当设法补足头寸，增加超额准备金；当未来头寸需要量减少而现有超额准备金剩余时，银行则应及时将多余超额准备金运用出去，寻求更好的盈利机会。

商业银行头寸调度的渠道和方式主要有以下几种。

（1）同业拆借。商业银行灵活调度头寸的最主要渠道或方式是同业拆借。任何一家经营有方的银行，都应当建立广泛的短期资金融通网络，在本行出现资金短缺时，可以及时地拆入资金；当本行资金暂时剩余时，也可以及时将资金运用出去，以获得利润。

（2）短期证券回购及商业票据交易。短期证券和商业票据是商业银行的二级准备，也是商业银行头寸调度的重要渠道。当商业银行头寸不足时，可以在市场上通过出售证券回购协议的方式补足头寸；当头寸多余时，则可以通过买入回购协议的方式将资金调出。另外，商业银行也可以通过短期商业票据的买卖来调节现金头寸的余缺。

（3）通过中央银行融资。中央银行是金融体系的"最后贷款人"，当商业银行在经营过程中出现暂时性资金头寸不足时，可以通过再贷款或再贴现的方式向中央银行融资。但由于中央银行再贷款和再贴现都是货币政策的操作手段，商业银行能否获得中央银行贷款，很大程度上取决于货币政策的需要和商业银行的经营状况。当中央银行货币政策偏紧，或商业银行经营状况不是很好时，从中央银行融通资金就比较困难。

（4）商业银行系统内资金调度。商业银行实行的是一级法人体制。为了加强行内资金调度能力，各商业银行都应实行二级准备制度，如果各级银行在日常经营活动中出现头寸不足或剩余的情况时，可以在系统内通过行内资金调度来调剂余缺。

（5）出售其他资产。当商业银行通过以上渠道或方式仍不能满足头寸调度的需要时，还可以通过出售中长期证券、贷款甚至固定资产来获得现金。通常情况下，中长期证券和贷款是商业银行盈利的主要来源，固定资产是商业银行经营的基本条件。如果仅仅从资金调度角度来讲，只要银行通过其他渠道可以获得所需资金，一般不出售这些资产。但如果商业银行通过上述几种方式不足以满足资金调度的需要，或者预测这些资产未来的价格将有较大幅度下降，或者目前出售这些资产确实能给银行带来丰厚的利润时，银行也可以通过出售中长期证券和贷款或固定资产的方式来融通资金。

专栏资料 3-1

我国存款准备金率历次调整列表见表 3-1。

表 3-1 我国存款准备金率历次调整列表

次数	时间	大型金融机构			中小金融机构		
		调整前	调整后	调整幅度	调整前	调整后	调整幅度
52	2018年4月25日	16.5%	15.5%	-1%	13%	12%	-1%
51	2016年3月1日	17%	16.5%	-0.5%	13.5%	13%	-0.5%
50	2015年10月24日	17.5%	17%	-0.5%	14%	13.5%	-0.5%
49	2015年9月6日	18%	17.5%	-0.5%	14.5%	14%	-0.5%
48	2015年6月28日	18.5%	18%	-0.5%	15%	14.5%	-0.5%
47	2015年4月20日	19.5%	18.5%	-1%	16%	15%	-1%
46	2015年2月5日	20%	19.5%	-0.5%	16.5%	16%	-0.5%
45	2012年5月18日	20.5%	20%	-0.5%	17%	16.5%	-0.5%
44	2012年2月24日	21%	20.5%	-0.5%	17.5%	17%	-0.5%
43	2011年12月5日	21.5%	21%	-0.5%	18%	17.5%	-0.5%
42	2011年6月20日	21%	21.5%	+0.5%	17.5%	18%	+0.5%
41	2011年5月18日	20.5%	21%	+0.5%	17%	17.5%	+0.5%
40	2011年4月21日	20%	20.5%	+0.5%	16.5%	17%	+0.5%
39	2011年3月25日	19.5%	20%	+0.5%	16%	16.5%	+0.5%
38	2011年2月24日	19%	19.5%	+0.5%	15.5%	16%	+0.5%
37	2011年1月20日	18.5%	19%	+0.5%	15%	15.5%	+0.5%
36	2010年12月20日	18%	18.5%	+0.5%	14.5%	15%	+0.5%
35	2010年11月29日	17.5%	18%	+0.5%	14%	14.5%	+0.5%
34	2010年11月16日	17%	17.5%	+0.5%	13.5%	14%	+0.5%
33	2010年5月10日	16.5%	17%	+0.5%	13.5%	13.5%	0%
32	2010年2月25日	16%	16.5%	+0.5%	13.5%	13.5%	0%
31	2010年1月18日	15.5%	16%	+0.5%	13.5%	13.5%	0%
30	2008年12月25日	16%	15.5%	-0.5%	14%	13.5%	-0.5%
29	2008年12月5日	17%	16%	-1%	16%	14%	-2%
28	2008年10月15日	17.5%	17%	-0.5%	16.5%	16%	-0.5%
27	2008年9月25日	17.5%	17.5%	0%	17.5%	16.5%	-1%
26	2008年6月25日	16.5%	17.5%	+1%	16.5%	17.5%	+1%
25	2008年5月20日	16%	16.5%	+0.5%	16%	16.5%	+0.5%
24	2008年4月25日	15.5%	16%	+0.5%	15.5%	16%	+0.5%
23	2008年3月25日	15%	15.5%	+0.5%	15%	15.5%	+0.5%
22	2008年1月25日	14.5%	15%	+0.5%	14.5%	15%	+0.5%
21	2007年12月25日	13.5%	14.5%	+1%	13.5%	14.5%	+1%

续表

次数	时间	大型金融机构			中小金融机构		
		调整前	调整后	调整幅度	调整前	调整后	调整幅度
20	2007年11月26日	13%	13.5%	+0.5%	13%	13.5%	+0.5%
19	2007年10月25日	12.5%	13%	+0.5%	12.5%	13%	+0.5%
18	2007年9月25日	12%	12.5%	+0.5%	12%	12.5%	+0.5%
17	2007年8月15日	11.5%	12%	+0.5%	11.5%	12%	+0.5%
16	2007年6月5日	11%	11.5%	+0.5%	11%	11.5%	+0.5%
15	2007年5月15日	10.5%	11%	+0.5%	10.5%	11%	+0.5%
14	2007年4月16日	10%	10.5%	+0.5%	10%	10.5%	+0.5%
13	2007年2月25日	9.5%	10%	+0.5%	9.5%	10%	+0.5%
12	2007年1月15日	9%	9.5%	+0.5%	9%	9.5%	+0.5%
11	2006年11月15日	8.5%	9%	+0.5%	8.5%	9%	+0.5%
10	2006年8月15日	8%	8.5%	+0.5%	8%	8.5%	+0.5%
9	2006年7月5日	7.5%	8%	+0.5%	7.5%	8%	+0.5%
8	2004年4月25日	7%	7.5%	+0.5%	7%	7.5%	+0.5%
7	2003年9月21日	6%	7%	+1%	6%	7%	+1%
6	1999年11月21日	8%	6%	-2%	8%	6%	-2%
5	1998年3月21日	13%	8%	-5%	13%	8%	-5%
4	1988年9月	12%	13%	+1%	12%	13%	+1%
3	1987年	10%	12%	+2%	10%	12%	+2%
2	1985年	中国人民银行将法定存款准备金率统一调整为10%					
1	1984年	中国人民银行按存款种类规定法定存款准备金率,企业存款20%,农村存款25%,储蓄存款40%					

专栏资料3-2

差别存款准备金率制度

差别存款准备金率制度规定,金融机构适用的存款准备金率与其资本充足率、资产质量状况等指标挂钩。金融机构资本充足率越低、不良贷款比率越高,适用的存款准备金率就越高;而金融机构资本充足率越高、不良贷款比率越低,适用的存款准备金率就越低。

差别存款准备金率制度主要包括以下四方面内容。

(1)确定差别存款准备金率的主要依据。其主要包括金融机构资本充足率、金融机构不良贷款比率、金融机构内控机制状况、发生重大违规及风险情况、金融机构支付能力明显恶化以及发生可能危害支付系统安全的风险情况。

(2)差别存款准备金率制度实施对象。差别存款准备金率制度采取统一框架设计和分类标准,实施对象为存款类金融机构。

(3)确定差别存款准备金率的方法。根据资本充足率等四项指标对金融机构质量状况进行分类;根据宏观调控的需要,在一定区间内设若干档次,确定各类金融机构适用的差别存款准备金率。

(4) 调整存款准备金率的操作。中国人民银行定期根据中国银保监会统计的金融机构法人上年季度平均资本充足率和不良贷款比率等指标，对金融机构存款准备金率进行调整。在个别金融机构出现重大违规、风险问题以及支付清算问题时，中国人民银行将会商中国银保监会，及时调整其存款准备金率。

二、贷款

详见本书第二编第四章。

三、证券投资

商业银行的基本功能是生产和出售公众所需要的金融服务，这些服务中最重要的就是提供贷款，特别是那些用于支持企业投资和公众消费的贷款，但是，并非所有的银行资金都可以被用于贷款。其原因如下：一方面，许多贷款缺乏流动性，它们不能在商业银行急需现金时，于到期日之前出售变现；另一方面，贷款属于风险最高的银行资产，借款方违约率最高。这些问题在一定程度上可以通过证券投资业务得到解决。

（一）商业银行证券投资业务的重要性

1. 获取收益

通过证券投资获取收益是商业银行证券投资业务的首要目标。商业银行通过负债业务吸收资金，只有提高资产的运用率，取得较高收益，才能补偿资金成本并赚取利润。在贷款需求旺盛、贷款收益较高而风险较低时，商业银行资金应主要用于贷款，而在贷款需求减弱，或者贷款收益较低而风险较高时，则应将一些资金，甚至相当一部分资金转移到证券投资上，以降低贷款风险，并保证取得一定的收益。商业银行证券投资的收益包括利息收益和资本收益。利息收益是指商业银行购入一定数量的有价证券后，以证券发行时确定的利率从发行者那里取得的收益。资本收益也叫证券价差收益，是指商业银行持有某种证券一定时期或持有到期后，在出售时获取的、卖出价格高于买入价格的差额。

2. 分散风险

降低风险，或把风险控制在一定的限度内，是商业银行经营中一个至关重要的问题，而降低风险的基本做法就是实行资产分散化。证券投资业务为商业银行资产分散提供了一种新的选择，而且它在分散风险方面比贷款更具功效。

3. 保持流动性

流动性是商业银行经营的客观要求。对商业银行来讲，流动性的实现，既可通过资产方面取得，也可从负债方面获得。但不同的是，通过资产变现保持流动性，商业银行相对比较主动，而借助于负债实现流动性，商业银行则显得比较被动。在商业银行的资产结构中，库存现金、在中央银行存款及存放同业等资产的流动性较强，能充分满足顾客提现和贷款的需要，但其收益率为零或很低。故商业银行可以持有一部分有价证券，既能克服现金等资产缺乏盈利的弱点，又具有较高的流动性，使得流动性与营利性更加协调一致。

（二）商业银行证券投资业务的特点

（1）与一般工商企业实物投资活动相比，商业银行证券投资业务是一种证券买卖活动。

一般工商企业的实物投资主要是购买机器和设备等生产资料,属于生产性投资或直接投资;商业银行证券投资业务则是购买有价证券,属于金融投资或间接投资。工商企业通过实物投资为生产创造了物质条件,可以进行物质产品或劳务的生产和提供,从中赚取利润;商业银行证券投资则是通过有价证券的买卖或还本付息直接赚取利润。

(2) 与贷款业务相比,商业银行证券投资业务是一种独立性较强的资产业务。这里的独立性有两层含义:一是商业银行独立于债务人。商业银行是否进行证券投资,不受债务人的影响或牵制,可以独立自主地根据自己的资金状况和市场行情决定购买或不买某种证券,但在贷款业务中,商业银行是否发放贷款往往受到银行与客户之间业务关系、人际关系等的影响。二是债务人独立于债权人。商业银行购买了证券之后,往往只是众多债权人中的一分子,一般没有条件控制债务人的活动,即独立于债务人的活动之外,而在贷款业务中,商业银行一般是客户的主要债权人,有条件控制债务人的活动。

(三) 商业银行证券投资的对象

1. 政府债券

政府债券是由政府或政府部门发行的债务凭证,它证明债券持有者有权从政府或政府部门取得利息,并到期收回本金。商业银行投资政府债券的优点主要是安全性高、流动性强与收益率高,并且可以作为质押品。

2. 公司债券

公司债券是一般企业为对外筹集资金而发行的一种债务凭证,是发行公司对债券持有人承诺在一定期间,按照票面所记载条件还本付息的证明。公司债券一般分为信用公司债和抵(质)押公司债。信用公司债是企业仅凭自身信用发行的无担保公司债,这种债券的持有人为公司的一般债权人,没有优先受偿权。抵(质)押公司债是以企业财产作为抵(质)押而发行的债券,它必须依法在主管机关办理登记,并由代表全部债券持有人的信托受托人(多为金融机构)取得相关财产的抵押权(或质权)后才能发行,若企业不能到期还本付息,受托人可依法处置相应财产,并将所得收入支付给债券持有人。

3. 金融债券

金融债券是金融机构为对外筹集资金而发行的一种债务凭证,是金融机构对债券持有人承诺在一定期间按照票面所记载条件还本付息的证明。

4. 股票

股票是股份公司发给股东作为投资入股和索取股息的所有权证书。与债券相比,股票没有到期日,股息不固定,但股票(仅指普通股)的持有者对股份公司的经营状况具有投票表决权。

专栏资料3—3

短期融资券

《短期融资券管理办法》规定,短期融资券(以下简称融资券),是指中华人民共和国境内具有法人资格的非金融企业依照本办法规定的条件和程序,在银行间债券市场发行和交易,并约定在一定期限内还本付息的有价证券。融资券的期限最长不超过365天。发行融资券的企业可在上述最长期限内,自主确定每期融资券的期限。融资券发行利率或发行价格由企业和承销机构协商确定。融资券只对银行间债券市场的机构投资人发行,不对社会公众发行，并且只在银行间债券市场交易。

(四) 商业银行证券投资的一般策略

商业银行进行证券投资，必须根据证券市场和客观环境的变化，及时调整所持有的证券头寸，以达到有效的证券组合，即在相同的投资额中，预期报酬与其他组合相同，但承担的风险较低，或承担风险相同但预期报酬较高。

1. 分散投资法

分散投资法是指商业银行不应把投资的资金全部用于购买一种证券，而应当购买多种类型的证券，这样就可以使商业银行持有的各种证券的收益和风险相互抵消，从而获得较为客观的收益。证券投资的分散主要有四种方法，即期限分散法、地域分散法、类型分散法和发行者分散法。期限分散法是指在证券的期限上加以分散，将资金分别投入各种期限的证券上；地域分散法是指商业银行不只购买某一地区发行的证券，而是购买不同地区发行的证券；类型分散法是指商业银行持有的证券不是集中于某一种类，而是由各种类型的证券构成，如工业、农业、交通业和金融业等；发行者分散法是指商业银行所持有证券的发行者要多种多样，不能只集中投资某一发行者发行的证券。

2. 期限分离法

期限分离法是指商业银行将全部资金投放在一种期限的证券上，或短期，或长期。其包括三种不同的战略，即短期投资战略、长期投资战略和杠铃投资战略。

(1) 短期投资战略是指当商业银行面临高度流动性需求的情况下，且认为今后一段时间短期利率将趋于下降时，商业银行把其绝大多数的资金投放在短期证券上，几乎不购买其他期限的证券。

(2) 长期投资战略是指商业银行将绝大多数资金投资长期证券，几乎不持有任何再其他期限的证券。

(3) 杠铃投资战略是指商业银行将投资资金分别集中投放在短期证券和长期证券上的一种投资组合方法。在杠铃投资战略中，虽然投资资金也随着收益曲线的变化进行调整，但调整过程仍以杠铃的另一端保持一定数量，以及期限与之相对称的证券为前提。一般来说，当长期市场利率将下降，即长期证券价格将上涨时，可将一部分短期证券卖掉，购入长期证券，等到长期市场利率实际下跌，长期证券价格已上涨到一定幅度时，再将这部分证券卖出，换回短期证券，这个操作过程可使商业银行获得一定的利润。同样，当短期市场利率将下降，即短期证券价格上涨时，可将部分长期证券出售，购回短期证券，等到短期市场利率实际下降，短期证券价格上涨后，再卖掉这部分短期证券，这样也可获得相当可观的差额利润。

3. 灵活调整法

灵活调整法是指商业银行在对各类证券收益曲线分析的基础上，实施的一种以情况变化而随机组合、灵活调整的方式。其基本内容是商业银行投资不能固守一个模式，而应随着金融市场上证券收益曲线的变化随时调整证券组合。与杠铃投资战略相比，其操作更加主动，只要商业银行预测某种证券的价格将会上升，就可以把资金全部转移到此种证券上，而不必考虑是否还需要保留一定数量的与之在期限上对称的证券。

总之，对商业银行来讲，固守某种证券投资的策略不可取，可取的是根据自己对证券风险和证券收益的判断，灵活调整投资战略与方法。

四、拆放同业和存放同业

第二章已详细介绍了拆放同业,所以本小节仅重点介绍存放同业。

(一) 存放同业的含义及必要性

存放同业即同业存款,是指大多数商业银行在其他金融机构保持的一定数量的活期存款。由于业务特点和人力、物力的限制,任何一家银行都不可能在其业务触及的每一个地方设立分支机构,它在没有分支机构的地区的一些金融业务就需要委托当地的银行等金融机构来代理。那些较大的银行一般都是双重角色:一方面,它作为其他银行的代理行接受其他银行的存放同业款;另一方面,它又是被代理行,将一部分资金以活期存款的形式存放在其他代理行。这就形成了银行之间的代理行业务。

银行之间开展代理业务需要花费一定的成本,商业银行在其代理行保持一定数量的活期存款,主要是为了支付代理行代办业务的手续费。代理行可以将同业存入款用于投资,并以投资的收入补偿他们的成本并获利。同业存款也应当保持一个适度的量,同业存款过多会使银行付出一定的机会成本,而同业存款过少又会影响银行委托他行代理业务的开展,甚至影响本行在同业之间的信誉。因此,银行在同业存款的管理中,需要准确地预测同业存款的需要量。

(二) 同业存款需要量的影响因素

商业银行同业存款需要量主要取决于以下几个因素。

1. 使用代理行的服务数量和项目

如前所述,银行将款项存放同业主要是为了支付代理行代理本行业务的成本。因此,本行使用代理行服务的数量和项目就成为影响同业存款需要量最基本的因素。如果使用代理行服务的数量和项目较多,同业存款的需要量也就较多;而使用代理行服务的数量和项目较少,同业存款的需要量也就较少。

2. 代理行的收费标准

在使用代理行的服务数量和项目一定的情况下,代理行的收费标准就成为影响同业存款需要量的主要因素。收费标准越高,同业存款的需要量就越大。

3. 可投资余额的收益率

通常情况下,代理行通过对同业存款的投资获取收益,从而弥补其为他行代理业务所支付的成本,因此,同业存款中的可投资余额的收益率的高低,也直接影响同业存款的需要量。如果同业存款中可投资余额的收益率较高,那么同业存款的需要量就少一些;反之,同业存款的需要量就多一些。

五、本外币库存

(一) 库存现金的含义与日常管理

1. 库存现金的含义与必要性

库存现金,是指商业银行保存在金库中的现钞和硬币。库存现金的主要作用是银行用来应付客户提现和银行本身的日常零星开支。因此,任何一家营业性的银行机构,为了保证客户的支付,都必须保存一定数量的现金。但由于库存现金是一种非营利性资产,而且保存库存现金需要花费银行大量的保卫费用,所以,从经营的角度上讲,库存现金不宜保存得太多。库存现金的经营原则就是保持适度的规模。

2. 库存现金的日常管理

银行库存现金集中反映了银行经营的资产流动性和营利性状况。库存现金越多,流动性越强,则营利性越差。为了保证在必要的流动性的前提下获取更多的盈利,就需要把库存现金压缩到最低程度。为此,银行必须在分析影响库存现金数量变动的各种因素的情况下,准确测算库存现金需要量,及时调节库存现金的存量,同时加强各项管理措施,确保库存现金的安全。

(1) 影响银行库存现金的因素。影响银行库存现金的因素比较复杂,其中主要有以下几方面。

① 现金收支规律。银行的现金收支在数量上和时间上都有一定的规律性。例如,对公出纳业务,一般是在上午大量支出现金,而在下午大量收入现金。在1个年度当中,由于受季节性因素的影响,有的季节银行现金收入多而支出少,而有的季节则支出多收入少。银行可以根据历年的现金收支状况,认真寻找其变化规律,为资金头寸的预测提供依据。

② 营业网点的多少。银行经营业务的每一个营业网点,都需要有一定的铺底现金。因此,如果银行营业网点越多,其对库存现金的需要量也就越多。因此,从一般情况来说,银行营业网点的数量与库存现金的需要量是成正比的。

③ 后勤保障的条件。银行库存现金数量与银行的后勤保障条件也有密切关系,一般来说,如果银行后勤保障条件较好,运送现金的车辆、保安充足且服务周到,则每个营业性机构就没有必要在营业性机构存放太多的现金;否则,就必须在每个营业网点存放较多的现金,但是这会增加占压现金费用。

④ 与中央银行发行库的距离、交通条件及发行库的规定。一般来说,商业银行营业网点与中央银行发行库距离较近,交通运输条件较好,这样商业银行就可以尽量压缩库存现金的规模。另外,中央银行发行库的营业时间、出入库时间的规定,也对商业银行的库存现金产生重要影响。如果中央银行发行库的营业时间短,规定的出入库时间和次数少,这势必会增加商业银行的库存现金。

(2) 核定单位库存现金限额。库存现金限额是由开户银行核定的开户单位保留库存现金的最高额度。核定单位库存现金限额是为了使开户单位合理保存现金,促进货币回笼,加速资金周转,防止由于保存大量现金带来的弊端,保证款项的安全。开户银行应当根据实际需要,核定一户单位 3~5 天的日常零星开支所需的库存现金限额,核定限额中应包括开户单位出纳部门及各个附属部门的库存现金。边远地区和交通不发达地区开户单位的库存现金限额可以适当放宽,但最多不得超过 15 天的日常零星开支额。

具体核定方法为:

$$库存现金限额 = 日平均零星现金支付额 \times 确定保留天数$$

保留天数可根据开户单位某月每天的现金支付量的变动幅度、距离开户银行的远近、交通条件以及开户单位的现金保管设施等条件进行综合考虑,并最终确定。日平均支付现金量是开户单位全年或正常月份的日平均支付现金量。

(二) 外汇占款的含义与日常管理

外汇占款是指在商业银行办理外汇业务的过程中,结存外汇所占用的人民币资金,用于结售汇业务的日常周转。对于外汇占款，则应根据日常的交易量和交易额，在考虑意外因素及外汇汇率走势的情况下，适度调整其规模。

专栏资料3-4

我国的中央银行利率

我国的中央银行利率有四种。
(1) 再贷款利率，即中央银行向金融机构发放再贷款时所采用的利率。
(2) 再贴现利率，是指金融机构将所持有的已贴现票据向中央银行办理再贴现时所采用的利率。
(3) 法定存款准备金利率，是指中央银行对金融机构交存的法定存款准备金支付的利率。
(4) 超额存款准备金利率，是指中央银行对金融机构交存的准备金中超过法定存款准备金水平的部分所支付的利率。

专栏资料3-5

中国人民银行对金融机构存贷款利率见表3-2。

表3-2 中国人民银行对金融机构存贷款利率

项目	利率水平/%	调整日期
中国人民银行对金融机构存款利率		2008年11月27日
法定准备金	1.62	
超额准备金	0.72	
中国人民银行对金融机构贷款利率		2010年12月26日
二十天	3.25	
三个月	3.55	
六个月	3.75	
一年	3.85	
再贴现	2.25	

专栏资料3-6

我国利率市场化进程取得突破

近年来，我国利率市场化改革稳步推进。自1996年开始，我国先后放开了银行间拆借市场利率、债券市场利率和银行间市场国债及政策性金融债的发行利率，放开了境内外币贷款和大额外币存款利率，试办人民币长期大额协议存款，同时逐步扩大人民币贷款利率的浮动区间。

2003年8月，中国人民银行在推进农村信用社改革试点时，允许试点地区农村信用社的贷款利率上浮不得超过贷款基准利率的2倍。

自2004年1月1日起，中国人民银行决定将商业银行、城市信用社的贷款利率浮动区间上限扩大到贷款基准利率的 1.7 倍，农村信用社贷款利率的浮动区间上限扩大到贷款基准利率的 2 倍，贷款利率的浮动区间下限保持为贷款基准利率的 0.9 倍不变。

自 2004 年 3 月 25 日起，中国人民银行决定对再贷款实行浮息制度，即在再贷款（再贴现）基准利率基础上，适时确定并公布中央银行对金融机构贷款利率的加点幅度。加点浮息后，二十天以内再贷款利率为 3.33%，再贴现利率为 3.24%，现行法定存款准备金利率为 1.89%，超额存款准备金利率为 0.99%。

自 2004 年 10 月 29 日起，中国人民银行报经国务院批准，决定不再设定金融机构（不含城乡信用社）人民币贷款利率上限；但考虑到城乡信用社竞争机制尚不完善，经营管理能力有待提高，容易出现贷款利率"一浮到顶"的情况，因此，仍对城乡信用社人民币贷款利率实行上限管理，但其贷款利率浮动上限扩大为基准利率的 2.3 倍。所有金融机构的人民币贷款利率下浮幅度保持不变，下限仍为基准利率的 0.9 倍。至此，我国金融机构人民币贷款利率已经基本过渡到上限放开，以及实行下限管理的阶段。同时，允许金融机构人民币存款利率下浮，即所有存款类金融机构对其吸收的人民币存款利率，可在不超过各档次存款基准利率的范围内浮动，但存款利率不能上浮。至此，人民币存款利率实行下浮制度，实现了"放开下限，管住上限"的既定目标。

自 2007 年 1 月 4 日起，Shibor（上海银行间同业拆放利率）开始正式运行，并启动每日发布制度，以进一步推动利率市场化，培育货币市场基准利率体系，提高金融机构自主定价能力。这一"基准利率"的正式推出是中国利率市场化的标志。

自 2012 年 6 月 8 日起，中国人民银行决定下调金融机构人民币存贷款基准利率，同时将金融机构存款利率浮动区间的上限调整为基准利率的 1.1 倍，将金融机构贷款利率浮动区间的下限调整为基准利率的 0.8 倍。

自 2012 年 7 月 6 日起，中国人民银行决定下调金融机构人民币存贷款基准利率，同时将金融机构贷款利率浮动区间的下限调整为基准利率的 0.7 倍。

自 2013 年 7 月 20 日起，中国人民银行决定全面放开金融机构贷款利率管制，取消金融机构贷款利率 0.7 倍的下限，由金融机构根据商业原则自主确定贷款利率水平；个人住房贷款利率浮动区间不做调整，仍保持原区间不变，继续严格执行差别化的住房信贷政策；取消票据贴现利率管制，改变贴现利率在再贴现利率基础上加点确定的方式，由金融机构自主确定；取消农村信用社贷款利率 2.3 倍的上限，由农村信用社根据商业原则自主确定对客户的贷款利率。

自 2014 年 11 月 22 日起，中国人民银行决定下调金融机构人民币贷款和存款基准利率；同时，结合推进利率市场化改革，将金融机构存款利率浮动区间的上限由存款基准利率的 1.1 倍调整为 1.2 倍。

自 2015 年 3 月 1 日起，中国人民银行决定下调金融机构人民币贷款和存款基准利率；同时，结合推进利率市场化改革，将金融机构存款利率浮动区间的上限由存款基准利率的 1.2 倍调整为 1.3 倍。

自 2015 年 5 月 11 日起，中国人民银行决定下调金融机构人民币贷款和存款基准利率；同时，结合推进利率市场化改革，将金融机构存款利率浮动区间的上限由存款基准利率的 1.3 倍调整为 1.5 倍。

自 2015 年 10 月 24 日起，中国人民银行决定对商业银行和农村合作金融机构等不再设置存款利率浮动上限,并抓紧完善利率的市场化形成和调控机制,加强中国人民银行对利率体系的调控和监督指导,提高货币政策传导效率。

取消对利率浮动的行政限制,这并不意味着中国人民银行不再对利率进行管理,而只是利率调控会更加倚重市场化的货币政策工具和传导机制。从这个角度讲,利率市场化改革将进入新阶段,核心是要建立健全与市场相适应的利率形成和调控机制,提高中国人民银行调控市场利率的有效性。一是通过中国人民银行利率政策指导体系引导和调控市场利率。借鉴国际经验,我国正在积极构建和完善中国人民银行政策利率体系,中国人民银行以此引导和调控包括市场基准利率与收益率曲线在内的整个市场利率,以实现货币政策目标。对于短期利率,中国人民银行将加强运用短期回购利率和常备借贷便利(SLF)利率,以培育和引导短期市场利率的形成。对于中长期利率,中国人民银行将发挥再贷款、中期借贷便利(MLF)、抵押补充贷款(PSL)等工具对中长期流动性的调节作用以及中期政策利率的功能,引导和稳定中长期市场利率。二是各类金融市场以市场基准利率和收益率曲线为基准进行利率定价。货币市场、债券市场等市场利率可以依上海银行间同业拆借利率(Shibor)、短期回购利率、国债收益率等进行确定,并形成市场收益率曲线。信贷市场可以参考的定价基准包括贷款基础利率(LPR)、Shibor、国债收益率曲线等,在过渡期内中国人民银行公布的贷款基准利率仍可以发挥一定的基准作用。各种金融产品都有其定价基准,在基准利率上加点形成差异化、客户化的利率体系,但万变不离其宗,都围绕市场基准利率变动。三是进一步理顺利率传导机制。在完善中国人民银行政策利率体系、培育市场基准利率的基础上,中国人民银行将进一步理顺从中国人民银行政策利率到各类市场基准利率,从货币市场到债券市场再到信贷市场,进而向其他市场利率乃至实体经济的传导渠道。同时,通过丰富金融市场产品,推动相关价格改革,提升市场化利率传导效率。

第二编
贷款业务基础与法规制度

第四章

贷款业务基础知识

第一节 贷款原则与政策

一、贷款原则

贷款原则是银行借贷行为规范的总体性准则,是制定各项贷款业务规则的基础,主要包括以下几点。

1. 依法贷款原则

依法贷款原则是指贷款的发放和使用应当符合国家的法律、行政法规、中国人民银行和中国银保监会发布的规章与办法。

2. 遵循效益性、安全性和流动性相结合原则

效益性、安全性和流动性是我国商业银行经营的总原则,贷款业务当然必须贯彻、遵循这一原则。从广义上讲,这也是企业及其他借款人使用贷款资金时应当遵守的基本原则。

3. 遵循平等、自愿、公平和诚实信用原则

平等原则是指借款人和贷款人在借贷行为中都平等地享有民事权利和承担民事义务,不允许只享有权利而不承担义务,或者只承担义务而不享有权利的现象存在。

自愿原则是指借款人有权自主决定自己是否向银行借款以及借款的金额、期限和用途,贷款人有权自主决定贷与不贷、贷款的金额、期限和利率等。

公平原则要求借款人和贷款人在享有权利和承担义务上对等,承担责任上要合理;要求贷款人对借款人一视同仁,不得因借款人"身份"不同而在贷款条件、金额、利率及期限等方面有所优惠或歧视。

诚实信用原则要求借贷双方进行借贷活动时必须诚实、善意、讲信誉和守合同,不隐瞒真实情况,不得规避法律和合同,不得逃避应该承担的义务。借款人不得为取得贷款而采取欺骗的手段,不得隐瞒或谎报自己的财务、经营及盈利状况以及贷款用途,贷款后必须按时足额归还贷款的本金和利息。贷款人应及时按照合同约定向借款人发放贷款。

4. 遵循公平竞争与密切协作原则

公平竞争原则要求在进行贷款业务时,贷款人之间的竞争必须是正当的,不得通过不正当的手段来招揽客户,如违反中央银行利率方面的相关规定而私自直接或变相降低贷款利率和贷款条件,减少贷款担保甚至不要求任何担保等。

密切协作原则要求商业银行之间要互通信息,特别是有关借款人的信用情况和以往贷款记录的资料,在银团贷款发放上要做到业务共担、利润共享。

二、贷款政策

贷款政策是指导贷款决策行为的具体行为准则。中央政府、中央银行及各商业银行都可以制定贷款政策,所以,既有全局性的贷款政策,又有结合各行实际的政策。贷款政策与贷款原则不同,原则具有一般性、全局统一、相对稳定;而政策则相对具体、差异性、时效性明显,随经济发展和形势变化做相应调整。

贷款政策是货币政策的重要组成部分,其中心内涵是指中央银行根据国家宏观经济政策和产业政策要求,运用经济、法律和行政等手段,对金融机构信贷总量和投向实施引导、调控和监督,以此来优化贷款投向,实现信贷资金优化配置,并促进经济结构调整。

贷款政策的基本包容包括四个方面:一是投向政策,它规定银行贷款应支持什么,限制什么,明确指出哪些可以贷款,哪些不能贷款;二是总量政策,它规定贷款增长的指导性计划,以及银根松紧度如何调节掌握;三是利率政策,它规定利率的水平、差别、执行权限以及如何运用利率杠杆;四是贷款管理的具体措施。

具体地讲,制定投向政策必须根据国家和地区经济结构协调发展的要求与已经出台的产业政策,针对已经出现的结构失调现象,结合长远发展规划,明确规定应该支持和限制的对象,以及支持和限制的方法。制定总量政策的主要依据为:根据经济增长速度、物价变动状况等确定贷款增长的指导性计划;按市场供求关系变动和现实货币流通状况,确定银根松紧的方针政策;按经济发展的实际、地区特殊要求及季节性规律等,制定灵活调节贷款供应的政策;按银行自身的资金来源确定贷款规模。制定利率政策是在国家和金融监管当局规定的利率波动范围内,按照支持和限制的需要,规定利率的种类、差别、档次、管理和执行的权限,以充分发挥其调节资金供求的作用。制定各项贷款管理措施主要是围绕贷款原则、投向、规模及利率政策的贯彻落实而加以具体化。

第二节 贷款对象、条件与贷款分类

一、贷款对象

贷款对象是指银行贷款所要投向或已经投向的部门、企业、单位及个人,即借款客户应当是经工商行政管理机关(或主管机关)核准登记的企(事)业法人、其他经济组织、个体工商户或具有中华人民共和国国籍的具有完全民事行为能力的自然人。

从银行业务角度讲,贷款对象应能够偿还贷款本息,这就要求其必须具有一定的经济收入来源,具备偿债意愿和偿债能力。同时,银行也要具有资金供应能力,即有无相应规模、期限的存款以满足对方的要求。

从国民经济宏观角度讲,贷款对象应适应经济体制发展和改革的要求,符合一定时期内的国家宏观经济政策。

二、贷款条件

贷款对象向银行申请贷款业务应当具备下列基本条件。

(1) 从事的经营活动合规合法，符合国家产业政策和社会发展规划要求。

(2) 有稳定的经济收入和良好的信用记录，能按期偿还本息；原应付利息和到期信用已清偿或落实了经银行认可的还款计划。

(3) 在银行开立存款账户，自愿接受银行信贷监督和结算监督。

(4) 有限责任公司和股份有限公司对外股本权益性投资符合国家有关规定比例；实行公司制的企业法人申请信用必须符合公司章程，或具有董事会授权或决议。

(5) 除自然人以外的客户，须持有中国人民银行核准发放并经过年检的贷款卡，以及技术监督部门颁发的组织机构代码。

(6) 除自然人和不需要经工商行政管理机关核准登记的事业法人外，应当经过工商行政管理机关办理《营业执照》年检手续，特殊行业须持有有权机关颁发的营业许可证。

(7) 不符合信用方式的，应提供符合规定条件的担保。

(8) 除自然人以外的客户，需有符合规定比例的资本金或规定比例的资产负债率。

(9) 申请票据贴现，必须持有合法有效的票据。

三、贷款分类

(一) 自营贷款和委托贷款

按照发放贷款时是否承担贷款本息收回责任及责任的大小，可以将贷款划分为自营贷款和委托贷款。

自营贷款是指贷款人以合法的方式筹集资金并自主发放的贷款，其风险由贷款人承担，贷款本息由贷款人负责收回。自营贷款是我国贷款人发放的数量最多、比重最大的贷款。

委托贷款是指委托人（包括政府部门、企事业单位和个人等）提供资金，由贷款人（即受托人）根据委托人确定的贷款对象、用途、金额、期限及利率等条件代为发放、监督使用并协助收回的贷款。贷款人只收取手续费，不承担贷款风险，如个人住房公积金贷款等。

(二) 短期贷款、中期贷款和长期贷款

按照贷款使用期限，可以将贷款划分为短期贷款、中期贷款和长期贷款。

短期贷款是指期限在一年以内（含一年）的贷款；中期贷款是指期限在一年以上（不含一年）五年以下（含五年）的贷款；长期贷款是指期限在五年以上（不含五年）的贷款。

在我国，短期贷款主要分为三个月、六个月、九个月与一年等类型，主要是流动资金贷款，是商业银行根据社会生产流通领域的短期资金需要发放的贷款。中期贷款和长期贷款一般合称为中长期贷款，主要是商业银行针对借款人在购建固定资产时资金不足或者满足基本建设和更新改造的资金需要而发放的贷款。截至 2017 年 12 月，我国金融机构人民币贷款总额达 1 201 320.99 亿元；其中，短期贷款达 390 447.53 亿元，中长期贷款达 741 175.15 亿元。

(三) 信用贷款、担保贷款和票据贴现贷款

按照贷款发放时有无担保和担保的方式,可以将贷款划分为信用贷款、担保贷款和票据贴现贷款。

1. 信用贷款

信用贷款是指以借款人的信誉发放的贷款。这种贷款最大的特点就是不需要担保,仅凭借款人的信用就可以取得贷款,因而,风险较大,但是手续简单,利率较高。目前,我国商业银行发放的贷款正逐步从信用贷款向担保贷款转变,信用贷款仅向信誉显著的借款人发放,信用卡透支就属于信用贷款的特例。

2. 担保贷款

担保贷款是指当借款方不按合同约定偿还贷款本息时,由借款方或保证人以其所有的财产承担或连带承担偿还贷款本息义务,贷款方有权依法或按合同约定处置对方财产,以保证贷款本息收回而发放的贷款。根据担保的方式不同,担保贷款可以分为保证贷款、抵押贷款和质押贷款。

(1) 保证贷款。保证贷款是指按《中华人民共和国担保法》规定的保证方式,以第三人承诺在借款人不能偿还贷款时,按约定承担一般保证责任或连带责任而发放的贷款。办理保证贷款,应当对保证人保证资格、资信状况及其还款记录进行审查,并签订保证合同。

(2) 抵押贷款。抵押贷款是指按《中华人民共和国担保法》和《中华人民共和国物权法》规定的抵押方式,以借款人或第三人的财产作为抵押物发放的贷款。办理抵押贷款,应对抵押物的权属、有效性和变现能力以及所设定抵押的合法性进行审查,签订抵押合同并办理抵押物的有关登记手续。另外,需要根据抵押物评估值的不同情况,合理确定贷款的抵押比例。

(3) 质押贷款。质押贷款,是指按《中华人民共和国担保法》和《中华人民共和国物权法》规定的质押方式,以借款人或第三人的动产或权利作为质物发放的贷款。办理质押贷款,应对质物的权属和价值以及所设定质押的合法性进行审查,与出质人签订质押合同,并办理相关的登记或移交手续。

3. 票据贴现贷款

票据贴现贷款是指贷款人以购买借款人的合格但尚未到期的商业票据的方式发放的贷款。

(四) 正常贷款、逾期贷款、呆滞贷款和呆账贷款

按照贷款质量(以期限为标准),可以将贷款划分为正常贷款、逾期贷款、呆滞贷款和呆账贷款。逾期贷款、呆滞贷款和呆账贷款,即"一逾两呆",属于不良贷款。

正常贷款是指贷款发放后能够按时足额收回的贷款。逾期贷款是指贷款到期(含展期到期)后两年内仍不能收回的贷款。呆滞贷款是指贷款到期已经超过两年,或虽未超过两年,但项目已停止建设、企业已停止运营致使无法收回的贷款。呆账贷款是指符合下列条件之一的贷款:企业宣告破产后,仍不能归还;自然人死亡或宣告失踪,遗产不能归还;遭受重大灾害后,损失严重,致使无法归还;经国务院批准核销。

(五) 正常贷款、关注贷款、次级贷款、可疑贷款和损失贷款

按照贷款的风险程度,可以将贷款划分为正常贷款、关注贷款、次级贷款、可疑贷款和

损失贷款。次级贷款、可疑贷款和损失贷款合称不良贷款。

正常贷款是指借款人能够履行合同,没有足够理由怀疑其贷款本息不能按时足额偿还的贷款。

关注贷款是指尽管借款人目前有能力偿还贷款本息,但存在一些可能对贷款本息的偿还产生不利影响的因素的贷款。

次级贷款是指借款人的偿债能力出现明显问题,完全依靠其正常营业收入无法足额偿还,即使执行担保,也可能会造成一定损失的贷款。

可疑贷款是指借款人无法足额偿还贷款本息,即使执行担保,也肯定要造成较大损失的贷款。

损失贷款是指在采取所有可能的措施或一切必要的法律程序后,本息仍然无法收回,或只能收回极少部分的贷款。

第三节 贷款期限与利率

一、贷款期限

贷款期限是指贷款人将贷款贷给借款人到贷款人收回贷款的这一段时间,是借款人对贷款的实际占有时间。合理确定贷款期限的优点如下:有利于满足借款人生产经营的合理需要,促进经济发展;促使借款企业加强经营管理,减少资金占用;保证借款个人既能足额偿还贷款本息,又不影响正常生活水平。

贷款期限根据借款人的生产经营周期、偿债能力和贷款人的资金供给能力,由借贷双方共同商议后确定,并在借款合同中载明。

确定贷款期限的依据包括借款人的生产经营周期、偿债能力及贷款人的资金供给能力。其中,基本依据应是借款人的生产经营周期。对建设项目来说,生产经营周期就是投资回收期;对工业生产企业来说,生产经营周期是产供销周期;对商业企业来说,生产经营周期是商品采购和销售期间。不同行业的生产经营周期肯定不同,同一行业的不同企业的生产经营周期也不一样,故贷款期限所依据的生产经营周期,应是该行业各个企业的平均生产经营周期。生产经营周期对个人来讲,主要是指借款人的年龄或工作年限,从借款日到退休日之间的时段为借款人的最长借款年限。

二、贷款展期

贷款展期是指借款人因故未能按合同约定期限偿还贷款本息而要求继续使用贷款的行为。

借款人不能按期归还贷款的,应当在贷款到期日前,向贷款人申请贷款展期,是否展期由贷款人决定。申请保证贷款、抵押贷款与质押贷款展期的,还应当由保证人、抵押人与出质人出具同意的书面证明,已有约定的按照约定执行。

短期贷款展期期限累计不得超过原贷款期限;中期贷款展期期限累计不得超过原贷款期限的一半;长期贷款展期期限累计不得超过三年。

三、贷款利率的确定

贷款人应当按照中国人民银行规定的贷款利率上下限确定每笔贷款利率，并在借款合同中载明，即要求贷款人对每笔贷款都必须明确一个利率，"明码标价"，以防止欺诈行为。

贷款利率是借款人使用贷款支付的价格，也是借款人生产或经营成本的重要组成部分。贷款人必须严格执行中国人民银行关于利率管理的规定。考虑到随着市场经济的发展，资金供求状况在各地都存在不平衡性，各贷款人可在中国人民银行利率浮动幅度规定的范围内确定每笔贷款的利率。这样既可维护国家统一利率的严肃性，又能兼顾每个贷款人的利益。

中国人民银行关于贷款利率管理的规定主要有以下几个方面：

（1）国务院批准和授权中国人民银行制定的各种利率为法定利率，其他任何单位和个人均无权变动。法定利率的公布、实施由中国人民银行总行负责。

（2）金融机构在中国人民银行总行规定的浮动幅度内，以法定利率为基础自行确定的利率为浮动利率。

（3）金融机构可以对逾期贷款和被挤占挪用的贷款，在原借款合同规定利率基础上加收利息。加收利息的幅度、范围和条件由中国人民银行总行确定。

（4）对擅自降低、提高或以变相形式降低、提高贷款利率的金融机构，辖区内中国人民银行按其少收或多收的利息处以同额罚款。对多收利息的，责令其向借款方如数退还。

（5）对拒不纠正违反利率管理行为的，中国人民银行可以从其账户上扣款，同时通报当事人的上级机构。情节特别严重的，中国人民银行可责令其停业，直至吊销其金融业务许可证。

四、贷款利息的计收

贷款人和借款人应当按借款合同和中国人民银行有关计息规定，按期计收或交付利息。贷款的展期期限加上原期限达到新的利率期限档次时，从展期之日起，贷款利息按新的期限档次利率计收。逾期贷款则应按规定计收罚息，即所有逾期贷款在逾期期间，按罚息利率计收利息，目的是防止银行信贷资金沉淀流失，促进贷款合理、节约使用，提高社会效益及保护金融机构资产安全。

五、贷款贴息、停息、减息、缓息和免息

所谓贷款贴息是指借款人应支付的贷款利息的一部分或全部由财政部门或借款人的主管部门代为支付。贴息是政府或借款人的主管部门为了扶持企业发展而采取的优惠措施。国务院对贷款贴息的原则是谁确定谁贴息：哪个部门确定，哪个部门负责贴息；哪个地方政府确定，哪个地方政府负责贷款利息不足部分的贴补。

停息是指从一定时间起，对该笔贷款的使用不再计收应收的利息。

减息是指对某一笔贷款应计收的利息进行抵减。

缓息是指对某笔贷款应计收的利息暂缓计收。

免息是指对某笔贷款应计收的利息进行豁免。

停息、减息、缓息和免息都将使贷款人的收益减少，甚至免除。按照现行规定，除国务院外，任何单位和个人无权决定停息、减息、缓息和免息。贷款人应当依据国务院决定，按

照职责权限范围具体办理停息、减息、缓息和免息。贷款人仅能在职责范围内，按国务院的决定对贷款进行停、减、缓及免利息，不得擅自做主和超越权限。

专栏资料 4-1

人民币城乡居民和企事业单位贷款利率变动表见表 4-1。

表 4-1 人民币城乡居民和企事业单位贷款利率变动表

单位：%

时间	2004年10月29日—2006年4月27日	2006年4月28日—2006年8月18日	2006年8月19日—2007年3月17日	2007年3月18日—2007年5月18日	2007年5月19日—2007年7月19日	2007年7月20日—2007年8月21日	2007年8月22日—2007年9月14日	2007年9月15日—2007年12月20日	2007年12月21日—2008年9月15日
一、短期贷款									
六个月以下（含六个月）	5.22	5.40	5.58	5.67	5.85	6.03	6.21	6.48	6.57
六个月至一年（含一年）	5.58	5.85	6.12	6.39	6.57	6.84	7.02	7.29	7.47
二、中长期贷款									
一年至三年（含三年）	5.76	6.03	6.30	6.57	6.75	7.02	7.20	7.47	7.56
三年至五年（含五年）	5.85	6.12	6.48	6.75	6.93	7.20	7.38	7.65	7.74
五年以上	6.12	6.39	6.84	7.11	7.20	7.38	7.56	7.83	7.83
三、贴现	在再贴现利率基础上，按不超过同期贷款利率加点								
四、罚息									
逾期贷款	在借款合同载明的贷款利率水平上加收 30%～50%								
挤占挪用贷款	在借款合同载明的贷款利率水平上加收 50%～100%								
五、个人住房贷款									
(一)个人住房公积金贷款									
五年以下（含五年）	3.96	4.14	4.14	4.32	4.41	4.50	4.59	4.77	4.77
五年以上	4.41	4.59	4.59	4.77	4.86	4.95	5.04	5.22	5.22
(二)一般个人贷款利率	(2005年3月17日，中国人民银行取消商业银行自营性个人住房贷款优惠利率，改按商业性贷款利率执行，因此个人住房按揭贷款利率执行此利率)								
六个月以内（含六个月）	5.22	5.4	5.58	5.67	5.85	6.03	6.21	6.48	6.57
六个月至一年（含一年）	5.58	5.85	6.12	6.39	6.57	6.84	7.02	7.29	7.47
一年至三年（含三年）	5.76	6.03	6.30	6.57	6.75	7.02	7.20	7.47	7.56
三年至五年（含五年）	5.85	6.12	6.48	6.75	6.93	7.20	7.38	7.65	7.74
五年以上	6.12	6.39	6.84	7.11	7.20	7.38	7.56	7.83	7.83

续表

时间	2008年9月16日—2008年10月8日	2008年10月9日—2008年10月29日	2008年10月30日—2008年11月26日	2008年11月27日—2008年12月22日	2008年12月23日—2010年10月19日	2010年10月20日—2010年12月25日	2010年12月26日—2011年2月8日	2011年2月9日—2011年4月5日	2011年4月6日—2011年7月6日
一、短期贷款									
六个月以下（含六个月）	6.21	6.12	6.03	5.04	4.86	5.10	5.35	5.60	5.85
六个月至一年（含一年）	7.20	6.93	6.66	5.58	5.31	5.56	5.81	6.06	6.31
二、中长期贷款									
一年至三年（含三年）	7.29	7.02	6.75	5.67	5.40	5.60	5.85	6.10	6.40
三年至五年（含五年）	7.56	7.29	7.02	5.94	5.76	5.96	6.22	6.45	6.65
五年以上	7.74	7.47	7.20	6.12	5.94	6.14	6.40	6.60	6.80
三、贴现	在再贴现利率基础上，按不超过同期贷款利率加点								
四、罚息									
逾期贷款	在借款合同载明的贷款利率水平上加收30%~50%								
挤占挪用贷款	在借款合同载明的贷款利率水平上加收50%~100%								
五、个人住房贷款									
（一）个人住房公积金贷款									
五年以下（含五年）	4.59	4.32	4.05	3.51	3.33	3.50	3.75	4.00	4.20
五年以上	5.13	4.86	4.59	4.05	3.87	4.05	4.30	4.50	4.70
（二）一般个人贷款利率	（2005年3月17日，中国人民银行取消商业银行自营性个人住房贷款优惠利率，改按商业性贷款利率执行，因此个人住房按揭贷款利率执行此利率）								
六个月以内（含六个月）	6.21	6.12	6.03	5.04	4.86	5.10	5.35	5.60	5.85
六个月至一年（含一年）	7.20	6.93	6.66	5.58	5.31	5.56	5.81	6.06	6.31
一年至三年（含三年）	7.29	7.02	6.75	5.67	5.40	5.60	5.85	6.10	6.40
三年至五年（含五年）	7.56	7.29	7.02	5.94	5.76	5.96	6.22	6.45	6.65
五年以上	7.74	7.47	7.20	6.12	5.94	6.14	6.40	6.60	6.80

续表

时间	2011年7月7日—2012年6月7日	2012年6月8日—2012年7月5日	2012年7月6日—2014年11月21日	2014年11月22日—2015年2月28日	2015年3月1日—2015年5月10日	2015年5月11日—2015年6月27日	2015年6月28日—2015年8月25日	2015年8月26日—2015年10月23日	2015年10月24日至今
一、短期贷款									
六个月以下（含六个月）	6.10	5.85	5.60	5.60	5.35	5.10	4.85	4.60	4.35
六个月至一年（含一年）	6.56	6.31	6.00						
二、中长期贷款									
一年至三年（含三年）	6.65	6.40	6.15	6.00	5.75	5.50	5.25	5.00	4.75
三年至五年（含五年）	6.90	6.65	6.40						
五年以上	7.05	6.80	6.55	6.15	5.90	5.65	5.40	5.15	4.90
三、贴现	在再贴现利率基础上，按不超过同期贷款利率加点								
四、罚息									
逾期贷款	在借款合同载明的贷款利率水平上加收30%~50%								
挤占挪用贷款	在借款合同载明的贷款利率水平上加收50%~100%								
五、个人住房贷款									
（一）个人住房公积金贷款									
五年以下（含五年）	4.45	4.20	4.00	3.75	3.55	3.25	3.00	2.75	2.75
五年以上	4.90	4.70	4.50	4.25	4.00	3.75	3.50	3.25	3.25
（二）一般个人贷款利率	（2005年3月17日，中国人民银行取消商业银行自营性个人住房贷款优惠利率，改按商业性贷款利率执行，因此个人住房按揭贷款利率执行此利率）								
六个月以内（含六个月）	6.10	5.85	5.60	5.60	5.35	5.10	4.85	4.60	4.35
六个月至一年（含一年）	6.56	6.31	6.00						
一年至三年（含三年）	6.65	6.40	6.15	6.00	5.75	5.50	5.25	5.00	4.75
三年至五年（含五年）	6.90	6.65	6.40						
五年以上	7.05	6.80	6.55	6.15	5.90	5.65	5.40	5.15	4.90

第四节 贷款程序

贷款程序是指贷款的贷与不贷，贷多贷少，采取何种方式放贷以及贷后跟踪检查以保证贷款回收的决策过程。

商业银行在贷款过程中涉及以下机构和部门：经营行，是指直接办理和经营贷款业务的银行机构；管理行，一般是指总行、一级分行和二级分行；客户部门是指各级行承担客户拓展、贷款业务申请受理、调查和发生后管理、中间业务营销、组织客户存款等职能的部门；信贷管理部门，是指各级行承担贷款业务审查职能的部门；风险管理部门，是指各级行承担贷款整体风险控制职能的部门；贷款审查委员会（简称贷审会），是各级行贷款业务决策的议事机构，负责贷款业务的审议，对有权审批人进行制约及智力支持。

贷款业务流程可划分为贷前处理、贷中处理、贷后处理三大部分。其中，贷前处理包括客户申请、银行受理、贷前调查；贷中处理包括贷中审查、贷款风险管理、贷款审议和审批、贷款报备、签订借款合同、提供信用（贷款发放）；贷后处理包括贷后检查（贷款预警监测）、信用到期处理（贷款回收、贷款展期、逾期催收、资产保全、贷款核销）等。

规范的商业银行贷款的基本程序，如图4-1所示。

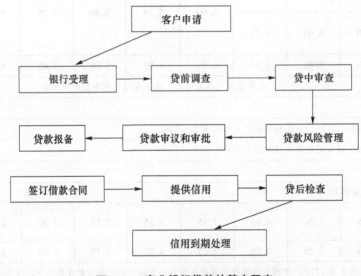

图4-1　商业银行贷款的基本程序

一、客户申请

客户（借款人）需要贷款，应以书面形式向经营行（或管理行）的客户部门提出贷款业务申请，其内容主要包括客户基本情况、申请的信用品种、金额、期限、用途、担保方式与还款来源及方式等。

二、银行受理

客户部门负责接收贷款申请，对客户基本情况及项目可行性进行初步调查，认定客户是否具备发放贷款业务的基本条件。根据初步认定结果和银行资金规模等情况，由经营行（或管理行）负责人决定是否受理客户申请。

对同意受理的信贷业务，客户部门根据信贷业务品种，通知客户填写统一制式的申请书（没有制式申请书的，客户书面申请亦可），同时提供相关资料。借款申请书具体样式见表4-2和表4-3。

表4-2 流动资金（中短期）借款申请书

申请日期：　　年　　月　　日

致：中国××银行＿＿＿＿＿＿＿＿＿＿＿＿＿＿＿＿＿＿＿

借款申请人（全称）									
法定代表人					联系人				
住所地					联系电话				
基本账户开户行	本币				基本账户号码	本币			
	外币					外币			
在银行开立账户种类					账户号码				
贷款卡号					信用等级				
资产总额			所有者权益总额				资产负债率		
主要产（商）品									
总产值			销售收入				利润		
借款用途					借款期限				
借款币种及金额（大写）									
贷款方式	保证		抵押		质押			信用	
还款资金来源					还款方式	一次性偿还			
						分期偿还			
用款计划	年	月	日	金额	还款计划	年	月	日	金额
	合计					合计			
担保情况	保证	保证人（全称）							
		基本账户开户行	本币			外币			
		保证人（全称）							
		基本账户开户行	本币			外币			
	抵押	抵押人（全称）							
		主要抵押物名称				现值			
		抵押人（全称）							
		主要抵押物名称				现值			
	质押	出质人（全称）							
		主要质物名称				现值			

借款申请人（签章）	担保人意见：	担保人意见：	银行受理意见：
法定代表人或授权代理人	担保人（签章）	担保人（签章）	客户经理 客户部门负责人 经营行负责人
	法定代表人或授权代理人	法定代表人或授权代理人	
年　月　日	年　月　日	年　月　日	年　月　日

表4-3 固定资产(中长期)借款申请书

申请日期: 年 月 日

致:中国××银行_____

借款申请人(全称)						
法定代表人				联系人		
住所地				联系电话		
基本账户	本币	开户行		户名		账号
	外币	开户行		户名		账号
在银行开立账户种类				账户号码		
贷款卡号				信用等级		
项目名称				项目性质		
项目投资总额	(币种及金额大写)					

项目投资构成	项目	金额	资金来源渠道		金额	计划投入日期
	1. 土建成本		资本金	国家资本		
	2. 生产设备			企业资本		
	3. 附属设备			个人资本		
	4. 安装费用		其他自筹资金	财政借款		
	5. 建设期利息			其他金融机构借款		
	6. 其他费用					
	配套流动资金					
	合计			合计		

借款币种及金额(大写)				
借款期限				

借款用途	内容	数量	金额	供货单位

用款计划	日期	金额	还款计划	日期	金额
	年 月			年 月	
	年 月			年 月	
	年 月			年 月	
	年 月			年 月	

项目批准情况	项目	批准单位及文号	批准日期	建设条件	项目	批准单位及文号	批准量
	项目建议书				新增土地		m²
	项目可行性报告				建筑面积		m²
	项目扩初设计				增加用电		kVA
	项目投资计划				增加用水		t
	环保报告				三废治理		
	开工批准文件						

续表

计划开工日期		计划竣工日期		计划投产日期	
担保方式	保证		抵押		质押
担保人（全称）			住所地		
法定代表人			联系电话		信用等级
担保人（全称）			住所地		
法定代表人			联系电话		信用等级
借款申请人（签章）： 法定代表人 或授权代理人 年　月　日	担保人意见： 担保人（签章） 法定代表人 或授权代理人 年　月　日		担保人意见： 担保人（签章） 法定代表人 或授权代理人 年　月　日		银行受理意见： 客户经理 客户部门负责人 经营行负责人 年　月　日

客户申请办理贷款业务需提供以下基本资料的原件或复印件。

（一）法人客户申请办理信贷业务需提供的资料

（1）企（事）业法人营业执照、法定代表人身份有效证明或法定代表人授权的委托书。

（2）有权部门批准的企（事）业章程或合资、合作的合同或协议，验资证明。

（3）中国人民银行颁发的贷款卡。

（4）技术监督部门颁发的组织机构代码。

（5）实行公司制的企业法人办理需提供公司章程；公司章程对法定代表人办理信贷业务有限制的，需提供董事会同意的决议或授权书。

（6）特殊行业的企业还需要提供有权批准部门颁发的特殊行业生产经营许可证或企业资质等级证书。

（7）上年度财务报表和近期财务报表，有条件的要经会计师事务所审计。

（8）新客户还需提供印鉴卡、法定代表人签字式样。

（二）自然人客户申请办理信贷业务需提供的资料

（1）个人身份有效证明。

（2）个人及家庭收入证明。

（3）个人及家庭资产证明。

（4）根据信贷业务品种、信用方式需提供的其他资料。

客户部门对客户填制的制式申请（或书面申请）、提交的相关资料进行登记，指定有关人员进行贷款业务调查。对于新客户和增量贷款业务，客户部门原则上应指派2名或2名以上人员参与调查，并将有关数据、资料录入信贷管理系统。

三、贷前调查

客户部门是贷款业务的调查部门，对客户情况进行调查核实。

(一) 贷前调查的主要内容

1. 客户资料调查

客户部门对客户提供的资料是否完整、真实及有效进行调查核实,对提供的复印件应与原件核对相符,并在复印件上签署"与原件核对相符"字样。

(1) 查验客户提供的企(事)业法人营业执照或有效居留的身份证明是否真实、有效,法人营业执照是否按规定办理年检手续;查询法人营业执照是否被吊销、注销或声明作废,内容是否发生变更;等等。

(2) 查验客户法定代表人和授权委托人的签章是否真实、有效。

(3) 查验客户填制的贷款业务申请书的内容是否齐全、完整,客户的住所地址和联系电话是否详细真实。

2. 客户信用及有关人员品行状况调查

(1) 查询中国人民银行企业(个人)信用信息基础数据库。了解客户目前借款、其他负债和提供担保情况,查验贷款卡反映的贷款金额与财务报表反映的是否一致,是否有不良信用记录,对外提供的担保是否超出客户的承受能力等。

(2) 调查了解客户法定代表人、董事长、总经理以及财务部、销售部等主要部门负责人的品行、经营管理能力和业绩,是否有个人不良记录等。有条件的地方,应查询中国人民银行个人信用信息基础数据库。

3. 资产及还款能力调查

客户部门应对企(事)业法人、其他经济组织及其担保人的资产状况、生产经营状况和市场情况进行调查,分析贷款需求和还款方案。

(1) 客户部门深入客户及其担保人单位,查阅其资产负债表、损益表及现金流量表等报表,对客户的资产、负债、所有者权益、收入、成本及利润等情况进行分析,并进行"账账、账表与账实"等核对。

(2) 调查客户及其担保人生产经营是否合法、正常,是否超出规定的经营范围,重点调查分析生产经营的主要产品的技术含量、市场占有率及市场趋势等情况。

(3) 调查分析贷款需求的原因。

(4) 调查分析贷款用途的合法性。

(5) 查验商品交易的真实性,分析商品交易的必要性。

(6) 调查分析还款来源和还款时间。

对自然人信贷业务,客户部门应调查分析个人客户及其家庭的经济收入是否真实,各项收入来源是否稳定,是否具有持续偿还贷款本息的能力;提供担保的,还要对担保人的经济收入是否真实,以及各项收入来源是否稳定等情况进行调查。

中长期项目贷款由有权审批行按规定程序和要求组织评估,或委托社会上有资质的专业评估公司进行评估。

客户部门依据担保管理办法,对客户提供的担保资料进行分析,判断客户提供的担保是否符合担保条件,并确定其担保能力。

4. 信用评级

客户部门对借款客户进行信用评级。客户部门根据客户信用等级评定办法测定或复测客户的信用等级,或将调查核实的相关信息数据资料输入信贷管理系统,进行客户信用等级测评或复测,填制或打印客户信用等级测评表。根据客户信用等级评定结果及其他要素,依据客户统一授信管理办法测算或复测客户最高综合授信额度,填制客户最高综合授信额度测算表。同时,判断客户本次申请信贷业务是否超过客户最高综合授信额度。

调查分析结束后,客户部门将调查分析的数据信息资料输入信贷管理系统,撰写调查报告。

(二)贷款调查报告的主要内容

1. 法人客户贷款业务调查报告的内容

(1)客户基本情况及主体资格。
(2)财务状况、经营效益及市场分析。
(3)担保情况和贷款风险评价。
(4)本次贷款业务的综合效益分析。
(5)结论。是否同意办理此项贷款业务;对贷款业务种类、币种、金额、期限、利率、还款方式、担保方式和限制性条款等提出初步意见。

2. 自然人客户调查报告内容

(1)申请人的基本情况。
(2)申请贷款的用途。
(3)担保情况。
(4)收入来源。
(5)还款来源。
(6)结论。对是否同意办理此项贷款业务提出初步意见。

调查经办人和调查主责任人签字后,将填制贷款资料交接清单连同上述全部贷款资料移送信贷管理部门审查,并办理资料交接、登记手续。

四、贷中审查

信贷管理部门是贷款业务的审查部门。信贷管理部门要对客户部门或下级行移交的客户资料和调查资料(以下简称贷款资料)进行审查。

(一)贷中审查的主要内容

(1)基本要素审查包括下述内容:客户及担保人有关资料是否齐备;贷款业务内部运作资料是否齐全。

(2)主体资格审查包括下述内容:客户及担保人主体资格、法定代表人有关证明材料是否符合规定;客户及担保人组织机构是否合理、产权关系是否明晰;客户及担保人法定代表人、主要部门负责人有无不良记录。

(3)贷款政策审查包括下述内容:贷款用途是否合规合法、是否符合国家有关政策;贷款用途、期限、方式、利率或费率等是否符合银行的贷款政策。

(4)贷款风险审查包括下述内容:审查核定客户部门测定的客户信用等级、授信额度;分析、揭示客户的财务风险、经营管理风险与市场风险等;提出风险防范措施。

(5)提出审查结论和有关限制性条款。

审查结束后,信贷管理部门应将信贷审查信息资料及时输入信贷管理系统,撰写审查报告。

（二）贷款审查报告的主要内容

（1）客户（含项目）基本情况包括以下内容：项目背景及基本情况；客户现有信用及与银行合作情况。

（2）客户财务、生产经营管理和市场评价（含项目效益评价）包括以下内容：客户财务状况评价；生产经营管理情况评价；产品市场评价；效益评价。

（3）贷款风险评价和防范措施。

（4）审查结论。提出明确的审查意见，包括贷款业务的种类、币种、金额、期限、利率或费率、还款方式、担保方式和限制性条款等。

信贷审查经办人和主责任人在审查报告上签字后，连同有关资料移送风险管理部门。信贷管理部门对客户部门或下级行移送的资料不全、调查内容不完整的贷款业务，可要求客户部门或下级行补充完善；对不符合国家产业政策、信贷政策的贷款业务，经有权审批人批准，将材料退回客户部门或下级行，并做好记录。

五、贷款风险管理

风险管理部门是指各级行中承担贷款整体风险控制职能的部门，其主要对信贷管理部门移交的贷款资料重新审阅，对该笔贷款业务进行风险识别、估算和评价，并提出相应的风险控制和处置意见，如贷与不贷、贷多贷少、利率高低、风险防范和控制措施等。

风险管理经办人和主责任人签署自己的意见后连同有关资料移送贷审会办公室。

六、贷款审议和审批

贷审会办公室收到风险管理部门移交的审查资料后，应及时登记，对内部运作资料的完整性进行审核。审核合格后，提前将材料发送给贷审会委员。根据贷审会工作规则要求，在主任委员主持下，贷审会对贷款业务进行审议。审议的主要内容包括以下几点。

（1）贷款业务是否合法合规，是否符合国家产业政策、信贷政策。

（2）贷款业务定价及其带来的综合效益，包括存款、结算、收益及结售汇业务等。

（3）贷款业务的风险和防范措施。

（4）根据贷款业务特点，需审议的其他内容。

贷审会办公室对贷审会审议过程进行记录，并在委员投票表决后，根据贷审会记录和表决结果，形成贷审会会议纪要，同时填制贷审会审议表，送主任委员审批。贷审会会议纪要的内容包括会议召开的时间、地点、参加人员、审议事项（贷款业务概况、风险和不确定因素解释与贷审会评议）及审议结果等。

贷审会会议必须有 2/3 以上的委员出席，委员实行无记名表决方式，不得弃权，2/3（不含）以上委员同意视为审议可行。

七、贷款报备

贷款在经贷审会审议通过以及有权审批人签字后执行前，必须及时向上一级行履行报备程序。上一级行信贷管理部门必须对报备业务进行审查，提出审查结果，经审查主责任人签字后，由信贷管理部门存档。

1. 报备方式

本级行的报备业务在经过行长或行长授权的主管副行长、信贷管理部门负责人签字后，由信贷管理部门以文件形式，通过电子邮件或其他方式上报上一级行相关信贷管理部门。报备业务受理日自收文之日起。

2. 报备内容

本级行信贷管理部门报备的主要内容包括贷款企业基本情况、财务状况、授信情况、中长期贷款项目情况、贷款金额及用途与担保情况等，有关责任人签署意见后上报上一级行，对重要信贷报备事项可附简要说明。

3. 报备审查

上级行信贷管理部门接到项目报备文件后，要由专人负责报备业务的受理、登记和归类，并及时组织贷款审查人员对报备项目进行审查。审查重点包括以下几点：产业、行业政策，借款人是否有不良记录，法人代表简历，贷款用途和方式，担保情况，等等。

4. 报备反馈

上一级行信贷管理部门一般要在信贷报备业务受理日起五个工作日内，将审查意见反馈到下一级行。在规定时间内，上一级行未对报备的信贷业务给予答复的，下级行即可视为同意，并按信贷运作程序实施；经审查对报备业务及资料有疑义的，上级行信贷管理部门要及时向下级行提出质询和有关要求，下级行在完善有关资料以及落实相应要求后方可进入发放程序；对明确不能实施的信贷业务，上一级行信贷管理部门提出审查意见，报主管行长同意后，以信贷管理部门文件答复下一级行。对上一级行审查不同意的信贷事项，下一级行不能进入实施程序。贷款业务报备既不改变贷款管理授权和转授权制度，也不改变贷款管理责任制度。

八、与客户签订借款合同

所有贷款业务必须签订借款合同，合同内容包括信用种类、币种、用途、金额、期限、利率或费率、还款方式、担保方式、合同双方的权利及义务等内容。

客户部门是对外签订借款合同的经办部门，客户经理是银行对外签订信贷合同的经办人，借款合同必须经有权签字人或授权签字人签署后才能生效。

借款合同必须按规定使用银行统一制式合同文本。对情况特殊的贷款业务，在不违背制式合同文本基本要求的基础上，合同双方可以在协商一致的前提下签订，并经法规部门审定。

借款合同由借款业务合同和担保合同组成，借款业务合同是主合同，担保合同是从合同，主从合同必须相互衔接。

（一）合同填写与签章要求

借款业务合同和担保合同的填写与签章应当符合下列要求。

（1）合同必须采用黑色或蓝黑色钢笔（签字笔）书写或打印，内容填制必须完整，正副文本内容必须一致，不得涂改。

（2）借款业务合同的信用种类、币种、金额、期限、利率或费率、还款方式和担保合同应与贷款业务审批的内容一致。

（3）客户部门必须当场监督客户、保证人、抵押人与出质人的法定代表人或授权委托人在合同文本上签字、盖章，核对预留印鉴，确保签订的合同真实、有效。

客户部门对借款合同进行统一编号，并按照合同编号依次登记在《借款合同登记簿》

上,客户部门应将统一编制的借款合同号填入借款业务合同和担保合同,主从合同的编号必须相互衔接。客户部门填制上述合同,交有权签字人签章后,送交法规部门审查。

(二) 法规部门审查内容

法规部门对客户部门送交的合同文本应重点审查以下内容:

(1) 合同文本的使用是否恰当。
(2) 合同填制的内容是否符合要求,主从合同的编号是否衔接。
(3) 合同的补充条款是否合法合规,是否符合制式合同文本的基本条款。
(4) 客户、保证人、抵押人与出质人的法定代表人或授权委托人是否在合同文本上签字、盖章。

法规部门审核无误后,将借款合同交客户部门,加盖借款合同专用章或公章。

九、提供信用

经营行应根据借款合同的生效时间办理贷款发放手续。其中,保证担保的贷款业务自签订借款业务合同和保证合同之日起生效,按借款业务合同约定用款计划日期使用信用;需要办理抵押登记的抵押担保的贷款业务,自签订借款业务合同和抵押合同并办妥抵押登记之日起生效,按借款业务合同约定用款计划日期使用信用;质押担保的贷款业务自签订借款业务合同和质押合同并办妥质物移交或登记之日起生效,按借款业务合同约定的用款计划日期使用信用。

客户部门应依据借款业务合同约定的用款计划,一次或分次填制借款凭证,签字并盖章。借款凭证填制要求如下:填制的借款人名称、借款金额、还款日期及借款利率等内容要与借款业务合同内容一致;借款日期要在借款业务合同生效日期之后;借款凭证的大、小写金额必须一致;分笔发放的,借款凭证合计金额不得超过相应借款业务合同的金额;借款凭证的签章应与借款业务合同的签章一致。

客户部门将借款业务合同、借款凭证,连同有权审批人的批复(或复印件)送交会计结算部门办理账务处理。会计结算部门审查贷款业务是否经有权审批人审批同意,借款凭证要素是否齐全,填制内容是否符合要求,审查无误后,办理贷款业务账务手续。

十、贷后检查

经营行客户部门是贷款业务发生后管理的实施部门,负责客户贷款资料的保管以及贷款业务发生后的日常管理。

客户部门在贷款业务发生当日,按照信贷管理系统要求,适时录入贷款信息和担保信息的数据资料,同时传输上报中国人民银行企业(个人)信用信息基础数据库。

信贷管理部门要建立监控中心,监控已发生的贷款业务,发现问题并及时反馈给客户部门进行处理。办妥抵押登记手续取得的他项权利证明、抵押物保单及存单、国债、债券及股票等权利凭证后,经营行客户部门应按有价单证入库保管要求,填制有价单证入库保管凭证,办理入库交接手续。

经营行客户部门按照法人客户贷款业务档案管理办法和个人贷款业务档案管理办法要求,进行贷款档案资料管理,保证贷款资料的完整、安全和有效利用,档案管理人员承担档案资料的保管责任。

在贷款业务发生后,客户部门应对客户进行日常检查:

(1)检查客户、担保人的资产和生产经营、财务状况是否正常,主要产品的市场变化是否影响产品的销售和经济效益。

(2)了解掌握客户、担保人的机构、体制及高层管理人员人事变动等重大事项,分析这些变动是否影响或将要影响客户的生产经营。

(3)检查抵(质)押物的完整性和安全性,包括抵押物的价值是否受到损失、抵押权是否受到侵害、质物的保管是否符合规定。

(4)检查固定资产建设项目进展情况。根据固定资产项目管理办法规定,对项目资金是否按期到位、是否按招投标计划进行、项目贷款是否被挤占挪用、项目工程进展是否正常、项目是否能按期竣工、项目竣工投产能否达产等内容逐项进行检查。

(5)检查后要填制《贷款业务发生后定期检查表》,经办人签章后向经营主责任人报告,承担贷款日常检查的责任。

(6)对检查过程中发现影响贷款安全的重大事项,应在《贷款业务发生后定期检查表》上填列,必要时进行专题汇报,提出防范和化解信贷风险的措施,报送经营主责任人,或逐级报有权审批行信贷管理部门。

(7)对日常检查中发现的企业重大变化,要适时录入信贷管理系统,同时传输上报中国人民银行企业信用信息基础数据库。

经营行客户部门负责贷款风险分类的基础工作。根据贷款风险分类办法的要求,对所辖全部贷款进行五级分类,填制贷款风险预分类认定表,送同级信贷管理部门审查,由有权审批人认定;超过本级行权限的,由行长或经授权的副行长审核后,逐级上报有权审批行认定。经营行客户部门需根据认定结果,及时调整贷款形态。

十一、信用到期处理

信用到期处理包括贷款回收、贷款展期、逾期催收、资产保全、贷款核销等。

经营行客户部门要在每笔贷款业务到期前,填制一式三联的《贷款业务到期通知书》,一联发送客户并取得回执,一联发送保证人、抵押人或出质人并取得回执,一联留存备查。贷款业务到期归还要按照借款业务合同约定的期限和还款方式,由客户主动归还。客户与经营行签订《划款授权书》的,经营行可按《划款授权书》的约定自动从客户的账户或银行卡中予以扣收。

客户还清全部信用后,经营行应将抵押物、质物交还抵押人、出质人,并作签收登记,设定抵押、质押登记的,要及时与抵押人、出质人共同向登记部门办理登记注销手续。

贷款业务到期之日,营业终了尚未归还的贷款业务列入贷款催收管理。贷款催收是指贷款人督促借款人按时归还贷款本息的行为,分为贷款到期提示还款、贷款逾期催收和不良贷款催收。经营行客户部门应填制一式三联的《贷款业务逾期催收通知书》,分别发送到客户和担保人,并进行催收。会计部门从贷款业务到期的次日起,计收信贷业务逾期利息。因特殊原因,客户到期无力偿还贷款的,可申请办理贷款展期申请,并按以下要求办理贷款展期手续。

（1）客户应提交书面展期申请。客户应在贷款到期前填制并向经营行提交《借款展期申请书》，原贷款的保证人、抵押人或出质人应在《借款展期申请书》上签署"同意展期"的意见并签章。

（2）贷款展期的调查、审查与审批。经营行客户部门应对客户贷款展期的原因、金额、期限、还款措施和还款资金来源进行调查，写出书面调查报告，送信贷管理部门审查，行长审批后，报原审批行备案。

（3）签订贷款展期协议。贷款展期批准后，经营行客户部门与客户、担保人（保证人、抵押人或出质人）签订《借款展期协议书》，并由有权签字人签章。

（4）贷款展期账务处理。经营行客户部门填制贷款展期凭证并签章后，送会计部门办理贷款展期账务处理。

（5）录入信贷管理系统。经营行客户部门在贷款展期当日，适时将贷款展期信息录入信贷管理系统和中国人民银行企业（个人）信用信息基础数据库。

对于有还款能力而不愿意还款的恶意拖欠客户，应当在继续进行说服工作的同时，及时采取资产保全措施，同时采取措施要求保证人代偿。另外，可将恶意拖欠客户信息披露给当地行业协会、相关政府部门，争取得到其帮助和支持，合法合规地催收欠款；或在贷款行和客户所在地张榜公布，或在媒体上公布恶意拖欠客户名单和金额，并在公告中说明其拖欠行为将危害到当地所有客户获得贷款的可能性，对欠款户施加社会舆论的压力。如果这些手段均不能解决问题，应启动司法程序，起诉借款客户和保证人，申请处置抵押物。

对于贷款风险分类归入次级、可疑和损失类的贷款（统称为不良贷款），采取了一些正常催收手段仍然无法收回的，可以移交贷后管理岗或资产保全人员进行专人管理，并可采取法律诉讼、协议清收、以资抵债等手段。资产保全由三部分组成，即不良资产移交、不良资产处置和不良资产核销。不良资产移交是指将资产及其文档在经办部门和保全部门之间进行转移，同时资产的业务管理责任从原来的移交部门（转出部门）转到接收部门（转入部门），不良资产的责任部门/人员不随移交而转移。不良资产处置包括以资抵债和诉讼清收。不良资产核销是指对于确实无法收回的不良资产，按照规定程序利用已计提的风险准备金冲销呆账贷款的银行内部账务处理过程，核销后，银行仍然保留对债务的追索权。

专栏资料4-2

借款展期申请书见表4-4。

表4-4 借款展期申请书

致：中国××银行

借款人（全称）		贷款户账号	
原借款合同编号		原担保合同编号	
到期借款金额	（币种及金额大写）		
申请展期金额	（币种及金额大写）		
原借款期限	年　月　日至　年　月　日		
申请展期期限	年　月　日至　年　月　日		

续表

申请展期原因及还款措施	申请人（签章） 法定代表人 或授权代理人　　　　　　　年　　月　　日	
担保人意见	担保人意见： 担保人（签章） 法定代表人 或授权代理人 　　　　　年　月　日	担保人意见： 担保人（签章） 法定代表人 或授权代理人 　　　　　年　月　日

收到申请书日期：　　年　　月　　日　　　　经办人：

专栏资料4-3

借款展期协议书。

借款展期协议书

中国××银行借展字第　　　　　号

借款人（全称）：_____

贷款人（全称）：中国××银行_____

担保人（全称）：（1）_____

　　　　　　　　（2）_____

　　　　　　　　（3）_____

鉴于借款人不能按期足额偿还与贷款人签订的编号为_____的《_____》（下称借款合同）项下的借款，借款人申请展期，贷款人同意对借款合同项下的借款展期，担保人同意为其提供担保。根据国家有关法律法规，各方当事人经协商一致，订立本协议。

第一条　借款合同借款金额为（币种及金额大写）_____，展期金额和期限见下表。

原约定借款到期日和金额				展期后到期日和金额			
年	月	日	金额	年	月	日	金额

（表中栏目不够填写而增加的附表，为本协议组成部分。）

第二条　展期期间借款利率确定如下：

1. 人民币借款展期利率按以下第_____种方式确定。

（1）浮动利率。

借款利率在利率基准上____（上/下）浮_____%，执行年利率_____%。五年期以下（含五年）借款的利率基准为中国人民银行公布的同期人民币贷款基准利率；五年期以上借款的利率基准为中国人民银行公布的人民币贷款基准利率加＿＿＿＿＿＿＿＿（大写）个百分点。

利率调整以＿＿＿＿（大写）个月为一个周期。如遇中国人民银行人民币贷款基准利率调整，自基准利率调整的下一个周期首月的借款对应日起，贷款人按调整后相应期限档次的基准利率和上述计算方式确定新的借款执行利率，不另行通知借款人。基准利率调整日与借款发放日或该周期首月的借款对应日为同一日的，自基准利率调整日起确定新的借款执行利率。无借款对应日的，该月最后一日视为借款对应日。

（2）固定利率。

借款利率在利率基准上＿＿＿（上/下）浮＿＿＿＿＿％，执行年利率＿＿＿＿＿＿％直至借款到期日。五年期以下（含五年）借款的利率基准为中国人民银行公布的同期人民币贷款基准利率；五年期以上借款的利率基准为中国人民银行公布的人民币贷款基准利率加＿＿＿＿（大写）个百分点。

2. 外汇借款展期利率按以下第＿＿＿＿＿种方式确定。

（1）＿＿＿＿＿（大写）个月＿＿＿＿＿＿（LIBOR/HIBOR）＋＿＿＿＿＿＿％的利差组成的按＿＿＿＿＿＿＿（大写）个月浮动的借款利率。LIBOR/HIBOR为路透社公布的计息日前两个工作日对应期限的伦敦/中国香港同业市场拆借利率。

（2）执行年利率＿＿＿＿＿＿＿％，直至借款到期日。

（3）其他方式＿＿＿＿＿＿＿＿＿＿＿＿＿＿＿＿＿＿＿＿＿＿＿＿＿＿＿＿＿＿＿＿＿＿＿

第三条 借款人及担保人自愿承担下列义务：

1. 原借款有抵押或质押担保的，如借款展期后的到期日超过原抵押或质押财产保险到期日的，借款人及担保人负责抵押、质押财产的续保险手续。

2. 因展期产生的相关费用，均由借款人承担。

3. 原借款有保证担保，保证人自愿继续承担连带保证责任的，保证期间为借款展期到期日起两年；若发生法律法规规定或借款合同约定的事项，导致债务提前到期的，保证期间自贷款人确定的债务提前到期之日起两年。

第四条 本协议是对编号为＿＿＿＿＿＿＿＿的借款合同及编号为＿＿＿＿＿＿＿＿的担保合同部分条款的调整和补充。除涉及上述内容的条款外，原借款合同及担保合同规定的其他各项条款仍然有效。展期后变更担保人或担保物的，以另行签订的担保合同为准。

第五条 其他事项：

第六条 本协议自各方签字或盖章之日起生效。

第七条 本协议一式＿＿＿＿＿份，各方当事人各执一份，＿＿＿＿＿＿＿＿＿＿＿份，效力相同。

第八条 提示。

贷款人已提请借款人、担保人注意对本合同各印就条款做全面、准确的理解，并应借款人、担保人的要求做了相应的条款说明。签约各方对本合同的含义认识一致。

借款人（签章）　　　　　　　　　贷款人（签章）

法定代表人　　　　　　　　　　　负责人
或授权代理人　　　　　　　　　　或授权代理人

担保人（签章）　　　　　　　　　担保人（签章）
法定代表人　　　　　　　　　　　法定代表人
或授权代理人　　　　　　　　　　或授权代理人
担保人（签章）
法定代表人
或授权代理人

签约日期：＿＿年＿＿月＿＿日　　　签约地点：＿＿＿＿＿＿＿＿

专栏资料4—4

担保人履行责任通知书。

担保人履行责任通知书

中国××银行保通字第　　号

致：＿＿＿＿＿＿＿＿＿＿＿＿＿＿（担保人全称）

您（单位）为债务人＿＿＿＿＿＿＿＿＿＿＿＿＿＿＿＿担保的《欠款清单》所列合同项下债务已逾期。到＿＿＿年＿＿＿月＿＿＿日止，上述合同项下尚欠本金（币种及金额大写）＿＿＿＿＿＿＿＿＿＿＿＿＿＿＿＿＿＿＿＿＿＿＿，尚欠利息（币种及金额大写）＿＿＿＿＿＿＿＿＿＿＿＿＿＿＿＿＿＿＿＿＿＿，及费用（币种及金额大写）＿＿＿＿＿＿＿＿＿＿＿＿＿＿＿＿＿＿＿（具体情况见《欠款清单》）。

欠款清单
（至　　年　　月　　日止）　　　单位：元

合同编号	债务金额	到期日	尚欠本金	尚欠利息	尚欠费用
合计					

现我行正式通知您（单位），请接到本通知后立即履行担保责任。
特此通知。
中国××银行＿＿＿＿＿＿＿＿（签章）
　　　　　经办人

　　　　　　　　　　　　　　　　　年　　月　　日

担保人声明：
已收到你行_____年_____月_____日签发的担保人履行责任通知书。

担保人（签章）   经办人
签收时间：_____年_____月_____日

注：本通知书一次填写两份，担保人签收后退回债权人一份。

第五节 对借款人的信用分析与信用等级评定

一、信用分析的目的和内容

（一）信用分析的目的

信用分析就是对借款人的偿债意愿和偿债能力进行分析。只有进行严格、认真、细致及科学的信用分析，才能做出正确的贷款决策，因此，信用分析是贷款决策的前提。客观上说，银行贷款存在信用风险，为了避免或降低信用风险，银行在贷款决策之前，要切实弄清借款人的风险状况，当信用风险大于银行的承受能力时，银行一般要拒绝贷款。由于未来情况变化的不确定性，每笔贷款都会有信用风险，信用分析的目的并非只向没有风险的借款人提供贷款，而是通过信用分析预测贷款可能遭受损失的程度，即评价借款人未来偿还贷款的意愿和能力，从而采取有效措施，防范和控制信用风险。对商业银行而言，信用分析意义重大，主要体现为：可以帮助信贷人员在贷款发放前充分了解借款人的偿债意愿和偿债能力，从而保证损失最小化，实现利润最大化；是商业银行制定信贷政策和贷款决策的依据。对借款人的贷与不贷、贷多贷少及期限长短的决策都应该建立在科学、详细的信用分析的基础之上。

（二）信用分析的内容

商业银行对借款人进行信用分析，重点是考虑其偿债意愿和偿债能力，从而判断贷款按期足额偿还的可能性。由于借款人所具有的道德水准、资本实力、经营水平、担保及环境条件等各不相同，所以不同借款人的偿债能力和贷款风险也不尽相同。银行对借款人的信用分析主要集中在六个方面，即所谓的"6C"：品德（Character）、能力（Capacity）、资本（Capital）、担保（Collateral）、环境条件（Condition）和事业的连续性（Continuity）；也有些商业银行将信用分析的内容归纳为"5W"因素，即借款人（Who）、借款用途（Why）、还款期限（When）、担保物（What）及如何还款（How）；还有的银行将这些内容归纳为"5P"因素，即个人因素（Personal）、目的因素（Purpose）、偿还因素（Payment）、保障因素（Protection）和前景因素（Perspective）。借鉴国外商业银行的经验，结合我国国情，我们把信用分析的内容分为以下几方面。

1. 借款人的品德

品德是指借款人是否诚实守信，是否具有清偿债务的意愿，能否严格履行借款合同，是否能够正当经营。如果借款人是个人，其品质的优劣主要表现在道德观念、个人习惯和偏好、业务交往和个人交往上；如果借款人是企业，其品质的优劣主要表现在管理的完善、在工商界和金融界的地位与声望、经营方针和经营政策的稳健等方面。评价借款人的品德，不论借款人是个人还是企业，还要看其履行借款合同的历史情况，如果历史记录表明借款人都是如约承担责任的，那么，借款人多会设法偿还贷款。在较小的辖区范围内，银行和借款人间可能有长期的信贷往来关系，银行对借款人品德也有较深了解；如果不是这样，银行就有必要严格审查借款人过去的信用情况，所有关于借款人品德的资料都是有用的。总之，全面了解借款人的品德，必须结合借款人的借款历史情况及现实表现来考察，同时要借助借款人的档案或向有关征信机构求助咨询。

2. 借款人的能力

能力是指借款人偿还贷款的能力。这是一个具有法律和经济两个方面含义的概念。从法律意义上讲，能力是指借款人能否承担借款的法律义务。根据这一条件要求，只有法人代表（合法代理人）和民事行为能力人才有资格签订借款合同，所以，当银行贷款给合伙企业时，必须确认签约的合伙人是否具有代表合伙企业的权利；当贷款给公司时，必须清楚谁是公司的法人或合法代理人；当贷款给自然人时，必须保证其具有民事行为能力。从经济意义上讲，借款人的能力是指借款人能否按期偿还债务。分析借款人偿还债务能力的主要方法就是，了解借款人的预期财务情况，从而判断借款人是否具有按期还款的能力。如果借款人是个人，其偿债能力主要取决于借款人的年龄、受教育程度、职业、职称、事业心、判断分析能力及精明程度等；如果借款人是企业，其偿债能力主要取决于该企业的产品质量、成本、劳动力及原材料供应、市场竞争能力、广告效果以及企业的地理位置等因素。

3. 借款人的资本

资本数量是体现借款人信用状况的重要因素，资本越雄厚，承受风险损失的能力就越大，按期归还借款就越有保证。资本状况反映了借款人的财富积累，并在某种程度上表明了借款人的成就，借款人动用资本所购进资产的数量与质量，是决定其财务实力的重要因素。

4. 贷款的担保

担保是证明借款人信用状况的另一个重要因素。对借款进行担保，可以提高贷款的安全性，避免和减少贷款风险，特别是对长期贷款来说，实行抵押担保尤为重要，因为贷款期限越长，风险就越大。有些贷款不需要提供抵押品，则可以第三方的信誉和资产作为担保。不管是哪种担保方式，担保的目的是给银行贷款提供一种保护，而不是作为偿还贷款的主要来源。虽然担保不能使一笔坏的贷款变好，但至少可以使银行少承担一些风险，少遭受一些损失。

5. 借款人经营的环境条件

环境条件是指借款人所处的内部环境和外部环境。如果借款人是企业，则其内部环境主要是指企业自身的经营状况，一般包括经营目标、经营策略、经营特点、经营方法、技术装备状况、劳资关系及应变能力等有关企业素质的情况；外部环境一般包括企业所属行业在全国经济中的地位、该行业产品竞争能力、市场占有率、发展趋势、社会经济条件对企业经营的影响、社会消费需求及税收负担状况等。随着我国经济成分多元化发展及市场经济体制的确立，经济环境、经济秩序对企业经营活动的影响变得越来越重要，成为评价借款人信用不可忽视的因素。因为经营环境直接影响借款人的经营，进而影响贷款的收回，所以，当借款人申请借款时，银行必须对当时的经济环境、经济秩序做出基本的判断和分析，作为发放贷款的依据。如果借款人是个人，则其内部环境主要是指身体状况、家庭成员及财产构成等；外部环境主要是指职业性质与变动、工作表现、投资运用与资金回收等。

6. 借款人事业的连续性

事业的连续性是指借款人能否在日益激烈的竞争环境中生存和发展的能力。如果借款人在竞争中缺乏发展意识、创新精神和实干态度，则其将逐渐丧失获取收入的机会，银行贷款也就难以收回。因此，对借款人事业持续发展的预测也成为银行信用评价中日益重要的一项内容。

以上六个方面的分析，在对借款人的信用分析中缺一不可。在大多数分析中，品德占据最重要的地位，因为承担责任的意愿是建立良好信贷关系的关键性因素。同时，借款人还必须有偿债能力。除此之外，还要考虑借款人所处的环境条件，因为它是保证借款人偿债能力不至于恶化的前提和基础。如果借款人不愿或没有能力偿还借款，那么，抵押品就成为一个关键环节，银行可以考虑处理抵押品以偿还借款。

按照借款人性质的不同，可以将借款人分为个人客户和公司客户。因此，我们在进行信用分析时，也将从这两个方面分别展开。

二、对个人客户的信用分析

1. 个人基本情况

个人基本情况主要包括年龄、性别、健康状况和受教育程度。年龄反映借款人的成熟程度及贷款偿还的有效时间。年龄可划分为以下几个阶段，即25岁（含）以下、25～50岁（含）、50岁到退休年龄（含）及退休年龄以上；性别也可以反映借款人偿还贷款的有效期限；健康状况反映借款人目前的身体状况、有无严重疾病，健康状况可划分为身体状况差（有严重疾病导致长期病休或可能影响其继续工作的能力）和身体状况良好两个档次；受教育程度反映借款人的文化素质，并间接反映借款人未来的职业发展能力，受教育程度可划分为普通高等教育（博士、硕士及学士）、高等职业教育（专科）、中等教育（初中、高中及中等专业学校毕业）和初等教育（小学文化群体及文盲、准文盲）。

借款人年龄的大小、健康状况的好坏及受教育程度的高低等不仅影响借款人的收入水平、日常开支情况和借款年限，而且影响商业银行可发放的贷款金额与贷款期限。

2. 职业特征

职业特征主要包括职业地位、性质和职业稳定性。职业地位与性质主要是指借款人的职业特点及素质。职业地位可以划分为高级管理人员（国家高级公务员、高级专业人员及大中型企业领导层管理人员）、管理人员（含国家一般公务员、专业人员、中层干部与小型企业管理人员）、普通职员（含其他从业人员）。职业性质可以划分为公务员、事业单位工作人员、科教人员、企业管理者、私营业主、金融业从业人员及其他从业人员。职业稳定性是指借款人目前的职业情况及其职业的稳定程度。其中，职业情况包括失业、下岗待业和就业三种情况；职业稳定程度主要包括借款人在过去几年中职业的变动次数，以及对未来职业变动情况的简单预测。

借款人的职业地位与性质，影响甚至决定着其收入水平的高低，也能够在一定程度上反映借款人的诚信状况。一般而言，借款人的职业地位越高，收入水平就越高，其偿债能力也就越强；反之，其偿债能力就越弱。借款人职业的稳定与否，直接关系着其现在与未来收入来源的可靠性和偿债能力的强弱，从而影响银行贷款本息回收概率和数额的多少。从职业性质上看，银行通常愿意接受公务员、事业单位人员、科教人员及金融业从业人员。因此，职业特征成为银行评估个人客户信用状况的重要指标。

3. 经济实力

经济实力主要是指借款人的年经济收入与家庭财产评估价值。它们是借款人偿还银行贷款的第一和第二资金来源。借款人的年经济收入多、家庭财产价值高，则意味着借款人的偿债能力强，那么，银行贷款本息收回的可能性就大；反之，借款人的偿债能力就较弱，银行贷款就可能变成不良贷款而难以正常回收。

4. 家庭成员情况

家庭成员情况主要包括借款人家庭成员的构成，配偶（父母或子女）的文化程度、职业、职务与职称，以及其他家庭成员的健康状况等。家庭成员情况直接影响借款人的综合收入和支出水平，可以从正反两个方面强化，或减弱其偿债能力。

5. 行为表现与综合印象

行为表现主要是指借款人在过去几年中有无不良信誉史、有无违约记录情况。综合印象反映了银行客户部门、信贷部门工作人员对借款申请人的综合直观评价。通过调查、交谈及访问等形式对申请人的个人信用情况进行补充与修正。综合印象可划分为三个档次，即综合印象良好、综合印象一般及综合印象不良。

借款人的行为表现与综合印象反映了借款人的偿债意愿，其有助于银行从总体上判断是否贷款给借款人。

三、对公司客户的信用分析

对公司客户进行信用分析的方法主要是调查研究，即利用企业经营和银行信贷本身的财务资料，结合调查企业、市场的相关情况，把规范程序方法和银行信贷人员的经验判断结合起来，最终提出贷款决策的建议，其中包括财务分析和非财务因素分析两个方面。

（一）对借款企业的财务分析

财务分析是指在企业财务报告的基础上，结合日常调查掌握的资料，运用一定的方法，对各种财务报表进一步加工、整理、分析与比较，并着重对企业的财务状况是否正常、经营成果是否优良进行评价。对客户财务状况分析，实际上是从价值形态方面对客户信用状况进行分析。对客户财务状况进行分析可以掌握其经营状况和信誉能力，这有利于银行控制贷款风险，预防贷款损失产生。

1. 财务分析的评价原则

对企业的财务活动分析，无论是分析其资金结构，还是资金用途，或是成本支出和损益的形成，都有一个如何评价的标准问题。一般来说，对于企业财务活动每一个环节、每一个因素的分析和评价，都应按照"四性"要求进行。

（1）合法（规）性，即看企业每个项目的资金来源或用途、每个项目的收入和支出，是否符合财务制度和国家有关规定。

（2）流动性，即评价企业的偿债能力和资金使用效益的好坏。

（3）安全性，即考核企业的资金来源及投向结构，看其运用效果及发展前景，以分析资金回收的安全程度。

(4) 营利性,即通过营利性观察分析企业经营情况和发展趋势。

2. 对借款人的基本财务指标分析

(1) 偿债能力。偿债能力是指企业在债务到期时,偿还借款和支付利息的能力,包括短期偿债能力和长期偿债能力两类。企业偿债能力的强弱,既受企业资产结构和资金结构的影响,又受其营利能力的制约。评价企业的偿债能力,有利于银行正确进行贷款决策,是银行对借款企业进行财务分析的核心。其中,反映企业短期偿债能力的指标主要包括流动比率、速动比率、现金比率;反映企业长期偿债能力(又称杠杆比率)的指标主要包括资产负债率、产权比率、有形净值债务率、利息保障倍数。

① 流动比率。流动比率是指流动资产与流动负债之比,其公式是

$$流动比率 = 流动资产/流动负债$$

流动比率是衡量借款人短期偿债能力强弱的指标。一般来说,流动比率越高,借款人可变现资产就相对较多,则短期偿债能力较强。流动比率过低,则说明借款人营运资金(流动资产与流动负债之差)不足,短期偿债能力弱,债权人遭受损失的风险大。

流动比率也并非越高越好,因为流动比率过高,滞留在流动资产上的资金就过多。如果货币资金存量过大,存货积压,未能有效加以利用,可能会影响获利能力。一般认为,流动比率在2:1左右比较合适。实际上,对流动比率的分析应结合不同的行业特点和流动资产结构等因素,有的行业流动比率较高,有的行业较低。因此,评价流动比率的高低要与同行业平均水平和本企业历史水平进行比较分析。

② 速动比率。速动比率又称酸性比率,是速动资产与流动负债之比,其公式为

$$速动比率 = 速动资产/流动负债$$

$$速动资产 = 流动资产 - 存货$$

速动比率较流动比率更能准确、可靠地反映借款人资产流动性及短期偿债能力。一般认为速动比率为1较为合适。如果速动比率低,则说明借款人的短期偿债能力存在问题;如果速动比率过高,则说明借款人速动资产过多,可能会失去一些有利的投资或获利的机会。

③ 现金比率。现金比率是指现金及现金等价物与流动负债之比,其公式为

$$现金比率 = (现金 + 现金等价物)/流动负债$$

现金比率较速动比率更能谨慎地反映企业的短期偿债能力。比率越高,说明企业面临的短期偿债压力越小;反之,则越大。但若现金比率过高,则说明企业闲置资金过多,丧失了许多周转收益和投资收益。

④ 资产负债率。资产负债率是指负债总额与资产总额之比,其公式为

$$资产负债率 = 负债总额/资产总额 \times 100\%$$

资产负债率不仅反映了借款人利用债权人提供的资金进行经营活动的能力,也反映了债权人权益的保障程度。借款人资产负债率越低,债权人权益保障程度就越高;而借款人资产负债率越高,债权人权益保障程度就越低。一般来说,正常的借款人资产负债率应低于75%,如果借款人的资产负债率高于100%,则说明该借款人已资不抵债,濒临破产。

⑤ 产权比率。产权比率是指负债总额与所有者权益之比，又称债务股权比率，其公式为

$$产权比率=负债总额/所有者权益×100\%$$

产权比率表示所有者权益对债权人权益的保障程度。该比率越低，就表明借款人的长期偿债能力越强，债权人权益保障程度越高；反之，表明风险越大。

⑥ 有形净值债务率。有形净值债务率是指负债总额与有形净资产之比，其公式为

$$有形净值债务率=负债总额/(所有者权益-无形资产净值)×100\%$$

有形净值债务率表示有形净资产对债权人权益的保障程度，该比率越低越好。

⑦ 利息保障倍数。利息保障倍数是指税前利润与利息费用之比，其公式为

$$利息保障倍数=(利润总额+利息费用)/利息费用$$

利息保障倍数反映借款人偿付利息的能力，该比率越高，说明支付利息费用的能力越强；反之，说明借款人支付利息费用的能力越弱。

(2) 营利能力。营利能力是指利用各种经济资源创造利润的能力。

① 净资产利润率。净资产利润率是指利润总额与资本金总额之比，其公式为

$$净资产利润率=利润总额/净资产总额×100\%$$

上式中，净资产总额可用期末数，也可用期初期末平均数。净资产利润率反映借款人的净资产获利能力，是衡量借款人负债资金成本高低的指标。如果净资产利润率高于银行贷款利率，说明借款人适度负债经营成本低，经营有利；反之，则说明负债成本高。

② 销售利润率。销售利润率是指利润总额与销售收入净额之比，其公式为

$$销售利润率=利润总额/销售收入净额×100\%$$

$$销售收入净额=销售收入-销售退回-销售折让及折扣$$

销售利润率反映单位产品或商品销售收入净额所实现利润的多少。将借款人连续几年的销售利润率进行比较分析，即可判断出其销售活动营利能力的发展趋势。

③ 资产利润率。资产利润率是利润总额与总资产之比，其公式为

$$资产利润率=利润总额/资产总额×100\%$$

上式中，资产总额既可用期末数，也可用期初期末平均数。资产利润率主要用来衡量总资产获利效率。

④ 成本费用利润率。成本费用利润率是指利润总额与当期成本费用总额之比，其公式为

$$成本费用利润率=利润总额/成本费用总额×100\%$$

$$成本费用总额=主营业务成本+营业费用+管理费用+财务费用$$

成本费用利润率反映单位成本费用支出所带来利润的多少。该指标越高，说明借款人成本费用越低，盈利水平越高；反之，盈利水平越低。

(3) 营运能力。营运能力是指通过资产周转速度有关指标反映出的借款人资产利用效率和管理、运用资产的能力。它主要包括总资产周转率、流动资产周转率、固定资产周转率、应收账款周转率及存货周转率。

① 总资产周转率。总资产周转率是指销售收入净额与平均资产总额之比，其公式为

$$总资产周转率=销售收入净额/平均资产总额×100\%$$

$$平均资产总额=(期初资产总额+期末资产总额)/2$$

总资产周转率高，则说明借款人全部资产经营效率好，取得的收入高；反之，则说明其

资产经营效率差，取得的收入少。总资产周转率的高低最终会影响借款人的营利能力。

② 流动资产周转率。流动资产周转率是指销售收入净额与平均流动资产之比，其公式为

$$流动资产周转率 = 销售收入净额/平均流动资产 \times 100\%$$

$$平均流动资产 = (期初流动资产 + 期末流动资产)/2$$

流动资产周转率反映的是流动资产的周转速度。流动资产周转率高，则会相对节约流动资金，等于相对扩大资产投入，增强企业营利能力和偿债能力；反之，则需要增补流动资产参与周转，降低企业营利能力和偿债能力。

③ 固定资产周转率。固定资产周转率是指销售收入净额与平均固定资产净值之比，其公式为

$$固定资产周转率 = 销售收入净额/平均固定资产净值 \times 100\%$$

$$平均固定资产净值 = (期初固定资产净值 + 期末固定资产净值)/2$$

固定资产周转率高，就表明借款人固定资产利用较充分，投资得当，结构合理，效率得到发挥。

④ 应收账款周转率。应收账款周转率是指一定时期内赊销收入净额与应收账款平均余额之比，其公式为

$$应收账款周转率 = 赊销收入净额/应收账款平均余额 \times 100\%$$

$$赊销收入净额 = 销售收入 - 现销收入 - 销售退回 - 销售折让 - 销售折扣$$

$$应收账款平均余额 = (期初应收账款 + 期末应收账款)/2$$

$$应收账款周转天数 = 计算期天数/应收账款周转率$$

应收账款周转率反映的是应收账款计算期内的周转次数。次数越多，则说明应收账款周转越快，效率越高，应收账款变现速度越快，借款人营运能力和短期偿债能力就越强。在分析中，应特别注意应收账款是否集中于某一客户，或应收账款的回收期是否已超过 120 天或更长时间，这都说明风险很大。

⑤ 存货周转率。存货周转率是指销售成本与平均存货之比，其公式为

$$存货周转率 = 销售成本/平均存货 \times 100\%$$

$$平均存货 = (期初存货 + 期末存货)/2$$

$$存货周转天数 = 计算期天数/存货周转率$$

存货周转率反映的是借款人销售能力和存货库存状况。存货周转率高，就说明存货周转快，积压少，变现能力强；而存货周转率低，则表明采购过量，库存积压。不同的行业之间的存货周转率差别很大，在评价存货周转率时，应与借款人历史水平或同行业平均（先进）水平进行比较分析。存货周转天数既不能过多，也不能过少，过少就说明贷款人没有足够的存货可供使用和销售。

3. 对借款人的财务报表分析

（1）资产负债表分析。

① 资产项目。现金（包括银行存款）是企业流动资产中比较明确的部分，企业一般不会弄虚作假，分析时不必多费精力。

应收账款是流动资产中流动性仅次于现金的资产，也是企业归还短期债务的主要资金来源，必须仔细分析。分析的重点是应收账款分布、账龄结构等情况。一般而言，应收

账款集中于少数大客户与众多分散客户，相比而言，前者的风险更大一些。如果应收账款账龄远远超过一般的收账期限，就应充分注意，如果确属过期账款，则应督促企业建立坏账准备金。

存货分析主要是考察其储存期、流动性、规模、价格稳定性、废弃变质程度、是否投保和保险金额是否充分等。考察存货的储存期和规模，可采取横向比较与纵向比较相结合的方式。横向比较即与同行业中同等条件的企业相比；纵向比较即与本企业过去相对比。存货的流动性即存货周转时间，它直接反映企业的偿债能力，可通过存货周转或存货周转天数考察，分析时要注意存货价格的稳定性和市场适销性，将变质和废弃的存货剔除，并要了解存货是否投保以及保额是否充足。对产品结构需要调整或转产企业存货进行分析时，应对加工中的在产品、半成品及产成品的价值按市场价予以确认或打折。

固定资产分析的重点如下：首先，了解是否全额投保。如果未全额投保，遇到意外灾害时，企业就无法按时归还银行贷款。其次，了解企业是否提足折旧，并保持固定资产的良好状况，倘若未按规定提足折旧，固定资产的价值就不真实，应进一步分析企业未提足的原因，是否是生产经营、财务状况出现了问题。最后，分析固定资产的用途是否具有通用性和广泛性，这关系到固定资产需要拍卖时的易售性。

对无形资产，如商誉、商标、版权、专利权、租赁权和特许权等，银行一般不列入担保品范围，具有特别重大价值的专利权、版权、特许权和租赁权偶尔可以除外。

② 负债和资本项目。短期负债要了解数额和期限，注意营运资金周转是否发生困难；还要注意是否有过期未付或漏计的负债，如有漏计则会造成银行对企业偿债能力的高估；有时还要了解应缴税款和预提费用是否足够或适当。长期负债重点了解到期日和企业的偿债安排及企业履行合同情况，以便对其债务负担做出正确评估。

在分析资本时，应着重了解其中是否存在虚假成分以及资本结构。如果企业属于个人独资或合伙组织，还应注意了解业主在该企业以外的关联企业的收益、资产、负债和资本状况，因为发生经济纠纷时，这些关联企业的某些因素也可能会影响企业的偿债能力。

（2）利润表（损益表）分析。利润表（损益表）反映的是一定会计期间（月份、季度及年度）的经营成果及其分配情况，或者反映各项业务收入、成本和费用发生额的动态财务报表。它按照权责发生制和配比原则，分别列示主营业务利润、营业利润及利润（或亏损）总额。用以下公式表示计算步骤。

第一步：主营业务利润 = 主营业务收入 – 主营业务成本 – 主营业务税金及附加。

第二步：营业利润 = 主营业务利润 + 其他业务利润 – 营业费用 – 管理费用 – 财务费用。

第三步：利润（或亏损）= 营业利润 + 投资收益 + 营业外收入 – 营业外支出。

对利润表（损益表）的分析，重点是发现企业降低成本费用的潜力，研究增加利润的途径。要特别注意评价成本费用的合理性和真实性，并与同行业的成本、利润水平相比，并找出差距。

（3）现金流量表分析。

① 现金流量的含义。现金流量即现金及现金等价物。现金流量中的现金包括两部分，即现金及短期证券投资。其中，现金包括库存现金、非限制性银行存款和其他货币性资金；短期证券投资称为现金等价物。要特别注意，现金流量中的现金必须不受限制，可以自由使

用，已办理质押的银行存款应该剔除；短期证券投资的期限必须在3个月以内。

流量是相对于存量的一个概念，存量是某一时点的数据，如会计中的余额；流量是一定期间内所发生的数据，如会计中的发生额。现金流量包括现金流入量、现金流出量和现金净流量，现金净流量为现金流入量与现金流出量之差。

② 现金流量分析的意义。现金流量表是反映借款人在一定期间内现金收入、现金支出及现金收支净额的基本财务报表。对现金流量进行分析有助于正确评价收益的质量。

现金流量表是以现金收付制为基础编制的，现金流量分析更关注借款人的现金偿债能力。

通过编制现金流量表，可以弄清借款人的经营活动、投资活动与融资活动的现金流入流出情况，从而确定借款人的还款来源，为贷款管理与决策提供最直接的依据。

在现金流量变动表中，现金来源就是所有能增加现金（或相当于现金）资产的交易，现金运用就是所有会减少现金资产的交易。在现金流量变动表中，每项资金来源以正号表示（正号可省略），每项现金支出用负号表示。任何负债的增加或非现金资产的减少都是现金来源，负债的减少或非现金资产的增加都是现金的运用；股票的发行或盈余的净增代表现金来源，营业收入也是现金来源，而现金支出、纳税和分红则是现金运用。银行通过分析现金流量表，不仅可以了解借款人当期收到多少现金，支付多少现金，有多少现金余额或者现金不足等定量信息，还能说明借款人过去偿还债务的能力及实际还款的状况。这不仅有助于银行评价借款人还款记录是否真实，为贷款风险评级提供依据，还可确定以前期间影响借款人现金流量的主要变量，为预测提供基础。

专栏资料 4-5

企业的现金流量

现金流量是一个综合财务指标，它既能够体现流动性，也能够体现营利性。如果产品销售出去之后，应收账款不能按时收回，资产缺乏流动性，那么，即使有再多的销售收入，其现金流量也不会多。如果没有一定的营利能力，销售收入很少，那么，其现金流量也难以充足。所以，充足的现金流量既需要一定的赢利能力来支持，也需要一定的流动性。一般来说，营利企业比亏损企业偿还银行贷款的可能性大，但是，衡量借款人是否能足额偿还贷款，应着重分析的是现金流量是否充足，而不是利润。

③ 现金流量的计算。一般而言，只要有资产负债表、利润表（损益表）和总账资料或只有总账资料，就可以编制现金流量表和计算现金流量。由于银行保存的借款人资料一般只有利润表（损益表）与资产负债表，所以在实际工作中，现金流量表也可以根据这两张表的相关科目调整编制。

假定借款人具有资产负债表、利润表（损益表）及总账，借款人商业活动包括经营、投资及融资，借款人是持续经营的经济组织，则有：

现金净流量 = 经营活动现金净流量 + 投资活动现金净流量 + 融资活动现金净流量

因为收益和费用在利润表（损益表）中全额反映，其中收益中未收到的现金和费用中未支付的现金反映在资产负债表的有关科目中，所以现金流量的计算应以利润表（损益表）为基础，并根据资产负债表期末期初的变动数进行调整。

④ 现金流量的预测。根据现有的利润表（损益表）和资产负债表，已经可以编制借款人的现金流量表，得出借款人现金流量的历史状况及还款情况的一些结论。实际上，计算借款人的现金流量更重要的是分析过程，弄清楚借款人的经营活动、投资活动和融资活动的现金来源与运用，为预测借款人未来的现金流量和偿债能力提供依据。

影响借款人未来现金流量的因素主要包括两个方面。

内部因素：主要是借款人经营过程中的变量，包括借款人经营规模、产品多样化程度、销售策略、成本控制、技术政策、财务政策、管理层的稳定性、经营思想和风格及财务管理能力等。

外部因素：主要是行业风险与社会因素，包括行业成本结构、发展阶段、经济周期性、行业营利性、依赖性、宏观经济环境、竞争对手、政策法律及自然灾害等。

现金流量的预测就是在研究有关历史数据的基础上，结合新获取的信息，从而得出未来现金流量。

预测现金流量的步骤如下：

首先，根据历史数据，得出影响借款人以前现金流量的因素及其作用。

其次，采用定性分析与定量分析相结合的方法，分析影响借款人以前现金流量的因素，进一步调查、研究及确定影响借款人未来现金流量的因素。

最后，确定各因素对借款人未来现金流量的作用方向和程度。其主要有三种方法：一是按项目预测，即按照影响现金流量的项目逐一预测；二是按部分预测，即分析经营、投资及融资各部分现金流量的变化趋势，得出未来各部分现金流量，进而得出借款人现金总流量；三是项目预测与部分预测相结合，得出借款人的现金流量。

在实际操作过程中，借款人的未来现金流量预测，主要依靠信贷人员对借款人有关生产经营情况的跟踪调查，以及与借款人各级管理人员的讨论，重点考察产品销售、售价、成本费用控制、应收账款变化状况及项目投资打算等方面，从而预测借款人的未来现金流量。

⑤ 现金流量分析可得出的主要结论。若借款人经营活动现金净流量大于零，且经营活动现金流入量大于短期借款总额，则说明短期借款第一还款来源充足；经营活动现金净流量与投资活动现金流入量之和大于一年内到期的长期借款，说明项目贷款的第一还款来源充足。

若借款人经营活动现金净流量小于零，经营活动现金流入量大于短期借款总额，则说明存在短期借款第一还款来源。至于是否充足，则须视借款人现金流出顺序，即经营活动现金流入首先用于还款，还是用于其他经营活动。若首先用于还款或经营活动现金流入量两倍（或两倍以上）于短期借款总额的，则可视为第一还款来源充足。

若借款人经营活动现金流入量小于短期借款总额，则说明借款人短期借款第一偿债能力不足，必须依赖第二还款来源才能偿还到期债务。

（二）对借款企业的非财务因素分析

1. 非财务因素分析的作用

（1）有助于全面、动态地判断借款人的偿债能力。财务分析和现金流量分析主要是对借款人的历史偿债能力进行定量分析，而且是建立在对借款人持续、稳定经营的假设之下。但事实上，借款人的经营、财务状况受其行业、经营风险和管理水平等因素的影响，是处于不断变化之中的。当前的经营、财务状况是在过去财务状况基础上，受非财务因素影响作用的结果，当前的非财务因素可能就是未来贷款风险的预警信号。所以，对影响借款人偿债能力的各种非财务因素进行综合分析，评价其对现金流量和财务指标的影响方向与程度，有助于增强定量分析预测的可靠性，对借款人的偿债能力做出更加全面、客观的预测和动态的评估。

（2）有助于判断贷款偿还的可能性。在实际工作中，有些不良贷款并不是借款人没有偿债能力，而是偿债意愿太差，有钱不还。因此，通过对借款人的偿债意愿的分析，可以判断贷款偿还的可能性。

（3）有利于促进银行的信贷管理工作。非财务因素作为贷款风险产生的主要预警信号，能否及时发现、运用好，对银行信贷管理十分重要，它可以使银行未雨绸缪，在威胁来临时处于较有利的防御状态，确保贷款安全或减少贷款损失。同时，实行非财务因素分析，客观上要求银行在日常信贷管理中建立完善的信贷管理信息系统，重视对非财务因素的收集、监测、分析和利用，保证银行能充分获取与掌握影响贷款偿还的各种信息，对加强信贷管理，提高管理水平产生深远影响。

2. 非财务因素分析的主要内容

（1）行业风险因素。每个企业都处于某一特定行业中，每一行业都具有特定的风险，在同一行业中的借款人要面对基本一致的风险。因此，掌握了某一行业的特征、表象和风险程度，知道借款人的表现在同一行业中处于什么样的水平，就可以根据行业的基本状况和发展趋势判断借款人的基本风险。

① 成本结构。成本由固定成本和变动成本组成。借款人行业的成本结构对其行业风险、营利性及竞争性均有重要影响。如果企业的固定成本比重高于变动成本（处于高经营杠杆状态），其生产量越大，营利性就越高。同时，平均成本低的企业更具竞争力。相反，低经营杠杆的企业在产量下降时，则容易处于较有利的地位。

② 成熟期。一个行业的成长一般经历三个主要阶段，即新兴、成熟和衰退。不同成熟期，行业的风险程度及特征可以表述为：低度风险——销售和利润仍以合理比率增长的成熟行业；中度风险——摆脱了成长中的关键问题，正逐步走向成熟的行业或已处于衰退边缘的高度成熟行业；中高度风险——仍迅速成长，较弱的竞争者开始退出的新兴行业以及销售和利润下降的衰退行业；高度风险——以爆炸性比率成长的新兴行业。

③ 行业的经济周期。行业的风险与经济周期密切相关。如果行业是周期性的，则行业的经营状况能在一定程度上反映经济的趋势，即随着经济的繁荣而繁荣、萧条而萧条（需要引起注意的是，周期行业因时间差异，其行业的周期可能超前、同步或滞后于经济周期）；如果行业是反周期的，则该行业经营在萧条时期反而繁荣。一些非周期行业则不受经济周期的影响，如一些经营生活必需品的行业。

④ 行业营利性。企业需要依赖盈利来维持经营，一个长期不盈利的企业将失去活力，对整个行业来说也是一样。一个所在行业普遍不盈利的借款人，其未来的经营状况和偿债能力显然是值得关注的。

⑤ 依赖性。从其他行业对借款人所在行业的影响程度可以了解其依赖性，如果依赖性强，还必须分析其所依赖的行业的发展情况。以汽车制造业为例来说，如果这一行业呈现出萧条的迹象，那么钢铁、玻璃和轮胎等行业的销售与生产就有下降的可能。

⑥ 产品替代性。主要考虑替代产品的替代可能性。

⑦ 法律、政策。法律、政策的变化可以对一个行业有潜在的好处，也可以使一个行业的盈利或生存受到威胁。同样，宏观政策，如金融货币政策、产业指导政策及税收政策等，也会对借款人所在行业产生不同的影响，而不利的影响将使贷款的风险程度加大。

⑧ 经济、科技环境。例如，通货膨胀、地区经济形势、国际金融形势及重大技术突破和进步等经济技术环境因素都会对借款人所处的行业产生影响。

（2）经营风险因素。

① 借款人总体特征分析。通过分析借款人的总体特征和经营策略来判断其经营风险的大小。其主要包括以下内容。

规模：一般情况下，规模越大，市场份额也就越大，企业经营也就越稳定，风险越小；反之，风险越大。

所处的发展阶段：与同行业的成熟期企业进行比较分析。

产品的多样化程度：重点分析产品的品种、客户、用途和盈利水平。

经营策略：主要了解和分析企业的经营目标是什么、是否合理，为完成目标所采取的策略是否可行，可能性多大，以及管理层应付风险的能力如何等。

② 借款人产品市场分析。产品分析：主要分析产品在社会生活中的重要性及其特性，从而判断风险的高低。

市场分析：主要分析市场竞争程度、对市场价格和需求的控制能力、客户的分散或集中程度、营销方法等。

③ 借款人的供、产、销环节分析。在分析借款人采购环节中的风险时，重点分析原材料价格风险、购货渠道风险和购买量风险。

对借款人生产环节中风险的分析，重点在于分析生产的连续性、生产技术更新敏感性以及抵御灾难的能力、环境考虑和劳资关系。

对借款人销售环节中风险的分析，主要考虑销售范围、促销能力及销售的灵活性等。

（3）管理风险因素。一般来说，对借款人管理风险的分析，主要可以从借款人的组织形式、管理层素质和经验、管理能力、管理层的稳定性、经营思想和作风、员工素质及法律纠纷等几个方面进行。

（4）偿债意愿因素。偿债意愿的好坏，可以从借款人的还款记录，包括对其他银行、供应商等债权人的还款记录以及经营中对合同、纳税等的履行情况进行分析判断。

3. 非财务因素分析的注意事项

（1）准确判断非财务因素的特性如下：

① 方向性。非财务因素对贷款偿还的影响具有明显的方向性。有的非财务因素对贷款偿还将产生有利的影响，有的对贷款偿还将产生不利的影响。

② 时间性。非财务因素对贷款偿还的影响具有时间性，有的是短期受影响，有的是长期受影响。

③ 潜在性。非财务因素具有潜在性，是潜在的财务因素。非财务因素在一定的时间和条件下将转化为财务因素。

④ 强度性。非财务因素对贷款偿还的影响有强度之分，有的非财务因素对偿还贷款的影响是重大的、决定性的，有的非财务因素对贷款偿还的影响是微弱的，可以忽略不计。

（2）抓住分析重点。在进行非财务因素分析时，对获取的各种复杂多样的信息要进行加工整理和分析比较，找出影响贷款偿还的关键性的本质因素，进而进一步判断这些因素的持续影响是否对贷款的偿还有实质性的影响，不要面面俱到。

（3）正确地处理非财务因素分析与财务分析的关系。目前，不管会计信息是否完整、真实，非财务因素分析都只能是建立在财务分析的基础之上。忽视非财务因素对贷款偿还的影响是不恰当的，但过分强调非财务因素分析的作用也不正确。因为单纯依靠非财务因素分析，并不能真实反映和判断贷款偿还的可能性。但是，财务分析所提供的财务信息只是一种历史数据的记录，如果撇开非财务因素分析，就无法了解影响借款人未来财务状况的因素及其方向和程度，也就不能全面、动态地反映和评估借款人未来的偿债能力和判断其还款可能性。

（4）正确认识非财务因素的主观性特征。由于非财务因素主要是定性因素，这就决定了它必须在客观分析的基础上，进行大量的主观性判断，而且要对贷款的风险程度进行客观、全面与动态的反映，对非财务因素进行主观性分析是无法避免的，也是十分必要的。因此，只要信贷人员具有较高的素质和能力，拥有较丰富的专业知识和经验，能充分掌握非财务因素，并在对所有因素综合考察分析的基础上突出主要因素和因素的主要方面及其特性，就能够保证对风险程度主观判断的真实、客观。

四、借款企业的信用等级评定

在对企业财务分析和非财务分析的基础上，信贷人员即可对企业的资信进行评估，评定企业的信用等级。自1987年以来，我国银行业普遍开展了对企业信用等级评定工作。从理论上讲，凡是影响到借款客户信用程度的所有因素，都应该成为企业信用评级的内容。但是，实际操作中，要将全部因素包括进来并设置评估指标是很困难的。通常情况下，银行都是根据影响企业资信情况的主要因素来设置评估系统的。在实际操作上，各银行对借款客户进行信用等级评定所设计的评估项目和评分标准是不相同的。银行在设计借款人信用等级评定表时，一般根据本银行的贷款政策目标、贷款种类以及各行业的不同特点确定参数，并将评分标准结合经验数据，参照各国的通货膨胀率和各行业的盈利水平来确定评估指标。

评定企业信用等级的一般做法是：设置指标体系→确定权重分值→测定量值顺序→评定信用等级。通常而言，商业银行对借款客户进行信用等级评定，大多采取定量分析与定性分析相结合的方法，按照统一的财务与非财务指标及标准，以偿债意愿和偿债能力为核心，从信用履约能力、偿债能力、营利能力、经营发展能力及领导者素质等方面，对客户进行综合评价和测定得分，然后根据得分和限制条件，将企业划分为A级、B级与C级等相应的信用等级。在这个过程中，虽然各个银行对各项指标确定的权重分值（即考虑的侧重点）有所不同，但都是围绕客户的偿债意愿和偿债能力展开的，并且以影响客户偿债能力的各种因素为重点。信用等级的级别划分虽称呼不同，但大同小异，包括优质客户、一般客户、限制客户和淘汰客户四类。

下面以《中国××银行信用等级评定办法》和《中国××银行客户信用等级测评计分表》（表4-5）为参照，具体了解和分析借款企业的信用等级评定程序、主要参考内容和评定标准。客户信用等级测评表见表4-6，个人信用评级标准见表4-7。

表4-5 中国×銀行客户信用等级测评计分表
（适用于农业、工业、商贸及综合类客户）

序号	评定指标	计算公式	指标说明	标准分	满分值	计分方法
一	信用履约评价			25		
1	贷款资产形态		正常、关注、次级、可疑及损失	5		无欠级、可疑及损失贷款得5分；无可疑、损失贷款得3分，有可疑、损失之一者得0分
2	到期信用偿还记录		到期信用偿还记录包括我行和他行对客户的贷款、承兑、信用证及贸易融资及保函等各种信用	10		根据报告期应归还银行的信用总额进行衡量： (1) 按期还本为满分 (2) 报告期内存在逾期1个月（含）以内的贷款记录，扣3分 (3) 存在逾期1～3个月（含）的贷款记录，扣5分 (4) 未按期还本超过3个月，为0分 (5) 保全资产类借新还旧贷款，扣3分
3	利息信用偿还记录		利息偿还记录包括客户偿还我行和他行利息的记录	10		(1) 报告期按期付息为满分 (2) 报告期内存在拖欠利息1个月（含）以上记录，扣5分 (3) 报告期内存在拖欠利息3个月（含）以上记录，扣8分 (4) 评估时点存在欠息情况，为0分
二	偿债能力评价			35		
4	资产负债率	（负债总额/有效资产总额）×100%	期末有效资产总额＝期末资产总额－摊销费用－待处理资产损失－2年以上各类应收账款－待处理资产损失	10	工业、农业、综合类≤70%；商贸类≤75%	[（1－实际值）/（1－满分值）]×标准分；资产负债率≥85%，0分

续表

序号	评定指标	计算公式	指标说明	标准分	满分值	计分方法
5	流动比率	（期末流动资产/期末流动负债）×100%	期末流动资产是指有效流动资产	5	农业≥120%，工业≥130%，商贸≥150%，综合类≥150%	（实际值/满分值）×标准分；流动比率≤80%，0分
6	现金流量		现金净流量＝经营性现金净流量＋投资性现金净流量＋融资性现金净流量	8	经营性现金净流量＞0，现金净流量＞0：8分 经营性现金净流量＞0，现金净流量≥0：6分 经营性现金净流量≤0，现金净流量＞0：4分 经营性现金净流量≤0，现金净流量≤0：0分	
7	现金流动负债比率	经营性现金净流量/流动负债		5	≥20%	（实际值/满分值）×标准分
8	或有负债比率	（或有负债/净资产）×100%	或有负债是指企业为第三方提供担保及未决诉讼等	3	≤50%	[(1−实际值)/(1−满分值)]×标准分
9	利息保障倍数	（利润总额＋当年利息支出）/当年利息支出	利息支出是指企业当年应支付的全部利息总额	4	≥4	（实际值/满分值）×标准分；≤1，得0分
三	营利能力评价			15		
10	总资产报酬率	（利润总额＋利息支出）/资产年平均余额×100%	利息支出是指企业年度应支付利息总额 资产年平均余额＝（年初总资产余额＋年末总资产余额）/2	5	农业≥3%；工业≥8%；商业≥5%；综合类≥6%	（实际值/满分值）×标准分
11	销售利润率	（销售利润/销售收入净额）×100%	销售利润＝销售收入－销售成本－销售税金 销售收入净额＝销售收入－销售退回－销售折让、折扣	5	农业≥6%；工业≥12%；商业≥10%；综合类≥9%	（实际值/满分值）×标准分

续表

序号	评定指标	计算公式	指标说明	标准分	满分值	计分方法
12	净资产收益率	（税后净利润/净资产年平均余额）×100%	净资产年平均余额=（年初净资产余额+年末净资产余额）/2	5	农业≥7%；工业≥12%；商业≥10%；综合类≥15%	（实际值/满分值）×标准分；≤2%，0分
四			经营及发展能力评价	15		
13	存货周转率	产品销售成本/平均存货		5	农业≥200%；工业≥300%；商业≥400%；综合类≥300%	（实际值/满分值）×标准分
14	销售收入增长率	（本年销售收入－上年销售收入）/上年销售收入		4	农业≥9%；工业≥11%；商贸≥12%；综合类≥9%	
15	净利润增长率	（本期实现净利润－上期实现净利润）/上期实现净利润绝对值	分母中上期实现净利润取绝对值	3	农业≥7%；工业≥8%；商贸≥6%；综合类≥9%	
16	净资产增长率	[（年末净资产－年初净资产）/年初净资产]×100%		3	≥10%	（实际值/满分值）×标准分
五			综合评价	10		
17	领导者素质	领导者及主要管理人员的素质和经验		1	客户领导者有丰富的管理经验，有良好的社会声誉得1分，一般得0.5分，其他不得分	
18	管理水平	产权制度、组织结构、决策机制、财务管理制度、企业经营年限和员工素质等情况		2	客户产权明晰，组织结构完善，近3年总资产或销售收入逐年扩大，业绩显著，财务制度健全，财务报表可信得2分，一般得1分，差为0分	

续表

序号	评定指标	计算公式	指标说明	标准分	满分值	计分方法
19	发展行业前景		行业发展前景、行业稳定性、经营环境、政策支持情况、市场竞争力、融资能力及技术装备等情况	3	分值在0~3分确定	属国家限制发展、淘汰行业的，为0分。行业发展不稳定的，扣2分
20	与我行业务合作关系		客户在银行办理结算、个人住房贷款、代收代付、存款的业务量占以上业务总量的比例、余额占客户总贷款余额的比例	4	分值在0~4分确定	存贷比低于10%，仅办理贷款业务，无相应的结算或中间业务的，扣2分
六	特殊加分			10		
21	所有者权益			5	单一法人客户所有者权益：农业≥6亿元，工业≥8亿元，商贸≥7亿元，综合类≥9亿元的，可在原得分基础上再加5分。以合并报表整体评级的集团客户所有者权益≥30亿元的，可在原得分基础上再加5分	
22	利润			5	利润总额：农业≥3亿元，工业≥5亿元，商贸≥4亿元及综合类≥6亿元的，可在原得分基础上再加5分	
七	特殊扣分			15		
23				3	财务报表未经会计师事务所审计的，扣3分	
24				3	销售收入或利润总额连续2年下跌幅度≥10%的，扣3分	
25				3	无完善财务制度的，扣3分	
26				3	拟评为AAA级以上的客户所有者权益或销售收入不足500万元的，扣3分	
27				3	拟评为AA+级、AA级客户所有者权益或销售收入不足300万元的，扣3分	

注：单项指标最高得分为满分，最低得分为0分。单项指标计分结果保留两位小数，总得分保留一位小数。

表 4-6 客户信用等级测评表（以工业企业为例）

序号	评定指标	初评值	初评得分	核定值	核定得分	备注
一	信用履约评价					
1	贷款资产形态					
2	利息偿还记录					
3	到期信用偿还记录					
二	偿债能力评价					
4	资产负债率					
5	流动比率					
6	现金流量					
7	现金流动负债比率					
8	或有负债比率					
9	利息保障倍数					
三	营利能力评价					
10	总资产报酬率					
11	销售利润率					
12	净资产收益率					
四	经营能力评价					
13	存货周转率					
14	销售收入增长率					
15	净利润增长率					
16	净资产增长率					
五	综合评价					
17	领导者素质					
18	管理水平					
19	发展前景					
20	与我行业务合作					
基本得分						
六	特殊加分					
21	所有者权益					
22	利润总额					
七	特殊扣分					
23	扣分值小计					
总计						
八	客户限定性指标		说明		审查意见	
1	利息和到期信用偿还记录					
2	资产负债率指标					
3	现金流量指标					
4	其他					
九			经营行评定意见			
得分		建议信用等级		得分		初定或审定等级
客户部门经办人：		客户部门负责人：		信贷部门经办人：		信贷部门负责人：
年 月 日		年 月 日		年 月 日		年 月 日

表 4-7 个人信用评级标准（仅供参考）

计分事项		标准
1	文化程度 （满分 10 分，配偶另加 2 分）	①博士：9~10 分 ②硕士：8~9 分 ③学士：7~8 分 ④专科：6~8 分 ⑤中专或高中：6 分 ⑥初中以下：5 分
2	工作年限 （满分 10 分）	①30 年以上：9~10 分 ②20~30 年：8~9 分 ③10~20 年：7~8 分 ④5~10 年：6~7 分 ⑤5 年以下：0 分
3	职业 （满分 10 分，配偶另加 3 分）	①公务员：8~10 分 ②科教人员：8~9 分 ③企业管理者：8~10 分 ④私营业主：7~10 分 ⑤金融机构从业人员：8~10 分 ⑥其他：0 分
4	职务 （满分 10 分，配偶另加 2 分）	①局级以上：10 分 ②处级：8~10 分 ③科级：7~8 分 ④科级以下：0 分
5	职称 （满分 10 分，配偶另加 2 分）	①高级：10 分 ②副高级：8~10 分 ③中级：7~8 分 ④中级以下：0 分
6	个人年经济收入 （满分 20 分）	①20 万元以上：20 分 ②15 万元~20 万元：18~20 分 ③10 万元~15 万元：17~19 分 ④8 万元~10 万元：16~17 分 ⑤5 万元~8 万元：14~16 分 ⑥2 万元~5 万元：10~14 分 ⑦2 万元以下：0 分
7	家庭财产评估价值 （满分 30 分）	①50 万元以上：30 分 ②40 万元~50 万元：26~30 分 ③30 万元~40 万元：24~28 分 ④25 万元~30 万元：22~25 分 ⑤20 万元~25 万元：20~22 分 ⑥20 万元以下：0 分
8	其他 （最高 10 分）	①连续三期贷款都能按时还本付息，并由提前还清贷款的能力：5~10 分 ②连续两期贷款都能按时还本付息，无欠账：1~5 分 ③未曾贷款：0 分

注：个人信用贷款最高授信额度为 10 万元，80~90 分最高授信额度为 6 万元，70~80 分最高授信额度为 3 万元。

中国××银行客户信用等级评定办法

第一章 总则

第一条 为科学评价客户信用状况，有效防范信贷风险，提高信贷资产质量，根据中国××银行信贷管理基本制度规定，制定本办法。

第二条 本办法所称客户是指财务管理制度健全，能提供会计报表的企事业法人、合伙类企业、个人独资企业、法人客户分支机构（依法独立经营，单独或独立核算，并经总公司授权）和其他经济组织。

第三条 客户信用等级评定，是指按照统一的财务与非财务指标及标准，以偿债能力和意愿为核心，从信用履约能力、偿债能力、营利能力、经营及发展能力等方面，对客户进行综合评价和信用等级确定。

第四条 客户信用等级评定采取定量分析与定性分析相结合的方法，遵循统一标准、严格程序、分级管理及动态调整的原则。

第五条 客户信用等级评定是银行信贷管理的基础性工作，评定结果是银行客户准入退出、信贷风险审查、信贷定价及授权授信管理的重要依据。

第二章 评定对象

第六条 信用等级评定对象按行业和客户性质分为农业、工业、商贸、房地产开发、建筑安装、外资、事业法人、银行、证券公司、非银行金融机构类客户（证券公司除外）及综合等11类客户评价指标体系。

第七条 本办法所称农业、工业、商贸、房地产开发及建筑安装类客户按中华人民共和国国民经济行业分类国家标准进行划分。

第八条 本办法所称外资客户是指依法在中华人民共和国境内设立的外商独资、中外合资和中外合作企业（包括港、澳、台出资企业）。

第九条 本办法所称事业法人是指由国家许可设立，从批准成立之日起具有法人资格并取得执业许可证或依法经核准登记取得法人资格的事业单位。

第十条 本办法所称银行类客户是指经中国人民银行批准，在中华人民共和国境内设立的中资、中外合资、城市信用社、农村信用社和外商独资商业银行及其分支机构。

第十一条 本办法所称证券公司是指经中国证券监督管理委员会核准在中华人民共和国境内设立的中资、中外合资、外资证券公司和基金管理公司。

第十二条 本办法所称非银行金融机构类客户是指在中华人民共和国境内依法定程序成立的具有法人资格的非银行类金融法人（证券公司除外），主要包括财务公司、信托投资公司、保险公司、资产管理公司、期货交易所及金融租赁公司等金融客户。

第十三条 本办法所称综合类客户是指跨行业综合经营或其他难以归并类别的客户。对实施多元化经营的客户评定信用等级，主营业务销售收入超过60%，采用主营业务所属行业的标准值进行评级，主营业务销售收入低于60%，则采用综合类客户标准值进行评级。

第三章 评价指标与信用等级设置

第十四条 客户信用等级评定指标分为信用履约评价、偿债能力评价、营利能力评价、经营及发展能力评价和综合评价等五个方面。综合评价包括领导者素质、管理水平、发展前景以及与银行业务合作情况等四个方面。

第十五条 客户信用等级评定实行百分制（特殊加分后超过100分的按100分计算）。各类评级对象均应按相应类别的指标及计分标准进行评分，按得分高低和单项指标可分为

AAA+、AAA、AA+、AA、A+、A、B 与 C 八个等级。

第十六条 客户信用等级的核心定义:

AAA+级(实力雄厚,风险很小)。生产经营符合国家产业政策,管理层素质优异,各类信用记录为满分;负债远低于行业标准水平,经营性现金净流量充足;违约风险较小,发展前景很好;生产经营规模达到国家颁布的大型企业标准。

AAA级(实力很强,风险偏低)。生产经营符合国家产业政策,管理层素质优良,各类信用记录、资产负债率为满分;经营性现金净流量充足;违约风险偏低,发展前景良好。

AA+级(实力较强,风险较低)。生产经营符合国家产业政策,管理层素质较好,各类信用记录、资产负债率为满分;现金流量较充足,具有较强偿债能力;违约风险较低,发展前景良好。

AA级(实力中等,风险中低)。生产经营符合国家产业政策,管理层素质良好,各类信用记录、资产负债率为满分;现金流量基本充足;经营和财务风险影响增多;违约风险中低,发展前景稳定。

A+级(实力中下,风险趋升)。生产经营符合国家产业政策,管理层素质一般,信用记录较好;经营实力中下,应付较大风险能力明显不足,现金流量基本能够保证;经营和财务风险的影响增强;违约风险趋升,发展前景一般。

A级(实力不足,风险关注)。生产经营符合国家产业政策,管理层素质一般,经营和财务管理存在一定缺陷;信用记录一般,有违约情况出现;经营和财务实力弱化,负债率居高不下,现金流量偏紧;经营和财务风险的影响显著增强,偿债能力明显削弱,发展前景较差;违约风险加大,有潜在损失的可能。

B级(实力衰弱,风险可疑)。管理层难以改变经营困境,经营和财务管理存在重大缺陷,有重大违约行为;经营实力和财务实力严重削弱,现金流量衰减;经营或财务风险非常严重,偿债能力严重损害,不具备发展前景,有违约损失风险。

C级(实力衰竭,风险损失)。管理层已失去经营管理能力,经营和财务管理存在严重缺陷,有严重违约行为;客户所在行业、产品或技术不符合国家环保政策、产业政策或银行信贷政策准入标准;经营和财务风险极其严重,几乎无清偿债务的能力,违约损失很难挽回。

第十七条 信用等级与客户分类。信用等级为 AAA+级、AAA级、AA+级与 AA级的客户为优良客户,A+、A级及未评级客户为一般客户,B级为限制客户,C级为淘汰客户。

第十八条 农业、工业、商贸及综合类客户信用等级设置。

(一) AAA+级。得分≥95分,且满足下列限制性条件(下同):利息和到期信用偿还记录指标为满分,资产负债率≤50%,经营性现金净流量>0,所有者权益达到工业和综合类≥5亿元,农业和商贸≥4亿元。上述一项指标达不到要求,必须下调信用等级,直至分值和限制性条件全部满足为止(下同)。

(二) AAA级。90≤得分<95分,且资产负债率、利息和到期信用偿还记录为满分,经营性现金净流量>0。

(三) AA+级。85≤得分<90分,资产负债率、利息和到期信用偿还记录为满分,经营性现金净流量或现金净流量>0。

(四) AA级。80≤得分<85分,资产负债率、利息和到期信用偿还记录为满分,经营性现金净流量或现金净流量>0。

(五) A+级。75≤得分<80分,资产负债率≤75%,利息偿还记录为满分。满足上述条件但连续2年现金净流量和经营性现金净流量均出现负值的,最高只能评为 A级。

（六）A级。70≤得分<75分，资产负债率≤80%，利息偿还记录为满分。

（七）B级。60≤得分<70分。

（八）C级。得分<60分；或者得分≥60分，但符合直接认定为C级客户条件之一的。

第十九条至第二十五条　（略）。

第二十六条　信用等级实行一票否决制（直接认定的除外）。每一个信用级别必须同时满足分值和资产负债率、利息偿付记录、到期信用偿付记录及现金流量等限制性条件的规定，有一项达不到标准，则需要下调信用级别，直至分值和限制性条件全部满足为止。

第四章　特别管理规定

第二十七条　客户信用等级评定中可对下列情况加分：

（一）单一农业、工业、商贸及综合类法人客户中所有者权益指标达到：农业≥6亿元、工业≥8亿元、商贸≥7亿元、综合类≥9亿元的，可在原得分基础上再加5分；利润总额指标达到：农业≥3亿元、工业≥5亿元、商贸≥4亿元、综合类≥6亿元的，可在原得分基础上再加5分。以合并报表整体评级的企业集团所有者权益超过30亿元的，可在原得分基础上再加5分。

（二）其他类客户（略）。

第二十八条　客户存在下列情况的，应在评分基础上扣分：

（一）财务报表未经会计师事务所审计的（事业法人客户除外），扣3分。

（二）销售收入或利润率连续2年下跌（年平均下跌率≥10%）的，扣3分。

（三）无完善财务制度的，扣3分。

（四）拟评为AAA级（含）以上的客户所有者权益或销售收入不足500万元的，扣3分。

（五）拟评为AA+级、AA级客户的所有者权益或销售收入不足300万元的，扣3分。

第二十九条　满足下列情况之一的，经一级分行贷审会审议，可视风险程度和经营现状直接认定为AAA级（含）以上客户（不受资产负债率、利息和到期信用偿还记录、现金流量等条件限制，下同）。

贷审会审议内容主要包括客户资信状况、财务状况、未来发展趋势、综合评价和信用等级确定等。

（一）由标准普尔、穆迪及惠誉国际评级机构认定为A级（含）以上的世界500强（由《财富》杂志最新评出）在华控股子、分公司。

（二）全国行业排名前十位的行业性大客户（每年由总行统一颁布）。

（三）综合效益好，属国家三级甲等医院或进入国家211工程的重点高等院校。

（四）有稳定收入来源，初中升省、市级重点高中（或示范类中学）升学率在60%以上的中学；大学升学率在90%以上的省、市级重点中学（或示范类中学）。

（五）垄断优势明显，全市生产总值（含下辖区县，下同）≥1 000亿元的本级土地储备机构。

第三十条　（略）。

第三十一条　下列客户可不评分，由经营行按照客户现状直接归类为C级：

（一）客户或主要管理人员出现逃废银行债务、被中国人民银行或中国银保监会列入黑名单或被银行同业协会公布为不守信誉的客户。

（二）生产设备、技术或产品属国家明令禁止或限制发展的客户。

（三）关、停及资不抵债客户。

（四）生产经营不正常、管理混乱，连续三年亏损，已无法编制财务报表的淘汰客户。

第三十二条 客户可不评级的有：

（一）经营期不足两个会计年度；或经营期已满两个会计年度，但根据经营计划远未达产且无法提供评级所需财务数据的新建客户。

（二）拟建或在建项目公司。

（三）仅办理低风险业务的客户。

上述可不评级客户如需评定信用等级的，可不评分，由经营行客户部门根据客户生产经营现状进行事实认定，撰写客户信用等级初评报告，信贷管理部门审查，行长（或主管行长）审批后逐级报有权审批行信贷管理部门审定，有权审批人审批同意后确定。

拟评为 AA 级（含）以上信用等级的，需同时满足以下 5 个条件。

1. 主要股东（绝对控股超过 51% 或相对其他股东控股占比最大）的信用等级需在 AA 级（含）以上。

2. 注册资本必须达到：拟评为 AAA+ 级客户的，注册资本或开办资金需在 4 000 万元（含）以上，其中，外商独资企业、中外合资及中外合作企业资本金在 500 万美元（含）以上。拟评为 AAA 级客户的，注册资本或开办资金需在 2 000 万元（含）以上，其中，外商独资企业、中外合资及中外合作企业资本金在 400 万美元（含）以上。拟评为 AA+ 级客户的，注册资本或开办资金需在 1 000 万元（含）以上，其中，外商独资企业、中外合资及中外合作企业资本金在 300 万美元（含）以上。拟评为 AA 级客户的，注册资本或开办资金需在 500 万元（含）以上，其中，外商独资企业、中外合资及中外合作企业资本金在 200 万美元（含）以上。

3. 资本金按照法律规定到位。

4. 法人代表无不良信用记录。

5. 符合国家产业政策，发展前景良好。

第五章　信用等级评定管理

第三十三条 客户信用等级每年评定一次，原则上于年度财务报表形成后评级。对申请建立信用关系的新拓展客户可随时评级，原则上使用年度财务报表数据。客户信用等级有效期为一年。

第三十四条 对 AAA+ 级客户信用等级评定，财务报表应经会计师事务所审计（事业法人除外，下同）；对 AAA 级、AA+ 级及 AA 级客户信用等级评定，财务报表原则上应经会计师事务所审计。非财务数据的提取，以评定时为准。对有保留意见或不确定的审计报告，由客户部门进行调查核实。财务报表未经会计师事务所审计进行信用评级的，需在评级结果中注明。

第三十五条 客户信用等级评定的程序为：经营行客户部门调查核实财务报表，搜集客户生产经营、财务等相关资料，按照本办法规定的指标和标准进行测算、填写信用等级测评表，撰写初评报告，同级信贷管理部门审查初定，行长（或主管行长）审核同意后，逐级上报有权审批行信贷管理部门审定，有权审批人审批。

（一）B、C 级客户信用等级由经营行客户部门调查、初评，信贷管理部门审定，有权审批人审批。

（二）A+、A 级客户信用等级由经营行客户部门调查、初评及撰写初评报告，同级信贷管理部门审查初定、行长（或主管行长）审核同意后报二级分行信贷管理部门审定，有权审批人审批。

(三) AAA+、AAA、AA+及AA级客户信用等级由经营行客户部门调查、初评及撰写初评报告，信贷管理部门审查初定、行长（或主管行长）审核同意后报二级分行信贷管理部门，二级分行信贷管理部门提出评审意见，行长（或主管行长）审核同意后报一级分行信贷管理部门审定，有权审批人审批。信用等级评定为AAA+、AAA级的，需将评级结果报总行备案。

(四) 管理行开发的客户，也可由本级行客户部门调查、初评及撰写初评报告，同级信贷管理部门审查初定，行长（或主管行长）审核同意后逐级报有权审批行信贷管理部门审定，有权审批人审批。

第三十六条 客户部门信用评级的调查内容包括：走访客户，实地查看经营场所和设施状况，了解客户经营管理及财务状况，收集、整理及分析财务报表和信用记录等相关资料，根据调查情况和财务分析撰写信用等级评级报告。评级报告主要包括客户资信调查、财务分析、综合评价和信用等级初评结果等内容。

第三十七条 新拓展客户的信用评级评定，原则上要测算客户在其他金融机构的信用履约情况。新拓展客户在他行无信用记录的，利息偿还记录、到期信用偿还记录和利息保障倍数指标不计分，满分按剔除后的分数计算，最后换算为百分制。新拓展客户在他行有信用记录的，存贷比、自主收入归行份额与贷款份额等指标不计分，满分按剔除后的分数计算，最后换算为百分制。

第三十八条 对已评定信用等级客户年中发生改制、注册资本变化等情况的，若客户生产经营及财务状况未发生明显变化，可沿用原信用等级评定结果，由原审批行审批确认；客户生产经营及财务状况发生重大变化的，原则上要重新评级。

第三十九条 集团客户信用等级评定，可采取整体评级和独立评级两种方式。

(一) 整体评级。整体评级原则上由母公司所在地行以集团客户的合并报表组织评定。整体评级时，集团客户在某一行业的销售收入占总销售收入比例超过60%的，采用该行业标准值进行评级；该比例低于60%，则采用综合类客户标准值进行评级。

(二) 独立评级。独立评级由集团客户中与我行有信贷关系或即将建立信贷关系的独立法人所在地行进行评级。独立评级时，首先应向母公司开户行或管辖行查询集团客户整体信用等级。集团客户中各独立法人的评级，原则上不超过集团客户的整体评级，生产经营独立性较强的，其信用等级可不受集团客户整体评级影响。

第四十条 客户信用等级评定后，经营行客户部门要跟踪监测客户信用等级变化。A级（含）以上客户每半年复测一次信用等级，其他客户可不复测。年度中间复测信用等级原则上不做升级处理。

第四十一条 复测信用等级时发生以下情况的，必须做降级处理。降低客户信用等级的，经营行客户部门应提出下调客户信用等级的建议报告，同级信贷管理部门审定后，报原审定行信贷管理部门备案。

(一) 客户提供的财务报表和有关资料明显失实。
(二) 客户出现重大经营困难或财务指标明显恶化。
(三) 客户法人代表及主要管理人员涉嫌重大贪污、受贿、舞弊及抽逃资本金等违法经营案件的；客户对我行或其他债权人发生重大违约行为。
(四) 客户主要管理人员发生重大变更，可能对我行债权造成重大不利影响的。
(五) 客户资本金不能按期足额到位，行业发展前景不乐观。
(六) 对我行的信贷管理要求拒不配合，逃避银行信贷监管。
(七) 被中国人民银行或中国银保监会列入黑名单或被银行业协会公布为不守信誉

客户。

(八) 被中国证监会给予警告的上市公司。

(九) 母公司或其他关联企业发生重大经营或财务困难，或其所在国家或地区有政局不稳、宏观经济波动较大等潜在风险因素，可能对客户产生重大不利影响的。

(十) 其他情况。

第四十二条 客户信用评级也可委托有资格的咨询评估机构评定，评定结果须经有权审批行认定。

第四十三条 信用评级结果经客户书面申请后，可对外公布，收取一定费用。

专栏资料 4-6

我国企业和个人信用信息基础数据库建设情况

企业和个人信用信息基础数据库是我国征信体系的基础设施，其基本目标是为每一个有经济活动的企业和个人建立一套信用档案。首先，从商业银行入手采集企业和个人的贷款、信用卡交易记录和结算账户开户信息，为商业银行的信贷决策提供查询服务；其次，逐步扩大信息采集范围，并在法律、法规规定的范围内为社会提供服务。

(一) 企业信用信息基础数据库的建设情况

企业信用信息基础数据库的前身是"银行信贷登记咨询系统"，始建于 1997 年，2002 年初步建成投入运行。该系统采用地市、省市和全国三级数据库体系，主要从商业银行等金融机构采集企业的基本信息、在金融机构的借款与担保等信贷信息，以及企业主要的财务指标，全国各商业银行与该数据库联网查询。截至 2005 年 11 月底，系统收录借款企业 452 万户，人民币贷款余额 17.36 万亿元，约占全国金融机构贷款余额的 90%，基本涵盖了全部企业贷款。

该系统开发于 1997 年，时间较早，受当时商业银行数据尚未集中和网络落后等条件限制，系统采用分布式数据库结构，主要依托建在地市级城市的数据库通过网络实现跨地区数据查询。在该系统多年运行的基础上，2005 年中国人民银行启动全国统一的企业信用信息基础数据库建设。企业信用信息基础数据库采取全国集中式数据库结构建设，商业银行由总行一点接入，数据采集项由原来的 300 多项扩展到 800 多项。到 2005 年 12 月 15 日，企业信用信息基础数据库顺利实现主要商业银行联网试运行，并在上海、天津、浙江及福建四省市提供实时查询服务。全国统一的企业信用信息基础数据库建成后，其防范贷款风险和为金融监管、货币政策服务的功能将比银行信贷登记咨询系统有较大提高。

(二) 个人信用信息基础数据库的建设情况

按照党中央国务院的要求，2004 年年初，中国人民银行加快了个人信用信息基础数据库的建设，并于当年年底实现 15 家国有和股份制商业银行以及 8 家城市商业银行在 7 个城市的试运行。另外，2005 年在全国范围内逐步推广，6 月底，16 家国有和股份制商业银行实现与该系统的全国联网；8 月底，115 家城市商业银行实现与该系统的全国联网。该数据库主要从商业银行等金融机构采集个人的基本信息、开立结算账户信息、在金融机构的借款、信用卡及担保等信贷信息，并将个人在全国所有商业银行的这些信息汇集到其身份证号下。目前，数据库收录的自然人数已达到 3.4 亿，其中 3 500 万人有信贷记录。收录的个人贷款余额为 2.2 万亿元，约占全国个人信贷余额的 97.5%。

个人信用信息基础数据库由中国人民银行组织各商业银行共同建立，数据库采用全国集中模式，各商业银行每月向数据库报送数据，数据库将数据整合后，向商业银行提供实时的查询服务。

(三) 企业和个人信用信息基础数据库对防范风险开始发挥重要作用

企业和个人信用信息基础数据库不仅有利于防止企业和个人过度负债，防范信贷欺诈，降低不良贷款比率，而且在提高审贷效率，方便广大企业、个人借贷，促进生产、消费等方面将会发挥重要作用。在西方市场经济国家，尽管存在抵押、担保及保险等多种防范贷款风险的手段，但银行信贷管理最基本的信条仍然遵循一个古老的原则：过去的事情将来还要发生。银行如果不了解企业、个人的信用状况，为了防范风险，就会对扩大信贷采取非常慎重的态度；对始终保持良好信用记录的企业和个人，银行就愿意提供贷款。这样既有利于企业和个人的发展，也有利于扩大贷款、增进经济增长和就业。

从企业和个人来看，具有良好的信用记录不仅有利于获得银行贷款，还可以获得比较优惠的贷款条件。企业、个人信用信息基础数据库提供的借款人信用记录，为商业银行实行贷款风险定价提供了条件。对于信用记录良好的借款人，可能可以享受比较低的下浮贷款利率，对于有不良记录的借款人，不仅申请贷款比较困难，还会面临比较高的上浮贷款利率。

(四) 个人信用信息基础数据库在实现商业银行信息共享的同时，保护个人隐私

建立个人信用信息基础数据库既要实现商业银行之间信息共享，方便个人借贷，防范信贷风险，又要保护个人隐私和信息安全。为此，中国人民银行在加快数据库建设的同时，也加强了制度法规建设。为了保证个人信用信息的合法使用，保护个人的合法权益，在充分征求意见的基础上，中国人民银行制定颁布了《个人信用信息基础数据库管理暂行办法》《个人信用信息基础数据库金融机构用户管理办法 (暂行)》《个人信用信息基础数据库异议处理规程》等法规，采取了授权查询、限定用途、保障安全、查询记录及违规处罚等措施，保护个人隐私和信息安全。商业银行只能经当事人书面授权，在审核个人贷款、信用卡申请或审核是否接受个人作为担保人等个人信贷业务，以及对已发放的个人贷款及信用卡进行信用风险跟踪管理，才能查询个人信用信息基础数据库。

个人信用信息基础数据库还对查看信用报告的商业银行信贷人员（即数据库用户）进行管理，每个用户在进入该系统时都要登记注册，而且计算机系统还自动追踪和记录每个用户对每笔信用报告的查询操作，并加以记录。商业银行如果违反规定查询个人的信用报告，或将查询结果用于规定范围之外的其他目的，将被责令改正，并处以经济处罚；涉嫌犯罪的，则将依法移交司法机关处理。

资料来源：中国人民银行网站，根据苏宁副行长在2006年1月16日"个人信用信息基础数据库正式运行新闻通气会"上的讲话整理。

专栏资料4-7

个人可在中国人民银行查询个信报告

所谓个人信用报告，就是全面、客观地记录个人的信用活动，反映个人信用状况的文件，主要包括姓名、身份证件、家庭住址及工作单位等基本信息，还包含银行贷款、信用卡等信息。如今，只要个人进行过贷款、担保及开设过个人账户等，就会被录入个人征信系统中。

中国人民银行征信中心表示，目前除少数特殊部门需要和本人外，只有商业银行在办理

贷款、信用卡等业务和进行贷后管理时，才可以直接查看个人信用报告。当然，如果个人在获得自己信用报告后，也可以根据个人意愿提供给其他机构查看。同时，查询个人信用报告是征信中心给个人提供的一种服务，所以，原则上需要收取一定的费用，但目前暂不收费。目前，个人可以到当地的中国人民银行分支行征信管理部门，或直接向征信中心提出书面查询申请。

[资料来源：《燕赵都市报》，2006年2月8日]

专栏资料4-8

个人信用报告出错的三种处置方法

随着我国个人信用信息基础数据库于2006年1月开通运行，良好的信用将会极大地方便个人生活，但如果个人信用报告内容发生错误，则会给生活带来不便。

中国人民银行征信管理局有关负责人表示，出错的原因可能来自四个方面：一是在办理贷款、信用卡等业务时，个人提供给银行的信息不正确；二是别人利用各种违规手段，盗用名义办理贷款、信用卡等业务；三是在办理贷款、信用卡等业务时，柜台工作人员可能因疏忽而将信息录入错误；四是计算机在处理数据时，由于各种原因出现技术性错误。

对这种情况该如何处理？这位负责人说，可通过三种渠道反映出错信息，要求核查、处理：一是由本人或委托他人向所在地的中国人民银行分支行征信管理部门反映；二是直接向征信中心反映；三是可以向直接涉及出错信息的商业银行经办机构反映。

如果对最终处理结果有争议，其本人可以向征信中心申请在信用报告中加入个人声明。如果认为征信中心提供错误信息损害了个人利益，而且向征信中心反映后仍不能得到满意解决，还可以向中国人民银行征信管理局反映，或向法院提起诉讼，以法律手段维护权益。

这位负责人强调说，个人信用报告可能会出现错误，在错误更正前，可能会给个人带来暂时的不便，但一经修改后，错误信息将不再反映到个人信用报告中，因而也就不会影响个人一生的信誉。

[资料来源：《燕赵都市报》，2006年2月8日]

第六节 贷款管理制度与贷款定价

一、贷款管理制度

1. 审贷部门分离制度

审贷部门分离制度是指在办理贷款业务过程中，将贷款的调查、审查、风险管理、审批及经营管理等环节的工作职责分解，由不同经营层次和不同部门分别承担，以实现其相互制约和支持的制度规定。根据"横向平行制约"原则，按规定设立客户部门、信贷管理部门和风险管理部门，成立贷款审查委员会。其中，客户部门负责贷款业务的开发、贷款申请的受理、贷前调查及贷后检查；信贷管理部门负责贷中审查；风险管理部门负责贷款风险的识别、衡量及评价，并提出相应的风险防范与控制对策；贷款审查委员会负责贷款业务的审议和审批。

2. 贷款审查委员会制度

贷款审查委员会（以下简称贷审会）是各级行信贷业务决策的议事机构，审议需经贷审会审议的信贷事项，对有权审批人进行制约以及智力支持。贷审会由本行信贷相关部门负责人和具有评审能力的人员组成。贷审会必须有 2/3 以上的委员出席，实行无记名投票表决，不得弃权，2/3（不含）以上的委员同意视为审议可行。对贷审会审议可行的信贷业务，行长可行使一票否决权；对贷审会审议不可行的信贷业务，行长不能行使一票赞成权。贷审会 1/3（含）以上的委员不同意或多数委员质疑的，主任委员认为有必要进一步论证的信贷业务，可指定有关部门提出补充论证意见，报下次贷审会复议。下级行认为上级行否决不当的信贷事项，可以申请上级行复议，经上级行贷审会主任委员批准，提交下次贷审会复议，复议只限一次。

3. 贷款业务授权管理制度

贷款业务授权管理制度主要是指在统一法人体制下，商业银行总行对一级分行、一级分行对二级分行、二级分行对县级支行实行逐级有限授权，各级行行长在授权范围内，对发生的贷款业务负全部责任的制度规定。由于我国商业银行实行总分行制度，管理层次较多，若贷款业务全部由总行集中审批，则会造成总行业务量太大，审批手续繁杂且效率低下的局面。而实行贷款业务授权管理，有利于银行各个分支机构在允许的范围内和自身的承受能力下，最大限度地发挥工作的积极性和主动性，实现贷款业务数量的增长和贷款质量的提高。

4. 主责任人、经办责任人制度

在贷款业务办理过程中，调查、审查、审批及经营管理各环节的有权决定人为主责任人，直接具体承办业务的人员为相应的经办责任人，他们在各自的事权范围内分别承担相应的责任。例如，调查主责任人对贷款业务贷前调查的真实性负责；审查主责任人对贷款业务审查的合规合法性和审查结论负责；审批主责任人对贷款业务的审批负责；经营主责任人对有权审批人审批的贷款业务的发生后监管、本息收回和债权保全负责。

5. 信贷人员持证上岗和等级管理制度

信贷人员持证上岗制度是指所有信贷从业人员都要通过考试，获取上岗资格，考试不合格的，不得从事信贷工作。

信贷人员等级管理制度是指对已取得上岗资格的信贷人员，按照工作能力和业绩进行考核评定，实行等级管理，不同等级授予不同的事权，享受不同的待遇或不同的工资系数。

6. 特事特办制度和信贷回避制度

对同业竞争激烈的优良客户，确需简化手续和程序，以及银行现有制度没有规定或需突破银行现有政策制度规定的贷款业务的，实行特事特办制度。

信贷回避制度是指银行不得向关系人发放信用贷款，或以优于其他借款人的条件向关系人发放担保贷款。关系人是指银行董事、监事、管理人员、信贷人员及其近亲属，以及由上述人员投资或担任高级管理职务的公司、企业和其他经济组织。

二、贷款定价

贷款是商业银行重要的盈利资产，贷款收益的高低与贷款价格有直接关系。合理地对贷款定价是商业银行贷款管理的重要内容。

(一) 贷款定价原则

1. 利润最大化原则

商业银行是经营货币信用业务的特殊企业，实现利润最大化是其始终追求的目标。信贷业务是商业银行传统的主营业务，存贷利差是银行利润的主要来源。因此，银行在进行贷款定价时，首先必须确保贷款收益足以弥补资金成本和各项费用，并在此基础上尽可能实现利润最大化。

2. 保证贷款安全原则

银行贷款业务是一项风险性业务，保证贷款的安全是银行贷款管理整个过程的核心内容。除了在贷款审查、发放及检查等环节要严格把关外，合理的贷款定价也是保证贷款安全的一个重要方面。贷款定价最基本的要求是使贷款收益能弥补贷款的各项成本。贷款成本除了资金成本和各项管理费用外，还包括因贷款风险而带来的各项风险费用，如为弥补风险损失而计提的贷款损失准备金、为管理不良贷款和追偿风险贷款而花费的各项费用等。可见，贷款的风险越大，贷款成本就越高，贷款价格也越高。因此，银行在贷款定价时，必须遵循风险与收益对称原则，以确保银行贷款的安全性。

3. 扩大市场份额原则

商业银行追求利润最大化的目标必须建立在市场份额不断扩大的基础上。在市场份额的扩张过程中，贷款的价格是影响市场份额的一个重要因素。贷款定价过高会使部分客户难以接受而妨碍贷款市场份额的增长。因此，银行在贷款定价时，必须充分考虑同业、同类贷款的价格水平，不能为了追求盈利而盲目实行高价政策，除非银行在某些方面有着特别的优势。

4. 维护银行形象原则

作为经营信用业务的企业，良好的形象是银行生存和发展的重要基础。银行在贷款定价中，应严格遵循国家有关法律、法规和货币政策及利率政策等相关规定，不在贷款价格上恶性竞争，不破坏金融秩序的稳定，以此维护银行良好的社会形象。

(二) 贷款价格的构成

一般来讲，贷款价格的构成包括贷款利率、贷款承诺费、补偿余额和隐含价格。

1. 贷款利率

贷款利率是一定时期内客户向银行支付的贷款利息与贷款本金之比。它是贷款价格的主要部分。商业银行的贷款利率一般取决于资金的供求状况、同业竞争状况和国家的利率政策及法规。贷款利率按时间划分为年利率、月利率和日利率；按贷款的优惠程度可以分为低于一般利率水平的优惠利率、一般利率和高于一般利率的惩罚利率；按确定利率的方式可以分为在贷款期不再变动的贷款固定利率和根据市场利率变化而定期调整的贷款浮动利率。

2. 贷款承诺费

贷款承诺费是指银行对已承诺贷给顾客而顾客又没有使用的那部分资金收取的费用。也就是说，银行已经与客户签订了贷款意向协议，并为此做好了资金准备，但客户并没有使用这笔资金，承诺费就是对这笔已做出承诺但没有贷出的款项所收取的费用。银行收取贷款承诺费的理由在于：银行为了保持承诺贷款的额度，必须保持一定的高流动性资产，为了补偿放弃收益高的贷款或投资而产生的利益损失，就需要借款人提供一定的费用。支付了承诺费的贷款承诺是正式承诺，当借款人需要使用贷款时，银行必须及时予以满足，否则，银行要承担相应责任。

3. 补偿余额

补偿余额是借款人应银行要求，保持在银行的一定数量的活期存款和低利率定期存款。它通常作为银行同意贷款的一个条件而写入贷款协议中。由于存款是银行业务的基础，是贷款的必要条件，所以，补偿余额的存在使得银行发放贷款成为获得存款的一种手段。另外，补偿余额也是银行变相提高贷款利率的一种方法，因此，它成为贷款价格的一个组成部分。

4. 隐含价格

隐含价格是贷款价格中的一些非货币性内容。银行在决定给客户贷款后，为了保证客户能偿还贷款，常常在贷款协议中加上一些附加性条款。附加条款可以是禁止性的，如规定融资限额及各种禁止事项；也可以是义务性的，如规定借款人必须遵守的特别条款。附加条款不直接给银行带来收益，但它可防止借款人行为可能给银行利益造成的一些损失，因而，可视为贷款价格的一部分。

（三）影响贷款定价的因素

按照价格理论，影响贷款价格的主要因素是信贷资金的供求状况。然而，由于信贷资金是一种特殊的商品，所以其价格的决定因素更复杂。在贷款定价时，银行考虑的因素主要有以下几点。

1. 资金成本

银行的资金成本可分为资金平均成本和资金边际成本。资金平均成本是指组织每一单位的资金所支付的利息、费用额，主要用来衡量银行过去的经营状况。资金边际成本是指银行每增加一个单位的可用于投资、贷款的资金所需花费的利息和费用额。由于每项资金来源有不同的边际成本，所以其边际成本随着市场利率、管理费用及法定准备金率的变化而变化。各项独立的资金来源的边际成本加权计算在一起，就可以得出新增资金的全部加权边际成本。在银行资金来源的结构、各种资金来源的利率及费用成本都不变的前提下，可以根据资金的平均成本定价；但在资金来源的结构不稳定或市场利率经常变化的条件下，以边际成本作为新贷款的定价基础是较为适用的。

2. 贷款的风险程度

银行对不同风险程度的贷款所花费的管理费用或对可能产生损失的补偿费用是不同的，这种银行为承担贷款风险而花费的费用构成了贷款的风险成本。银行在贷款定价时，必须将风险成本纳入贷款价格中。由于一笔贷款的风险程度以及由此而引起的银行风险费用受多种复杂因素的影响，要精确地预测一笔贷款的风险费用显然比较困难。在实践中，为了便于操作，银行通常根据历史上某类贷款的平均费用水平，并在考虑未来各种新增因素后，才确定贷款风险费用率。

3. 贷款费用

银行向客户提供贷款，需要在贷前和贷款过程之中做大量工作，如进行信用调查与审查，对担保品进行鉴定与估价，对贷款所需材料与文件进行整理、归档和保管。所有这些工作，都需要花费一定的费用。这些费用构成了影响贷款定价的一个因素。在实践中，许多银行为了操作方便，通常将各种贷款的收费种类及其标准做出具体规定，在确定某一笔贷款的收费时，只需按规定计算即可。

4. 贷款期限

不同期限贷款的定价标准是不同的。显而易见，与短期贷款相比，中长期贷款所包含的不确定因素更多。贷款的期限越长，各种变动（如市场利率的变动、银行筹资成本及资金结构的变动及借款人财务状况的变化）出现的可能性就越大，银行承担的风险也越高。因此，中长期贷款的利率通常高于短期贷款的利率。

5. 银行贷款的目标收益率

贷款是商业银行的主要资金运用项目，贷款收益率目标是否能够实现，直接影响银行总体盈利状况。因此，在贷款定价时，必须考虑能否在总体上实现银行的贷款收益率目标。当然，贷款收益率目标本身应当制定得合理，过高的收益率目标会使银行贷款价格失去竞争力。

6. 借款人的信用及其与银行的关系

借款人的信用越好，贷款风险越小，贷款价格就越低。如果借款人的信用状况不好，过去的偿债记录不良，就会面临较高的贷款价格和较严格的约束条件。借款人与银行的关系也是银行贷款定价时考虑的重要因素。那些在银行有大量存款，广泛使用银行提供的各种金融服务，或长期经常性在银行贷款的客户，银行在贷款定价时，可以适当地降低贷款的价格。

7. 补偿存款余额

补偿存款可以表现为借款人不动用原来存在放款银行的一部分存款，也可以表现为将贷款的一部分留存在放款银行充抵补偿存款。由于补偿存款通常是无息或利息极低的活期存款，对于银行来说，保留补偿存款可以大大降低资金来源的成本，达到提高贷款收益率的目的。

8. 贷款供求状况

资金的供求状况是影响贷款定价的一个基本因素。当金融市场中贷款资金供大于求时，贷款价格应适当降低；当贷款资金供不应求时，贷款价格就应适当提高。

（四）贷款定价方法

1. 目标收益率定价法

目标收益率定价法是根据银行贷款的目标收益率确定贷款价格的方法。简单的目标收益率定价法的公式如下：

$$税前产权资本目标收益率 = (贷款收益 - 贷款费用)/应摊产权资本$$

其中

贷款收益 = 贷款利息收益

贷款费用 = 借款者使用的非股本资金的成本 + 贷款管理成本

应摊产权资本 = 银行全部产权资本对贷款的比率 × 未清偿贷款余额

例如，某银行以9%的年利率对一公司客户发放一笔100万元的贷款。借款人使用的贷款资金成本率为6%，贷款管理成本为10 000元，银行全部产权资本对贷款的比率为10%，假定借款人所使用的贷款资金净额等于未归还的贷款余额（即100万元）。运用上述贷款定价公式，可得

$$(9\% \times 1\,000\,000 - 6\% \times 1\,000\,000 - 10\,000)/(10\% \times 1\,000\,000) \times 100\% = 20\%$$

即该笔贷款的税前预期收益率为20%。将该收益率与银行的目标收益率进行比较，若贷款收益率低于目标收益率，则该笔贷款就需要重新定价。

2. 基础利率定价法

基础利率定价法以各种基础利率为标准，根据借款人的资信、借款金额、期限及担保等

条件,在基准利率基础上确定加息率或确定一定乘数对贷款进行定价。在这种定价方式中,各种基础利率是银行的资金成本指数。这些基础利率主要有同业拆借利率、国库券利率及大额定期存单利率等。那些资金实力雄厚、资信卓越的大公司,尤其是一些跨国公司,在向银行借款时,通常可以在多家银行报出的基础利率中选择条件最优惠的贷款,但小公司就不易获得这样的待遇。小公司在确定贷款的基础利率等贷款条件时,通常处于被动接受的地位。

银行对中小客户发放贷款时,采用债务加权边际成本作为基础利率,这种利率代表银行借款的实际边际成本。

3. 保留补偿余额的定价法

保留补偿余额的定价法是将借款人在银行保留的补偿余额看作其贷款价格的一个组成部分,在考虑了借款人在银行补偿余额的多少后,决定对其贷款的利率高低的一种定价方法。一般而言,在这种方法下,借款人补偿余额越高,贷款的利率就越低。

4. 成本加成定价法

成本加成定价法是以借入资金的成本加上一定利差来决定贷款利率的方法。这种定价法的特点在于:不考虑承诺费、服务费和补偿余额等因素,贷款价格主要依据资金总成本及一定的利润目标来确定。其计算公式为

$$贷款利率 = 贷款成本率 + 利率加成$$

其中,贷款成本包括资金成本、贷款服务成本和营业成本,利率加成则是银行应取得的合理利润。

第七节 贷款风险管理与不良贷款盘活

一、贷款风险概述

(一)贷款风险的含义

贷款风险是指商业银行在业务经营管理过程中,由于受各种事先无法预料的不确定因素影响,银行贷款资金的本息不能按期足额收回,银行的实际收益与预期收益会发生背离,从而遭受损失的可能性。

(二)贷款风险的分类

1. 按贷款风险产生的原因划分

(1)信用风险。信用风险是贷款风险最主要的形式,是指获得商业银行贷款的债务人,在贷款到期时,没有能力偿还本金和利息或故意不履行还款义务而使银行遭受损失的可能性。信用风险可分为道德风险和经营风险。道德风险是指借款人有意骗取银行贷款,用于投资或其他不正当的经济目的,而使银行造成损失的可能性。其产生的主要原因是信息不对称,即贷款银行对借款人的信息缺乏足够的了解和认识;而借款人的信用品德不良,借款时蓄意隐瞒自身的信用信息,一旦贷款到手,就以种种理由不按期还款。经营风险是指借款人虽有偿债意愿,但由于其经营不善或因自然、社会等因素影响,其可能会丧失偿债能力,银行因此遭受损失的可能性。

(2)流动性风险。流动性风险是指商业银行掌握的可用于即时支付的流动资金不足以满足支付需要,从而使银行丧失清偿能力的可能性。银行作为金融市场的中介,手中所保留

的流动资产只是其负债的一小部分，如果大批存款人同时支取存款，而银行又不能以适当的利率筹到所需资金，已发放的贷款尚未到期或虽到期但暂时无法收回，那么，银行就将面临流动性风险，引起挤兑风波。流动性风险的危险较大，严重时甚至会置商业银行于死地，虽然流动性风险经常是商业银行破产倒闭的直接原因，但实际情况往往是其他各类风险长时间潜藏、积聚，最后以流动性风险的形式爆发出来。

（3）市场风险。市场风险是指市场价格（利率、汇率、股票价格和商品价格）的不利变动而使银行表内和表外业务发生损失的可能性。市场风险存在于银行的交易和非交易业务中。市场风险可以分为利率风险、汇率风险（包括黄金）、股票价格风险和商品价格风险，分别是指由于利率、汇率、股票价格和商品价格的不利变动所带来的风险。

（4）操作风险。操作风险是指商业银行日常经营中各种人为的失误、欺诈及自然灾害与意外事故引起的风险。最重大的操作风险在于内部控制及公司治理机制的失效，这种失效状态可能因为失误、欺诈及未能及时做出反应而导致银行财务损失，或使银行的利益在其他方面受到损失，如银行交易员、信贷员或其他工作人员越权或从事职业道德不允许的或风险过高的业务。操作风险的形成原因主要为缺乏严格、有效的内控措施，人为的错误，以及系统失灵或内部作案等。

（5）国家风险。国家风险，又称国家信用风险，是指借款国经济、政治及社会环境的（潜在）不利变化，使该国不能按照合同偿还有银行贷款本息的可能性。国家风险的大小取决于以下条件：

① 借款国偿还外债的意愿，即政局变动的可能性、国家首脑人物、外交关系、政府权力及民众意愿等。

② 借款国偿还外债的能力，即该国的宏观经济状况、国家经济政策、外汇管制、外债管理、出口创汇能力、国际收支即国际融资能力等。

2. 按商业银行风险的来源划分

（1）外部风险。外部风险是指商业银行外部经济因素变化使其造成损失的可能性，其主要包括以下几方面。

① 宏观经济运行状况对商业银行的影响。在市场经济条件下，宏观经济往往具有周期性。在经济繁荣时期，社会投资欲望强烈，商业银行信贷规模增长，经营利润增长，风险相对较小；在经济萧条时期，商业银行信贷规模下降，经营利润减少，风险加大。

② 经济生活中各种要素价格变化对商业银行的影响。商品价格、工资水平和利率的普遍提高会加大生产单位的经营成本，使企业利润水平下降，偿债能力降低，从而给商业银行带来风险。

③ 国家宏观经济政策变化对商业银行的影响。国家宏观金融政策的调整会影响货币供应量；中央银行基准利率的调整会直接带动全社会的利率走势；国家宏观经济政策的调整会影响社会投资总量和结构；国家对外贸易政策的调整会影响外贸相关产业的兴衰。这些对商业银行的经营都可能造成一定的影响和风险。

④ 国际经济环境变化对商业银行的影响。随着商业银行国际化趋势的加深，国际经济环境变化、国际金融市场变动及国家风险等对商业银行造成的影响和风险也越来越大。

⑤ 客户各种违信行为给商业银行造成的风险。客户不守信用，发生违约，或因经营管理不善，出现亏损而无力偿还银行贷款，或破产倒闭等，均会给商业银行造成直接的损失。

⑥ 同业竞争给商业银行造成的风险。商业银行国际化的发展，打破了某些区域性的分割垄断。各国不同的经营方式、经营技术、经营作风相互渗透以及经营领域多元化趋势的发展，激化了竞争的程度。日益激烈的竞争，在促进效益提高的同时，也给商业银行带来了更多的风险。

⑦ 金融市场价格变化给商业银行造成的风险。金融市场上的利率、汇率及证券价格等发生变动，特别是在当前金融创新、新型金融产品和金融工具不断涌现的形势下，商业银行面临的风险将日益复杂。

⑧ 自然因素给商业银行带来的风险。这方面的风险主要来源于以下几点自然灾害和意外事故；设备故障；对商业银行经营管理有举足轻重的关键人物的健康状况；与商业银行业务密切相关的邮政、交通及通信等公共系统的意外事故；等等。

(2) 内部风险。内部风险是指商业银行内部经营管理不善造成的风险。实际上，许多风险是内部因素造成的，否则便无法解释处于同样外部环境中的商业银行，何以有的能较好地防范风险，有的却遭受了较严重的损失。因此，商业银行内部经营管理不善是造成商业银行风险的重要原因，其主要包括以下几方面。

① 商业银行经营管理的思想与方针。银行过分强调营利性，以致资产业务中高风险性业务比重过大，显然会形成较大的风险；经营思想过于保守，经营方针落后于经济发展对商业银行提出的要求，业务品种少，在竞争中处于劣势，业务承办不能形成足以分散风险的规模，也会使风险加大。

② 业务结构比例状况。除了经营管理思想方针失误外，银行内部各种资产负债业务结构失衡也是导致发生风险的重要原因。业务结构比例失衡可能是经营思想方针失误造成的，也可能是外部经营环境发生变化造成的。商业银行业务结构比例关系主要可以从两个方面进行观察：一是资产、负债与中间业务三大类业务之间以及各类业务自身种类之间的比例是否协调；二是资产和负债各种业务之间的期限、利率结构是否协调。业务结构比例失调、资产负债业务期限不匹配、利率敏感性缺口过大，这些都是商业银行风险的主要来源。

专栏资料4-9

商业银行的不良贷款

我国主要商业银行不良贷款情况见表4-8和表4-9。

表4-8　2003—2009年主要商业银行不良贷款情况

项目	2003年	2004年	2005年	2006年	2007年	2008年	2009年
不良贷款余额/亿元	21 004.6	17 175.6	12 196.9	11 703.0	12 009.9	4 865.3	4 264.5
次级/亿元	3 201.1	3 074.7	2 949.6	2 270.7	1 844.3	2 248.9	1 691.0
可疑/亿元	11 130.7	8 899.3	4 609.0	4 850.3	4 357.5	2 121.5	2 015.7
损失/亿元	6 712.8	5 201.6	4 638.4	4 581.9	5 808.1	494.9	557.8
不良贷款率/%	17.9	13.2	8.9	7.5	6.7	2.4	1.6
次级/%	2.7	2.4	2.2	1.5	1.0	1.1	0.6
可疑/%	9.4	6.8	3.4	3.1	2.4	1.1	0.8
损失/%	5.7	4.0	3.4	2.9	3.3	0.2	0.2

表 4-9 2009 年商业银行不良贷款情况

项目	商业银行合计	大型商业银行	股份制商业银行	城市商业银行	农村商业银行	外资银行
不良贷款余额/亿元	4 973.3	3 627.3	637.2	376.9	270.1	61.8
次级/亿元	2 031.3	1 448.1	242.8	205.8	110.4	24.2
可疑/亿元	2 314.2	1 779.1	236.6	123.3	153.9	21.1
损失/亿元	627.9	400.0	157.8	47.8	5.8	16.5
不良贷款率/%	1.6	1.8	1.0	1.3	2.8	0.9
次级/%	0.7	0.7	0.4	0.7	1.1	0.3
可疑/%	0.7	0.9	0.4	0.4	1.6	0.3
损失/%	0.2	0.2	0.2	0.2	0.1	0.3

资料来源：中国银监会 2009 年年报。

二、贷款风险分类管理

贷款风险分类是指商业银行的信贷分析和管理人员，或金融监管当局的检查人员，综合获取的全部信息并运用最佳判断，根据贷款的风险程度将贷款划分为不同档次的过程，其实质是判断债务人及时足额偿还贷款本息的可能性，是对贷款质量做出的评价。贷款风险分类包括分类过程和分类结果两个方面。

（一）贷款风险分类的必要性

（1）进行贷款风险分类是商业银行识别和降低风险的需要。通过对贷款风险进行分类，有助于商业银行了解贷款所处的状态，便于准确识别贷款内在风险，实时跟踪贷款质量，从而及时查漏补缺，采取有效措施，提高贷款资产的质量。例如，根据贷款分类结果，调整和完善贷款政策，停止办理或限制开办某些损失程度高的贷款。

（2）进行贷款风险分类是金融监管当局进行监管的需要。金融监管当局要对商业银行实行有效监管，就必须有能力通过非现场检查手段，对商业银行的贷款资产质量进行连续监控，并通过现场检查，独立对其贷款质量做出评估，所有这些都需要贷款风险分类标准。如果没有贷款风险分类标准，金融监管当局对资本充足率的要求、对流动性的监控等也就失去了基础。

（3）统一贷款分类标准是利用外部审计力量进行金融监管的需要。从监管实践看，外部审计是帮助商业银行防范金融风险不可缺少的外部力量。在金融监管人员严重缺乏以及素质参差不齐的情况下，利用外部审计力量弥补金融监管的不足有重要意义，但前提是必须有一套统一规范的贷款分类方法，这样才能保证外部审计人员在贷款质量专项审计和全面常规审计的质量与效果。

（4）统一贷款分类标准是利用市场机制处理问题银行的必要条件。对有问题银行进行处置，如关闭、兼并或收购，首先必须考虑处置成本。这就要求对有问题银行进行清产核资，弄清楚该银行的资产质量，计算损失及预测潜在风险，所有这些也要求必须有一个统一的尺度，因此，统一的贷款分类标准就显得至关重要。

(二) 贷款风险分类的方法及实践

1. 世界各国贷款分类的一般方法

从世界各国的金融监管实践来看，目前对贷款风险分类主要有以下三种做法。

(1) 贷款五级分类法。贷款五级分类法以美国为代表，把贷款分为五类，即正常贷款、关注贷款、次级贷款、可疑贷款和损失贷款。正常贷款、关注贷款合称正常贷款，后三类即次级贷款、可疑贷款及损失贷款被称为不良贷款。

(2) 澳大利亚和新西兰的做法。这种做法即按照贷款是否计息把贷款划分为正常和受损害两类，这种模式可以看作以期限为依据的分类方法。

(3) 欧洲发达国家的做法。这些国家的监管当局一般不对金融机构的资产分类做出规定，但多采用以风险为基础的方法对贷款分类。

世界各国的贷款分类方法尽管有差异，但对正确分类的原则看法基本一致，即分类结果要能揭示资产的价值和风险程度，能够及时全面地反映金融机构的资产质量，并能够据以计提贷款准备金。

2. 我国贷款风险分类的实践

(1) 一逾两呆分类法。长期以来，我国对贷款分类一直沿用财政部1988年颁布的《金融保险企业财务制度》中"一逾两呆"的分类规定，即主要依据借款人的还款期限情况将贷款划分为正常贷款、逾期贷款、呆滞贷款和呆账贷款四类，后三类合称为不良贷款。

(2) 贷款五级分类法如下。

① 我国采用贷款五级分类法的进程。1994年，我国开始尝试引进贷款五级分类，1994—1997年，在世界银行技术援助项目下，中国人民银行对部分商业银行的资产检查中试用了五级分类方法。1998年，中国人民银行参照国际惯例制定了《贷款风险分类指导原则（试行）》，要求商业银行依据借款人的实际偿债能力进行贷款质量的五级分类，并在广东省进行了试点。1999年7月，中国人民银行发布《关于全面推行贷款五级分类工作的通知》，要求政策性银行、国有独资商业银行、股份制商业银行和城市商业银行在试点的基础上实施贷款风险分类管理办法。2001年年底，中国人民银行决定自2002年1月1日起，正式在中国银行业全面推行贷款风险分类管理。

② 我国采用贷款五级分类法的原因如下：

首先，对贷款进行动态监测的需要。贷款五级分类能够依据借款人的偿债能力，即最终偿还贷款本息的实际能力，确定贷款遭受损失的风险程度。该方法建立在动态监测的基础之上，通过对借款人的现金流量、财务实力及抵押品价值等因素的连续监测和分析，判断贷款的实际损失程度，及时准确识别贷款的内在风险，而不单纯依靠贷款期限。

其次，识别贷款风险的需要。"一逾两呆"分类法是一种事后监督的方法，而贷款五级分类法偏重于事前和事中监督，划分方法更具有科学性，更能真实反映贷款的风险程度和内在质量。

再次，补偿贷款损失的需要。按照原来实行的贷款呆账准备金和坏账准备金的提取与核销制度，我国商业银行提取的准备金与贷款实际损失相差甚远；而按照贷款五级分类法，根据贷款的可能损失程度提取足额的准备金则更科学、更合理。为配合贷款五级分类管理，中国人民银行制定了《贷款损失准备金计提指引》，要求商业银行在提取普通准备金（贷款损失准备金）之外，还要依据五级分类的结果，根据每笔贷款可能损失的程度逐笔提取相应的专项准备金，提取的比率分别为关注类2%、次级类20%、可疑类50%、损失类100%，对次级类和可疑类贷款提取专项准备金的比率可以上下浮动20%。

最后，与国际接轨的需要。贷款五级分类法首先由美国金融监管部门采用，后来逐渐推广到其他国家和地区，是国际公认的对银行业审慎监管的做法。随着我国加入WTO，对外开放进程的加快，对贷款质量进行五级分类和披露，有利于我国银行业更好地参与国际金融竞争与合作。

③ 贷款五级分类法与"一逾两呆"分类法（四级分类法）的区别如下：

第一，分类的目的不同。五级分类的目标在于揭示贷款的实际价值和风险程度，真实全面动态地反映贷款质量，发现贷款发放、管理、监控、催收及不良贷款管理中存在的问题，加强信贷管理，为判断贷款损失准备金是否充足提供依据；四级分类的目的只在于评价贷款质量。

第二，评价贷款质量的标准不同。借助五级分类评价贷款质量既有传统的财务指标，同时又包括有国际通行的现金流量指标，既有单项指标的判断分析，同时又包括综合性指标的分析判断；借助四级分类评价贷款质量时较为重视传统的财务指标及单项指标的分析。

第三，强调的重点不同。五级分类强调借款人的主营收入是第一还款来源，担保收入是第二还款来源，在充分考虑各种定量因素的同时，允许一定程度的主观判断，核心内容是贷款归还的可能性；四级分类比较重视第二还款来源的分析。

第四，各自的作用不同。五级分类能够及早发现问题，及时报警，尽快采取相应措施，起到早期防范和控制风险的作用；四级分类在贷款管理的全过程中，始终处于滞后和迟缓的地位。

④ 贷款五级分类的标准如下。

正常类，即借款人能够履行合同，不存在任何影响贷款本息及时全额归还的消极因素，没有足够理由怀疑贷款本息不能按时足额偿还；基本特征是一切正常。

关注类，即尽管借款人目前有能力偿还贷款本息，但存在一些可能对偿还产生不利影响的因素；基本特征是潜在缺陷。

次级类，即借款人的偿债能力出现明显问题，完全依靠其正常营业收入无法足额偿还贷款本息，即使执行担保，也可能会造成一定损失；基本特征是缺陷明显，可能损失。

可疑类，即借款人无法足额偿还贷款本息，即使执行担保，也肯定要造成较大损失；基本特征是肯定损失。

损失类，即在采取所有可能的措施或一切必要的法律程序后，本息仍然无法收回，或只能收回极少部分；基本特征是损失严重。

表4-10是中国××银行贷款分类矩阵，可供大家参考。

表4-10 中国××银行贷款分类矩阵

财务＼逾期	30天（含30天）以下	31~180天	181~360天	361~720天	721天以上
良好	正常	关注	次级	可疑	损失
一般	关注	关注/次级	次级/可疑	可疑/损失	损失
合格	关注/次级	次级/可疑	可疑/损失	损失	损失
不佳	次级/可疑	可疑/损失	损失	损失	损失
恶化	可以/损失	损失	损失	损失	损失

其中，借款人财务状况各档次的含义分别为：良好是指借款人经营正常，财务状况稳定，各项财务指标都较好；一般是指借款人财务状况基本稳定，但个别指标不太令人满意；合格是指借款人的财务状况基本稳定，但有一些财务指标存在明显缺陷；不佳是指借款人的财务状况很不稳定，部分财务问题甚至比较严重；恶化是指借款人的财务状况很不稳定，大部分财务指标较差。

贷款风险分类一般内容见表 4-11。

表 4-11 贷款风险分类一般内容

正常类	(1) 借款人财务状况良好，现金流量为正值且较为稳定，各项财务指标合理 (2) 各项借款手续齐备，资料来源真实有效，借款人履约信誉好且信用支持充足完备 (3) 本金或利息拖欠不超过 30 天
关注类	(1) 现金流量净值（当期或是预期）依然为正值，但呈递减趋势；主要财务指标至少两项出现不利趋势，但变化幅度在 10% 以内 (2) 担保人变更或担保人因经营亏损、股权结构及企业制度发生变化，造成其担保能力减弱或丧失；抵押/质押品抵押不充足（抵押率高于 70%），现值过低、下降；抵押/质物损失或变现困难 (3) 借款人属于新成立企业，其产品市场前景不明朗；或所处行业为新兴产业/夕阳产业/高风险产业；或生产产品单一/市场狭窄/主营业务不明确/主营业务转变；国内外政策/金融/经济环境变化影响借款人未来发展 (4) 借款人偿债意愿差，表现为未按规定用途使用贷款、未能准时还本付息两次以上、未能主动连续报送财务报表和其他相关资料、未能实现对银行的承诺（还款承诺、负债比率限制等）、财务报表严重失实；借款人领导成员、组织机构及经营策略发生变化（如进行大规模固定资产投资等），可能对贷款偿还产生不利影响 (5) 重要信贷文件、法律文件不齐全、遗失或存在缺陷（如未按规定办理抵押登记）；银行违反国家有关法律法规，或是违反贷款程序发放贷款（如越权发放贷款或是假委托放款），对贷款偿还可能产生不利影响 (6) 本金逾期或利息拖欠天数为 31~180 天
次级类	(1) 借款人当期出现经营亏损，或虽未亏损，但依靠正常经营收入已不足以偿还贷款本息；负债比率上升幅度在 10% 以上，且流动状况与经营周转都出现问题 (2) 利息拖欠次数三期以上，已经或预计正常经营收入不能还款付息，必须动用第二还款来源（包括出售资产，追索担保责任，或是变现抵押/质押品） (3) 借款人卷入经济纠纷诉讼；企业法人或管理人员被起诉、逮捕及通缉，可能或已经给企业造成损失；或借款人不能偿还法庭判决债务，阻碍银行贷款按时归还的 (4) 借款人进行兼并、重组及改制过程中未能落实银行债务，尚未与银行达成协议的 (5) 本金逾期或利息拖欠时间为 181~360 天 (6) 借款人虽已出现上述一种或几种情况，但其担保和抵押/质押手续完善有效，担保方经营状况正常，负债合理，有足够的代偿还能力及意愿；抵押品/质押品足值，抵押率在 70% 以下，且有较强的变现能力
可疑类	(1) 借款人连续亏损两年以上，或者账面虽勉强持平，但企业已经濒临资不抵债的状况（负债比率已经超过 90%）；企业已停产或半停产，或是银行贷款的投资项目已完全搁置 (2) 借款人无力偿还贷款本息，而担保人由于经营状况亏损，或是负债比率过高，或是其他原因，造成担保方有形净资产低于其担保总额，不具备对贷款进行足额担保的能力 (3) 借款人无力偿还贷款本息，而其抵押/质物的现值低于担保金额，或抵押率过高（超过 70%），或抵押物变现困难的（如使用私人住房、专用设备及农村用地等进行抵押），导致贷款发生部分损失 (4) 由于借款人长期拖欠债务，或者借款行为被证实为金融欺诈，银行或其他债权人对借款人提起诉讼，法院尚未判决的 (5) 贷款本金逾期或是利息拖欠天数为 361~720 天

损失类	（1）借款人依法宣告破产、死亡、失踪，或虽未破产或吊销执照，而已名存实亡，债务主体已不存在；或是由于遭受重大自然灾害或意外事故，损失巨大，不能获得保险补偿；同时担保人由于亏损、停产及破产，担保能力或是责任丧失；或是抵押/质物的现值过低、损失等，经过第二还款来源的补偿仍未清偿的部分或是全部贷款 （2）法院虽已判决，但不能或是难以执行并归还的贷款 （3）由于计划经济体制等历史原因，或由于借款人利用兼并、重组及改制等方法逃废债务造成债务悬空，经银行多次努力，但仍然无法收回的贷款 （4）贷款逾期多时，但由于有关人员催收不力，债权人追索已过诉讼时效，丧失法律追索权的 （5）银行信贷部门按照程序向上级申请核销的贷款 （6）贷款本金逾期或是利息拖欠天数在720天以上

表4-12为小企业贷款逾期天数风险分类矩阵。

表4-12 小企业贷款逾期天数风险分类矩阵

逾期时间 担保方式	未逾期	1～30天	31～90天	91～180天	181～360天	361天以上
信用	正常	关注	次级	可疑	可疑	损失
保证	正常	正常	关注	次级	可疑	损失
抵押	正常	正常	关注	关注	次级	可疑
质押	正常	正常	正常	关注	次级	可疑

注：银监发〔2007〕63号《小企业贷款风险分类办法（试行）》。

（三）贷款五级分类的实施

1. 贷款五级分类的目标

（1）揭示贷款的实际价值和风险程度，真实、全面与动态地反映贷款质量。

（2）及时发现信贷管理过程中存在的问题，加强贷款管理。

（3）为判断贷款损失准备金是否充足提供依据。

2. 贷款五级分类的原则

（1）真实性原则。贷款分类应真实客观地反映贷款的风险状况。

（2）及时性原则。贷款分类应及时、动态地根据借款人经营管理、财务等状况的变化调整分类结果。

（3）重要性原则。对影响贷款分类的诸多因素，要确定关键因素进行评估和分类。

（4）审慎性原则。对难以准确判断借款人还款能力的贷款，应适度下调其分类等级。

3. 贷款五级分类的程序

（1）收集并填写贷款分类的基础信息，如借款人的基本情况、借款人和保证人的财务信息、贷前调查和贷后检查等重要文件与贷款记录。

（2）初步分析贷款基本情况，包括贷款用途是否一致、还款来源、还款记录情况及资产转换周期等。

（3）评估贷款偿还的可能性，包括财务分析、非财务分析、担保分析及现金流量分析等。

（4）组织信贷讨论并提出初分意见。

（5）上报复审并确定分类结果。

4. 贷款五级分类结果的确定

贷款分类时，应以评估借款人的还款能力为核心，把借款人的正常营业收入作为贷款的第一还款来源，并以其是否充足作为判断贷款是否正常的主要标志。只有当借款人的第一还款来源不足、失去还款能力或缺乏还款意愿时，才需要考虑担保因素，分析其是否能够足额地保证贷款的偿还。

（1）借款人第一还款来源是否充足。

① 如果借款人的正常营业收入（第一还款来源）充足，说明借款人有能力偿还贷款，可归为关注类及以上。如果贷款存在一些可能对偿还产生不利影响的因素（潜在缺陷），应归为关注类；如果没有足够理由怀疑贷款本息不能按时足额偿还的，应归为正常类。

② 如果借款人的第一还款来源不足，就表明借款人的还款能力出现问题，有可能影响贷款偿还，可考虑归为次级类及以下。

（2）担保能否足额保障贷款偿还。

① 如果担保较好，能足额保证偿还贷款本息，预计贷款没有损失的，分类档次可上调一级，归为关注类。

② 如果担保一般，不能足额保证偿还贷款本息，有可能造成一定损失的，应至少归为次级类。

③ 如果担保较差，根本无法足额保证偿还贷款本息，也肯定要造成较大损失的，应至少归为可疑类。

（3）贷款损失程度的大小。

① 如果贷款损失较大，但是因为重组或诉讼等原因暂时难以确定贷款损失程度的，应至少归为可疑类；

② 如果贷款损失严重，在采取所有可能的措施或一切必要的法律程序后，本息仍无法收回，或只能收回极少部分，应归为损失类。

5. 贷款五级分类中必须处理好的五大关系

（1）贷款五级分类与贷款日常管理。高质量的分类结果要以建立信息完全、真实的贷款档案为前提，以信贷员经常进行贷后检查、充分了解借款人经营和财务状况为基础，以信贷人员能够熟练掌握分类操作技能为条件，以建立严格完善的贷款质量考核制度为保证。这都属于日常信贷管理的内容。日常贷款管理的水平，直接决定了五级分类的及时性、准确性和工作量；分类过程和分类结果中反映出的问题，对改进日常信贷管理工作也将产生积极作用。只有规范日常的贷款管理行为，改进贷款管理方式，将贷款五级分类真正融入贷款管理中，通过日常点点滴滴的工作，日积月累，才能真正做好贷款五级分类工作。

（2）贷款五级分类与期限管理。五级分类以借款人的还款可能性判断贷款质量，但并不排斥逾期长短对贷款质量的影响。期限管理不能准确反映贷款质量状况，贷款逾期并不一定表明借款人的还款能力恶化，贷款未到期也不一定说明没有内在风险。从偿还性上看，贷款逾期时间越长，偿还的可能性越小，它较客观地反映了贷款风险趋势，因此，逾期长短仍是五级分类时衡量贷款质量的客观标准之一。农户贷款等不具备分析财务指标和现金流量的条件，可以将期限管理作为分类的主要因素，同时参考其他相关因素进行分类，但不能简单互换。

（3）贷款五级分类与信用评级。实行五级分类需要综合与贷款有关的全部信息进行分析，不论是静态还是动态，财务还是非财务都要考虑。客户信用评级虽然在很多情况下与借款人的还款能力有关，但五级分类只是将信用评级作为影响因素之一。只有对没有任何信用记录的新客户才需要更多依赖客户的信用评级去了解客户。同一客户的多笔借款往往情况差异很大，五级分类要求每笔区别对待，逐笔分类；而客户信用评级只能了解借款人的整体状况，无法掌握到每笔贷款的质量形态。同时，借款人的信用等级高，还款能力不一定强，如果用客户信用评级代替五级分类，就会掩盖影响贷款质量的本质，导致过分重视客户背景，而忽视贷款偿还的可能性。

（4）贷款五级分类与还款来源。贷款五级分类的核心是贷款的偿还性，而借款人的还款能力又是决定贷款偿还性的最主要因素。我国当前法制尚不健全，信用环境比较差，恶意逃废债务现象比较普遍，因此，担保仍是保全贷款资产的重要方面。这就要求银行必须经常关注借款人的经营状况，重视主营收入第一还款来源的同时，还必须重视担保等第二还款来源。

（5）贷款五级分类与信息缺失。贷款五级分类是依据借款人的财务因素和非财务因素分析贷款偿还的可能性，其分类结果建立在大量的定性和定量信息基础之上，因此，推行五级分类要经过一个从建立到完善的过程。在贷款初期，由于贷款档案资料不完备，借款人的财务信息残缺、失真，甚至根本就没有财务报表和相关非财务信息，故要与原分类方法并存，分类中应尽可能多利用日常信贷管理和检查中了解与掌握的非财务信息，并依据借款人近期的现金流量和财务状况进行分类。这样分类结果的准确性可能差一些，但却弥补了信息缺失造成无法操作的弊端。随着贷款档案资料的完善，借款人财务体制的健全，连续收集和监控借款人的财务状况，调查、收集和掌握借款人的非财务信息，这些都可以实现五级分类的科学化、标准化和规范化。

三、贷款风险的防范与控制

（一）贷款风险防范与控制的原则

商业银行在风险防范和控制中要树立与坚持以下两个原则：

（1）银行不能"回避"风险，只能"管理"风险。银行的任何活动都有一定风险，如果采取回避态度，就无法开展业务，所以只能是管理风险，即如何识别风险并判断风险的大小，然后分散风险，同时为风险提供相应的保障。

（2）风险和回报必须对称。在统计学上，风险和回报是正相关关系，通常的情况是，回报率越高，风险越大；而风险越低，回报率也越低。银行在开展业务时，必须冒一定的风险，但同时也要得到相应的回报。任何不对称的行为都是不可取的。

（二）贷款风险防范与控制机制

1. 完善商业银行内部控制制度

商业银行内部控制是指商业银行为实现经营目标，通过制定和实施一系列的制度、程序和方法，对风险进行事前防范、事中控制、事后监督和纠正的动态过程与机制。内部控制制度的改革与完善，是整个银行制度建设的基础，是防范风险、保持银行稳健运行的关键。银行应该立足自身，眼睛向内，强化内部控制，把自身能够控制的风险控制住，把各种内部的漏洞堵住，最大限度地减少风险的损失，这是现实可行的最优选择。

例如，中国香港银行监理处制定了内部控制系统法定指引，要求香港银行公会、香港存款公司协会必须加强内部控制制度的建设，强调银行内部控制系统是银行谨慎经营和贯彻执行各项法规的重要手段。新西兰储备银行推出的新的监管制度，提出中央银行虽然有责任保护银行体系，但当银行出现问题时，中央银行不再出面挽救，希望以此促进商业银行完善其内部控制制度。中国银监会于2007年7月公布并实施《商业银行内部控制指引》，规定商业银行应当建立良好的公司治理以及分工合理、职责明确、相互制衡及报告关系清晰的组织结构，为内部控制的有效性提供必要的前提条件；内部控制应当以防范风险、审慎经营为出发点，商业银行的经营管理，尤其是设立新的机构或开办新的业务，均应当体现"内控优先"的要求。

2. 强化外部监管

外部监管是一种外在的约束机制，它是通过强制性或权威性的外在力量和机制，对商业银行的运行进行约束和监管，同时通过外部导入，迫使或促进银行内部控制制度的建设与完善。目前，世界上大部分国家都以立法形式赋予中央银行监管商业银行的权利。在具体业务上，各个国家的监管手段也不同，如美国、日本、英国一般通过制定规章制度约束和规范商业银行的业务，防范风险；德国、法国则是可以直接参与商业银行的业务检查，法国的中央银行就设有三个委员会，其中一个是银行管理委员会，它的职责就是监督商业银行对有关法律、法规的遵守情况以及对违法行为的处罚，同时它也研究银行的经营状况，监督其财务状况和职业操作，所有的现场检查和非现场检查都由银行委员会中的检查人员进行。

3. 强调银行自律和中介组织协助

中央银行（银保监会）等作为国家管理金融事业的行政机关，其有限的稽核监管力量无法涵盖金融业的各个方面。因此，行业自律组织和社会中介组织的参与，不失为一条拓展监管渠道、改进监管方式与加大监管力度的有效途径。这也是各国较为普遍的做法：一方面，法律调控的局限性和维护共同利益的需要，使得银行业的自律规范有长期存在的客观必要；另一方面，要充分发挥注册会计师事务所、注册审计师事务所等中介组织的作用。例如，在我国香港地区，银行业成立了比较完善的银行公会，定期举行一些交流性的会议，商讨风险的防范手段和措施，并且指出其他银行存在的风险点，制定银行的自律规定，协调银行的行动，保证业务安全开展。我国内地也于2000年5月成立了中国银行业协会，以促进会员单位以实现共同利益为宗旨，履行自律、维权、协调及服务职能，维护银行业合法权益和市场秩序，提高银行业从业人员素质，提高为会员服务的水平，促进银行业的健康发展。

4. 构建我国存款保险制度

我国存款保险制度的构建，既要借鉴西方国家的成功做法，更要考虑我国金融业的现状，具体思路如下：

（1）设立存款保险机构。作为一国存款保险制度的核心，存款保险机构的设立是防止已投保商业银行的存款户因银行破产而遭受损失，进而保障公众对银行的信心，提高整个金融系统的稳定性。

（2）保险范围的设定。按照公平合理的原则，凡是在境内从事存款业务的金融机构都要纳入存款保险范围，包括外国银行在本国的分支行和附属机构以及本国银行在外国所设机构的存款。

(3) 保险基金的来源。借鉴国外相关做法，存款保险机构应建立特别基金，用于救助濒临破产的金融机构。保险基金可通过财政拨款、中央银行认股及发行存款保险机构债券三种方式来筹集。

(4) 保险费用的收缴。存款保险机构可实行固定费率和浮动费率并行的双轨收费。其中，固定费率按各商业银行和城乡信用社年投保的存款金额按一定比例收取；浮动费率则通过对各商业银行和城乡信用社资产充足程度、资产质量、经营管理能力、盈利水平和盈利质量及资产流动性水平分别进行分析和评价，根据其风险程度的高低确定不同的收费标准。

(5) 保险金额的确定。为强化存款者的风险意识，应对每个存款者、每个金融机构规定一个最大限制的数额，超过这个数额就不能提供保险，这有利于保护广大中小存款人的同时，也防止了存款人将大笔存款化整为零，在最高保险限额以内，分别存入不同的银行或城乡信用社且分别进行投保，使他们的存款得到百分之百的保险，可对每个存款账户存款额的一定比例实行保险，并规定一个上限。

(三) 贷款风险防范与控制的技术和手段

1. 风险回避与承担

风险回避与承担是一种事前控制，是指银行决策者根据贷款风险的大小以及银行自身的承受能力，选择主动放弃或承担风险。风险回避是一种保守的风险控制技术，回避了风险，同样也放弃了风险收益的机会。但当风险很大，一旦发生损失将极为严重，银行很难承担时，这一措施还是有效的。

2. 风险转移

风险转移也是一种事前控制，即在贷款风险发生之前，通过各种交易活动，把可能发生的风险转移给其他人承担。风险转移主要通过担保、保险、金融衍生工具实现，金融衍生工具通常包括远期、期货、期权及互换等形式。

3. 风险分散

风险分散主要是指商业银行在发放贷款过程中，要充分考虑贷款业务的地区、行业、借款人及品种等构成，尽可能使贷款业务分散，进而实现风险分散的目的。

4. 风险补偿

风险补偿是指商业银行利用资本、利润及抵押品拍卖等形式的资金补偿银行在某种风险上遭受资产损失的一种控制方法。风险补偿的方法主要有以下几种：抵押贷款，金融产品定价，提取一定比例的呆账准备金，保持一定数量的法定准备金和超额储备，保持适当的资本准备，等等。

四、不良贷款的盘活策略

(一) 不良贷款的盘活原则

不良贷款盘活工作应坚持明确标准、规范管理、面向市场及化解风险的基本原则。

1. 明确标准

明确标准就是要明确盘活工作的各项标准，包括盘活企业的适用标准、盘活项目的审查标准及盘活效果的检验标准等。

2. 规范管理

规范管理是指盘活工作的整个过程要依法合规，规范有序。开展不良贷款盘活工作，要在国家法律和政策的框架内进行；要落实各环节、各部门的工作责任，实行严格的审查、审批程序，保证盘活工作效果和质量。

3. 面向市场

面向市场是指盘活工作必须依托市场，利用市场手段和方式进行。要密切关注市场供求的变化，关注利率、汇率、税率和费率的变化，关注有关经济政策和监管政策的变化，捕捉和利用各类市场信息，寻找最佳的盘活时机，制订最优的盘活方案。

4. 化解风险

化解风险是开展不良贷款盘活工作的根本出发点和归宿。不良贷款盘活工作的目的就是要化解风险，减少损失，在盘活工作过程中要始终贯彻这一基本原则，盘活对象的选择、盘活方式的设计及盘活方案的决策都要围绕化解风险的目标进行，通过活化不良贷款，逐步收本收息，产生经济效益，最终实现减少损失、降低风险的目的。

（二）不良贷款的盘活方式

不良贷款盘活主要有以下六种基本方式，分别为存量盘活、转债盘活、注资盘活、债转股、贷款出售和资产证券化。

1. 存量盘活

存量盘活是指在不注入新资金、不涉及第三人的情况下，通过对原借款人提供财务顾问、管理咨询，敦促企业采取调整措施，改善经营管理，辅之以对原贷款采取延长期限、调整利率及债务减免等措施，缓解借款企业财务压力，增强其还本付息能力，从而使贷款风险降低，本息收回增加。

存量盘活一般适用于行业有前景、产品有市场，经营管理不善、财务负担过重导致贷款本息到期无力归还，通过宽限还款期限、减免贷款本息，敦促企业改善管理、精简人员、降低成本，或采取改制、重组及改造等方式可以走出经营困境，具有良好发展前景的企业。

2. 转债盘活

转债盘活是指以资产、资本与债权债务关系等为纽带，将原借款人的不良贷款转移给经营状况和偿债能力均明显好于原借款人的新主体承担，从而达到不良贷款盘活的目的。转债盘活主要适用于关停、半关停企业。在债务转移过程中，可根据具体情况对新借款人辅之以重新约期、调整利率、债务减免及注资支持等政策。

根据承债新主体的具体情况不同，转债盘活又可分为以下几种类型：

（1）资产转让型。原借款企业有效资产的购买者，在有付款能力但一次付清困难的情况下，将债务落实给其承担。

（2）兼并收购型。原借款企业的兼并、收购方，在收购资金一次付清困难的情况下，将债务落实给其承担。

（3）改组分立型。原借款企业实施改组、分立，按"债随资产走"的原则将贷款落实到改组、分立后的新企业。

（4）关联企业型。原借款企业的主管部门、开办人及其他关联公司等因投资未到位或相互间存在利害关系等原因，愿意承担还款义务，在一次性偿还全部贷款本息困难的情况下，将债务落实给其承担。

（5）担保人承债型，是指在担保人有代偿能力但一次性偿还全部贷款本息困难的情况下，将债务转移给其承担。

(6) 债务抵扣型。是与原贷款企业有债务关系的第三人,通过行使代位权或抵销他们之间往来费用等方式实施债务转移,将贷款落实给经营状况较好的其他企业承担。

(7) 其他类型。除上述情形外,其他替原借款人承担贷款的第三方承债的情形。

3. 注资盘活

注资盘活是指在确保新发放贷款安全的前提下,通过增量资金的注入,带动不良贷款本息全部或部分收回。注资盘活可分为三种类型。

(1) 对存量盘活中的原借款企业注资。

其主要适用于产品技术含量低、资金严重不足及经营困难,但企业管理人员素质较高,通过技术改造、更新产品及改进经营管理,盈利和偿债能力可以大幅提高的企业。对存量盘活中的原借款企业注资必须充分论证,审慎操作,确保新发放贷款安全。一般新注入资金规模不超过拟盘活贷款额的2/3。

(2) 对转债盘活中的新承债主体注资。

在转债盘活中,承接债务的新主体往往以注资为条件承接债务,对符合贷款发放条件的客户,可以结合其承接不良贷款的具体情况,发放一定数额的贷款。

(3) 对拟收购原不良贷款企业的新股东注资。

通过对符合贷款发放条件的、拟收购原不良贷款企业的新股东注资,为原不良贷款企业引入有实力的股东,从而改变原不良贷款企业的经营状况,增强其偿债能力。

4. 债转股

债转股是指商业银行通过将对企业的债权转变为企业的股权,变原来的债权债务关系为投资关系,由企业的债权人转变为企业的出资人和股东,进而对企业的经营与管理施加影响甚至起决定作用,待企业经营状况好转、经济效益提高后再将股权出售以获得资金。

5. 贷款出售

贷款出售是指商业银行对不良贷款进行重新整合后形成不同的贷款组合,并在此基础上,确定每一贷款组合的最低接受价格,向社会投资者再度出售或转让,以保证部分资金的回收。

6. 资产证券化

资产证券化是指信贷资产的证券化,即将已经存在的信贷资产集中起来并重新分割为证券进而转卖给金融市场的投资者,从而使得此项资产在原持有者(主要为商业银行)的资产负债表中消失,以提前收回资金的融资方式。资产证券化的本质含义是将贷款转换为可流通的金融工具的过程。具体而言,它是指将缺乏流动性但能够产生可预见的稳定现金流的资产,通过一定的结构安排,对资产中风险与收益要素进行分离与重组,进而转换为在金融市场上可以出售的流通的证券的过程。它主要包括"住房抵押贷款证券化"(MBS)和"资产证券化"(ABS)。资产证券化作为一项金融技术,最早起源于20世纪70年代末的美国,目前美国也是资产证券化最发达的国家。1985年,美国传统资产证券化市场总规模仅为39亿美元,1996年已增至3 256亿美元,平均每年增长49.5%。2003年年底,美国MBS和ABS余额分别为5.3万亿美元和1.7万亿美元,两项总和约占美国债务市场总额22万亿美元的32%,超过国债和企业债而成为比例最高的债券品种。而美国政府支持的两大房贷机构——"房利美"FannieMae(联邦国民抵押贷款协会)和"福利美"FreddieMac(联邦住房抵押贷款公司)掌握的抵押贷款金额高达4万亿美元,占全国独立住房贷款总额的75%以上。

目前,美国一半以上的住房抵押贷款、3/4以上的汽车贷款都是靠发行资产支持证券提供的。资产证券化的推出改变了银行传统的"资金出借者"的角色,使银行同时具有"资产出售者"的职能,对加速商业银行的资金回收起到了非常重要的作用。

资产证券化的基本操作流程为:评估分级→进行资产整合→设立发行人(特别项目公司)→确定信托人和承兑人→确定承销商→发行上市→到期兑付。

专栏资料 4-10

国家开发银行和中国建设银行试点资产证券化

国家开发银行和中国建设银行作为试点单位,将分别进行信贷资产证券化和住房抵押贷款证券化的试点。国家开发银行实施的信贷资产证券化是以其依法拥有的煤电油运、通信及市政公共设施等"两基一支"(基础设施、基础产业和支柱产业)领域的信贷资产为基础进行的证券化,所发行的证券为资产支持证券(Asset-backed Securities,ABS)。中国建设银行推出的个人住房抵押贷款支持证券(Mortgage-backed Securities,MBS)是一种将个人住房抵押贷款作为基础资产的信贷资产证券化产品。

2005年12月15日,中国建设银行举行发行仪式,备受国内外金融同业瞩目、由中国建设银行作为发起机构的国内首单个人住房抵押贷款证券化产品——"建元2005-1个人住房抵押贷款支持证券"正式进入全国银行间债券市场。中国建设银行开展住房抵押贷款证券化业务的目的不仅在于匹配和优化银行的资产负债结构,提高资本充足率,防范、分散及转移风险,而且在推进信贷资产业务标准化、规范化,提高银行综合经营管理水平等方面发挥不可或缺的积极作用。同时,资产证券化业务的开展有助于强化银行的服务中介职能,为银行提供了介入资本市场的广阔平台,为拓展中间业务开辟了新的空间和盈利增长点。此外,在我国商业银行中开展个人住房抵押贷款证券化业务试点,对提高金融系统的稳定性、推动我国金融市场的发展、改善金融市场的效率,以及满足人民群众日益增长的住房需求都具有积极的意义。

第五章

贷款业务法规制度

第一节 贷款担保

贷款担保是指借款人不按合同规定偿还贷款时，由借款人或担保人以其所有的财产承担或连带承担偿还贷款本息的义务，贷款人有权利依法或按合同规定处置对方的财产，以保证收回贷款本息的一种法律关系。《中华人民共和国商业银行法》第三十六条规定："商业银行贷款，借款人应当提供担保。商业银行应当对保证人的偿还能力，抵押物、质物的权属和价值以及实现抵押权、质权的可行性进行严格审查。"

贷款担保的意义在于：提高银行贷款质量，降低贷款风险，使银行的贷款收回具备进一步的担保保证和法律保证；增强借款人合理使用资金、合法经营的观念，迫使借款人通过正常途径还款。

贷款担保通常采用保证、抵押和质押三种形式。

一、保证

（一）保证的含义与法律特征

保证是指保证人和债权人约定，当债务人不履行债务或无法履行债务时，保证人按照约定履行债务或承担责任的行为。

保证具有以下法律特征：

（1）保证属于人的担保范畴。
（2）保证人必须为主合同（借款合同）以外的第三人。
（3）保证人应当具有清偿债务的能力。
（4）以书面形式订立保证合同（从合同）。
（5）按保证方式不同承担不同责任。

（二）保证人的资格

《中华人民共和国担保法》规定，在贷款担保中，可以作为保证人的必须是具有代为清偿能力的法人、其他组织或者公民。法人主要包括企业法人，不以公益为目的的事业单位和社会团体法人，经国务院批准为使用外国政府或国际经济组织贷款进行转贷的国家机关法人；其他组织是指依法成立，有一定的组织机构和财产，但不具备法人资格的组织；公民是指具有民事行为能力且具有足够偿还能力的自然人。

作为保证人应当具有清偿债务的能力，否则，在债务人不履行债务时，无法承担保证责任。具有清偿能力是对法人、其他组织或者公民作为保证人的基本要求。对于保证人来说，其清偿能力主要表现在他应当拥有足以承担保证责任的财产（一般应大于所担保债务的数额）。因此，债权人对保证人的资格要从严审查，主要审查以下几个方面：

（1）是否为法律所禁止的不得作为保证人的单位或组织。
（2）保证人的财产是否属于其所有或有权处分。
（3）保证人的财产是否代为履行债务或变现偿还债务。
（4）保证人的财产能否用于承担保证责任。如为法人，则看财产数额；如为公民，除应具有足以承担保证责任的财产外，还应具有民事行为能力，即应年满18岁或虽未满18岁但在16岁以上，以自己的劳动收入为主要生活来源。

根据保证人的条件要求，以下单位、机关及机构不得作为保证人：

（1）国家机关不得作为保证人，但经国务院批准为使用外国政府或者国际经济组织贷款进行转贷的除外。
（2）学校、幼儿园及医院等以公益为目的的事业单位和社会团体不得作为保证人。
（3）企业法人的分支机构、职能部门不得作为保证人。企业法人的分支机构有法人书面授权的，可以在授权范围内提供保证。

保证行为应当遵循平等、自愿、公平及诚实信用的原则，任何单位和个人不得强令银行等金融机构或者企业为他人提供保证；银行等金融机构或者企业对强令其为他人提供保证的行为，有权拒绝。

（三）保证的方式

1. 一般责任保证

当事人在保证合同中约定，债务人不能履行债务时，由保证人承担责任的，为一般责任保证。一般责任保证的保证人享有先诉抗辩权，即一般责任保证的保证人在主合同的纠纷未经审判或者仲裁，并就债务人财产依法强制执行仍不能履行债务前，对债权人可以拒绝承担保证责任。但有下列情况之一的，不得拒绝承担保证责任：

（1）债务人住所变更，致使债权人要求其履行发生重大困难的。
（2）人民法院受理债务人破产案件，中止执行程序的。
（3）保证人以书面形式放弃拒绝承担保证责任权利的。

2. 连带责任保证

当事人在保证合同中约定保证人与债务人对债务承担连带责任的，为连带责任保证。连带责任保证的债务人在主合同规定的债务履行期届满仍没有履行债务的，债权人可以要求债务人履行债务，也可以要求保证人在其保证的范围内承担保证责任。如果当事人对保证方式没有约定或者约定不明确的，按照连带责任保证承担保证责任。

（四）保证责任

1. 保证范围的规定

保证责任之一是保证范围的规定，保证担保主要包括以下几个方面：

（1）主债权。从银行贷款角度而言，就是借款人借用款项的数量多少。保证人可以约定具体担保的数量，如无约定则认定是对全部贷款进行担保。

（2）利息。利息分为约定利息和法定利息。约定利息主要是指订立合同之前，银行和借款人约定的利息，对于订立保证合同后再约定的利息，要经保证人同意才承担保证责任。

（3）违约金。当事人不履行债务时需向债权人给付的款项。

（4）损害赔偿金。因债务人不履行债务而给债权人造成损害的，债权人有权依法要求赔偿损失。

（5）实现债权的费用。债务人不履行债务时，债权人为实现债权而付出的费用，包括诉讼费、仲裁费、拍卖费、通知保证人费用及其他合理费用。

2. 保证责任的履行和追偿

保证责任的另一项内容是保证责任的履行和追偿，其主要包括以下几点：

（1）如果在保证期内，债权人依法将主债权转让给第三人，则保证人在原保证范围内继续承担保证责任。如果经债权人同意许可债务人转让债务的，应当取得保证人的书面同意，保证人才继续承担保证责任，否则保证人不再承担保证责任。另外，如果债务人与债权人协议变更主合同的，也应当取得保证人书面同意，否则保证人也不再承担保证责任。

（2）保证人在为债务做担保时，可以由一个保证人做担保，也可以由两个或两个以上的人为同一债务做担保，其称为共同保证。在共同保证中，如保证人在保证合同中约定了各自保证的份额，则保证人应当按照保证合同约定的保证份额承担保证责任；如没有约定保证份额的，保证人承担连带责任，债权人可以要求任何一个保证人承担全部保证责任。保证人都负有担保全部债权实现的义务，已经承担保证责任的保证人，有权向债务人追偿，或者要求承担连带责任的其他保证人偿付其应当承担的份额。

（3）为了保护保证人的合法利益，《中华人民共和国担保法》规定，如果主合同当事人双方串通，骗取保证人提供担保的，或者主合同债权人采取欺诈、胁迫等手段，使保证人在违背真实意思的情况下提供保证，则保证人不承担民事责任。

（4）保证人除了负有保证的责任外，也应享有一定的权利，主要包括保证人承担保证责任后有权向债务人追偿的权利；人民法院受理债务人破产案件后，债权人未申报债权，保证人就可以申请人民法院参加对债务人的破产分配，预先行使其追偿权，以保护其利益。

（5）保证责任的执行应当是在约定的保证期内，如果没有约定的，不管是一般保证还是连带责任保证，保证人的担保责任都限定在债务履行期届满之日起六个月内。

（五）保证合同

保证人为债务人的债务提供保证时，应当和债权人以书面形式订立保证合同。书面形式的保证合同既可以是保证人和债权人专门就保证问题单独订立的，也可以是由债权人、债务人和保证人三方在主合同中共同订立的保证条款。保证人和债权人之间就保证问题达成协议的信函、传真等文字材料同样可以作为保证合同对待。保证合同是主合同的从合同。

保证人与债权人可以就单个主合同分别订立保证合同，也可以协议在最高债权额限内就一定期间连续发生的借款合同订立一个保证合同。保证合同应当包括以下内容：

（1）被保证的主债权种类、数额。

（2）债务人履行债务的期限。

（3）保证的方式。

（4）保证担保的范围。
（5）保证的期间。
（6）需要约定的其他事项。

二、抵押

（一）抵押的含义与法律特征

抵押是指债务人或者第三人不转移对财产的占有，将该财产作为债权的担保，当债务人不履行债务时，债权人有权把该财产折价或者以拍卖、变卖该财产的价款优先受偿的担保方式。

在抵押法律关系中，当事人为抵押人和抵押权人，客体为抵押物。抵押人是指为担保债务的履行而提供抵押物的债务人或者第三人；抵押权人是指接受担保的债权人，在抵押贷款中则是指银行或其他发放贷款的金融机构；抵押物是抵押人提供的，用于担保债务履行的特定财产。

抵押是债的担保方式，但它和保证方式有所不同。抵押与保证的区别在于：

（1）权利性质不同。抵押权是物权，它以特定的财产保证债务履行；保证是债权，它以保证人的信誉和资产保证债务履行。

（2）生效不同。抵押合同一般须经登记才产生法律效力；保证合同经双方当事人签名、盖章后即产生法律效力。

（3）担保主体不尽相同。抵押权的担保主体可能是债务人，也可能是第三人；保证合同的担保主体只能是主合同以外的第三人。

（4）效力不同。抵押权有优于其他债权优先得到偿还的效力；保证只有一般债权的效力。

（二）抵押物的确定及范围

抵押物是指抵押人提供，经抵押权人认可的，在债务人到期不能偿还债务时，抵押权人有权依照法律规定或合同约定予以处分的财产。

1. 确定抵押物的原则

确定由抵押人提供的可供选择的抵押物时，必须坚持以下原则：

（1）合法性原则，即抵押物必须是法律允许设定抵押权的财产。只有法律允许设定抵押权的财产，才能最终履行抵押责任，保证贷款安全。

（2）易售性原则，即抵押物的市场需求相对稳定，一旦处分抵押物，能够迅速出售，且不必花费太多的处置费用。

（3）稳定性原则，即抵押物必须有使用价值和价值，价格和性能相对稳定，市场风险小，易于保管，不易变质。

（4）易测性原则，即抵押物的品质和价值易于测定。

（5）期限性原则，即抵押物的有效使用期必须长于借款期。

2. 抵押物的范围

根据上述原则，结合国内外抵押物的实践，《中华人民共和国担保法》规定了抵押物的范围。

（1）可以作为抵押物的财产主要包括以下几种：

① 建筑物和其他土地附着物。

② 建设用地使用权。
③ 以招标、拍卖及公开协商等方式取得的荒地等土地承包经营权。
④ 生产设备、原材料、半成品与产品。
⑤ 正在建造的建筑物、船舶与航空器。
⑥ 交通运输工具。
⑦ 法律、行政法规未禁止抵押的其他财产。

经当事人书面协议，企业、个体工商户与农业生产经营者可以将现有的以及将有的，生产设备、原材料、半成品、产品抵押，债务人不履行到期债务或者发生当事人约定的实现抵押权的情形时，债权人有权就实现抵押权时的动产优先受偿。以建筑物抵押的，该建筑物占用范围内的建设用地使用权一并抵押；以建设用地使用权抵押的，该土地上的建筑物一并抵押；抵押人未依照前款规定一并抵押的，未抵押的财产视为一并抵押；乡镇、村企业的建设用地使用权不得单独抵押；以乡镇、村企业的厂房等建筑物抵押的，其占用范围内的建设用地使用权一并抵押。

(2) 不能作为抵押物的财产主要包括以下几点：
① 土地所有权。
② 耕地、宅基地、自留地及自留山等集体所有的土地使用权，但法律规定可以抵押的除外。
③ 学校、幼儿园及医院等以公益为目的的事业单位、社会团体的教育设施、医疗卫生设施和其他社会公益设施。
④ 所有权、使用权不明或者有争议的财产。
⑤ 依法被查封、扣押及监管的财产。
⑥ 法律、行政法规规定不得抵押的其他财产。

(三) 抵押合同及其生效

1. 抵押合同的内容

抵押物选定后，抵押人和抵押权人应以书面形式订立抵押合同。书面形式的抵押合同包括一般书面形式和特殊书面形式两种。

一般书面形式的合同由合同当事人采用文字形式表达自己的意见，并且签名、盖章后即产生法律效力，不需要履行其他法律形式。

特殊书面形式的合同是指合同当事人除用文字形式表达自己的意思外，还需要履行公证、鉴证、审核或者登记的法律手续。抵押合同大部分属于特殊书面合同，即合同需经抵押物登记才发生法律效力；只有极少数的财产允许采用一般书面合同形式。抵押贷款中，抵押合同是借款合同的从合同。

抵押合同应包括以下主要内容：
(1) 被担保的主债权种类、数额。
(2) 债务人履行债务的期限。
(3) 抵押物名称、数量、质量、状况、所在地、所有权权属或者使用权权属。
(4) 担保的范围。
(5) 当事人认为需要约定的其他事项。

如果订立合同时不具备以上内容，可以进行补正。另外，订立合同时，抵押权人和抵押人不得约定在债务履行期满抵押权人还未受清偿时，将抵押物所有权转移给债权人所有。抵押人和抵押权人可以协议在最高债权额限度内，以抵押物对一定期间内连续发生的债权做担保，即为最高额抵押。由于抵押物大部分是不动产，具有较高的价值，其价值常常高出所担保的债权价值，所以抵押物可以重复抵押，但各次抵押所担保的债权数额累计不能超过抵押物的价值。

2. 抵押合同生效日的确定

（1）抵押物登记时生效。办理抵押物登记，可以使债权人查看抵押物的权属关系以及是否被抵押过，从而决定是否接受该物作为抵押担保；同时，抵押登记使得实现抵押权的顺序清楚、明确，可以防止纠纷的发生。所以说，抵押物登记有利于保护债权人的合法权益。

当事人以下列财产抵押的，应当办理抵押物登记，抵押合同自登记之日起生效，抵押权自登记时设立。按《中华人民共和国担保法》和《中华人民共和国物权法》规定，必须办理抵押物登记的抵押物主要有：

① 建筑物和其他土地附着物。
② 设用地使用权。
③ 招标、拍卖及公开协商等方式取得的荒地等土地承包经营权。
④ 在建造的建筑物。

确定抵押物登记部门的一个总的原则是：押物登记由抵押物的产权管理部门或者证照登记部门负责。

（2）抵押合同签订时生效。当事人以其他财产抵押的，可以自愿办理抵押物登记，抵押合同自签订之日起生效，抵押权自抵押合同生效时设立。

当事人作抵押的其他财产，主要是指一些生活用品或价值不太高的财产，如交通运输工具、生产设备、原材料、产品、家用电器、家具和牲畜等，可自愿办理登记。抵押合同自合同签订之日起生效，而不以抵押物登记为生效条件。如果自愿登记中，抵押物办理了登记手续，则自抵押物登记后，不论抵押物转移到谁手中，只要债务履行期满债务人没有履行债务，抵押权人都可以就该抵押物实现债权；如果没有进行登记，抵押权人无权对转移后的抵押物进行追偿，只能要求抵押人重新提供新的担保或要求债务人偿还债务，而不得对抗善意第三人。

（四）抵押物的占管

抵押合同生效后，抵押物仍由抵押人占有使用，但在抵押期间，抵押人应妥善保管抵押物。如果由于抵押人的过错，如故意砍伐树木、拆除房屋及对危旧房屋不做修缮等行为，使抵押物价值减少的，债权人有权要求其停止该行为，并提供与减少价值相当的担保。

在抵押前抵押物已经出租的，抵押后抵押人应将抵押事实通知承租方，原租赁合同继续有效，承租人可以继续使用该财产。抵押期间，抵押人转让已办理登记的抵押物的，应当通知抵押权人，并告知受让人转让物已经抵押的情况；抵押人未通知抵押权人或者未告知受让人的，转让行为无效。转让抵押物的价款明显低于其价值的，抵押权人可以要求抵押人提供相应的担保；抵押人不提供的，不得转让抵押物。抵押人转让抵押物所得的价款，应当向抵押权人提前清偿所担保的债权，或者向与抵押权人约定的第三人提存。超过债权数额的部分，归抵押人所有，不足部分由债务人清偿。若抵押物因抵押人的行为而灭失，则债权人可以要求抵押人另行提供担保。如果是其他原因导致抵押物灭失，抵押人所得赔偿金应作为抵押财产处理。

抵押权不得与债权分离而单独转让或者作为其他债权的担保，抵押权与其担保的债权同时存在，债权消灭的，抵押权也消灭。

（五）抵押物的处分与债权收回

债务到期后，债务人应及时清偿债务，赎回抵押物。若到期不能履行债务，则债权人可以和抵押人达成协议，处理抵押物收回债权。处理抵押物的方式有三种，即折价方式、拍卖方式和变卖方式。折价是指债权人和抵押人协议，参照市场价格确定一定的价款，把抵押物所有权转移给债权人。拍卖则是以公开竞争的方法把抵押物卖给出价最高的买者。变卖则是以拍卖以外的、生活中一般的买卖形式出售抵押物。不管采取哪种形式，最终都是为了实现债权，所以，其折价或拍卖、变卖后的价款如果超过债权的数额，超过的部分应归还抵押人；不足偿还债权的，不足部分应由债务人清偿。

如果同一财产向两个以上债权人抵押的，拍卖、变卖抵押财产所得的价款依照下列规定清偿：登记的，按照登记的先后顺序清偿；顺序相同的，抵押权按照债权比例清偿；抵押权已登记的先于未登记的受偿；抵押权未登记的，按照债权比例清偿。

建设用地使用权抵押后，该土地上新增的建筑物不属于抵押财产。该建设用地使用权实施抵押权时，应当将该土地上新增的建筑物与建设用地使用权一并处分，但新增建筑物所得的价款，抵押权人无权优先受偿。

债务履行期届满，债务人不履行债务致使抵押物被人民法院依法扣押的，自扣押之日起，抵押权人有权收取由抵押物分离的天然孳息，以及抵押人就抵押物可以收取的法定孳息。当抵押人为债务人以外的第三人时，如果到期处理抵押物清偿了债务，就意味着第三人代替债务人偿还了债务，所以，债权债务关系发生变化，抵押人可依法向债务人行使追偿权。

三、质押

（一）质押的含义与法律特征

1. 质押的含义

质押，是指债务人或者第三人将其动产或财产权利证书移交债权人占有，将其作为债权的担保。债务人不履行债务时，债权人有权以该动产或权利证书折价或者以拍卖、变卖该动产的价款优先受偿的担保方式。在质押关系中，当事人包括出质人和质权人，其客体为质物。出质人是指将出质物品交给债权人作为债权担保的债务人或者第三人；质权人则是占有质物的债权人；质物是由出质人移交给债权人占有的财产，包括动产和财产权利。

按照质物种类的不同，可以将质押分为动产质押和权利质押。

动产质押是指债务人或者第三人将其动产移交债权人占有，将该动产作为债权的担保。当债务人不履行债务时，债权人有权依法以动产折价或者拍卖、变卖的价款优先受偿。金银首饰、贵重家用电器及家具等生活用品最适合成为动产质押的质物。

权利质押是指以可让与的财产权作为质物的担保方式。可以质押的权利主要包括：汇票、支票、本票、债券、存款单、仓单及提单；依法可以转让的股份、股票；依法可以转让的商标专用权、专利权及著作权中的财产权；应收账款；等等。

2. 质押的法律特征

质押也是债的担保方式，但它和前面讲的抵押方式有所不同。质押和抵押的区别在于以下几个方面：

（1）对物的占有权不同。质权设定后，质物需移交给质权人占有；而抵押权设定后，抵押物仍由抵押人占有使用。

（2）生效不同。质权不需要登记，质权合同自质物移交于质权人占有时生效。而抵押权一般需要经过登记，才能够产生法律效力；对于不需要办理登记手续的，抵押合同自签订之日起生效。

（3）法律关系的客体——标的物不尽相同。质权的标的物只能是动产或财产权利；而抵押权的标的物主要为不动产，也可以是特定的动产。

（4）权利的实现不同。质权的实现，在协议不成的情况下，可以由质权人直接依法拍卖；而抵押权实现可以由当事人双方协议折价，或者以拍卖、变卖抵押物所得的价款受偿，协议不成的，抵押权人可以向人民法院提起诉讼。

（二）质权的含义与性质

1. 质权的含义与特点

质权是为担保一定债权而成立的物权。债权人有权对债务人或第三人提供担保的特定财产或权利转移占有，就其交换价值优先受偿。可从以下几个方面进一步理解质权。

（1）质权是一种以担保债权实现为目的的担保物权。质权是一种物权。拥有质权的债权人可在债务不履行时，通过变价拍卖标的物实现其债权的优先受偿。债权人对于标的物的权利是物权性的，因而，在标的物的受偿上优先于其他无质权的普通债权人。

（2）质权是一种以转移标的物之占有为要件的担保物权。质权必须转移标的物之占有，即由债权人占有债务人或第三人的特定财产或权利。转移标的物之占有，是质权有别于抵押权最重要的特征所在。质权的转移占有性，使之更适合本性上易于流动的动产及权利，故多见于动产质权和权利质权，不动产质权仅属特例。由于质权的成立以转移标的物之占有为要件，其本身已有公示功能，所以一般无须专门登记，标的物交由质权人占有，质权就告成立。

（3）质权是一种以质物之交换价值优先受偿的担保物权。一般说来，质权（主要是动产质权和权利质权）是一种价值权，即不以质物的实体利益为目的，而是在债务人不履行债务时通过标的物的变价处理来清偿债权，也就是说，质权原则上不是实体权。所以，标的物应有交易性，法律上不得转让之物，不能充作质权的标的物。在这一点上，质权与抵押权并无区别。但由于债权人事先已拥有标的物，从而有留置权的效力。所谓留置权的效力，即以占有标的物给债务人造成压力，督促其主动履行债务。概言之，质权在本质上与抵押权一样，是对标的物的交换价值优先受偿的权利，但同时也含有留置权的效用。

2. 质权的性质

质权的性质是指质权应当具有的诸种属性。这些属性反映和表明了质权的种种内在规定性。质权作为担保物权，就应有担保物权通有的性质，再加上其固有的转移占有性，其性质为物权性、担保性、价值性和转移占有性。

(1) 质权的物权性。大体上，质权的物权性主要表现为以下几点：

① 法定性。质权在立法上奉行物权法定主义原则，其种类和内容由民法统一规定，当事人不能在法律规定之外，自行创设新的质权种类或改变质权的法定内容。

② 优先性。质权有物权的优先性，即优先于债权，也就是说，在标的物上既有质权又存在债权的情况下，应以质权的实现为先。

③ 支配性。质权是对标的物的支配处分权，不是债权请求权。质权的实现只以债务人的不履行为条件，不必借助于债务人的给付行为，或者说，无须以他人的行为为媒介，可直接行使。

④ 排他性。质权是排除他人干涉，自主独立的物权。具体有两方面的体现：一是质权的特定性，即用作质权担保的标的物是特定的。不论是动产还是权利，一旦作为债权担保交由债权人占有，即成为特定之物，质权因此而有了排他性；二是质权的顺序性，即在同一标的物存在数个质权时，先成立的质权先于后成立的质权，在质权担保的情况下，标的物本来就已由债权人占有，很少发生同一质权标的物上存有数个质权的现象。但有时也可出现所谓后位质权与前位质权之别，此时，应以成立先后决定其顺序先后。

(2) 质权的担保性。质权是以担保债权实现为内容目的的物权，具有明显的担保性，担保性的存在表明它与债权有紧密的关系。质权的担保性主要表现为以下两个方面：

① 从属性。从属性包括成立上的从属性、处分上的从属性和消灭上的从属性。成立上的从属性，是指质权的设立和存在须以一定的债权为前提。债权如不成立或成立后自始无效，则质权亦不成立或自始无效，即没有债权的发生和存在，就不能设立质权担保；处分上的从属性，是指质权必须与债权结合起来一同处分，主要是质权随同债权的转让而转让；消灭上的从属性是指质权随同债权的结束而消灭。

② 不可分性。质权的不可分性是指，在债务人不履行债务时，债权人就债权的全部，对标的物之全部主张优先受偿。债权或标的物的部分变化不影响质权的整体性，也就是说，质权在性质上是不可分的，不因债权的分割而受影响。

(3) 质权的价值性。质权也是价值权，债权人虽占有标的物，但一般不以标的物的实体利益为目的（不动产质权是一种特例），而是从标的物的交换价值中获得债权的优先清偿。价值性最主要的表现有两个：

① 变价受偿性。变价受偿性是其价值性的核心所在。一般说来，债权人不能直接用标的物本身满足自己的债权清偿，而是通过变价拍卖标的物，从其卖得价款中清偿债权。

② 物上代位性。因质权的实现在于标的物的交换价值，不限于标的物的实体方面，所以，在标的物灭失时，其效力应及于赔偿金。换言之，如果标的物毁灭或丧失，质权即基于物上代位原则，就标的物的偿金进行债权的优先清偿。

(4) 质权的转移占有性。质权的成立，不仅需要双方当事人（出质人与债权人）订立书面合同，还要以交付标的物为必备条件，即出质人将质物转移给质权人占有后质权才生效。一般而言，出质人将其动产出质给债权人占有的，质权自出质人交付质押财产时设立；出质人以权利出质的，质权自权利凭证交付质权人时设立；没有权利凭证的，质权自有关部门办理出质登记时设立。

（三）质押合同及其生效
1. 质押合同的内容
出质人和质权人应以书面形式订立质押合同。质押合同应当包括以下内容：
（1）被担保的主债权种类、数额。
（2）债务人履行债务的期限。
（3）质物的名称、数量、质量及状况。
（4）担保的范围。
（5）质物财产交付的时间。
2. 质押合同生效日的确定
动产质押合同自动产移交质权人占有时生效，质权自出质人交付质押财产时设立。

以汇票、支票、本票、债券、存款单、仓单或提单出质的，质权自权利凭证交付质权人时设立；没有权利凭证的，质权自有关部门办理出质登记时设立。汇票、支票、本票、债券、存款单、仓单或提单的兑现日期或者提货日期先于主债权到期的，质权人可以兑现或者提货，并与出质人协议，将兑现的价款或者提取的货物提前清偿债务或者提存。

以基金份额、证券登记结算机构登记的股权出质的，质权自证券登记结算机构办理出质登记时设立；以其他股权出质的，质权自工商行政管理部门办理出质登记时设立。基金份额、股权出质后不得转让，但经出质人与质权人协商同意的除外。出质人转让基金份额、股权所得的价款时，应当向质权人提前清偿债务或者提存。

以注册商标专用权、专利权及著作权等知识产权中的财产权出质的，质权自有关主管部门办理出质登记时设立。知识产权中的财产权出质后，出质人不得转让或者许可他人使用，但经出质人与质权人协商同意的除外。出质人转让或者许可他人使用出质的知识产权中的财产权所得的价款的，应当向质权人提前清偿债务或者提存。

以应收账款出质的，质权自信贷征信机构办理出质登记时设立。应收账款出质后不得转让，但经出质人与质权人协商同意的除外。出质人转让应收账款所得的价款时，应当向质权人提前清偿债务或者提存。

（四）质物的占管与处分
出质人和质权人在合同中，不得约定在债务履行期届满、质权人未受清偿时，将质物的所有权转移为质权人所有。

质权人负有妥善保管质物的义务。保管不善致使质物灭失或者毁损的，质权人应当承担民事责任。质权人不能妥善保管质物，可能致使其灭失或者毁损的，出质人可以要求质权人将质物提存，或者要求提前清偿债权而返还质物。

质物有损坏或者价值明显减少，足以危害质权人权利的，质权人可以要求出质人提供相应的担保。出质人不提供的，质权人可以拍卖或者变卖质物，并与出质人协议，将拍卖或者变卖所得价款用于提前清偿所担保的债权，或者向与出质人约定的第三人提存。

债务履行期届满，债务人履行债务的，或者出质人提前清偿所担保的债权的，质权人应当返还质物。债务履行期届满质权人未受清偿的，可以与出质人协议以质物折价，也可以依法拍卖、变卖质物。质物折价或者拍卖、变卖后，其价款超过债权数额的部分归出质人所有,不足部分由债务人清偿。

质权因质物灭失而消灭。因灭失所得的赔偿金,应当作为出质财产。质权与其担保的债权同时存在;债权消灭的,质权也消灭。

为债务人质押担保的第三人,在质权人实现质权后,有权向债务人追偿。

专栏资料 5—1

定金与订金的区别

"定金"与"订金"有别,签订合同一定要慎重。

在法律上,定金与订金有着严格的区别,定金具有担保的性质,而订金则属于预先支付的一部分价款,不具备担保性质。《中华人民共和国合同法》规定:"当事人可以依照《中华人民共和国担保法》约定一方向对方给付定金作为债权的担保。债务人履行债务后,定金应当抵作价款或者收回。给付定金的一方不履行约定的债务的,无权要求返还定金;收受定金的一方不履行约定债务的,应当双倍返还定金。"此外,最高人民法院关于适用《中华人民共和国担保法》若干问题的解释规定:"当事人交付留置金、担保金、保证金、订约金、押金或者定金等,但没有约定定金性质的,当事人主张定金权利的,人民法院不予支持"。由此可见,当事人如果只是写明"订金"而没有约定性质的,不能使用定金法则。

第二节 授信内部控制

授信内部控制摘自《商业银行内部控制指引》,其于 2006 年 12 月 8 日中国银监会第 54 次主席会议通过。

一、内部控制的含义、目标与原则

1. 内部控制的含义

内部控制是商业银行为实现经营目标,通过制定和实施一系列制度、程序与方法,对风险进行事前防范、事中控制、事后监督和纠正的动态过程与机制。

2. 商业银行内部控制的目标

商业银行内部控制的目标包括以下几点:

(1) 确保国家法律规定和商业银行内部规章制度的贯彻执行。

(2) 确保商业银行发展战略和经营目标的全面实施与充分实现。

(3) 确保风险管理体系的有效性。

(4) 确保业务记录、财务信息和其他管理信息的及时、真实与完整。

3. 商业银行内部控制应坚持的原则

商业银行内部控制应当贯彻全面、审慎、有效、独立的原则,具体如下:

(1) 内部控制应当渗透商业银行的各项业务过程和各个操作环节,覆盖所有的部门和岗位,并由全体人员参与,任何决策或操作均应当有案可查。

(2) 内部控制应当以防范风险、审慎经营为出发点,商业银行的经营管理,尤其是设立新的机构或开办新的业务,均应当体现"内控优先"的要求。

(3) 内部控制应当具有高度的权威性,任何人不得拥有不受内部控制约束的权力,内部控制存在的问题应当能够得到及时反馈和纠正。

(4) 内部控制的监督、评价部门应当独立于内部控制的建设、执行部门,并有直接向董事会、监事会和高级管理层报告的渠道。

二、内部控制的基本要求

1. 内部控制的构成要素

内部控制应当包括以下要素:

(1) 内部控制环境。

(2) 风险识别与评估。

(3) 内部控制措施。

(4) 信息交流与反馈。

(5) 监督评价与纠正。

2. 内部控制的基本要求

商业银行应当建立良好的公司治理以及分工合理、职责明确、相互制衡、报告关系清晰的组织结构,为内部控制的有效性提供必要的前提条件。

商业银行董事会、监事会和高级管理层应当充分认识自身对内部控制所承担的责任。

董事会负责保证商业银行建立并实施充分而有效的内部控制体系;负责审批整体经营战略和重大政策并定期检查、评价执行情况;负责确保商业银行在法律和政策的框架内审慎经营,明确设定可接受的风险程度,确保高级管理层采取必要措施识别、计量、监测并控制风险;负责审批组织机构;负责保证高级管理层对内部控制体系的充分性与有效性进行监测和评估。

监事会负责监督董事会、高级管理层完善内部控制体系;负责监督董事会及董事、高级管理层及高级管理人员履行内部控制职责;负责要求董事、董事长及高级管理人员纠正其损害商业银行利益的行为并监督执行。

高级管理层负责制定内部控制政策,对内部控制体系的充分性与有效性进行监测和评估;负责执行董事会决策;负责建立识别、计量、监测并控制风险的程序和措施;负责建立和完善内部组织机构,保证内部控制的各项职责得到有效履行。

商业银行应当建立科学、有效的激励约束机制,培育良好的企业精神和内部控制文化,从而创造全体员工均充分了解且能履行职责的环境。

商业银行应当设立履行风险管理职能的专门部门,负责具体制定并实施识别、计量、监测和控制风险的制度、程序与方法,以确保风险管理和经营目标的实现。

商业银行应当建立涵盖各项业务、全行范围的风险管理系统,开发和运用风险量化评估的方法和模型,对信用风险、市场风险、流动性风险、操作风险等各类风险进行持续的监控。

商业银行应当对各项业务制定全面、系统、成文的政策、制度和程序,在全行范围内保持统一的业务标准和操作要求,并保证其连续性和稳定性。

商业银行设立新的机构或开办新的业务,应当事先制定有关的政策、制度和程序,对潜在的风险进行计量和评估,并提出风险防范措施。

商业银行应当建立内部控制的评价制度，对内部控制的制度建设、执行情况定期进行回顾和检讨，并根据国家法律规定、银行组织结构、经营状况、市场环境的变化进行修订和完善。

商业银行应当明确划分相关部门之间、岗位之间、上下级机构之间的职责，建立职责分离、横向与纵向相互监督制约的机制。涉及资产、负债、财务和人员等重要事项变动均不得由一个人独自决定。

商业银行应当明确关键岗位及其控制要求，关键岗位应当实行定期或不定期的人员轮换和强制休假制度。

商业银行应当根据各分支机构和业务部门的经营管理水平、风险管理能力、地区经济和业务发展需要，建立相应的授权体系，实行统一法人管理和法人授权。

商业银行应当配备充足的、具备相应的专业从业资格的内部审计人员，并建立专业培训制度，每人每年确保一定的离岗或脱产培训时间。

商业银行应当建立有效的内部控制报告和纠正机制，业务部门、内部审计部门和其他人员发现的内部控制的问题，均应当有畅通的报告渠道和有效的纠正措施。

三、授信的内部控制

1. 授信内部控制的重点

商业银行授信内部控制的重点是实行统一授信管理，健全客户信用风险识别与监测体系，完善授信决策与审批机制，防止对单一客户、关联企业客户和集团客户授信风险的高度集中，防止违反信贷原则发放关系人贷款和人情贷款，防止信贷资金违规使用。

2. 授信内部控制的具体要求

（1）商业银行授信岗位设置应当做到分工合理、职责明确，岗位之间应当相互配合、相互制约，做到审贷分离、业务经办与会计账务处理分离；应当设立独立的授信风险管理部门，对不同币种、不同客户对象、不同种类的授信进行统一管理，设置授信风险限额，避免信用失控。

（2）商业银行应当建立有效的授信决策机制，包括设立授信审查委员会，负责审批权限内的授信。行长不得担任授信审查委员会的成员。授信审查委员会审议表决应当遵循集体审议、明确发表意见、多数同意通过的原则，全部意见应当记录存档。

（3）商业银行应当建立严格的授信风险垂直管理体制，对授信实行统一管理；应当对授信实行统一的法人授权制度，上级机构应当根据下级机构的风险管理水平、资产质量、所处地区经济环境等因素，合理确定授信审批权限。商业银行应当根据风险大小，对不同种类、期限、担保条件的授信确定不同的审批权限，审批权限应当采用量化风险指标。

（4）商业银行各级机构应当明确规定授信审查人、审批人之间的权限和工作程序，严格按照权限和程序审查、审批业务，不得故意绕开审查、审批人。

（5）商业银行应当对单一客户的贷款、贸易融资、票据承兑和贴现、透支、保理、担保、贷款承诺、开立信用证等各类表内外授信实行一揽子管理，确定总体授信额度。

（6）商业银行应当以风险量化评估方法和模型为基础，开发和运用统一的客户信用评级体系，作为授信客户选择和项目审批的依据，并为客户信用风险识别、监测以及制定差别化的授信政策提供基础。客户信用评级结果应当根据客户信用变化情况及时进行调整。

（7）商业银行对集团客户授信应当遵循统一、适度和预警的原则。对集团客户应当实行统一授信管理，合理确定对集团客户的总体授信额度，防止多头授信、过度授信和不适当分配授信额度。商业银行应当建立风险预警机制，对集团客户授信集中风险实行有效监控，防止集团客户通过多头开户、多头借款、多头互保等形式套取银行资金。

（8）商业银行应当建立统一的授信操作规范，明确贷前调查、贷时审查、贷后检查各个环节的工作标准和尽职要求：贷前调查应当做到实地查看，如实报告授信调查掌握的情况，不回避风险点，不因任何人的主观意志而改变调查结论；贷时审查应当做到独立审贷，客观公正，充分、准确地揭示业务风险，提出降低风险的对策；贷后检查应当做到实地查看，如实记录，及时将检查中发现的问题报告有关人员，不得隐瞒或掩饰问题。

（9）商业银行应当制定统一的各类授信品种的管理办法，明确规定各项业务的办理条件，包括选项标准、期限、利率、收费、担保、审批权限、申报资料、贷后管理、内部处理程序等具体内容。

（10）商业银行实施有条件授信时应当遵循"先落实条件、后实施授信"的原则，授信条件未落实或条件发生变更未重新决策的，不得实施授信。

（11）商业银行应当严格审查和监控贷款用途，防止借款人通过贷款、贴现、办理银行承兑汇票等方式套取信贷资金，改变借款用途；应当严格审查借款人资格合法性、融资背景以及申请材料的真实性和借款合同的完备性，防止借款人骗取贷款，或以其他方式从事金融诈骗活动。

（12）商业银行应当建立资产质量监测、预警机制，严密监测资产质量的变化，及时发现资产质量的潜在风险并发出预警提示，分析不良资产形成的原因，及时制定防范和化解风险的对策。

（13）商业银行应当建立贷款风险分类制度，规范贷款质量的认定标准和程序，严禁掩盖不良贷款的真实状况，确保贷款质量的真实性。

（14）商业银行应当建立授信风险责任制，明确规定各个部门、岗位的风险责任；应当对违法、违规造成的授信风险和损失逐笔进行责任认定，并按规定对有关责任人进行处理。其中，各个部门、岗位的风险责任如下：调查人员应当承担调查失误和评估失准的责任；审查和审批人员应当承担审查、审批失误的责任，并对本人签署的意见负责；贷后管理人员应当承担检查失误、清收不力的责任；放款操作人员应当对操作性风险负责；高级管理层应当对重大贷款损失承担相应的责任。

（15）商业银行应当建立完善的客户管理信息系统，全面和集中掌握客户的资信水平、经营财务状况、偿债能力和非财务因素等信息，对客户进行分类管理，对资信不良的借款人实施授信禁入。

第三节　个人贷款管理

个人贷款管理摘自《个人贷款管理暂行办法》（中国银监会令 2010 年第 2 号，经中国银监会第 72 次主席会议通过）。

一、个人贷款概述

个人贷款，是指贷款人向符合条件的自然人发放的用于个人消费、生产经营等用途的本外币贷款。

个人贷款应当遵循依法合规、审慎经营、平等自愿、公平诚信的原则。

贷款人应建立有效的个人贷款全流程管理机制，制定贷款管理制度以及每一贷款品种的操作规程，明确相应贷款对象和范围，实施差别风险管理，建立贷款各操作环节的考核和问责机制。

贷款人应按区域、品种、客户群等维度建立个人贷款风险限额管理制度。

个人贷款用途应符合法律法规规定和国家有关政策，贷款人不得发放无指定用途的个人贷款。

贷款人应建立借款人合理的收入偿债比例控制机制，结合借款人收入、负债、支出、贷款用途、担保情况等因素，合理确定贷款金额和期限，控制借款人每期还款额不超过其还款能力。

二、个人贷款受理与调查

（一）个人贷款申请应具备的条件

（1）借款人为具有完全民事行为能力的中华人民共和国公民或符合国家有关规定的境外自然人。

（2）贷款用途明确合法。

（3）贷款申请数额、期限和币种合理。

（4）借款人具备还款意愿和还款能力。

（5）借款人信用状况良好，无重大不良信用记录。

（6）贷款人要求的其他条件。

（二）个人贷款受理与调查

贷款人应要求借款人以书面形式提出个人贷款申请，并要求借款人提供能够证明其符合贷款条件的相关资料。

贷款人受理借款人贷款申请后，应履行尽职调查职责，对个人贷款申请内容和相关情况的真实性、准确性、完整性进行调查核实，形成调查评价意见。

1. 贷款调查内容

贷款调查包括但不限于以下内容：

（1）借款人基本情况。

（2）借款人收入情况。

（3）借款用途。

（4）借款人还款来源、还款能力及还款方式。

（5）保证人担保意愿、担保能力或抵（质）押物价值及变现能力。

2. 贷款调查方法与方式

贷款调查应以实地调查为主、间接调查为辅，采取现场核实、电话查问以及信息咨询等途径和方法。

贷款人在不损害借款人合法权益和风险可控的前提下，可将贷款调查中的部分特定事项审慎委托第三方代为办理，但必须明确第三方的资质条件。贷款人不得将贷款调查的全部事项委托第三方完成。

贷款人应建立并严格执行贷款面谈制度。通过电子银行渠道发放低风险质押贷款的，贷款人至少应当采取有效措施确定借款人的真实身份。

三、个人贷款风险评价与审批

1. 个人贷款审查

个人贷款审查应对贷款调查内容的合法性、合理性、准确性进行全面审查，重点关注调查人的尽职情况和借款人的偿还能力、诚信状况、担保情况、抵（质）押比率、风险程度等。

2. 个人贷款风险评价

个人贷款风险评价应以分析借款人现金收入为基础，采取定量和定性分析方法，全面、动态地进行贷款审查和风险评估。贷款人应建立和完善借款人的信用记录与评价体系。

3. 个人贷款审批

贷款人应根据审慎性原则，完善授权管理制度，规范审批操作流程，明确贷款审批权限，实行审贷分离和授权审批，确保贷款审批人员按照授权独立审批贷款。

对未获批准的个人贷款申请，贷款人应告知借款人。

贷款人应根据重大经济形势变化、违约率明显上升等异常情况，对贷款审批环节进行评价分析，及时、有针对性地调整审批政策，加强相关贷款的管理。

四、个人贷款协议签订与发放

1. 个人贷款协议签订

贷款人应与借款人签订书面借款合同，需担保的应同时签订担保合同。贷款人应要求借款人当面签订借款合同及其他相关文件，但电子银行渠道办理的贷款除外。

贷款人应建立健全合同管理制度，有效防范个人贷款法律风险。借款合同应符合《中华人民共和国合同法》的规定，明确约定各方当事人的诚信承诺和贷款资金的用途、支付对象（范围）、支付金额、支付条件、支付方式等；借款合同应设立相关条款，明确借款人不履行合同或怠于履行合同时应当承担的违约责任；借款合同采用格式条款的，应当维护借款人的合法权益，并予以公示。

2. 个人贷款担保办理

贷款人应依照《中华人民共和国物权法》《中华人民共和国担保法》等法律法规的相关规定，规范担保流程与操作；按合同约定办理抵押物登记的，贷款人应当参与。贷款人委托第三方办理的，应对抵押物登记情况予以核实。以保证方式担保的个人贷款，贷款人应由不少于两名信贷人员完成。

3. 个人贷款发放

贷款人应加强对贷款的发放管理，遵循审贷与放贷分离的原则，设立独立的放款管理部门或岗位，负责落实放款条件、发放满足约定条件的个人贷款。

借款合同生效后，贷款人应按合同约定及时发放贷款。

五、个人贷款支付管理

贷款人应按照借款合同约定，通过贷款人受托支付或借款人自主支付的方式对贷款资金的支付进行管理与控制。

1. 个人贷款支付方式

个人贷款支付方式包括贷款人受托支付和借款人自主支付两类。

贷款人受托支付是指贷款人根据借款人的提款申请和支付委托，将贷款资金支付给符合合同约定用途的借款人交易对象。

借款人自主支付是指贷款人根据借款人的提款申请将贷款资金直接发放至借款人账户，并由借款人自主支付给符合合同约定用途的借款人交易对象。

2. 个人贷款支付规定

个人贷款资金应当采用贷款人受托支付方式向借款人交易对象支付。采用借款人自主支付的，贷款人应与借款人在借款合同中事先约定，要求借款人定期报告或告知贷款人贷款资金支付情况。但有下列情形之一的个人贷款，经贷款人同意可以采取借款人自主支付方式：借款人无法事先确定具体交易对象且金额不超过三十万元人民币的；借款人交易对象不具备条件有效使用非现金结算方式的；贷款资金用于生产经营且金额不超过五十万元人民币的；法律法规规定的其他情形。

采用贷款人受托支付的，贷款人应要求借款人在使用贷款时提出支付申请，并授权贷款人按合同约定方式支付贷款资金；贷款人应在贷款资金发放前审核借款人相关交易资料和凭证是否符合合同约定条件，支付后做好有关细节的认定记录；贷款人受托支付完成后，应详细记录资金流向，归集保存相关凭证。

贷款人应当通过账户分析、凭证查验或现场调查等方式，核查贷款支付是否符合约定用途。

六、个人贷款贷后管理

1. 个人贷款贷后检查

个人贷款支付后，贷款人应采取有效方式对贷款资金使用、借款人的信用及担保情况变化等进行跟踪检查和监控分析，确保贷款资产安全。

贷款人应区分个人贷款的品种、对象、金额等，确定贷款检查的相应方式、内容和频度。贷款人内部审计等部门应对贷款检查职能部门的工作质量进行抽查和评价。

贷款人应定期跟踪分析评估借款人履行借款合同约定内容的情况，并作为与借款人后续合作的信用评价基础。

2. 个人贷款贷后处理

贷款人应当按照法律法规的相关规定和借款合同的约定，对借款人未按合同承诺提供真实、完整信息和未按合同约定用途使用、支付贷款等行为追究违约责任。

经贷款人同意，个人贷款可以展期。一年以内（含）的个人贷款，展期期限累计不得超过原贷款期限；一年以上的个人贷款，展期期限累计与原贷款期限相加，不得超过该贷款品种规定的最长贷款期限。

贷款人应按照借款合同约定，收回贷款本息。对于未按照借款合同约定偿还的贷款，贷款人应采取措施进行清收，或者协议重组。

第四节 小企业授信

一、小企业授信概述

1. 小企业授信的含义

小企业授信泛指银行对单户授信总额 500 万元（含）以下和企业资产总额 1 000 万元（含）以下，或授信总额 500 万元（含）以下和企业年销售额 3 000 万元（含）以下的企业，以及各类从事经营活动的法人组织和个体经营户的授信。其中，授信泛指各类贷款、贸易融资、贴现、保理、贷款承诺、保证、信用证、票据承兑等表内外授信和融资业务。

2. 小企业授信应遵循的原则

银行开展小企业授信应增强社会责任意识，遵循自主经营、自负盈亏、自担风险和市场运作的原则，实现对小企业授信业务的商业性可持续发展。

银行应根据小企业授信的特点和内在规律开展小企业授信，做到程序可简、条件可调、成本可算、利率可浮、风险可控、责任可分。

二、小企业授信六项机制

银行应创新小企业授信业务，完善业务流程、风险管理和内部控制，着重建立和完善小企业授信"六项机制"，包括利率风险定价机制、独立核算机制、高效审批机制、激励约束机制、专业化人员培训机制和违约信息通报机制。

1. 利率风险定价

利率风险定价坚持收益覆盖成本和风险的原则，在法规和政策允许的范围内，根据风险水平、筹资成本、管理成本、授信目标收益、资本回报要求以及当地市场利率水平等因素，自主确定贷款利率，对不同小企业或不同授信实行差别定价。

2. 独立核算

改进和完善成本管理，建立以内部转移价格为基础的独立核算机制和内部合作考核机制，制定专项指标，单独考核小企业授信业务的成本和收益。

3. 高效审批

银行应建立高效的审批机制。在控制风险的前提下，合理设定审批权限，优化审批流程，提高审批效率。银行应根据不同区域的经济发展水平和信用环境，不同分支机构的经营管理水平、风险控制能力，以及不同授信产品的风险程度等，实行差别授权管理。银行对小企业授信环节可同步或合并进行。对小企业客户的营销与授信的预调查可同步进行，授信的调查与审查可同步进行，前期授信后的检查与当期授信调查可同步进行；对小企业信用评估、授信额度的核定、授信审批环节可合并进行；可尝试对小企业授信业务实行集中、批量处理。银行可分别授予客户经理、授信审查人员一定的授信审批权限。

4. 激励约束

制定专门的业绩考核和奖惩机制，加大资源配置力度，突出对分支机构和授信人员的正向激励,可提取一定比例的小企业授信业务净收益奖励一线业务人员。

银行应将小企业授信情况纳入对分支机构的考核范围,考核指标应包括其创造的经济增加值、新增和存量授信户数、笔数和金额、授信质量、管理水平等。

对客户经理的考核,可采取与业务量和已实现业绩贡献及资产质量挂钩的方式;对其他小企业授信人员的考核,可采取薪酬与其业务、效益和授信质量等综合绩效指标挂钩的方式。

银行应采取激励和约束措施强化小企业的信用意识。对信用良好的小企业,可在授信金额、期限、利率和担保条件上给予优惠,对经营正常、按期付息的小企业贷款可办理展期或重组。对信用差的小企业,除采取风险处置措施外,还可采取违约信息通报措施。

中国银保监会对银行小企业授信实行激励政策,对小企业授信业务表现出色的商业银行,可准予其增设机构和网点;对小企业授信业务表现出色的地方法人银行业金融机构,可考虑准予其跨区域增设机构和网点。

银行应制定小企业授信尽职调查制度及相应的问责与免责制度,摒弃传统的对单笔、单户贷款责任追究的做法,在考核整体质量及综合回报的基础上,根据实际情况和有关规定追究或免除有关责任人的相应责任,做到尽职者免责,失职者问责。

5. 专业化人员培训

积极研究和借鉴国内外小企业授信的成功经验,采取分层次、按梯队的方式,加强对小企业授信人员的业务培训,推行岗位资格认定和持证上岗制度,使其更新理念,掌握小企业授信业务特点和风险控制方法,提高营销以及收集、整理、分析财务和非财务信息的能力,熟悉尽职要求,逐步形成良好的小企业授信文化。

6. 违约信息通报

应通过授信后监测手段,及时将小企业违约信息及其关联企业信息录入本行信息管理系统或在内部进行通报;定期向中国银保监会及其派出机构报告;通过银行业协会向银行业金融机构通报,对恶意逃废银行债务的小企业予以联合制裁和公开披露。银行应按要求向中国银保监会及其派出机构报送小企业授信有关信息,包括小企业授信金额、户数、资产质量等。

三、小企业授信基本要求

(1) 银行应建立专业化的组织架构,形成层级管理下相对独立的业务考核单元,组建专职队伍,进行专业化运作。

(2) 银行应构建标准化的业务流程。可借助信贷管理信息系统,对不同的小企业授信产品,分别制定相应的标准化授信业务流程,明确各业务环节的操作标准和限时办理要求,实行前中后台业务专业化、标准化处理。

(3) 银行应明确市场及客户定位。对小企业市场及客户进行必要的细分,制定市场策略,研究各类小企业客户群的特点、经营规律和风险特征,建立小企业客户准入、退出标准和目标客户储备库,提高营销的针对性和有效性。

(4) 银行应树立品牌意识,加强小企业授信产品品牌化建设,根据小企业生命周期和融资需求"短、小、频、急"的特点,以市场为导向,以客户为中心,推进产品创新,满足不同地区、不同行业、不同类型、不同发展阶段小企业的需求。

(5) 银行应根据小企业融资主体、融资额度、融资期限、担保方式等要素的不同，提供不同的产品组合服务。可提供流动资金贷款、周转贷款、循环贷款、打包贷款、出口退税账户托管贷款，商业汇票承兑、贴现、买方或协议付息票据贴现，信用卡透支，法人账户透支，进出口贸易融资，应收账款转让，保理，保函，贷款承诺等。银行可引入银团贷款方式提供小企业授信服务。

(6) 银行授信调查应注重现场实地考察，不单纯依赖小企业财务报表或各类书面资料，不单纯依附担保。银行应鼓励客户经理在银行服务所在社区建立广泛的、经常性的社区关系，以便于收集信息和监督授信的使用情况。银行应注重收集小企业的非财务信息，包括小企业及其业主或主要股东个人信用情况、家庭收支状况、企业经营管理情况、技术水平、行业状况及市场前景等。银行可根据调查和所收集信息情况，编制有关小企业或其业主个人或主要股东的资产负债表、损益表和现金流量表，作为分析小企业财务状况和偿还能力的主要依据。

(7) 银行应建立和完善小企业客户信用风险评估体系。可依据企业存续时间、经营者素质、经营状况、偿债能力、资信状况和发展前景等指标，制定小企业信用评分体系，突出对小企业业主或主要股东个人的信用，以及小企业所处市场环境和信用环境的评价。

(8) 银行可发放信用贷款。对资信良好、确能偿还贷款的小企业，银行可在定价充分反映风险的基础上，发放一定金额、一定期限的信用贷款。

(9) 银行可接受房产和商铺抵押，商标专用权、专利权、著作权等知识产权中的财产权质押，仓单、提单质押，基金份额、股权质押，应收账款质押，存货抵押，出口退税税单质押，资信良好企业供销合同质押，小企业业主或主要股东个人财产抵押、质押以及保证担保等。银行可灵活采用担保方式，充分利用经营业主联户担保、经济联合体担保、借助出口信用保险代替担保等新型贷款担保形式，对获得国家财政贴息、创业投资基金和科技型小企业技术创新基金等支持的小企业，或专业担保机构提供担保的小企业给予授信支持。

(10) 银行应创新授信额度使用和偿还方式。可开展循环贷款、整贷零偿、零贷零偿、分期还本付息、一次性还本分期付息、宽限期分期还本付息等。

(11) 银行应根据不同授信产品的风险特点，分别确定不同的授信后管理重点。重点监测销售归行、现金流变化、偿还情况和担保变化情况，对可能影响授信偿还的重大事件，应及时书面报告并采取必要措施。银行应加强小企业授信风险分类管理。按照贷款逾期天数与保证方式相结合的原则，对小企业授信进行风险分类。银行应在科学测算的基础上，合理制定小企业授信不良率控制指标，并随风险变化及时调整。

(12) 银行应建立合理的小企业贷款损失准备金的提取和呆账核销机制，按照相关规定提取准备金和核销呆账，对已核销的授信要做到"账销、案存、权在"。

(13) 银行应建立适应小企业授信业务需求的统计制度和信息管理系统。信息管理系统应记录和汇总以往所有小企业授信申请、使用和偿还情况；应使授信业务人员能及时监测授信风险情况，包括授信类别、风险分类结果、还款情况、授信余额及担保变化情况等。

(14) 银行应建立和加强与地方政府、公安、税务、工商、行业协会和会计师事务所、律师事务所、信用管理咨询公司等机构的沟通协调，关注并收集与小企业及其业主或主要股东个人相关的公共信息、法定信息、身份信息和信用交易信息等。

第五节 流动资金贷款管理

流动资金贷款管理摘自《流动资金贷款管理暂行办法》（中国银监会令 2010 年第 1 号，经中国银监会第 72 次主席会议通过）。

一、流动资金贷款概述

流动资金贷款，是指贷款人向企（事）业法人或国家规定可以作为借款人的其他组织发放的用于借款人日常生产经营周转的本外币贷款。

贷款人开展流动资金贷款业务，应当遵循依法合规、审慎经营、平等自愿、公平诚信的原则。

贷款人应合理测算借款人营运资金需求，审慎确定借款人的流动资金授信总额及具体贷款的额度，不得超过借款人的实际需求发放流动资金贷款。

贷款人应根据借款人生产经营的规模和周期特点，合理设定流动资金贷款的业务品种和期限，以满足借款人生产经营的资金需求，实现对贷款资金回笼的有效控制。

贷款人应将流动资金贷款纳入对借款人及其所在集团客户的统一授信管理，并按区域、行业、贷款品种等维度建立风险限额管理制度。

贷款人应根据经济运行状况、行业发展规律和借款人的有效信贷需求等，合理确定内部绩效考核指标，不得制订不合理的贷款规模指标，不得恶性竞争和突击放贷。

贷款人应与借款人约定明确、合法的贷款用途。流动资金贷款不得用于固定资产、股权等投资，不得用于国家禁止生产、经营的领域和用途。

二、流动资金贷款受理与调查

1. 流动资金贷款申请应具备的条件

（1）借款人依法设立。
（2）借款用途明确、合法。
（3）借款人生产经营合法、合规。
（4）借款人具有持续经营能力，有合法的还款来源。
（5）借款人信用状况良好，无重大不良信用记录。
（6）贷款人要求的其他条件。

2. 流动资金贷款受理与调查

贷款人应对流动资金贷款申请材料的方式和具体内容提出要求，并要求借款人恪守诚实守信原则，承诺所提供材料真实、完整、有效。

贷款人应采取现场与非现场相结合的形式履行尽职调查，形成书面报告，并对其内容的真实性、完整性和有效性负责。尽职调查包括但不限于以下内容：

（1）借款人的组织架构、公司治理、内部控制及法定代表人和经营管理团队的资信等情况。

（2）借款人的经营范围、核心主业、生产经营、贷款期内经营规划和重大投资计划等情况。

(3) 借款人所在行业状况。
(4) 借款人的应收账款、应付账款、存货等真实财务状况。
(5) 借款人营运资金总需求和现有融资性负债情况。
(6) 借款人关联方及关联交易等情况。
(7) 贷款具体用途以及与贷款用途相关的交易对手资金占用等情况。
(8) 还款来源情况，包括生产经营产生的现金流、综合收益及其他合法收入等。
(9) 对有担保的流动资金贷款，还需调查抵（质）押物的权属、价值和变现难易程度，或保证人的保证资格和能力等情况。

三、流动资金贷款风险评价与审批

1. 流动资金贷款审查

贷款人应建立完善的风险评价机制，落实具体的责任部门和岗位，全面审查流动资金贷款的风险因素。

2. 流动资金贷款风险评价

贷款人应建立和完善内部评级制度，采用科学合理的评级和授信方法，评定客户信用等级，建立客户资信记录。

贷款人应根据借款人经营规模、业务特征及应收账款、存货、应付账款、资金循环周期等要素测算其营运资金需求，综合考虑借款人现金流、负债、还款能力、担保等因素，合理确定贷款结构，包括金额、期限、利率、担保和还款方式等。

3. 流动资金贷款审批

贷款人应根据贷审分离、分级审批的原则，建立规范的流动资金贷款评审制度和流程，确保风险评价和信贷审批的独立性。

贷款人应建立健全内部审批授权与转授权机制。审批人员应在授权范围内按规定流程审批贷款，不得越权审批。

四、流动资金贷款合同签订与发放

1. 流动资金贷款合同签订

贷款人应和借款人及其他相关当事人签订书面借款合同以及其他相关协议，需担保的应同时签订担保合同。贷款人应在借款合同中与借款人明确约定流动资金贷款的金额、期限、利率、用途、支付、还款方式等条款。

贷款人应与借款人在借款合同中约定，出现以下情形之一时，借款人应承担的违约责任和贷款人可采取的措施：

(1) 未按约定用途使用贷款的。
(2) 未按约定方式进行贷款资金支付的。
(3) 未遵守承诺事项的。
(4) 突破约定财务指标的。
(5) 发生重大交叉违约事件的。
(6) 违反借款合同约定的其他情形的。

2. 流动资金贷款发放

贷款人应设立独立的责任部门或岗位，负责流动资金贷款发放和支付审核。

贷款人在发放贷款前应确认借款人满足合同约定的提款条件，并按照合同约定通过贷款人受托支付或借款人自主支付的方式对贷款资金的支付进行管理与控制，监督贷款资金按约定用途使用。

五、流动资金贷款支付管理

1. 流动资金贷款支付方式

流动资金贷款支付方式包括贷款人受托支付和借款人自主支付两类。

贷款人受托支付是指贷款人根据借款人的提款申请和支付委托，将贷款通过借款人账户支付给符合合同约定用途的借款人交易对象。

借款人自主支付是指贷款人根据借款人的提款申请将贷款资金发放至借款人账户后，由借款人自主支付给符合合同约定用途的借款人交易对象。

2. 流动资金贷款支付规定

贷款人应根据借款人的行业特征、经营规模、管理水平、信用状况等因素和贷款业务品种，合理约定贷款资金支付方式及贷款人受托支付的金额标准。

具有以下情形之一的流动资金贷款，原则上应采用贷款人受托支付方式：

（1）与借款人新建立信贷业务关系且借款人信用状况一般。
（2）支付对象明确且单笔支付金额较大。
（3）贷款人认定的其他情形。

采用贷款人受托支付的，贷款人应根据约定的贷款用途，审核借款人提供的支付申请所列支付对象、支付金额等信息是否与相应的商务合同等证明材料相符。审核同意后，贷款人应将贷款资金通过借款人账户支付给借款人交易对象。

采用借款人自主支付的，贷款人应按借款合同约定要求借款人定期汇总报告贷款资金支付情况，并通过账户分析、凭证查验或现场调查等方式核查贷款支付是否符合约定用途。

贷款支付过程中，借款人信用状况下降、主营业务营利能力不强、贷款资金使用出现异常的，贷款人应与借款人协商补充贷款发放和支付条件，或根据合同约定变更贷款支付方式、停止贷款资金的发放和支付。

六、流动资金贷款贷后管理

1. 流动资金贷款贷后检查

贷款人应加强贷款资金发放后的管理，针对借款人所属行业及经营特点，通过定期与不定期现场检查与非现场监测，分析借款人经营、财务、信用、支付、担保及融资数量和渠道变化等状况，掌握各种影响借款人偿债能力的风险因素。

贷款人应通过借款合同的约定，要求借款人指定专门资金回笼账户并及时提供该账户资金进出情况。

贷款人可根据借款人信用状况、融资情况等，与借款人协商签订账户管理协议，明确约定对指定账户回笼资金进出的管理。贷款人应关注大额及异常资金流入流出情况，加强对资金回笼账户的监控。

贷款人应动态关注借款人经营、管理、财务及资金流向等重大预警信号，根据合同约定及时采取提前收贷、追加担保等有效措施防范化解贷款风险。

2. 流动资金贷款贷后处理

贷款人应评估贷款品种、额度、期限与借款人经营状况、还款能力的匹配程度，作为与借款人后续合作的依据，必要时及时调整与借款人合作的策略和内容。

贷款人应根据法律法规规定和借款合同的约定，参与借款人大额融资、资产出售以及兼并、分立、股份制改造、破产清算等活动，维护贷款人债权。

流动资金贷款需要展期的，贷款人应审查贷款所对应的资产转换周期的变化原因和实际需要，决定是否展期，并合理确定贷款展期期限，加强对展期贷款的后续管理。

流动资金贷款形成不良的，贷款人应对其进行专门管理，及时制订清收处置方案。对借款人确因暂时经营困难不能按期归还贷款本息的，贷款人可与其协商重组。

对确实无法收回的不良贷款，贷款人按照相关规定对贷款进行核销后，应继续向债务人追索或进行市场化处置。

第六节　固定资产贷款管理

固定资产贷款管理摘自《固定资产贷款管理暂行办法》（中国银监会令 2009 年第 2 号经中国银监会第 72 次主席会议通过）。

一、固定资产贷款概述

固定资产贷款，是指贷款人向企（事）业法人或国家规定可以作为借款人的其他组织发放的，用于借款人固定资产投资的本外币贷款。

贷款人开展固定资产贷款业务应当遵循依法合规、审慎经营、平等自愿、公平诚信的原则。

贷款人应将固定资产贷款纳入对借款人及借款人所在集团客户的统一授信额度管理，并按区域、行业、贷款品种等维度建立固定资产贷款的风险限额管理制度。

贷款人应与借款人约定明确、合法的贷款用途，并按照约定检查、监督贷款的使用情况，防止贷款被挪用。

二、固定资产贷款受理与调查

1. 固定资产贷款申请应具备的条件

（1）借款人依法经工商行政管理机关或主管机关核准登记。
（2）借款人信用状况良好，无重大不良记录。
（3）借款人为新设项目法人的，其控股股东应有良好的信用状况，无重大不良记录。
（4）国家对拟投资项目有投资主体资格和经营资质要求的，符合其要求。
（5）借款用途及还款来源明确、合法。
（6）项目符合国家的产业、土地、环保等相关政策，并按规定履行了固定资产投资项目的合法管理程序。
（7）符合国家有关投资项目资本金制度的规定。
（8）贷款人要求的其他条件。

2. 固定资产贷款受理与调查

贷款人应对借款人提供申请材料的方式和具体内容提出要求，并要求借款人恪守诚实守信原则，承诺所提供材料真实、完整、有效。

贷款人应落实具体的责任部门和岗位，履行尽职调查并形成书面报告。尽职调查人员应当确保尽职调查报告内容的真实性、完整性和有效性。

尽职调查的主要内容包括以下几点：

(1) 借款人及项目发起人等相关关系人的情况。
(2) 贷款项目的情况。
(3) 贷款担保情况。
(4) 需要调查的其他内容。

三、固定资产贷款风险评价与审批

1. 固定资产贷款风险评价

贷款人应落实具体的责任部门和岗位，对固定资产贷款进行全面的风险评价，并形成风险评价报告。

贷款人应建立完善的固定资产贷款风险评价制度，设置定量或定性的指标和标准，从借款人、项目发起人、项目合规性、项目技术和财务可行性、项目产品市场、项目融资方案、还款来源可靠性、担保、保险等角度进行贷款风险评价。

2. 固定资产贷款审批

贷款人应按照审贷分离、分级审批的原则，规范固定资产贷款审批流程，明确贷款审批权限，确保审批人员按照授权独立审批贷款。

四、固定资产贷款合同签订与发放

1. 固定资产贷款合同签订

贷款人应与借款人及其他相关当事人签订书面借款合同、担保合同等相关合同。合同中应详细规定各方当事人的权利、义务及违约责任，避免对重要事项未约定、约定不明或约定无效。

贷款人应在合同中与借款人约定具体的贷款金额、期限、利率、用途、支付、还贷保障及风险处置等要素和有关细节。

贷款人应在合同中与借款人约定提款条件以及贷款资金支付接受贷款人管理和控制等与贷款使用相关的条款，提款条件应包括与贷款同比例的资本金已足额到位、项目实际进度与已投资额相匹配等要求。

贷款人应在合同中与借款人约定对借款人相关账户实施监控，必要时可约定专门的贷款发放账户和还款准备金账户。

贷款人应要求借款人在合同中对与贷款相关的重要内容做出承诺，承诺内容应包括以下几点：贷款项目及其借款事项符合法律法规的要求；及时向贷款人提供完整、真实、有效的材料；配合贷款人对贷款的相关检查；发生影响其偿债能力的重大不利事项及时通知贷款人；进行合并、分立、股权转让、对外投资、实质性增加债务融资等重大事项前征得贷款人同意；等等。

贷款人应在合同中与借款人约定，借款人出现未按约定用途使用贷款、未按约定方式支用贷款资金、未遵守承诺事项、申贷文件信息失真、突破约定的财务指标约束等情形时借款人应承担的违约责任和贷款人可采取的措施。

2. 固定资产贷款发放

贷款人应设立独立的责任部门或岗位,负责贷款发放和支付审核。

贷款人在发放贷款前应确认借款人满足合同约定的提款条件,并按照合同约定的方式对贷款资金的支付实施管理与控制,监督贷款资金按约定用途使用。合同约定专门贷款发放账户的,贷款发放和支付应通过该账户办理。

五、固定资产贷款支付管理

1. 固定资产贷款支付方式

固定资产贷款支付方式包括贷款人受托支付和借款人自主支付两类。贷款人应通过贷款人受托支付或借款人自主支付的方式对贷款资金的支付进行管理与控制。

贷款人受托支付是指贷款人根据借款人的提款申请和支付委托,将贷款资金支付给符合合同约定用途的借款人交易对手。

借款人自主支付是指贷款人根据借款人的提款申请将贷款资金发放至借款人账户后,由借款人自主支付给符合合同约定用途的借款人交易对手。

2. 固定资产贷款支付规定

单笔金额超过项目总投资5%或超过500万元人民币的贷款资金支付,应采用贷款人受托支付方式。

采用贷款人受托支付的,贷款人应在贷款资金发放前审核借款人相关交易资料是否符合合同约定条件。贷款人审核同意后,将贷款资金通过借款人账户支付给借款人交易对手,并应做好有关细节的认定记录。

采用借款人自主支付的,贷款人应要求借款人定期汇总报告贷款资金支付情况,并通过账户分析、凭证查验、现场调查等方式核查贷款支付是否符合约定用途。

固定资产贷款发放和支付过程中,贷款人应确认与拟发放贷款同比例的项目资本金足额到位,并与贷款配套使用。

在贷款发放和支付过程中,借款人出现以下情形的,贷款人应与借款人协商补充贷款发放和支付条件,或根据合同约定停止贷款资金的发放和支付:

(1) 信用状况下降。
(2) 不按合同约定支付贷款资金。
(3) 项目进度落后于资金使用进度。
(4) 违反合同约定,以化整为零方式规避贷款人受托支付。

六、固定资产贷款贷后管理

1. 固定资产贷款贷后检查

贷款人应定期对借款人和项目发起人的履约情况及信用状况、项目的建设和运营情况、宏观经济变化和市场波动情况、贷款担保的变动情况等内容进行检查与分析,建立贷款质量监控制度和贷款风险预警体系。出现可能影响贷款安全的不利情形时,贷款人应对贷款风险进行重新评价并采取针对性措施。

项目实际投资超过原定投资金额,贷款人经重新评价风险和审批决定追加贷款的,应要求项目发起人配套追加不低于项目资本金比例的投资和相应担保。

贷款人应对抵（质）押物的价值和担保人的担保能力建立贷后动态监测与重估制度。

贷款人应对固定资产投资项目的收入现金流以及借款人的整体现金流进行动态监测，对异常情况及时查明原因并采取相应措施。合同约定专门还款准备金账户的，贷款人应按约定根据需要对固定资产投资项目或借款人的收入现金流进入该账户的比例和账户内的资金平均存量提出要求。

2. 固定资产贷款贷后处理

借款人出现违反合同约定情形的，贷款人应及时采取有效措施，必要时应依法追究借款人的违约责任。

固定资产贷款形成不良贷款的，贷款人应对其进行专门管理，并及时制定清收或盘活措施。对借款人确因暂时经营困难不能按期归还贷款本息的，贷款人可与借款人协商进行贷款重组。

对确实无法收回的固定资产不良贷款，贷款人按照相关规定对贷款进行核销后，应继续向债务人追索或进行市场化处置。

第七节 借款合同

一、借款合同的特征

借款合同是借款人向贷款人借款，到期返还借款并支付利息的合同。它属于合同范畴，具有一般合同所共有的特征：它是双方或多方的法律行为，由借款人、贷款人和担保人共同完成，才产生了借款合同这一法律后果；它是一种合法行为，当事人必须依照有关法规签订，受国家法律保护；它是当事人的意思表示一致的法律行为，其内容充分体现了借贷双方的真实意思；它的内容反映了借贷双方特定的经济目的，即贷款人提供贷款并收取利息，借款人获得贷款并支付利息；它的订立和履行必须依照《中华人民共和国合同法》和有关法律、法规以及中国人民银行的有关规定进行，任何金融机构和个人均不得违反；它是要式合同，除当事人另有约定外，借款合同应当采用书面形式订立，否则合同不能成立；它是双务合同。

所谓双务合同，是指当事人双方相互享有权利，同时又相互负有义务的合同。其特征是当事人一方权利的实现，取决于他方对义务的履行。所谓单务合同，是指合同当事人之一享有权利而不承担义务，而另一方当事人只承担义务而不享有权利的合同。在借款合同中，借款人享有使用借款的权利，同时又负有偿还贷款本金和支付利息的义务；贷款人享有收回贷款和获取利息的权利，同时又负有交付贷款的义务。如果其中一方不履行其义务，则另一方的权利就无法实现，当事人之间的权利义务关系是相互关联和相互依赖的。

借款合同除了具备一般合同所共有的特征外，还有自己独具的特征，即借款合同的标的只能是货币，否则，不能称之为借款合同。借款合同中的贷款人只能是依照法定程序，经中国银保监会批准设立的金融机构，是以偿还本金和支付利息为前提条件的有偿合同，不同于无偿拨款；借款利率由国家统一规定，中国人民银行统一管理。金融机构贷款利率应当按照中国人民银行规定的贷款利率的上下限确定。

二、借款合同的订立原则

所谓借款合同的订立原则，是指借贷双方在订立借款合同时，所必须遵守的基本准则。当事人双方签订借款合同时，应当遵守以下基本原则。

1. 遵守国家的法律、法规和信贷管理规章制度的原则

国家的法律、法规和信贷管理规章制度是当事人签订借款合同的依据，只有当事人依照国家的法律、行政法规和信贷管理规章制度签订的借款合同，才具有法律约束力，当事人的合法权益才能受到法律保护。因此，在订立借款合同时，必须做到以下两点：一是合同的内容必须符合法律、法规和信贷管理规章的规定；二是合同的形式必须符合法律、法规和信贷管理规章制度的规定。

2. 平等、自愿和互利原则

平等主要体现在以下几个方面：

（1）签订借款合同时，任何一方不得凌驾于对方之上，把自己的意志强加给对方。也就是说，任何单位或个人不得强迫银行或者其他金融机构签订借款合同和发放贷款；银行或者其他金融机构也不得利用自己手中掌握大量资金的优势，在签订借款合同时附加不平等条件。

（2）当事人双方平等享有权利和承担义务，不允许任何一方只享有权利而不承担义务，也不允许任何一方只承担义务而不享有权利。

（3）当事人双方平等享有受法律保护的权利。如果在合同的履行过程中，任何一方当事人不履行合同，或者因为其他违约行为给对方造成损失的，因违约行为而受损失的一方可以请求法院依法给予保护。

（4）平等还体现在双方的协商一致和等价有偿的借贷关系上。如果借款合同的签订不是通过双方的充分协商，最后达成一致意见，而是一方说了算，不能实事求是地体现双方意志，都不能算是平等。

当事人依法享有自愿订立合同的权利，任何单位和个人不得非法干预。因此，任何一方强迫对方签订借款合同的行为都是违背自愿原则的。

所谓互利，是指借款合同当事人在借贷活动交往过程中都有利可得，彼此之间的权利义务基本对等。

3. 协商一致原则

只有双方当事人的意思表示一致，合同才能成立。双方为了达到借贷这一特定的经济目的，各自的利益和要求并不总是完全一致的，这就必须自愿协商。如果没有经过充分协商，就不能反映当事人的真实意思或者意思表示不真实、不一致，那么即使双方勉强订立了合同，也难以顺利履行。因此，订立借款合同时，当事人必须进行充分协商，使合同内容充分体现双方的真实意思。

三、借款合同的订立程序

订立借款合同，就是由借款合同当事人就合同的各项条款，通过相互协商达成一致意见，从而建立借款合同关系的行为。它是一个经过当事人充分协商，最后达到双方意思表示一致的过程。这个过程中的各个步骤就构成了借款合同订立的程序。

(一) 洽谈协商

1. 要约

要约，简单地说，就是订立合同的提议，是当事人一方以订立合同为目的，向对方提出的一种意思表示。其中，提出要约的一方当事人为要约人，接受要约的一方当事人为受要约人。在借款合同中，借款人为要约人，贷款人为受要约人，借款人向贷款人发出借款申请即为要约。借款合同是借贷双方共同行为的结果，如果借款人不提出资金需要的申请，借款合同就不可能签订。因此，借款人提出借款申请便成为借款合同订立的首要步骤。借款人按照贷款管理规定，向有关贷款人提交书面借款申请书及贷款人要求提供的有关书面材料。

2. 承诺

承诺，是受要约人接受要约人订立合同的提议，对要约人所提出的要约表示完全同意的行为。在借款合同中，贷款人（受要约人）对借款人（要约人）提出的贷款项目经过审查与评估后，在符合贷款要求的情况下所做出的贷款意向书就是对借款要约的承诺。贷款人对借款人的借款要约做出承诺必须经过审查借款人的资格、评定借款人的信用等级、调查立项与贷款审批等程序。

在实践中，任何借款合同的订立都是当事人反复协商的过程。当事人就合同内容不断协商的过程，也就是要约、新要约……直至承诺的过程。这一过程的往返是十分必要的，它能切实保障签约双方充分协商达成一致协议，从而使合同内容既合法，又尽可能体现双方的经济目的，有利于借款合同的切实履行，维护借贷双方的合法权益。

(二) 拟定借款合同文书

拟定借款合同文书是将借贷双方就借贷事宜协商一致的意见，用条文、表格或二者相结合的形式表述出来，从而形成具有法律效力的文书的过程。这是订立借款合同过程中非常重要的环节。合同文书由借贷双方根据各自的实际情况，以及洽谈协商的进展情况具体确定拟定时间。在实践中，往往是各个金融机构都事先做好各类贷款的制式合同文本，即事先拟定标准条款。所谓标准条款，是指当事人为了重复使用而预先拟定，并在订立合同时未与双方协商的条款。各金融机构在与客户具体签订合同时，基本上都是以这些标准条款为基础来协商的，或增加或减少内容。《中华人民共和国合同法》规定："采用格式条款订立合同的，提供格式条款的一方应当遵循公平原则确定当事人之间的权利和义务，并采取合理的方式提请对方注意免除或者限制其责任的条款，按照对方的要求，对该条款予以说明。"概括来讲，借款合同文本一般应包括以下内容。

（1）标题或合同的名称。无论是条文式的书面合同还是表格式的书面合同，或者是表格与条文相结合的书面形式，都必须在其卷首写明合同的名称。借款合同的名称应当简明扼要，重点表明合同的性质，使人一目了然，如人民币借款合同、融资租赁合同及资金拆借合同等。

（2）合同编号。每一类借款合同都应当有统一的编号，这有利于有效管理，防止混乱。

（3）合同当事人的名称和住所。合同当事人的名称和住所是借款合同不可缺少的内容，它与合同的履行有关。因此，当事人在书写时必须认真，名称和住所应当按照营业执照或身份证件上核准的名称和住所填写。合同当事人应写全称，并应详细具体，若需简称时，应写成借款人、贷款人，而不宜写成甲方、乙方，更不能写别人不了解的代称或者代号。

（4）双方法定代表人或者委托代理人的姓名。

（5）借款人的开户银行以及账号。借款合同中必须清晰、准确无误地写上借款人的开户银行名称及银行账号，这一要求有利于贷款人及时划拨资金，有利于借款合同的顺利履行。

（6）借贷双方的电话号码、传真号码和邮政编码。

（7）签订合同的地点。一般来说，双方当事人签字或者盖章的地点为合同成立的地点。签字或者盖章不在同一地点的，最后签字或者盖章的地点为合同成立的地点，合同地点应标明省（自治区、直辖市）、市及县（区）。

（8）签订合同的时间。标明某年某月某日。

（9）正文。正文就是当事人双方议定的合同条款，这些条款反映了当事人双方的权利与义务。当然，合同的种类不同，基本条款就不一样；书面格式不同，合同内容的具体表述方式也不会相同，但正文合同内容中最重要的部分一般由以下几方面构成：

① 签订借款合同的依据和目的。

② 借款种类、币种、数量（或者金额）、用途、期限、利率标准及利息支付、借款使用与偿还、还款的资金来源、履行地点和方式等。

③ 担保方式。

④ 双方的权利与义务。

⑤ 合同有效期限。

⑥ 合同变更与解除。

⑦ 当事人双方商订的其他条款。

⑧ 违约责任。

⑨ 争议解决方式。

⑩ 合同份数及保存方法。

⑪ 合同生效时间。

⑫ 合同附件。

（10）结尾。结尾是书面借款合同不可缺少的一部分。有头无尾的合同，从内容上说就是不完整的。结尾部分一般应包括以下内容：双方法定代表人或者经法定代表人授权的经办人签名、盖章，同时还应加盖签约单位公章；有关机关签署的审核、鉴证及公证意见；等等。

（三）签订和书写借款合同文书

签订和书写借款合同文书时，应注意以下事项：

（1）书写借款合同文书应使用蓝黑钢笔或签字笔或者打印，字迹应清楚、端正、工整，力求准确，书面要整洁。

（2）借款金额应当大写，并且不得随意涂改。合同生效后，如果发现确有笔误必须修正的，修正方应取得对方的同意，并在修正处加盖借贷双方公章，注明修正日期，以维护合同的严肃性。

（3）合同内容应当全面、具体，防止出现丢三落四的现象。

（4）措辞用字力求准确无误，文字表达不能前后矛盾，更不能使用那些含混不清、模棱两可的字词，如立即、马上、及时或大约等。

（5）借款合同生效的附加条件。一般来说，借款合同经当事人对合同内容进行充分协商，达成一致意见，并由其法定代表人或者凭法定代表人授权委托的经办人签章，同时加盖单位公章，合同即可成立。但是，如果当事人双方约定，合同必须经过公证或鉴证的，当事人还必须办理公证或鉴证手续，只有经过公证或鉴证以后，合同才能生效。

（6）借款合同采用保证担保方式的，应在借款合同中写明保证人的权利义务，并由保证人在借款合同上签字盖章，或者由保证人与贷款人签订保证合同。将保证合同作为借款合同的从合同，随借款合同的产生而产生，随借款合同的解除而解除。借款合同采用抵押或质押方式担保的，应由抵押人、出质人分别与贷款人签订抵押合同和质押合同，并依照《中华人民共和国担保法》和有关法律、法规的规定办理抵押登记手续。

专栏资料 5-2

示范合同文本

（一）借款合同

×银借字第　　号

借款人（全称）：_____

贷款人（全称）：中国××银行_____

根据国家有关法律法规，双方当事人经协商一致，订立本合同。

第一条　借款

1. 借款种类：_____
2. 借款用途：_____
3. 借款币种及金额（大写）：_____
4. 借款期限

（1）借款期限见下表。

发放				到期			
年	月	日	金额	年	月	日	金额

注：表中栏目不够填写而增加的附表，为本合同组成部分。

（2）本合同记载的借款金额、发放日期及到期日期与借款凭证记载不一致时，以借款凭证记载为准。借款凭证为本合同组成部分，与本合同具有同等法律效力。

（3）本合同项下借款为外汇借款的，借款人应当按时以原币种归还借款本息。

5. 借款利率

人民币借款利率按以下第____种方式确定：

（1）浮动利率。

借款利率在利率基准上_____（上/下）浮_____%，执行年利率_____%。五年期以下（含五年）借款的利率基准为中国人民银行公布的同期人民币贷款基准利率；五年期以上借款的利率基准为中国人民银行公布的人民币贷款基准利率加_____（大写）个百分点。

利率调整以_____（大写）个月为一个周期。如遇中国人民银行人民币贷款基准利率调整，自基准利率调整的下一个周期首月的借款对应日起，贷款人按调整后相应期限档次的基准利率和上述计算方式确定新的借款执行利率，不另行通知借款人。基准利率调整日与借款发放日或该周期首月的借款对应日为同一日的，自基准利率调整日起确定新的借款执行利率。无借款对应日的，该月最后一日视为借款对应日。

（2）固定利率。

借款利率在利率基准上_____（上/下）浮_____%，执行年利率_____%，直至借款到期日。五年期以下（含五年）借款的利率基准为中国人民银行公布的同期人民币贷款基准利率；五年期以上借款的利率基准为中国人民银行公布的人民币贷款基准利率加_____（大写）个百分点。

外汇借款利率按以下第_____种方式确定：

（1）_____（大写）个月_____（LIBOR/HIBOR）+_____%的利差组成的按_____（大写）个月浮动的借款利率。LIBOR/HIBOR 为路透社公布的计息日前两个工作日对应期限的伦敦/香港同业市场拆借利率。

（2）执行年利率_____%，直至借款到期日。

（3）其他方式_____。

6. 结息

本合同项下借款按_____（月/季）结息，结息日为每_____（月/季末月）的20日。借款人须于每一结息日当日付息。如借款本金的最后一次偿还日不在结息日，则未付利息应利随本清（日利率＝月利率/30）。

第二条 下列条件未满足的，贷款人有权不提供本合同项下借款：

1. 借款人在贷款人处开立_____账户。

2. 借款人按照贷款人要求提供有关文件、资料并办妥相关手续。

3. 本合同项下借款为外汇借款的，借款人应按照有关规定办妥与本借款有关的批准、登记及其他法定手续。

4. 本合同项下借款有抵押、质押担保的，有关登记及/或保险等法律手续已按贷款人要求办妥，且该担保、保险持续有效。本合同项下借款有保证担保的，保证合同已签订并生效。

第三条 贷款人的权利和义务

1. 贷款人有权了解借款人的生产经营、财务活动、物资库存和借款使用等情况，要求借款人按期提供财务报表等文件、资料和信息。

2. 借款人出现包括但不限于本合同第四条第7、8、10项列示的足以影响借款安全的不利行为或情形的，贷款人可以停止发放借款或提前收回借款。

3. 依据本合同约定收回或提前收回借款本金、利息、罚息、复利和借款人其他应付费用时,贷款人均可直接从借款人的任何账户中划收。

4. 借款人归还的款项不足以清偿本合同项下应付数额的,贷款人可以选择将该款项用于归还本金、利息、罚息、复利或费用。

5. 借款人未履行还款义务的,贷款人可以就借款人的违约行为对外进行公开披露。

6. 依据本合同约定,按期足额向借款人发放借款。

第四条 借款人的权利和义务

1. 有权按照本合同约定取得和使用借款。

2. 通过本合同第二条约定的账户办理与本合同项下借款有关的往来结算和存款。

3. 本合同项下借款为外汇借款的,应按照有关规定办妥与本借款有关的批准、登记及其他法定手续。

4. 按时归还借款本息。借款人需展期的,应在借款到期日前15日内向贷款人提出书面申请,经贷款人同意后,签订借款展期协议。

5. 按本合同约定用途使用借款,不挤占、挪用借款。

6. 按月向贷款人提供真实、完整及有效的财务报表或其他相关资料、信息,并积极配合贷款人对其生产经营、财务活动及本合同项下借款使用情况的检查。

7. 借款人实施承包、租赁、股份制改造、联营、合并、兼并、分立、合资、资产转让、申请停业整顿、申请解散、申请破产以及其他足以引起本合同之债权债务关系变化或影响贷款人债权实现的行为,应当提前书面通知贷款人,并经贷款人同意,同时落实债务清偿责任或提前清偿债务,否则不得实施上述行为。

8. 借款人发生除前项所述行为之外对其履行本合同项下还款义务产生重大不利影响的任何其他情形,如停产、歇业、注销登记、被吊销营业执照、法定代表人或主要负责人从事违法活动、涉及重大诉讼或仲裁、生产经营出现严重困难及财务状况恶化等,均应立即书面通知贷款人,并落实贷款人认可的债权保全措施。

9. 借款人为他人债务提供保证或以其主要财产向第三人抵押、质押,可能影响其偿还本合同项下借款能力的,应当提前书面通知贷款人并征得贷款人的同意。

10. 借款人及其投资者不得抽逃资金、转移资产或擅自转让股份,以逃避对贷款人的债务。

11. 借款人发生名称、法定代表人、住所地及经营范围变更等事项,应当及时书面通知贷款人。

12. 本合同项下借款的保证人出现停产、歇业、注销登记、被吊销营业执照、破产以及经营亏损等情形,部分或全部丧失与本借款相应的担保能力,或者作为本合同项下借款担保的抵押物、质物及质押权利价值减损,借款人应当及时提供贷款人认可的其他担保措施。

13. 借款人应当承担与本合同及本合同项下担保有关的律师服务、保险、运输、评估、登记、保管、鉴定及公证等费用。

第五条 提前还款

借款人提前还款,应征得贷款人同意;贷款人同意借款人提前还款的,还款时对提前还款部分按以下第_____种方式计收利息:

1. 按本合同约定借款期限和约定执行利率计收利息。

2. 按实际借款期限在本合同约定执行利率基础上上浮百分之_____（大写）计收利息。

第六条 违约责任

1. 贷款人未按本合同约定按期足额向借款人发放借款，造成借款人损失的，应按违约数额和延期天数付给借款人违约金，违约金数额的计算与同期逾期借款的利息计算方式相同。

2. 借款人未按本合同约定期限归还借款本金的，贷款人对逾期借款从逾期之日起在本合同约定的借款执行利率基础上上浮百分之_____（大写）计收罚息，直至本息清偿为止。逾期期间，人民币借款的，如遇中国人民银行同期人民币贷款基准利率上调，罚息利率自基准利率调整之日起相应上调。

3. 借款人未按本合同约定用途使用借款的，贷款人对违约使用部分从违约使用之日起在本合同约定的借款执行利率基础上上浮百分之_____（大写）计收罚息，直至本息清偿为止。在此期间，人民币借款的，如遇中国人民银行同期人民币贷款基准利率上调，罚息利率自基准利率调整之日起相应上调。

4. 对应付未付利息，贷款人依据中国人民银行规定计收复利。

5. 借款人违反本合同项下义务，贷款人有权要求借款人限期纠正违约行为，有权停止发放借款、提前收回已发放借款，有权宣布借款人与贷款人签订的其他借款合同项下借款立即到期或采取其他资产保全措施。

6. 本合同项下借款的任一担保人违反担保合同约定义务，贷款人有权对借款人采取停止发放借款、提前收回已发放借款或其他资产保全措施。

7. 借款人违约致使贷款人采取诉讼或仲裁方式实现债权的，借款人应当承担贷款人为此支付的律师费、差旅费及其他实现债权的费用。

第七条 借款担保

本合同项下借款的担保方式为_____，担保合同另行签订。若采取最高额担保方式的，担保合同编号为_____。

第八条 争议解决

本合同履行中发生争议，可由双方协商解决，也可按以下第____种方式解决：

1. 诉讼。由贷款人住所地人民法院管辖。

2. 仲裁。提交_____（仲裁机构全称）按其仲裁规则进行仲裁。

在诉讼或仲裁期间，本合同不涉及争议的条款仍须履行。

第九条 其他事项

_____
_____

第十条 合同的生效

本合同自借贷双方签字或盖章之日起生效。

第十一条 合同份数：本合同一式____份，双方当事人各一份，担保人各一份，____份，效力相同。

第十二条 提示

贷款人已提请借款人注意对本合同各印就条款做全面、准确的理解，并应借款人的要求做了相应的条款说明。签约双方对本合同的含义认识一致。

借款人（签章）　　　　　　　　贷款人（签章）

法定代表人　　　　　　　　　　负责人

或授权代理人　　　　　　　　　或授权代理人
_____

签约日期：_____年___月___日

签约地点：_____

（二）个人借款合同

×银借字第　　　号

借款人（全称）：_____

贷款人（全称）：中国××银行_____

担保人（全称）：(1) _____

　　　　　　　　(2) _____

　　　　　　　　(3) _____

根据国家有关法律法规，各方当事人经协商一致，订立本合同。

第一条　借款

1. 借款金额（大写）：人民币_____。

2. 借款用途：_____。

3. 借款期限自_____年___月___日起至_____年___月___日止。实际借款期限以借款凭证记载为准。借款凭证为本合同组成部分，与本合同具有同等法律效力。

4. 借款利率在中国人民银行人民币贷款基准利率基础上____（上/下）浮_____%，执行年利率_____%。如遇中国人民银行人民币贷款基准利率调整，借款期限在一年以内（含一年）的，执行本合同利率直至借款到期日；借款期限在一年以上的，自基准利率调整后的次年1月1日起，贷款人按调整后相应期限档次的基准利率和本合同约定的借款利率浮动幅度确定新的借款执行利率，不另行通知借款人和担保人。

第二条　下列条件未满足的，贷款人有权不提供本合同项下借款：

(1) 借款人、担保人根据贷款人要求提供有关文件、资料及单据并办妥相关手续。

(2) 本合同项下借款有抵押、质押担保的，有关登记及/或保险等法律手续已按贷款人要求办妥且该担保、保险持续有效。

(3) 借款人、担保人未出现影响借款安全的重大不利情形。

第三条　划款方式

贷款人依据本合同约定将上述借款金额划入借款人在贷款人处开立的账户内，账号/银行卡号为_____。

第四条　还款

1. 借款人与贷款人约定按以下第____种方式还本付息：

(1) 实行利随本清方式还款，到期一次性归还借款本息。

(2) 按_____（月/季）结息，到期还本。结息日为每_____（月/季末月）的 20 日。借款人须于每一结息日结息。如借款本金的最后一次偿还日不在结息日，则未付利息应利随本清。

(3) 分期还款的，按_____（月/季）还款，从借款发放的_____（次月/次季）开始还款，还款日为每_____（月/季末月）的 20 日。可采用以下第_____种方式还款，计算公式如下：

A. 等额本息还款法：

$$每期还款额 = \frac{借款本金 \times 期利率 \times (1+期利率)^{借款期数}}{(1+期利率)^{借款期数}-1}$$

B. 等本递减还款法：

$$每期还款额 = \frac{借款本金}{借款期数} + (借款本金 - 累计已归还本金额) \times 期利率$$

(4) 其他还款方式：_____
_____

2. 借款人应于每期还款日前，在第三条所述借款人账户内存入足以偿还当期借款本息的款项，贷款人可直接从该账户中划收借款本息。该账户内资金不足以清偿当期借款本息，贷款人有权决定是否划收。贷款人不划收的，该期全部借款本金作逾期处理；贷款人划收的，不足部分作逾期处理。合同履行期间借款人要求变更指定还款账户，须经贷款人同意。

第五条　借款人的权利和义务

1. 按照本合同的约定取得和使用借款。
2. 按时足额还本付息。
3. 按贷款人要求如实提供与本借款有关的文件、资料和单据。
4. 住所地、通信地址、联系电话、工作单位及收入状况等发生变动时，应及时书面通知贷款人。
5. 出现足以影响借款安全的重大不利情形时，应立即书面通知贷款人，并落实贷款人认可的债权保全措施。

第六条　贷款人的权利和义务

1. 有权了解并检查借款人基本情况、借款使用情况、担保人状况及抵押物/质物情况。
2. 借款人出现足以影响借款安全的重大不利情形，贷款人可以停止发放借款或提前收回借款。
3. 按照本合同约定收回或提前收回借款本金、利息、罚息、复利、违约金、损害赔偿金、律师费以及其他实现债权的费用时，贷款人均可直接从借款人任何账户中划收。
4. 借款人未履行还款义务或担保人未履行担保责任，贷款人可以就借款人或担保人的违约行为对外进行公开披露。
5. 借款人归还的款项不足以清偿本合同项下应付数额的，贷款人可以选择将该款项用于归还本金、利息、罚息、复利或费用。
6. 依据本合同约定，按时足额向借款人发放借款。
7. 当本合同项下借款本息全部还清、抵/质押权消灭后，将应退还的抵押物的权利证明、质物或质押权利凭证交还给抵/质押人。

第七条 提前还款

1. 借款人提前还款，应征得贷款人同意；贷款人同意借款人提前还款的，还款时对提前还款部分按以下第_____种方式计收利息：

（1）按本合同约定借款期限和约定执行利率计收利息。

（2）按实际借款期限在本合同约定执行利率基础上上浮百分之_____（大写）计收利息。

2. 提前还款，已计收的借款利息不做调整。

3. 分期还本付息提前还款的，先归还当期借款本息，再归还其他款项。部分提前借款的，重新计算剩余借款的每期还款额和还款期限。

第八条 借款担保

本合同项下借款的担保方式为_____（保证/抵押/质押）担保。

1. 保证担保

（1）保证方式为连带责任保证。本合同项下有多个保证人的，各保证人共同对贷款人承担连带责任。

（2）担保范围为本合同项下借款本金、利息、复利、罚息、违约金、损害赔偿金以及律师费等贷款人实现债权的费用。

（3）一次性还款的，保证期间为借款到期日起二年；分期偿还的，保证期间为每期还款日起二年。若发生法律、法规规定或合同约定的事项，导致本合同债务被贷款人宣布提前到期的，保证期间自贷款人确定的债务提前到期之日起二年。

（4）保证人不按本合同约定履行保证责任的，贷款人有权直接从保证人任何账户中划收。

（5）借款人提供了物的担保的，保证人愿就所担保的全部债务先于物的担保履行保证责任。

（6）保证人出现足以影响其担保能力的重大不利情形的，或保证人住所地、通信地址、联系电话、工作单位及收入状况等发生变动的，应立即书面通知贷款人。

2. 抵/质押担保

（1）担保人同意以下列财产_____（详见编号为_____的抵押或质押清单）作为本合同项下借款的抵押物/质物，上述抵/质押清单为本合同组成部分。

（2）上述抵押物/质物暂作价人民币（大写）_____，抵押物/质物的最终价值以抵押权实现时实际处理抵押物/质物的净收入为准。

（3）担保范围为本合同项下借款本金、利息、复利、罚息、违约金、损害赔偿金以及律师费、抵/质押财产处置费及过户费等贷款人实现债权的费用。

（4）抵/质押权的效力及于抵押物/质物的从物、从权利、混合物、附和物、代位权、加工物和孳息。

（5）抵押物由抵押人占管。抵押人对抵押物负有妥善管理的义务，并随时接受贷款人对抵押物的监督检查。

（6）未经贷款人书面同意，担保人不得对抵押物做出赠予、转让、出售、出租或其他任何方式的处分。经贷款人书面同意转让及出售及出租抵押物所得价款，应用于提前清偿本合同项下债务，或向贷款人和担保人商定的第三人提存。

(7) 抵押物毁损、灭失或被征用的，抵押人应及时采取有效措施防止损失扩大，同时立即书面通知贷款人。抵押人由此所获得的保险金、赔偿金及补偿金等优先用于偿还本合同项下的债务。抵押物价值减少的，贷款人有权要求抵押人恢复抵押物的价值或提供经贷款人认可的担保；抵押人拒绝恢复或者不提供担保的，贷款人可以要求借款人履行债务，也可以要求提前行使抵押权。

(8) 质物有损坏或价值明显减少的可能足以危害贷款人权利的，或者质物（权利）价值非因贷款人原因减少的，出质人应当根据贷款人的要求提供相应的担保或恢复质物的价值。出质人不提供的，贷款人可以拍卖或者变卖质物（权利凭证），并将拍卖或变卖所得的价款用于提前清偿所担保的债权，或向出质人与贷款人商定的第三人提存。

(9) 贷款人应当妥善保管质物（权利凭证），为了安全和方便，也可以委托第三人保管。贷款人因保管不善造成质物（权利凭证）毁损、灭失，使出质人遭受损失的，贷款人负有赔偿责任。

(10) 抵/质押人应在本合同签订后 5 日内，到有关登记机关申办抵/质押登记手续，并将抵押物/质物的他项权利证书、抵/质押登记文件的正本原件及其他权利证书交贷款人保管。质物或质押权利凭证由出质人在本合同签订后_____日内交贷款人保管。

(11) 担保人应按贷款人要求对抵押物和质物办理足额保险，并指定贷款人为该财产保险的第一受益人，保险单正本交贷款人保管。在本合同项下借款未清偿前，抵/质押人不得以任何理由中断或撤销上述保险。抵/质押人中断或撤销保险的，贷款人有权代其投保，有关费用由抵/质押人承担。因中断或撤销保险造成的一切损失，由抵/质押人无条件承担。抵押物/质物发生保险事故的，抵/质押人应立即通知贷款人，并采取有效措施防止损失扩大，获得的保险金应优先用于偿还借款本息及相关费用。

(12) 本合同项下债务履行期限届满，抵/质押权人未受清偿的，抵/质押权人有权依法以抵押物/质物（权利）折价，或者拍卖、变卖抵押物/质物（权利）的价款优先受偿。抵/质押人为两人以上的，抵/质押权人行使抵/质押权时有权处置任一或各个抵/质押人的抵押物/质物（权利）。

第九条　违约责任

1. 贷款人未按本合同约定按时足额向借款人发放借款，造成借款人损失的，应按违约数额和延期天数支付给借款人违约金，违约金数额的计算与同期逾期借款的利息计算方式相同。

2. 借款人未按本合同约定期限归还借款本金的，贷款人对逾期借款从逾期之日起在本合同约定的借款执行利率基础上上浮百分之_____（大写）计收罚息，直至本息清偿为止。逾期期间，如遇中国人民银行同期人民币贷款基准利率上调，自基准利率调整之日起罚息利率相应上调。

3. 借款人未按本合同约定用途使用借款的，贷款人对违约使用部分从违约使用之日起在本合同约定的借款执行利率基础上上浮百分之_____（大写）计收罚息，直至本息清偿为止。在此期间，如遇中国人民银行同期人民币贷款基准利率上调，自基准利率调整之日起罚息利率相应上调。

4. 对应付未付利息，贷款人依据中国人民银行规定计收复利。

5. 借款人违反本合同项下义务，贷款人有权要求借款人限期纠正违约行为，有权停止发放借款、提前收回已发放借款，有权宣布借款人与贷款人签订的其他借款合同项下借款立即到期或采取其他资产保全措施。

6. 本合同项下借款的任一担保人违反本合同项下义务，贷款人有权对借款人采取停止发放借款、提前收回已发放借款或其他资产保全措施。

7. 借款人、担保人违约致使贷款人采取诉讼或仲裁方式实现债权的，借款人、担保人应当承担贷款人为此支付的律师费、差旅费及其他实现债权的费用。

8. 担保人有下列行为之一，给贷款人造成经济损失的，应给予全额赔偿：

（1）隐瞒抵押物/质物存在共有、争议、被查封、被监管、被扣押、被冻结或已经设立抵/质押等情况。

（2）未经贷款人书面同意擅自处理抵押物。

（3）其他影响抵/质押权人实现抵/质押权的行为。

第十条 费用的承担

与本合同有关的公证费、保险费、抵押登记费、评估费、鉴定费、运输费、保管费、律师费以及其他贷款人实现债权的费用均由借款人承担。

第十一条 争议的解决

本合同履行中发生争议，可由各方协商解决，也可按以下第_____种方式解决：

1. 诉讼。由贷款人住所地人民法院管辖。

2. 仲裁。提交_____（仲裁机构全称）按其仲裁规则进行仲裁。

在诉讼或仲裁期间，本合同不涉及争议的条款仍须履行。

第十二条 其他事项

1. 本合同所称"期限届满"或"到期"包括贷款人依照本合同的约定或国家法律法规规定，宣布本合同项下债务提前到期的情形。

2. 本合同所称重大不利情形包括但不限于以下情形：借款人已全部或部分丧失偿债能力；保证人财务状况恶化或其他原因导致担保能力明显下降；抵押物/质物（权利）价值减少、毁损、灭失、被征用或出现权属争议影响贷款人实现抵/质押权。

第十三条 本合同经各方签字或盖章之日起生效。

第十四条 本合同一式____份，各方各执一份，_____份，具同等法律效力。

第十五条 提示贷款人已提请借款人和担保人注意对本合同各印就条款做全面、准确的理解，并应借款人和担保人的要求做了相应的条款说明。签约各方对本合同的含义认识一致。

借款人（签章）　　　　　　　　　　　　贷款人（签章）

身份证件名称：

身份证件号码：

住所地：　　　　　　　　　　　　　　　负责人

邮政编码：　　　　　　　　　　　　　　或授权代理人

联系电话：　　　　　　　　　　　　　　联系电话：

担保人（签章）　　　　　　　　　　担保人（签章）

法定代表人或授权代理人　　　　　　法定代表人或授权代理人

身份证件名称：　　　　　　　　　　身份证件名称：
身份证件号码：　　　　　　　　　　身份证件号码：
住所地：　　　　　　　　　　　　　住所地：
邮政编码：　　　　　　　　　　　　邮政编码：
联系电话：　　　　　　　　　　　　联系电话：

担保人（签章）

法定代表人或授权代理人
身份证件名称：
身份证件号码：
住所地：
邮政编码：
联系电话：

签约日期：____年____月____日
　　　　　　　　　　　　　　　签约地点：_____

（三）保 证 合 同

×银保字第　　号

债权人（全称）：中国××银行_____
保证人（全称）：(1) _____
　　　　　　　　(2) _____
　　　　　　　　(3) _____

为了确保_____（下称债务人）与债权人签订的编号为的《_____》（下称主合同）的切实履行，保证人愿意为债务人依主合同与债权人所形成的债务提供保证担保。根据国家有关法律法规，当事人各方经协商一致，订立本合同。

第一条　被担保的主债权种类、本金数额

被担保的主债权种类为_____，本金数额（币种及大写金额）为_____。

第二条　保证范围

保证担保的范围包括主合同项下的债务本金、利息、罚息、复利、违约金、损害赔偿金以及诉讼费及律师费等债权人实现债权的一切费用。

第三条 保证方式

本合同保证方式为连带责任保证。本合同项下有多个保证人的,各保证人共同对债权人承担连带责任。

第四条 保证期间

1. 保证人的保证期间为主合同约定的债务人履行债务期限届满之日起二年。

2. 银行承兑汇票承兑、减免保证金开证和保函项下的保证期间为债权人垫付款项之日起二年。

3. 商业汇票贴现的保证期间为贴现票据到期之日起二年。

4. 债权人与债务人就主合同债务履行期限达成展期协议的,保证人继续承担保证责任,保证期间自展期协议约定的债务履行期限届满之日起二年。

5. 若发生法律、法规规定或主合同约定的事项,导致主合同债务被债权人宣布提前到期的,保证期间自债权人确定的主合同债务提前到期之日起二年。

第五条 保证人承诺

1. 提供真实、完整及有效的财务报表及其他相关资料、信息。

2. 债务人未按主合同约定履行债务的,保证人自愿履行保证责任。

3. 保证人不按本合同约定履行保证责任的,债权人有权直接从保证人的任何账户中划收相关款项。

4. 发生以下事项时,保证人应于事项始发5日内书面通知债权人:

(1) 保证人发生隶属关系变更、高层人事变动、公司章程修改以及组织结构调整。

(2) 保证人停产、歇业、注销登记或被吊销营业执照。

(3) 保证人财务状况恶化、生产经营发生严重困难或发生重大诉讼、仲裁事件。

(4) 保证人变更名称、住所地、法定代表人或联系方式等事项。

(5) 保证人发生其他不利于债权人债权实现的事项。

5. 保证人实施以下行为,应提前15日书面通知债权人并征得债权人的书面同意。

(1) 保证人改变资本结构或经营体制,包括但不限于承包、租赁、股份制改造、联营、合并、兼并、分立、合资、资产转让、申请停业整顿、申请解散及申请破产。

(2) 保证人为第三人债务提供保证担保或以其主要资产为自身或第三人债务设定抵押、质押担保,可能影响其履行本合同项下保证责任的。

6. 债务人提供了物的担保的,保证人愿就所担保的全部债务先于物的担保履行保证责任。

第六条 违约责任

本合同生效后,债权人和保证人均应履行本合同约定的义务,任何一方不履行约定义务的,应当承担相应的违约责任,并赔偿由此给对方造成的损失。

第七条 争议的解决

本合同履行中发生争议,可由各方协商解决,也可按以下第____种方式解决:

1. 诉讼。由债权人住所地人民法院管辖。

2. 仲裁。提交_____(仲裁机构全称)按其仲裁规则进行仲裁。

在诉讼或仲裁期间,本合同不涉及争议的条款仍须履行。

第八条　其他事项

1. 保证人已收到并阅知所担保的主合同。
_____
_____

第九条　合同的生效

本合同自各方签字或盖章之日起生效。

第十条　本合同一式_____份,各方各持一份,_____份,效力相同。

第十一条　提示

债权人已提请保证人注意对本合同各印就条款做全面、准确的理解,并应保证人的要求做了相应的条款说明。签约各方对本合同含义认识一致。

债权人(签章)　　　　　　　　　　　保证人(签章)

负责人　　　　　　　　　　　　　　法定代表人

或授权代理人　　　　　　　　　　　或授权代理人

保证人(签章)　　　　　　　　　　　保证人(签章)

法定代表人　　　　　　　　　　　　法定代表人

或授权代理人　　　　　　　　　　　或授权代理人

_____

签约日期:____年____月____日

签约地点:_____

(四) 抵押合同

×银抵字第　　号

抵押权人(全称):中国××银行_____

抵押人(全称):(1) _____

　　　　　　　(2) _____

　　　　　　　(3) _____

为了确保_____(下称债务人)与抵押权人签订的编号为的《_____》(下称主合同)的切实履行,抵押人愿意为债务人依主合同与抵押权人所形成的债务提供抵押担保。根据国家有关法律法规，当事人各方经协商一致，订立本合同。

第一条 被担保的主债权种类、本金数额

被担保的主债权种类为＿＿＿＿＿＿＿＿＿＿＿＿＿＿＿＿，本金数额（币种及大写金额）为＿＿＿＿＿＿＿＿＿＿＿＿＿＿＿＿＿＿＿＿＿＿＿。

第二条 抵押担保的范围

抵押担保的范围包括主合同项下的债务本金、利息、罚息、复利、违约金、损害赔偿金以及诉讼费、律师费、抵押物处置费及过户费等抵押权人实现债权的一切费用。

第三条 抵押物

1. 抵押人同意以下列财产＿＿＿＿＿＿＿＿＿＿＿＿＿＿＿＿＿＿＿＿＿（详见编号的抵押清单）作为抵押物，上述抵押清单为本合同组成部分。

2. 上述抵押物暂作价人民币（大写）＿＿＿＿＿＿＿＿＿＿＿＿＿，其最终价值以抵押权实现时实际处理抵押物的净收入为准。

第四条 抵押人承诺

1. 抵押人对抵押物拥有充分的、无争议的所有权或处分权。
2. 抵押物依法可以流通或转让。
3. 抵押物没有被查封、被扣押或重复抵押等情况。
4. 抵押人没有隐瞒抵押物项下拖欠税款、工程款等款项及抵押物出租的情况。
5. 抵押人已就本合同项下抵押事宜征得抵押物共有人同意。
6. 抵押物不存在其他影响抵押权人实现抵押权的情形。

第五条 抵押权的效力

抵押权的效力及于抵押物的从物、从权利、代位权、附和物、混合物、加工物和孳息。

第六条 抵押物的占管

1. 本合同项下抵押物由抵押人占管，抵押人对抵押物负有妥善管理的义务。抵押权人有权监督和检查抵押物的管理情况。

2. 在本合同有效期内，未经抵押权人书面同意，抵押人不得对抵押物做出赠予、转让、出售、出租、再抵押或其他任何方式的处分。经抵押权人书面同意，抵押人转让、出租或出售抵押物所得价款，应用于提前清偿所担保的主合同项下债务，或向抵押人与抵押权人商定的第三人提存。

3. 本合同有效期内，抵押物毁损、灭失或被征用的，抵押人应及时采取有效措施防止损失扩大，同时立即书面通知抵押权人。抵押人由此所获得的保险金、赔偿金及补偿金等优先用于偿还主合同项下的债务。

4. 本合同有效期内，抵押物价值减少的，抵押权人有权要求抵押人恢复抵押物的价值或提供抵押权人认可的担保；抵押人拒绝恢复或者不提供担保的，抵押权人有权宣布主合同项下债务提前到期，可以要求债务人履行债务，也可以提前行使抵押权。

第七条 抵押物的保险

1. 抵押人须根据抵押权人的要求办理有关保险，抵押权人为该项保险的第一受益人。
2. 抵押人应将抵押物的保险单据原件交由抵押权人保管。
3. 在本合同有效期内，抵押人不得以任何理由中断或撤销保险，如保险中断，抵押权

人有权代为办理保险手续,一切费用由抵押人承担。抵押权人有权直接从抵押人的任何账户中划收上述费用。

4. 抵押物发生保险事故的,保险金应优先用于偿还主合同项下债务及相关费用。

第八条 抵押登记

抵押人应在本合同签订后5日内,到有关登记机关申办抵押登记手续,并将抵押物的他项权利证书、抵押登记文件的正本原件及其他权利证书交抵押权人保管。

第九条 抵押权的实现

1. 主合同项下债务履行期限届满,抵押权人未受清偿的,抵押权人有权依法以抵押物折价,或者以拍卖、变卖抵押物的价款优先受偿。上述"期限届满"包括抵押权人依照国家法律、法规规定或主合同的约定宣布主合同项下债务提前到期的情形。

2. 抵押人为两人以上的,抵押权人行使抵押权时有权处置任一或各个抵押人的抵押物。

第十条 违约责任

1. 本合同生效后,抵押权人和抵押人均应履行本合同约定的义务,任何一方不履行约定义务的,应当承担相应的违约责任,并赔偿由此给对方造成的损失。

2. 抵押人如有下列行为之一,给抵押权人造成损失,应给予全额赔偿:

(1) 隐瞒抵押物存在共有、争议、被查封、被监管、被扣押、重复抵押、出租、拖欠税款或工程款等情况。

(2) 未经抵押权人书面同意擅自处理抵押物。

(3) 其他违反本合同约定或影响抵押权人实现抵押权的行为。

第十一条 费用承担

本合同项下抵押物的登记、评估、保险、鉴定、公证及提存等费用由抵押人承担。

第十二条 争议的解决

本合同履行中发生争议,可由各方协商解决,也可按以下第____种方式解决:

1. 诉讼。由抵押权人住所地人民法院管辖。

2. 仲裁。提交_____(仲裁机构全称)按其仲裁规则进行仲裁。

在诉讼或仲裁期间,本合同不涉及争议的条款仍须履行。

第十三条 其他事项

抵押人已收到并阅知所担保的主合同。

_____

第十四条 合同的生效

本合同自各方签字或盖章之日起生效。依法需办理抵押登记的,自登记之日起生效。

第十五条 本合同一式____份,各方各执一份,_____份,效力相同。

第十六条 提示

抵押权人已提请抵押人注意对本合同各印就条款做全面、准确的理解,并应抵押人的要求做了相应的条款说明。签约各方对本合同含义认识一致。

抵押权人（签章）　　　　　　　　抵押人（签章）

负责人　　　　　　　　　　　　　法定代表人

或授权代理人　　　　　　　　　　或授权代理人

抵押人（签章）　　　　　　　　　抵押人（签章）

法定代表人　　　　　　　　　　　法定代表人

或授权代理人　　　　　　　　　　或授权代理人

签约日期：_____年_____月_____日

签约地点：_____

（五）动产质押合同

×银动质字第　　号

质权人（全称）：中国××银行_____

出质人（全称）：(1)_____

　　　　　　　　(2)_____

　　　　　　　　(3)_____

为了确保_____（下称债务人）与质权人签订的编号为的《_____》（下称主合同）的切实履行，出质人愿意为债务人依主合同与质权人所形成的债务提供质押担保。根据国家有关法律法规，当事人各方经协商一致，订立本合同。

第一条　被担保的主债权种类、本金数额

被担保的主债权种类为_____，本金数额（币种及大写金额）为_____。

第二条　质押担保的范围

质押担保的范围包括主合同项下的债务本金、利息、罚息、复利、违约金、损害赔偿金以及诉讼费、律师费、质物处置费及过户费等质权人实现债权的一切费用。

第三条　质物的设定

1. 出质人同意以下列财产_____（详见编号的动产质押清单）作为质物，上述质押清单为本合同组成部分。

2. 上述质物暂作价人民币（大写）_____，其最终价值以质权实现时实际处理质物的净收入为准。

第四条 出质人承诺

1. 出质人对质物拥有充分的、无争议的所有权或处分权。
2. 质物依法可以流通或转让。
3. 质物没有被查封或设定抵押等情况。
4. 出质人已就本合同项下的质押事宜征得质物共有人的同意。
5. 质物不存在其他影响质权人实现质权的情形。

第五条 质权的效力

质权的效力及于质物的从物、从权利、加工物、混合物、附和物、代位权和孳息。

第六条 质物的移交和保管

1. 本合同项下质物应于本合同签订之日起____日内由出质人交付质权人，同时将质物的所有有效证明和权利凭证交与质权人保管。
2. 本合同有效期内，质物有损坏或价值明显减少的可能而足以影响质权人实现质权的，或者质物价值非因质权人原因减少的，出质人须提供质权人认可的担保或恢复质物的价值。出质人不提供或拒绝恢复的，质权人可以拍卖或者变卖质物，所得价款用于提前清偿所担保的债权，或向与出质人商定的第三人提存。
3. 质权人应当妥善保管质物，为了安全和方便，也可以委托第三人保管。质权人因保管不善使质物毁损、灭失，造成出质人损失的，质权人负有赔偿责任。债务人归还主合同项下全部债务的，或者出质人提前清偿所担保的主合同项下全部债务的，质权人应当及时返还质物。

第七条 质物的保险

1. 出质人须根据质权人的要求办理有关保险，质权人为该项保险第一受益人。
2. 出质人应将质物的保险单据正本原件交与质权人保管。
3. 在本合同有效期内，出质人不得以任何理由中断或撤销保险。如保险中断，质权人有权代为办理保险手续，一切费用由出质人承担。质权人有权直接从出质人的任何账户中划收上述费用。
4. 质物发生保险事故的，保险金优先用于偿还主合同项下债务及相关费用。

第八条 费用承担

质物的保险、鉴定、运输、保管、登记、公证及提存等费用由出质人承担。

第九条 质权的实现

1. 主合同项下债务履行期限届满质权人未受清偿的，质权人有权依法以质物折价，或者以拍卖、变卖质物的价款优先受偿。上述"期限届满"包括质权人依照国家法律、法规规定或主合同的约定宣布主合同项下债务提前到期的情形。
2. 出质人为两人以上的，质权人行使质权时有权处置任一或各个出质人的质物。

第十条 违约责任

1. 本合同生效后，质权人和出质人均应履行本合同约定的义务，任何一方不履行约定义务的，应当承担相应的违约责任，并赔偿由此给对方造成的损失。
2. 出质人如有下列行为之一，给质权人造成损失的，应给予全额赔偿：
(1) 隐瞒质物存在共有、争议、被查封、被监管或已经设立抵押等情况。

(2) 其他违反本合同约定或影响质权人实现质权的行为。

第十一条 争议的解决

本合同履行中发生争议，可由各方协商解决，也可按以下第____种方式解决：

1. 诉讼。由质权人住所地人民法院管辖。
2. 仲裁。提交_____（仲裁机构全称）按其仲裁规则进行仲裁。

在诉讼或仲裁期间，本合同不涉及争议的条款仍须履行。

第十二条 其他事项

出质人已收到并阅知所担保的主合同。

_____

_____

第十三条 合同的生效

本合同自各方签字或盖章之日起成立，自质物移交于质权人占有之日起生效。

第十四条 本合同一式____份，各方各持一份，_____份，效力相同。

第十五条 提示

质权人已提请出质人注意对本合同各印就条款做全面、准确的理解，并应出质人的要求做了相应的条款说明。签约各方对本合同含义认识一致。

质权人（签章）   出质人（签章）

负责人   法定代表人

或授权代理人   或授权代理人

出质人（签章）   出质人（签章）

法定代表人   法定代表人

或授权代理人   或授权代理人

_____

签约日期：____年____月____日

签约地点：_____

（六）权利质押合同

×银权质字第____号

质权人（全称）：中国××银行_____

出质人（全称）：（1）_____

（2）_____

（3）_____

为了确保_____（下称债务人）与质权人签订的编号为的《_____》（下称主合同）的切实履行，出质人愿意为债务人依主合同与质权人所形成的债务提供质押担保。根据国家有关法律法规，当事人各方经协商一致，订立本合同。

第一条　被担保的主债权种类、本金数额

被担保的主债权种类为_____，本金数额（币种及大写金额）为_____。

第二条　质押担保的范围

质押担保的范围包括主合同项下的债务本金、利息、罚息、复利、违约金、损害赔偿金以及诉讼费、律师费、质押权利处置费及过户费等质权人实现债权的一切费用。

第三条　权利质押的设定

1. 出质人同意以下列财产权利_____（详见编号的质押清单）作为出质权利，上述质押清单为本合同组成部分。

2. 上述出质的权利暂作价人民币（大写）_____，其最终价值以质权实现时实际处理的净收入为准。

第四条　出质人承诺

1. 出质人对出质的权利拥有充分的、无争议的所有权或处分权。

2. 出质的权利依法可以转让。

3. 出质的权利不存在被撤销、被异议、被查封及被冻结等情况。

4. 如以存款时约定为自动转存的整存整取定期存单出质的，出质人承诺自出质之日起放弃自动转存。如出质的存单为存本取息的，质押期间停止取息，待借款本息清偿后再按正常手续支付利息，不计复利。

5. 同意办理质押凭证项下权利的止付。

6. 质权人依本合同第八条处置出质权利时，无须提供出质人身份证件、预留印鉴或密码等即可办理。

7. 出质人已就本合同项下的质押事宜征得权利共有人的同意。

8. 出质的权利不存在其他影响质权人实现质权的情形。

第五条　质权的效力

质权的效力及于出质权利的从权利和孳息。

第六条　权利凭证的移交和保管

1. 本合同项下权利凭证应于本合同签订之日起____日内由出质人交付质权人。

2. 以汇票、本票、支票以及其他需背书出质的权利凭证设定质押时，应当以背书记载"质押"字样。

3. 出质人应按规定向有关部门或单位办理质押登记和其他法定出质手续，并及时将相关登记证明材料正本移交质权人保管。

4. 未经质权人书面同意，出质人不得将出质的权利转让、赠予或许可他人使用。经质权人书面同意，出质人所得的转让费、使用费等价款，应用于提前清偿所担保的主合同项下债务，或向出质人与质权人商定的第三人提存。

5. 质权人应当妥善保管权利凭证。质权人因保管不善使权利凭证毁损、灭失，造成出质人损失的，质权人负有赔偿责任。债务人归还主合同项下全部债务的，或者出质人提前清偿所担保的主合同项下全部债务的，质权人应当及时返还权利凭证。

6. 出质的权利价值明显减少足以影响质权人实现质权的，出质人应提供质权人认可的担保。出质人不提供的，质权人可以拍卖或变卖出质的权利，所得价款用于提前清偿所担保的债权，或向与出质人商定的第三人提存。

第七条　费用承担

出质权利的鉴定、评估、保管、登记、公证及提存等费用由出质人承担。

第八条　质权的实现

1. 主合同项下债务履行期限届满质权人未受清偿的，质权人有权依法直接将出质的权利变现，或者以出质的权利折价，或者以拍卖、变卖出质权利的价款优先受偿。上述"期限届满"包括质权人依照国家法律、法规规定或主合同的约定宣布主合同项下债务提前到期的情形。

2. 出质的权利期限届满日先于主合同项下债务到期日的，质权人可以出质的权利变现，所得价款用于提前偿还主合同项下债务，或向与出质人商定的第三人提存。

3. 出质人为两人以上的，质权人行使质权时有权处置任一或各个出质人的出质权利。

第九条　违约责任

1. 本合同生效后，质权人和出质人均应履行本合同约定的义务，任何一方不履行约定义务的，应当承担相应的违约责任，并赔偿由此给对方造成的损失。

2. 出质人如有下列行为之一，给质权人造成损失的，应给予全额赔偿：

（1）隐瞒出质的权利存在共有、争议、被撤销、被异议、被查封、被冻结及被监管等情况。

（2）未经质权人书面同意擅自处理出质的权利。

（3）其他违反本合同约定或影响质权人实现质权的行为。

第十条　争议的解决

本合同履行中发生争议，可由各方协商解决，也可按以下第_____种方式解决：

1. 诉讼。由质权人住所地人民法院管辖。

2. 仲裁。提交_____（仲裁机构全称）按其仲裁规则进行仲裁。

在诉讼或仲裁期间，本合同不涉及争议的条款仍须履行。

第十一条　其他事项

1. 出质人已收到并阅知所担保的主合同。

_____

_____

第十二条　合同的生效

本合同自各方签字或盖章之日起成立，自交付权利凭证之日起生效。需登记生效的，自登记之日起生效。

第十三条　本合同一式____份，各方各持一份，_____份，效力相同。

第十四条　提示

质权人已提请出质人注意对本合同各印就条款做全面、准确的理解，并应出质人的要求做了相应的条款说明。签约各方对本合同含义认识一致。

质权人（签章）   出质人（签章）

负责人   法定代表人
或授权代理人   或授权代理人

出质人（签章）   出质人（签章）

法定代表人   法定代表人
或授权代理人   或授权代理人

签约日期：_____年_____月_____日   签约地点：_____

（七）动产抵押清单

抵押人（全称）：_____
抵押权人（全称）：中国××银行   编号：

名称	存放保管处所（使用单位）	规格及型号	数量及单位	质量及状况	评估价值	保险单		权证名称	权证签发单位	登记机关	编号
						号码	起止时间				

抵押人（签章）   抵押权人（签章）

法定代表人
或授权代理人   经办人

　　　　　　　　　年　　月　　日   　　　　年　　月　　日

本清单经核实无误，作为（　　　　　）×银字（　　　）第　　号合同组成部分。
清单一式份，各方各执一份，_____份。

备注：

共　　页，第　　页

(八)动产质押清单

出质人(全称):＿＿＿＿＿＿＿
质权人(全称):中国××银行＿＿＿＿＿＿＿

编号:

名称	规格及型号	数量及单位	质量及状况	评估价值	保险单		权证名称	权证签发单位	编号
					号码	起止时间			
交付质物时	出质人(签章) 法定代表人 或授权代理人				质权人(签章) 经办人			年 月 日	
归还质物时	质权人(签章) 经办人				出质人(签章) 法定代表人 或授权代理人			年 月 日	

本清单经核实无误,作为( )×银行( )第 号合同组成部分,清单一式＿＿份,各方各执一份,＿＿份。

备注:

共＿＿页,第＿＿页

（九）权利质押清单

出质人（全称）：_____
质权人（全称）：中国××银行　　　　　　　　　　编号：_____

质押权利	名称	数量及单位	面额总值	评估价值	权利凭证号	登记机关	有效期限
出质人移交权利凭证时鉴章	出质人（鉴章） 法定代表人 或授权代理人 经办人			质权人（鉴章） 经办人			年　月　日
出质人领回权利凭证时鉴章	出质人（鉴章） 法定代表人 或授权代理人 经办人			质权人（鉴章） 经办人			年　月　日

本清单经核实无误，作为（　）×银字（　）第　　号合同组成部分。本清单一式____份，各方各执一份，____份。

备注：

共　　页，第　　页

（十）定期存单质押清单

出质人（全称）：_____

质权人（全称）：中国××银行_____ 编号：_____

户名	存款种类	金额	期限	利率	存单号	账号	存款行	密码

本清单另附有上列存单的存款行确认书共 _____ 份。其编号分别为：_____；_____；_____。

出质人移交存单时签章	出质人（签章）法定代表人或授权代理人		质权人（签章）经办人	
出质人领回存单时签章	出质人（签章）法定代表人或授权代理人	年 月 日	质权人（签章）经办人	年 月 日

本清单经核对无误，作为（　　）×银 字××第　　号合同组成部分，本清单一式 _____ 份，各方各执一份，_____ 份。

特别提示：出质人领回质押存单后应立即修改存单密码。否则，由此产生的一切后果由出质人自行承担。

共　　页，第　　页

第三编
个人贷款

第六章

个人贷款概述

一、个人贷款的性质和发展

（一）个人贷款的含义

个人贷款是指贷款人（商业银行）向符合条件的自然人发放的用于个人消费、生产经营等用途的本外币贷款。

个人贷款业务属于商业银行贷款业务的一部分。在商业银行业务中，个人贷款业务是以主体特征为标准进行贷款分类的一种结果，即借贷合同关系的一方主体是银行，另一方主体是自然人，这也是与公司贷款业务相区别的重要特征。

（二）个人贷款的意义

1. 对于金融机构来说，开办个人贷款业务的重要意义

（1）开展个人贷款业务可以为商业银行带来新的收入来源。商业银行从个人贷款业务中除了获得正常的利息收入外，通常还会得到一些相关的服务费收入。

（2）个人贷款业务可以帮助银行分散风险。出于风险控制的目的，商业银行最忌讳的是贷款发放过于集中，无论是单个贷款客户的集中，还是贷款客户在行业内或地域内的集中。个人贷款不同于企业贷款，因而，可以成为商业银行分散风险的资金运用方式。

2. 对于宏观经济来说，开办个人贷款业务的积极意义

（1）个人贷款业务的发展，为实现城乡居民的消费需求、极大满足广大消费者的购买欲望起到了融资的作用。

（2）对启动、培育和繁荣消费市场起催化和促进的作用。

（3）对扩大内需、推动生产、支持国民经济持续、快速、健康和稳定发展起积极的作用。

（4）对商业银行调整信贷结构、提高信贷资产质量、增加经营效益以及繁荣金融业起促进的作用。

由此可见，开展个人贷款业务，不但有利于银行增加收入和分散风险，繁荣金融行业，而且有助于满足城乡居民的消费需求，促进国民经济的健康发展。

（三）个人贷款的特征

在个人贷款业务的发展过程中，各商业银行不断开拓创新，逐渐形成了颇具特色的个人贷款业务。

1. 贷款品种多、用途广

各商业银行为了更好地满足客户的多元化需求，不断推出个人贷款业务新品种。目前，既有个人消费类贷款，也有个人经营类贷款；既有自营性个人贷款，也有委托性个人贷款；既有单一性个人贷款，也有组合性个人贷款。这些产品可以多层次、全方位地满足客户的不同需求，可以满足个人在购房、购车、旅游、装修、购买耐用消费用品和解决临时性资金周转、从事生产经营等各方面的需求。

2. 贷款便利

近年来，各商业银行都在为个人贷款业务简化手续、增加营业网点、改进服务手段、提高服务质量，从而使个人贷款业务的办理较为便利。目前，客户可以通过个人贷款服务中心、网上银行、电话银行等多种方式了解、咨询银行的个人贷款业务；客户可以在银行所辖营业网点、个人贷款服务中心、金融超市、网上银行等办理个人贷款业务，为个人贷款客户提供了极大的便利。

3. 还款方式灵活

目前，各商业银行的个人贷款可以采取灵活多样的还款方式，如等额本息还款法、等本金还款法、等比累进还款法、等额累进还款法及组合还款法等多种方法，而且客户还可以根据自己的需求和还款能力的变化情况，与贷款银行协商后改变还款方式。因此，个人贷款业务的还款方式较为灵活。

4. 低资本消耗

中国银监会于2012年6月8日颁布的《商业银行资本管理办法（试行）》已于2013年1月1日生效实施。《商业银行资本管理办法（试行）》对个人贷款的风险权重由100%下调至75%，住房抵押贷款的一套房风险权重为45%、二套房风险权重为60%。然而，一般公司类贷款风险权重目前为100%。因此，与公司类贷款相比，低资本消耗是个人贷款最明显的特征。

（四）个人贷款的发展历程

个人贷款业务是伴随我国经济改革和居民消费需求的提高而产生和发展起来的一项金融业务。它的产生和发展既较好地满足了社会各阶层居民日益增长的消费信贷需求，又有力地支持了国家扩大内需的政策，同时也促进和带动了银行业自身业务的发展。到目前为止，我国个人贷款业务的发展经历了起步、发展和规范三个阶段。

1. 住房制度的改革促进了个人住房贷款的产生和发展

20世纪80年代中期，随着我国住房制度改革、城市住宅商品化进程加快和金融体系的变革，为适应居民个人住房消费需求，中国建设银行率先在国内开办了个人住房贷款业务，之后各商业银行相继在全国范围内全面开办该业务。目前，各商业银行的个人住房贷款规模不断扩大，由单一的个人购买房改房贷款，发展到开办消费性的个人住房类贷款，品种齐全，便于选择。既有针对购买房改房、经济适用房的住房贷款，也有针对购买商品房的住房贷款；既有向在住房一级市场上购买住房的自然人发放的住房贷款，也有向在住房二级市场上购买二手房的自然人发放的二手房（再交易）住房贷款；既有委托性个人住房贷款，也有自营性个人住房贷款，以及两者结合的组合贷款；既有人民币个人住房贷款，也有外币个人住房贷款；还有"转按"（变更住房借款人）、"加按"（延长原借款期限或追加贷款额度)等个人住房贷款的衍生品种。个人住房贷款在多层次、全方位地满足客户不同需求的同时,也为各商业银行带来了较好的经济效益,为房地产业的健康发展和国民经济增长发挥了积极作用。

2. 国内消费需求的增长推动了个人消费信贷的蓬勃发展

20世纪90年代末期,我国经济保持了高速稳定的增长,但国内需求不足对我国经济发展产生了不利的影响。为此,国家相继推出了一系列积极的财政政策及货币政策,以刺激国内消费和投资需求,从而推动经济发展。中国人民银行也通过窗口指导和政策引导来启动国内的消费信贷市场,引导商业银行开拓消费信贷业务。1999年2月,中国人民银行颁布了《关于开展个人消费信贷的指导意见》。之后,各商业银行为了有力地支持国家扩大内需的政策,较好地满足社会各阶层居民日益增长的消费信贷需求,积极适应市场变化,不断加大消费信贷业务发展力度。个人消费信贷业务得到快速发展,逐步形成了以个人住房贷款和个人汽车贷款为主,其他个人综合消费贷款、个人经营类贷款和个人教育贷款等几十个品种共同发展的、较为完善的个人贷款产品系列。

3. 商业银行股份制改革推动了个人贷款业务的规范发展

近年来,随着各商业银行股份制改革的进一步深化,银行按照建立现代金融企业制度的要求,着力完善公司法人治理结构,逐步健全内控制度,转换经营机制,建立相关监测与考评机制,从而有力地推动了个人贷款业务的规范发展。个人贷款业务在服务水准、贷款品种结构、规模和信贷风险控制等方面逐步完善和提高。为了提高业务效率、减少贷款环节,有的商业银行设立客户贷款服务中心或金融超市,实行"一站式"全程服务,既为个人贷款提供了极大的便利,也为我国个人贷款业务的规范发展创造了良好的内部环境。从消费信贷发展规律看,个人贷款有很好的发展趋势。无论是消费需求、消费规模,还是信贷品种,都具有非常大的发展潜力和发展空间。加之居民收入增加,社会保障体系健全,居民消费能力提高,个人信贷消费的人群比例稳步上升,商业银行拓展和创新消费信贷方式也随之增多。此外,消费信贷相应配套措施的逐步完善和个人信用体系的逐步建立,有助于我国商业银行改善资产的单一化和传统化,提高金融资本的运作效率,促进银行业经营效益的提高和经营规模的有效扩大,也进一步推动我国个人贷款业务的规范发展。2010年2月12日,中国银监会颁布了《个人贷款管理暂行办法》,这是我国出台的第一部个人贷款管理法规,强化了贷款调查环节,要求严格执行贷款面谈制度,有助于从源头上防范风险。

二、个人贷款产品的种类

(一)个人消费类贷款和个人经营类贷款

根据产品用途的不同,个人贷款产品可以分为个人消费类贷款和个人经营类贷款。

1. 个人消费类贷款

个人消费类贷款是指银行向申请购买"合理用途的消费品或服务"的借款人发放的个人贷款,具体来说,是银行向个人客户发放的有指定消费用途的人民币贷款业务,用途主要有购买个人住房、汽车和一般助学贷款等。

在美国,个人消费贷款有广义和狭义之分。广义的个人消费贷款泛指由各种金融机构提供给消费者的一切用于消费用途的贷款;狭义的个人消费贷款不包括住房抵押贷款在内。

我国个人消费类贷款包括个人住房贷款、个人汽车贷款、个人教育贷款、个人住房装修贷款、个人耐用消费品贷款、个人旅游消费贷款和个人医疗贷款等。

(1) 个人住房贷款。个人住房贷款是指银行向自然人发放的用于购买、建造和大修理各类型住房的贷款。个人住房贷款包括自营性个人住房贷款、公积金个人住房贷款和个人住房组合贷款。

自营性个人住房贷款，也称商业性个人住房贷款，是指银行运用信贷资金向在城镇购买、建造或大修理各类型住房的自然人发放的贷款。

公积金个人住房贷款，也称委托性住房公积金贷款，是指由各地住房公积金管理中心运用个人及其所在单位缴纳的住房公积金，委托商业银行向购买、建造、翻建或大修自住住房的住房公积金缴存人以及在职期间缴存住房公积金的离退休职工发放的专项住房贷款。该贷款不以营利为目的，实行"低进低出"的利率政策，带有较强的政策性，贷款额度受到限制。因此，它是一种政策性个人住房贷款。

个人住房组合贷款是指按时足额缴存住房公积金的职工在购买、建造或大修住房时，可以同时申请公积金个人住房贷款和自营性个人住房贷款，从而形成特定的个人住房贷款组合。

(2) 个人汽车贷款。个人汽车贷款是指银行向自然人发放的用于购买汽车的贷款。个人汽车贷款所购车辆按用途可以划分为自用车和商用车。自用车是指借款人申请汽车贷款购买的、不以营利为目的的汽车；商用车是指借款人申请汽车贷款购买的、以营利为目的的汽车。根据所购车辆的用途不同，个人汽车贷款产品可以划分为自用车贷款和商用车贷款。严格地说，商用车贷款属于经营类贷款，但中国工商银行、中国农业银行等都把商用车贷款放在消费贷款中。

个人汽车贷款所购车辆按注册登记情况可以划分为新车和二手车。二手车是指从办理完机动车注册登记手续到规定报废年限一年之前进行所有权变更并依法办理过户手续的汽车。

(3) 个人教育贷款。个人教育贷款是银行向在校学生或其直系亲属、法定监护人发放的用于满足其就学资金需求的贷款。根据贷款资金性质的不同，个人教育贷款可分为国家助学贷款和商业助学贷款。

国家助学贷款是由政府主导、财政贴息、财政和高校共同给予银行一定风险补偿金，银行、教育行政部门与高校共同操作的，帮助高校家庭经济困难学生支付在校学习期间所需的学费、住宿费及生活费的银行贷款。它是运用金融手段支持教育、资助经济困难学生完成学业的重要形式。国家助学贷款的贷款对象为我国境内普通高等学校中经济确实困难的全日制本专科学生（含高职学生）、研究生以及第二学士学位学生。国家助学贷款实行"财政贴息、风险补偿、信用发放、专款专用和按期偿还"的原则。

商业助学贷款是指银行按商业原则自主向自然人发放的用于支持境内高等院校困难学生学费、住宿费和就读期间基本生活费的商业贷款。商业助学贷款实行"部分自筹、有效担保、专款专用和按期偿还"的原则。

(4) 个人住房装修贷款。个人住房装修贷款是银行向自然人发放的，用于装修自用住房的人民币担保贷款。个人住房装修贷款可以用于支付家庭装潢和维修工程的施工款、相关的装修材料和厨卫设备款等。

开办住房装修贷款业务的银行有签订特约装修公司的，借款人需与特约公司合作才可以取得贷款；有些银行则没有此项规定。

(5) 个人耐用消费品贷款。个人耐用消费品贷款是指银行向自然人发放的，用于购买大额耐用消费品的人民币担保贷款。

耐用消费品通常是指价值较大、使用寿命相对较长的家用商品，包括除汽车、房屋以外的家用电器、电脑、家具、健身器材和乐器等。

该类贷款通常由银行与特约商户合作开展，即借款人需在银行指定的商户处购买特定商品。特约商户通常与银行签订耐用消费品合作协议，该类商户应有一定的经营规模和较好的社会信誉。

(6) 个人旅游消费贷款。个人旅游消费贷款是指银行向自然人发放的，用于借款人个人及其家庭成员（包括借款申请人的配偶、子女及其父母）参加银行认可的各类旅行社（公司）组织的国内外旅游所需费用的贷款。借款人必须选择银行认可的重信誉、资质等级高的旅游公司，并向银行提供其与旅游公司签订的有关协议。

(7) 个人医疗贷款。个人医疗贷款是指银行向自然人发放的，用于解决借款人个人及其配偶或直系亲属伤病就医时资金短缺问题的贷款。个人医疗贷款一般由贷款银行和保险公司联合当地特定合作医院办理，借款人到特约医院领取并填写经特约医院签章认可的贷款申请书，持医院出具的诊断证明及住院证明，到开展此业务的银行申办贷款，获批准后持个人持有的银行卡和银行盖章的贷款申请书及个人身份证到特约医院就医、结账。

2. 个人经营类贷款

个人经营类贷款是指银行向从事合法生产经营的自然人发放的，用于定向购买商用房以及用于满足个人控制的企业（包括个体工商户）生产经营流动资金需求和其他合理资金需求的贷款。个人经营类贷款包括个人商用房贷款、个人经营贷款、农户贷款和下岗失业小额担保贷款。

(1) 个人商用房贷款。个人商用房贷款是指银行向借款人发放的，用于购买商业用房的贷款，如中国银行的个人商用房贷款、交通银行的个人商铺贷款等。目前，商用房贷款主要是为了解决自然人购买生产经营用商铺（销售商品或提供服务的场所）资金需求的贷款。

(2) 个人经营贷款。个人经营贷款是指银行向借款人发放的，用于借款人合法经营活动的人民币贷款，如中国银行的个人投资经营贷款、中国建设银行的个人助业贷款等。其中，借款人是指具有完全民事行为能力的自然人。

(3) 农户贷款。农户贷款是指银行向符合条件的农户发放的，用于其生产经营或生活消费等用途的本外币贷款。其中，农户是指长期居住在乡镇和城关镇所辖行政村的住户、国有农场的职工和农村个体工商户。一般情况下，大部分农户贷款被用于生产经营。

(4) 下岗失业小额担保贷款。下岗失业小额担保贷款是指银行在政府指定的贷款担保机构提供担保的前提下，向我国境内（不含港、澳、台地区）的下岗失业人员发放的人民币贷款。

政府指定的担保机构是指中国人民银行等在《下岗失业人员小额担保贷款管理办法》中规定的，下岗失业人员小额担保贷款担保基金会委托各省（自治区、直辖市）、市政府出资的中小企业信用担保机构或其他信用担保机构。

(二) 个人抵押贷款、个人质押贷款、个人保证贷款和个人信用贷款

根据是否有担保，个人贷款产品可以分为有担保贷款和无担保贷款。其中，有担保贷

包括个人抵押贷款、个人质押贷款和个人保证贷款；无担保贷款即指个人信用贷款。

1. 个人抵押贷款

个人抵押贷款是指贷款银行以借款人或第三人提供的、经贷款银行认可并符合规定条件的财产作为抵押物而向自然人发放的贷款。当借款人不履行还款义务时，贷款银行有权依法以该财产折价或者以拍卖、变卖财产的价款优先受偿。

个人抵押贷款的特点包括以下几点：

（1）先授信，后用信。借款人向银行申请办理个人抵押授信贷款手续，取得授信额度后，借款人方可使用贷款。

（2）一次授信，循环使用。借款人只需要一次性地向银行申请办理个人抵押授信贷款手续，取得授信额度后，便可以在有效期和贷款额度内循环使用。个人抵押授信贷款提供了一个有明确授信额度的循环信贷账户，借款人可使用部分或全部额度，一旦已经使用的余额得到偿还，该信用额度又可以恢复使用。

（3）贷款用途比较综合。个人抵押授信贷款没有明确指定使用用途，其使用用途比较综合，个人只要能够提供贷款使用用途证明即可。

2. 个人质押贷款

个人质押贷款是借款人以合法有效、符合银行规定条件的质物出质，向银行申请取得一定金额的人民币贷款，并按期归还贷款本息的个人贷款业务。

个人质押贷款的特点包括以下几点：

（1）贷款风险较低，担保方式相对安全。由于借款人需要将价值充足、变现性强的权利凭证质押给银行，所以银行贷款风险较低，担保方式相对安全，此类贷款的风险控制重点是关注质物的真实性、合法性和可变现性。

（2）时间短、周转快。个人质押贷款一般是急用，要求效率较高，办理贷款时间短，手续相对简便。

（3）操作流程短。个人质押贷款一般在柜台办理，按照网点授权大小进行审批，同行开出的权利凭证办理质押贷款便于核实，效率较高。同城同业、异地同业的权利凭证核实手续还要共同遵守，以防止欺诈风险。

（4）质物范围广泛。按照《中华人民共和国物权法》第二百二十三条的规定，个人有处分权的很多权利凭证都可以出质申请个人质押贷款。

3. 个人保证贷款

个人保证贷款是指银行以银行认可的，具有代位清偿债务能力的法人、其他经济组织或自然人作为保证人而向自然人发放的贷款。

个人保证贷款手续简便，只要保证人愿意提供保证，银行经过核保认定保证人具有保证能力，签订保证合同即可，整个过程涉及银行、借款人和保证人三方，贷款办理时间短、环节少。如果贷款出现逾期，银行可按照合同约定直接向保证人扣收贷款，出现纠纷可通过法律程序予以解决。

4. 个人信用贷款

个人信用贷款是指银行向自然人发放的、无须提供任何担保的贷款。个人信用贷款主要依据借款申请人的个人信用状况确定贷款额度；借款人信用等级越高，信用额度越大，反之越小。

个人信用贷款的特点如下：

（1）准入条件严格。银行对个人信用贷款的借款人一般有严格规定，需要经过严格审查。

（2）贷款额度小。个人信用贷款额度较小，最高不超过100万元。对于信用卡来说，有的额度甚至只有1 000元。

（3）贷款期限短。个人信用贷款主要根据借款人的个人信用记录和个人信用评级确定贷款额度与贷款期限，而个人信用记录和个人信用评级时刻都在变化，因此需要时时跟踪个人的信用变化情况，根据个人信用状况对贷款期限进行相应调整。相对于其他个人贷款产品而言，个人信用贷款期限较短。

（三）个人单笔贷款、个人不可循环授信额度和个人可循环授信额度

在银行贷款实际操作中，个人贷款产品可以分为个人单笔贷款和个人授信额度。根据贷款是否可循环，个人授信额度又分为个人不可循环授信额度和个人可循环授信额度。

1. 个人单笔贷款

个人单笔贷款主要是指用于每个单独批准在一定贷款条件（收入的使用、最终到期日、还款时间安排、定价、担保等）下的个人贷款。其特点是被指定发放的贷款本金，一旦经过借贷和还款后，就不能再被重复借贷。

2. 个人不可循环授信额度

个人不可循环授信额度是指根据每次单笔贷款出账金额累计计算，即使单笔贷款提前还款，该笔贷款额度不能循环使用。即使额度仍然在有效期内，如果出账金额累计达到最高授信额度时，也不能再出账。

这类业务中，具有代表性的用途为购买机器设备、装修经营场所的个人经营贷款，根据设备的购买安装进度、装修项目的工程进度在贷款额度内分次出账，直到额度用满为止。

3. 个人可循环授信额度

个人可循环授信额度是指由自然人提出申请，并提供符合银行规定的担保或信用条件（一般以房产作为抵押），经银行审批同意，对借款人进行最高额度授信，借款人可在额度有效期内随借随还、循环使用的一种个人贷款业务。

个人可循环授信额度为余额控制，在额度和期限内，借款人可以自行搭配每次使用的金额，贷款归还后，可以继续循环使用，直至达到最高余额或期满。授信额度项下贷款可用于个人经营，以及装修、留学、旅游等消费用途。授信额度通常可达抵押房产评估价值的70%，商业银行可根据风险政策制定不同的抵押率。

三、个人贷款产品的要素

个人贷款产品的要素主要包括贷款对象、贷款利率、贷款期限、还款方式、担保方式和贷款额度。它们是贷款产品的基本组成部分，不同贷款要素的设定赋予了个人贷款产品千差万别的特点。

（一）贷款对象

个人贷款的对象仅限于自然人，而不包括法人。合格的个人贷款申请人必须是具有完全民事行为能力的自然人。

(二) 贷款利率

贷款利率是借款人为取得货币资金的使用权而支付给银行的价格，利息是货币所有者因暂时让渡一定货币资金的使用权而从借款人那里获得的报酬，实际上就是借贷资金的"成本"。利息水平的高低是通过利率的大小表示的。利率是指一定时期内利息额与本金的比率，公式表示为利率＝利息额/本金。它是衡量利息高低的指标，有时也被称为货币资本的价格。一般来说，贷款期限在1年以内（含1年）的实行合同利率，遇法定利率调整不分段计息，执行原合同利率；贷款期限在1年以上的，合同期间遇法定利率调整时，可由借贷双方按商业原则确定，可在合同期间按月、按季、按年调整，也可采用固定利率的确定方式。

2013年7月，中国人民银行宣布取消金融机构贷款利率的下限，由金融机构根据商业原则自主确定贷款利率水平，贷款利率实现市场化。随着利率市场化进程的推进以及金融行业市场化程度的提升，银行对贷款产品的定价权越来越大，贷款产品的价差必将越来越大，借款人对贷款产品的选择余地也将越来越大，银行间的竞争也势必将更加激烈。

(三) 贷款期限

贷款期限是指从具体贷款产品发放到约定的最后还款或清偿的期限。不同的个人贷款产品的贷款期限也各不相同。例如，个人住房贷款的期限最长可达30年，而个人经营类贷款中个别贷款的期限仅为6个月。贷款银行应根据借款人实际还款能力科学、合理地确定贷款期限。

经贷款人同意，个人贷款可以展期。1年以内（含1年）的个人贷款，展期期限累计不得超过原贷款期限；1年以上的个人贷款，展期期限累计与原贷款期限相加不得超过该贷款品种规定的最长贷款期限。

(四) 还款方式

各商业银行的同一个贷款产品有不同的还款方式可供借款人选择，如到期一次还本付息法、等额本息还款法、等额本金还款法、等比累进还款法、等额累进还款法、组合还款法及按月还息、到期一次性还本还款法等多种方法。借款人还可以根据自己的收入情况与银行协商，转换不同的还款方法。

1. 到期一次还本付息法

到期一次还本付息法又称期末清偿法，是指借款人需在贷款到期日还清贷款本息，利随本清。此种方式一般适用于期限在1年以内（含1年）的贷款。

2. 等额本息还款法

等额本息还款法是指贷款期内每月以相等的额度平均偿还贷款本息，其中归还的本金和利息的配给比例是逐月变化的，利息逐月递减，本金逐月递增。

3. 等额本金还款法

等额本金还款法是指在贷款期限内每月等额偿还贷款本金，贷款利息随本金逐月递减。由于等额本金还款法每月还本额固定，所以其贷款余额以定额逐渐减少，每月还款额及每月贷款余额也定额减少。

4. 等比累进还款法

借款人每个时间段上以一定比例累进的金额（分期还款额）偿还贷款，其中每个时间段归还的金额包括该时间段应还本金和利息，按还款间隔逐期归还，在贷款截止日期前全部还清本息。此种方法又分为等比递增还款法和等比递减还款法，通常，比例控制为 $0 \sim \pm 100\%$，且经计算后的任意一期还款计划中的本金或利息不得小于零。此种方法通常与借款人对于自身收入状况的预期相关，如果预期未来收入呈递增趋势，则可选择等比递增法，减少提前还款的麻烦；如果预期未来收入呈递减趋势，则可选择等比递减法，减少利息支出。

5. 等额累进还款法

等额累进还款法与等比累进还款法类似，不同之处就是将在每个时间段上约定还款的"固定比例"改为"固定额度"。借款人在办理贷款业务时，与银行商定还款递增或递减的间隔期和额度。在初始时期，银行会根据借款人的贷款总额、期限和资信水平测算出一个首期还款金额，借款人按固定额度还款，此后根据间隔期和相应的递增或递减额度进行还款。此种方法又分为等额递增还款法和等额递减还款法。等额累进还款法和等比累进还款法相似的特点是当借款人还款能力发生变化时，可通过调整累进额或间隔期来适应借款人还款能力的变化。例如，对收入增加的借款人，可采取增大累进额、缩短间隔期等办法，使借款人分期还款额增多，从而减少借款人的利息负担；对收入水平下降的借款人，可采取减少累进额、扩大间隔期等办法，使借款人分期还款额减少，以减轻借款人的还款压力。

6. 组合还款法

组合还款法是一种将贷款本金分段偿还，根据资金的实际占用时间计算利息的还款方式。也就是说，根据借款人未来的收支情况，首先将整个贷款本金按比例分成若干偿还阶段，然后确定每个阶段的还款年限；还款期间，每个阶段约定偿还的本金在规定的年限中按等额本息方式计算每月偿还额，未归还的本金部分按月付息，两部分相加即形成每月的还款金额。目前，市场上推广比较好的"随心还"和"气球贷"等就是这种方式的演绎。这种方法可以比较灵活地按照借款人的还款能力规划还款进度，真正满足个性化需求。

7. 按月还息、到期一次性还本还款法

按月还息、到期一次性还本还款法，即在贷款期限内每月只还贷款利息，贷款到期时一次性归还贷款本金，此种方法一般适用于期限在1年以内（含1年）的贷款。

（五）担保方式

个人贷款可采用有担保的抵押、质押、保证方式及无担保的信用方式。在实践中，当借款人采用一种担保方式不能足额对贷款进行担保时，从控制风险的角度，贷款银行往往要求借款人组合使用不同的担保方式对贷款进行担保。

抵押担保是指借款人或第三人不转移对法定财产的占有，将该财产作为贷款的担保；借款人不履行还款义务时，贷款银行有权依法以该财产折价或者以拍卖、变卖的价款优先受偿。

质押担保是指借款人或第三人转移对法定财产的占有，将该财产作为贷款的担保。质押担保分为动产质押和权利质押。动产质押是指借款人或第三人将其动产移交贷款银行占有，将该动产作为贷款的担保，借款人不履行还款义务时，贷款银行有权依法以动产折价或以拍卖、变卖该动产的价款优先受偿。权利质押是指以汇票、支票、本票、债券、存款单、仓单、提单、依法可转让的股份、股票、商标专用权、专利权、著作权中的财产权利等质押的，或贷款银行许可的质押物作为担保的，借款人不履行还款义务时，贷款银行有权依法以权利凭证折价或以拍卖、变卖该权利凭证的价款优先受偿。

保证担保是指保证人和贷款银行约定，当借款人不履行还款义务时，由保证人按照约定履行或承担还款责任的行为。保证人是指具有代位清偿债务能力的法人、其他经济组织或自然人。

信用贷款是指以借款人的信誉发放的贷款，借款人不需要提供担保，其特征就是借款人无须提供抵押品、质押品或第三方担保，仅凭自己的信誉就能取得贷款，并以借款人的信用程度作为还款保证。由于这种贷款方式风险较大，一般要对借款人的经济效益、经营管理水平、发展前景等情况进行详细的考察，以降低风险。

（六）贷款额度

贷款额度是指银行向借款人提供的以货币计量的贷款产品数额。除了中国人民银行、中国银保监会或国家其他有关部门有明确规定外，个人贷款的额度可以根据借款人所购财产价值提供的抵押担保、质押担保和保证担保的额度以及资信等情况确定。

贷款人应按照区域、品种、客户群等维度建立个人贷款风险限额管理制度。风险限额是指银行根据外部经营环境、整体发展战略和风险管理水平，为反映整个机构组合层面风险，针对具体区域、行业、贷款品种及客户等设定的风险总量控制上限，是其在特定领域所愿意承担风险的最大限额。

第七章

个人消费贷款

第一节 个人消费贷款概述

一、个人消费贷款的含义

个人消费贷款是提供给自然人的信用,它是指由商业银行等金融机构发放,提供给消费者直接用于消费用途的贷款。消费者是指为直接使用或拥有,而不是为再次卖出去或用于生产制造而获取商品或服务的人。因此,个人消费贷款是一种给予个人消费者的贷款,使其不用付现就可以使用或拥有商品或服务。人们往往把个人消费贷款简称为个人贷款或消费贷款。

专栏资料 7—1

个人消费贷款是不是"寅吃卯粮"呢?

所谓"寅吃卯粮",就是"把明年的粮食拿到今年来吃,今年吃了就没有明年的粮。"这是一种迫不得已的消费方式,只能降低未来的消费水平。消费贷款的使用者预计到未来有稳定的收入,只是缺乏即期消费资金,为提高现期消费水平和避免时高时低而向银行申请贷款,待取得未来收入后偿还。因此,稳定的未来收入是消费贷款的基础。消费贷款不是以牺牲未来生活水平来换取今天生活水平的提高的,而是在不影响未来生活水平的前提下,提高今天的生活质量。

二、个人消费贷款的作用

1. 有利于提高消费倾向,为经济增长提供推动力

消费的增长始终是经济活动的出发点和归宿点,以消费为导向也正是市场经济发展的真谛。居民消费的增长与消费需求结构的升级是经济规模扩展以及经济向更高层次进化的根本推动力。据测算,发达国家居民消费对国民经济增长的贡献率均超过 60%,而这些国家居民消费的 30% 以上是信用消费,由此可见消费贷款发展对经济增长的重要性。经济发展到一定阶段,整个经济运行势必呈现出供给相对过剩的局面,消费品市场要从卖方市场格局向买方市场格局转化,边际消费倾向递减。这时,有效刺激消费,开拓国内市场,扩大消费需求是经济保持长期稳定增长的重要保证。

2. 有利于增加未来产出的要素投入

消费贷款不仅仅是在当期扩大需求而促进经济增长,也不仅仅是让消费者提前享受到物质生活的便利和舒适,更大的作用在于扩大人力资本投入,从而有利于经济持续增长。

3. 有利于商业银行经营效益改善,提高金融资本运作效率

消费贷款发展的滞后与金融资本集中于生产领域,一方面,银行资产风险相对集中(尤其是在我国企业改革和经济效益相对较差的情况下),恶化了银行资产的安全性、流动性和效益性;另一方面,过高的居民储蓄意愿与倾向也加大了银行的经营成本,加重了银行负债业务负担。发展消费贷款能够促进商业银行与消费者间良性市场关系的建立,拓展金融业务发展空间,同时也有利于银行强化风险管理,从而提高金融资本的运作效率。

4. 有利于国民经济的宏观调控

在信用消费发达的国家,消费贷款的规模与利率变动传递着消费需求的市场信息,这无疑有利于决策当局对国民经济运行态势的了解和相关政策的制定。另外,决策当局也可通过利率或消费贷款条件的调整,影响居民的消费支出,以实现政策意图。

三、个人消费贷款的发展历史与现状

(一)个人消费贷款的发展历史

个人消费贷款如同人类社会一样古老,是人类社会最早的经济行为之一,可以追溯到新石器时代,甚至比货币还古老。在当时,个人借贷就在满足人类生存的基本需要、增进人们的福利乃至促进经济发展方面发挥着重要作用。现存的最早最完整的法典——公元前18世纪的《汉穆拉比法典》中相当部分是关于借贷的规则,它是现在可以找到的人类最早用法律规定的贷款制度安排。

美国是西方现代个人消费贷款发展最活跃的地方。19世纪50年代,美国的Singer公司使用分期付款形式销售其产品具有划时代的意义,可以说这标志着现代个人消费贷款的开始。美国内战之后,国内市场的统一、大规模的人口迁移以及移民的涌入进一步扩大了个人贷款的需求。20世纪20年代美国经济的持续繁荣又为降低分期付款的首付款项和利率、延长付款周期及保证债务的偿还创造了条件,促进了个人贷款的良性发展。1929—1933年的经济大危机并没有让个人贷款发展遭受挫折,相反,危机后,在凯恩斯理论支配下,个人贷款更有了跳跃式发展。第二次世界大战结束后,美国大批退役军人对住房的需求使得个人住房抵押贷款快速发展,并产生了对各种商品和服务的大规模的需求,这些需要借助于信用贷款交易来实现。20世纪50年代的经济增长使得消费者不仅有能力购买房屋、汽车和其他奢侈的生活用品,而且开始追求一种新的生活方式。他们不仅有能力而且习惯于先买后付,对贷款消费的巨大需求也使银行授信变得非常个人化。信用卡等信用工具的发展及个人贷款制度的建立与完善更进一步推动了贷款消费。也可以说,美国的经济增长和繁荣以及美国人民生活福利水平的提高,在很大程度上归功于个人贷款的发展。

在世界上许多国家,消费贷款也由来已久,多数居民已养成了贷款消费的习惯,其在居民日常消费中所占的比重很大,有的甚至达到70%以上,少数人达到80%以上。如1992年美国在全部家庭中持有金融债务的高达73.3%,美国家庭的小汽车约有2/3,以及电视、家具、洗衣机和旅游汽艇约有1/2是用消费贷款购买的。法国至少有40%的家庭负债,有1/4的家庭依靠银行贷款买房子。日本是收入高而又偏好储蓄的国家,但居民解决住房问题主要还是利用金融机构的抵押贷款,有的甚至是住一辈子房子,还一辈子贷款。德国有60%的汽车销售、日本有50%的汽车销售是通过分期付款的贷款方式进行的。在发达国家,消费贷款发展很快,如美国的消费贷款总额1947年为116亿美元、1950年为215亿美元、1965年为879亿美元、1970年为1 268亿美元、1979年为3 750亿美元,现在每年已达2万亿美元以上。可见,贷款消费已成为美国居民的一个重要消费行为。少量的定金加上优惠的贷款条件,使得美国的消费者能够不断提高生活质量,不断实现消费结构的升级换代。新兴国家如韩国,从20世纪80年代以来,消费贷款发展也很快,每年每人消费贷款额1980年为432美元,1990年为1 020美元,1996年为1 280美元,每年以将近20%的速度增长。在这二三十年,其他很多国家的消费贷款也发展很快。

(二) 我国消费贷款发展的基本情况

我国消费贷款业务起步于20世纪80年代中期。一些商业银行率先在部分大中城市开办了个人住房贷款业务,但由于受经济发展水平、市场机制及消费观念等的影响,发展比较缓慢,到1997年年底,全国消费贷款规模仅为172亿元。

为缓解我国通货紧缩和居民有效需求不足的状况,1998年12月,中央经济工作会议提出"扩大国内需求,开拓国内市场,拉动经济增长"的战略方针;1999年2月,中国人民银行发布了《关于开展个人消费信贷的指导意见》。在中国最高领导层鼓励消费和消费贷款政策的指引下,各大银行纷纷响应,相继出台了一系列政策和措施,大力拓展消费贷款业务。至此,我国消费贷款业务开始进入快速发展轨道,品种众多,如住房贷款、助学贷款、汽车贷款、耐用消费品贷款和旅游贷款等不断涌现,贷款总量也迅速增长。

自《关于开展个人消费信贷的指导意见》发布后,据不完全统计,截至2000年6月,国内消费贷款余额突破2 500亿元,其中商业银行发放个人住房贷款2 130亿元,比年初增加660亿元;汽车、助学等消费贷款余额为411亿元,比年初增加162亿元。在经济比较发达、收入水平较高、居民金融意识较强的省市,消费贷款以更大的规模迅速扩大。例如,到2000年6月,广东省金融机构贷款余额达804.12亿元,比1998年末增加436.06亿元,增长119.04%;消费贷款在信贷市场的占有率迅速提高,至6月末,消费贷款余额占多项贷款余额的7.3%,比1998年的3.9%提高了3.4个百分点。2000年上半年上海市个人消费贷款余额已达427亿元,约占全国的17%,新增贷款为100多亿元。

截至2002年年底,全部金融机构人民币消费贷款余额达10 669亿元,比1997年年末增长了61倍,消费贷款占各项贷款的比例也由不足0.3%上升到7.6%;截至2004年年底,全部金融机构人民币消费贷款余额达20 000亿元,其中个人住房贷款余额为16 000亿元。截至2007年12月,全部金融机构人民币消费贷款余额为32 729亿元,约占各项贷款的比例为12.51%,其中,短期消费贷款3 104.11亿元,中长期消费贷款29 624.89亿元。截至2017年12月,全部金融机构人民币消费贷款余额达315 194.41亿元,约占各项贷款的比例为26.33%,其中,短期消费贷款为68 040.78亿元,中长期消费贷款247 153.63亿元。

四、个人消费贷款的特点

1. 以分期付款偿还方式为主

公司贷款以到期一次性偿还本金方式为主,而个人消费贷款则以分期付款偿还方式为主。这是由法人和自然人两种借款人不同还款资金来源所决定的。公司贷款是用于生产经营,以销售商品和劳务后回笼的资金还款,为方便公司资金使用和财务管理,通常采用到期一次性还清方式;而个人贷款则不同,还款来源多靠借款人个人的未来收入,只能分期偿还,一方面可以减轻借款人到期一次还清全部贷款的资金压力;另一方面也有利于控制风险,一旦借款人一次不能按期还款,银行就可以立即调查了解情况,采取相应防范措施。计算机软件的使用,可以减轻银行员工每月计算贷款利息和扣款的烦琐劳动,使按月收贷工作也变得轻松、准确及高效。

2. 贷款期限长

住房抵押贷款等个人消费贷款品种,相对于期限一般为 1~5 年的公司贷款来说,期限大部分较长,少则几年,多则十几年甚至几十年。对银行来说,贷款期限长的好处是"一次发放,多年收益",贷款发放后每年按期回收本息就可以,不像做短期贷款,要不停地发放、回收,回收、发放;不足之处是影响银行资金的流动性。"短存长贷"是银行资金的经营之道之一,但如果数量太大,会使银行的流动性发生问题。

3. 对利率变化的敏感性低

个人如果决定向银行借款,考虑更多的是按照贷款协定,每月要还多少钱,而对利率变化并不十分敏感,但合同规定的利率会影响到每月的实际支付。因此,个人借款的利率相对来说弹性较小。个人对贷款的利率敏感度高低与消费观念有关,但主要取决于个人和家庭的收入水平。如果个人的收入高,其借款的总规模相对于其年收入的比例通常就会高一些。如果家庭中的户主或主要收入来源人接受过多年的正规教育,那么家庭的借款额相对其收入水平也会高得多。对于这些家庭和个人,借款是他们达到理想生活水平的手段,而不仅仅为发生意外危险时的安全网,他们对利率的敏感性更低。

4. 受文化传统影响很大

人们的消费观念,是勤俭节约、量入为出,先积蓄、后消费,有多少钱办多少事,还是倾向于先借钱消费、后挣钱还债,以明天的钱享受今天的生活;人们对风险的态度,是防御的保守主义,还是不负责任的冒险主义,能在多大程度上承担信用消费的风险;人们对待个人信用信息的态度,是否愿意为信用消费需要而牺牲部分个人隐私,使得信用提供者获得消费者的偿债意愿和支付能力,从而降低信用交易的成本;等等。这些都影响到一个社会的总体信用消费水平,表现在不同文化传统国家之间信用消费水平的显著差异。在美国,"先买后付"已经成为其文化中根深蒂固的一个方面,大部分人在付款的同时就已经在享受住房和其他家庭用品;在中国,更多的人习惯于先积累、后消费。

5. 受经济周期的影响大

个人借款需要用借款人未来的收入来偿还,因此,个人贷款具有周期敏感性,在经济扩张时期,个人和家庭一般对未来预期收入乐观,从而消费贷款的申请人会增加;而在经济衰退时期,很多个人和家庭因看到收入减少或下岗增加,从而对未来预期变得悲观,就会相应影响他们对正常还款的信心,从而申请人减少。消费贷款同样呈现出周期性的敏感趋势,在经济膨胀时，消费者对未来充满乐观情绪，消费贷款就会趋于上升；相反，经济进入萧条期，个人和家庭对前景看法黯淡，特别是当人们感到失业压力时，消费者向银行借款的规模就会相应减少。

6. 银行需要获取个人信用信息与保护个人隐私存在矛盾

对于个人消费贷款来说，借款人的社会职业、收入状况及健康条件等都决定了他是否具有偿还贷款的能力，借款人是否恪守信用对授信能否成功收回具有决定性作用。但借款人的这些个人信用信息，授信银行远不如借款人本人掌握得翔实，处于信息不对称状态。为了掌握个人资信的真实状况，需要建立个人信用报告制度，让银行可以方便快捷地获取借款人的信用信息。但个人信用信息具有隐私性，个人不愿意银行向其同事朋友调查了解他的个人资信情况，因为这等于将私人贷款之事加以张扬。因此，许多个人的信用资料，信用报告机构和银行可能都很难取得，这增加了银行的贷款风险。

7. 个人信用消费者在与银行信用交易中处于弱者地位

银行对公司的授信，会因为公司的资信实力、经营风险及综合效益等因素大有讨价还价的余地。银行对公司贷款的金额多少、期限长短、利率高低及担保方式等条件可以经过商讨而改变或者优惠，但在银行与个人信用消费者的交易中，相对而言，后者处于弱势。即使在个人贷款消费市场处于卖方市场时也是如此。银行的各种个人消费信用品种大都不是针对每个消费者量身定做的，金额、期限、利率与担保等条件都已事前确定，个人借款人与银行可讨价还价的余地已不多，办理业务时大多只能对号入座。

8. 个人消费贷款的竞争主要是服务品质的竞争

消费贷款归根结底是一种金融服务，因此，服务品质是贷款机构最重要的竞争武器。服务品质的内容包括：服务得到的方便性，即客户得到该项服务的难易程度与手续的简化程度；服务选择的多样性，即客户可选择的贷款产品的多样性和服务内容的丰富性，即客户除了金融贷款服务外，还可享受其他服务内容。

第二节 个人住房贷款

一、个人住房贷款的含义、分类与特征

（一）个人住房贷款的含义

个人住房贷款是指银行向自然人发放的，用于购买、建造和大修理各类型住房的贷款。由于个人住房贷款一般以所购买、建造或大修理的住房作为抵押，所以通常称为个人住房抵押贷款，即由商业银行或其他金融机构发放的，以个人或家庭为贷款对象，以购买住房或与住房有关的其他用途为目的，以所购买的住房为抵押，按照固定或浮动利率计息，在较长时间内分期还本付息的贷款。

（二）个人住房贷款的分类

（1）按照资金来源划分，个人住房贷款包括自营性个人住房贷款、公积金个人住房贷款和个人住房组合贷款。

① 自营性个人住房贷款，也称商业性个人住房贷款，是指银行运用信贷资金向在城镇购买、建造或大修理各类型住房的个人发放的贷款。

② 公积金个人住房贷款，也称委托性住房公积金贷款，是指由各地住房公积金管理中心运用个人及其所在单位所缴纳的住房公积金，委托商业银行向购买、建造、翻建或大修自住住房的住房公积金缴存人以及在职期间缴存住房公积金的离退休职工发放的专项住房贷款。该贷款不以营利为目的，实行"低进低出"的利率政策，带有较强的政策性，贷款额度受到限制。因此，它是一种政策性个人住房贷款。例如，目前河北省公积金个人住房贷款额度最高不超过60万元；北京市首套和二套住房公积金个人贷款的最低首付款比例均为20%，首套房贷款最高额度为120万元，二套房贷款最高额度为80万元。

③ 个人住房组合贷款，是指按时足额缴存住房公积金的职工在购买、建造或大修住房时，可以同时申请公积金个人住房贷款和自营性个人住房贷款，从而形成特定的个人住房贷款组合，简称个人住房组合贷款。

(2) 按照住房交易形态划分，个人住房贷款可分为新建房个人住房贷款和个人二手住房贷款。

① 新建房个人住房贷款，俗称个人一手房贷款，是指银行向符合条件的个人发放的，用于在一级市场上购买新建住房的贷款。

② 个人二手房住房贷款，是指银行向符合条件的个人发放的，用于购买在住房二级市场上合法交易的各类型个人住房的贷款。

(3) 按照贷款利率的确定方式划分，个人住房贷款可分为固定利率贷款和浮动利率贷款。

(三) 个人住房贷款的特征

与其他个人贷款相比，个人住房贷款具有以下特点。

1. 贷款期限长

购房支出通常是家庭支出的主要部分，住房贷款也普遍占家庭负债的较大份额，因此，个人住房贷款相对其他个人贷款而言金额较大，期限也较长，通常为10~20年，最长可达30年，绝大多数采取分期还本付息的方式。

2. 大多以抵押为前提建立借贷关系

通常情况下，个人住房贷款是以住房作为抵押这一前提条件发生的资金借贷行为。对于个人住房贷款的借款人而言，其目的是通过借款融资取得购买住房的资金，实现对住房的拥有；对于个人住房贷款的贷款人即银行而言，其取得该住房抵押权的目的并不是要实际占有住房，而是为了在贷出资金未能按期收回时，作为一种追偿贷款本息的保障。因此，从融通资金的方式来讲，个人住房贷款是以抵押物的抵押为前提而建立起来的一种借贷关系。

3. 风险具有系统性特点

由于个人住房贷款大多数为房产抵押担保贷款，所以风险相对较低；但是由于大多数个人住房贷款具有类似的贷款模式，系统性风险也相对集中。除了客户还款能力和还款意愿等方面的因素外，房地产交易市场的规范性对个人住房贷款风险的影响也较大。

二、个人住房贷款的贷款要素

1. 贷款对象

个人住房贷款的贷款对象应是具有完全民事行为能力的我国公民或符合国家有关规定的境外自然人。同时，贷款对象还须满足贷款银行的其他要求，例如：

(1) 合法有效的身份证件或居留证明。
(2) 有稳定的经济收入，信用状况良好，有偿还贷款本息的能力。
(3) 有合法有效的购买（建造、大修）住房的合同、协议以及符合规定的首付款证明材料、贷款银行要求提供的其他证明文件。
(4) 有贷款银行认可的资产进行抵押或质押，或有足够代偿能力的法人、其他经济组织或自然人作为保证人。
(5) 贷款银行规定的其他条件。

2. 贷款利率

借款人本身存在一定的风险，因此贷款银行都会在中国人民银行规定的贷款基准利率及浮动区间确定每笔贷款利率。个人住房贷款的利率按商业性贷款利率执行，上限放开，实行下限管理。根据现行规定，个人住房贷款利率浮动区间的下限为基准利率的 0.7 倍。个人住房贷款的计息、结息方式，由借贷双方协商确定。一般来说，个人住房贷款的期限在 1 年以内（含 1 年）的，实行合同利率，遇贷款基准利率（法定利率）调整不分段计息；贷款期限在 1 年以上的，合同期内如遇贷款基准利率（法定利率）调整时，可由借贷双方按商业原则确定，可在合同期间按月、按季、按年调整，也可采用固定利率的确定方式。在实践中，银行多于次年 1 月 1 日起按相应的利率档次执行新的贷款利率。

3. 贷款期限

个人一手房贷款和二手房贷款的期限由银行根据实际情况合理确定，最长期限都为 30 年。个人二手房贷款的期限不能超过所购住房的剩余土地使用权期限。对于借款人已离退休或即将离退休的（目前法定退休年龄为男性 60 岁，女性 55 岁），贷款期限不宜过长，一般男性自然人的还款期限不超过 65 岁，女性自然人的还款年限不超过 60 岁。符合相关条件的，男性可放宽至 70 岁，女性可放宽至 65 岁。

4. 还款方式

个人住房贷款可采取多种还款方式进行还款。例如，一次还本付息法、等额本息还款法、等额本金还款法、等比累进还款法、等额累进还款法、组合还款法等多种方法。其中，以等额本息还款法和等额本金还款法最为常用。一般来说，贷款期限在 1 年以内（含 1 年）的，借款人可采取一次性还本付息法，即在贷款到期日前一次性还清贷款本息；贷款期限在 1 年以上的，可采用等额本息还款法和等额本金还款法等。借款人可以根据需要选择不同的还款方法，但是一笔借款合同只能选择一种还款方法，贷款合同签订后，未经贷款银行同意，不得更改还款方式。

5. 担保方式

个人住房贷款可实行抵押、质押和保证三种担保方式。贷款银行可根据借款人的具体情况，采用一种或同时采用几种贷款担保方式。

在个人住房贷款业务中，采取的担保方式以抵押担保为主，在未实现抵押登记前，普遍采取抵押加阶段性保证的方式。抵押加阶段性保证人必须是借款人所购住房的开发商或销售单位，且与银行签订了商品房销售贷款合作协议书。在一手房贷款中，在房屋办妥抵押登记前，一般由开发商承担阶段性保证责任；而在二手房贷款中，一般由中介机构或担保机构承担阶段性保证的责任。借款人、抵押人、保证人应同时与贷款银行签订抵押加阶段性保证借款合同。在所抵押的住房取得房屋所有权证/不动产权证并办妥抵押登记后,根据合同约定,抵押加阶段性保证人不再承担保证责任。

采用抵押担保方式的,抵押的财产必须符合《中华人民共和国担保法》《中华人民共和国物权法》规定的法定条件。抵押物的价值按照抵押物的市场成交价或评估价格确定。借款人以所购住房作为抵押,银行通常要求将住房价值全额用于贷款抵押;若以贷款银行认可的其他财产作为抵押,银行往往规定其贷款额度不得超过抵押物价值的一定比例。

采用质押担保方式的,质物可以是国家财政部发行的凭证式国债、国家重点建设债券、金融债券、符合贷款银行规定的企业债券、单位定期存单、个人定期储蓄存款存单等有价证券。

采用保证担保方式的,保证人应与贷款银行签订保证合同。保证人为借款人提供的贷款保证为全额连带责任保证,借款人之间、借款人与保证人之间不得相互提供保证。

在贷款期间,经贷款银行同意,借款人可根据实际情况变更贷款担保方式。抵押物、质押权利、保证人发生变更的,应与贷款银行重新签订相应的担保合同。

6. 贷款额度

根据现行规定,个人住房贷款最低首付款比例为20%,具体规定如下:

(1) 在不实施"限购"措施的城市,居民家庭首次购买普通住房的商业性个人住房贷款,原则上最低首付款比例为25%,各地可向下浮动5个百分点。对于实施"限购"措施的城市,贷款购买首套普通自住房的家庭,个人住房贷款最低首付款比例为30%。

(2) 对拥有一套住房并已结清相应购房贷款的家庭,为改善居住条件再次申请贷款购买普通商品住房,执行首套房贷款政策。在不实施"限购"措施的城市,对拥有两套及以上住房并已结清相应购房贷款的家庭,又申请贷款购买住房的,根据借款人偿付能力、信用状况等因素审慎把握并具体确定首付款比例。

(3) 对拥有一套住房且相应购房贷款未结清的居民家庭,为改善居住条件再次申请商业性个人住房贷款购买普通自住房的,贷款最低首付款比例为30%。

(4) 对于其他可以贷款的情形,首付款必须仍按不低于60%的政策执行。

(5) 各商业银行暂停发放居民家庭购买第三套及以上住房贷款。

三、银行发放个人住房贷款应重点考虑的因素

个人住房贷款一般来说都是长期贷款,贷款期间内的许多情况变化,包括经济环境、利率、借款人财务状况及作为贷款抵押物的房产的价值变动等因素的变化都可能对贷款产生影响。故商业银行发放个人住房抵押贷款前,需要从以下几个方面仔细研究。

(1) 借款人收入的数额和稳定性,特别是要和抵押贷款的规模以及贷款支付的规模相比较。银行一般要求借款人月均还款额度不得超过其当月经济收入总额的50%。

(2) 借款人可以动用的储蓄和借款人取得首期付款的来源。如果为了支付首期付款,借款人动用了大量储蓄,那么,假设将来发生意外,如家庭成员失业或生病,这将影响贷款的按时足额偿还。

(3) 借款人照管财产的记录。如果抵押财产得不到正确的维护,那么银行在行使抵押

权或者出售抵押财产的时候,就不可能完整地收回资金。

(4) 住房抵押贷款固定/浮动利率的选择。银行在选择利率时,需要充分考虑影响利率变化的各种因素,并判断未来利率的走向,如预期未来利率下降可以采用固定利率房贷,反之,则采取浮动利率房贷。

专栏资料7-2

个人住房贷款月均还款额计算公式。

(1) 等额本息法。假设借款人的贷款金额为 P_0,贷款年利率为 R,贷款年限为 n 年,其采用等额本息后付还款方法,每月还款金额为 X,则有

$$P_0(1+R/12)^{12n} = X(1+R/12)^{12n-1} + X(1+R/12)^{12n-2} + \cdots + X(1+R/12) + X$$

$$X = P_0 R(1+R/12)^{12n}/12[(1+R/12)^{12n} - 1]$$

(2) 等额本金法。假设借款人的贷款金额为 P_0,贷款年利率为 R,贷款年限为 n 年,其采用等额本金还款方法,则有

$$每期还款额 = \frac{P_0}{12n} + (P_0 - 累计已归还本金额)R/12$$

四、自营性个人住房贷款业务操作流程

个人住房贷款业务操作包括贷款的受理和调查、审查和审批、签约和发放、支付管理以及贷后管理五个环节。

(一) 贷款的受理和调查

1. 贷款受理

(1) 贷前咨询。银行通过现场咨询、窗口咨询、电话银行、网上银行、业务宣传手册等渠道和方式,向拟申请个人住房贷款的个人提供有关信息咨询服务。贷前咨询的主要内容包括:个人住房贷款品种;申请个人住房贷款应具备的条件;申请个人住房贷款需提供的资料;办理个人住房贷款的程序;个人住房贷款合同中的主要条款;个人住房贷款经办机构地址及联系电话;等等。

(2) 贷款受理程序。

① 接受申请。贷款受理人应要求借款申请人填写"个人住房借款申请书",并按银行要求提交相关申请材料。对于有共同申请人的,应同时要求共同申请人提交有关申请材料。申请资料清单如下:合法有效的身份证件,包括居民身份证、户口簿、军官证或其他有效身份证件及婚姻状况证明;借款人还款能力证明材料,包括收入证明材料和有关资产证明等;合法有效的购房合同;涉及抵押或质押担保的,需提供抵押物或质押权利的权属证明文件以及有处分权人同意抵押/质押的书面证明;涉及保证担保的,需保证人出具同意提供担保的书面承诺,并提供能证明保证人保证能力的证明材料;购房首付款证明材料,包括借款人首付款交款单据(如发票、收据、银行进账单、现金交款单等),首付款尚未支付或者首付款未达到规定比例的,则要求提供用于购买住房的自筹资金的有关证明;银行规定的其他文件和资料等。

② 初审。贷款受理人应对借款申请人提交的借款申请书及申请材料进行初审,主要审查借款申请人的主体资格及借款申请人所提交材料的完整性与规范性。

经初审符合要求后，贷款受理人应将借款申请书及申请材料交由贷前调查人进行贷前调查。

2. 贷前调查

贷前调查是对住房楼盘项目和借款人提供的全部文件与材料的真实性、合法性、完整性、可行性以及对借款人的品行、信誉、偿债能力、担保手段落实情况等进行的调查和评估。

（1）对开发商及楼盘项目的调查。对个人住房贷款楼盘项目的审查包括对开发商资信的审查、项目本身的审查以及对项目的实地考察。

① 开发商资信的审查：包括房地产开发商资质审查；企业资信等级或信用程度；企业法人营业执照；税务登记证明；会计报表；开发商的债权债务和为其他债权人提供担保的情况；企业法人代表的个人信用程度和管理层的决策能力。

② 项目本身的审查：项目资料的完整性、真实性和有效性审查，主要包括商品房销售贷款项目合作申请表、贷款证或贷款卡（附年审记录）、营业执照（附年审记录）、资质等级证书、国有土地使用权证、建设用地规划许可证、建设工程规划许可证、建筑工程施工许可证、预售商品房许可证、工程竣工验收合格证等；项目的合法性审查；项目工程进度审查；项目资金到位审查。

③ 对项目的实地考察：检查开发商所提供资料和数据是否与实际一致，是否经过政府部门批准，从而保证项目资料的真实性和合法性；开发商从事房地产建筑和销售的资格认定，检查项目的工程进度是否达到政府部门规定预售的进度内；检查项目的位置是否理想，考察房屋售价是否符合市场价值，同时对项目的销售前景做出理性判断。

信贷人员应依照银行有关规定，通过对开发商资信调查、项目有关资料审查以及实地考察后撰写项目调查报告，报告应包括以下内容：开发商的企业概况、资信状况；开发商要求合作的项目情况、资金到位情况、工程进度情况、市场销售前景；通过商品房销售贷款的合作可给银行带来的效益和风险分析，即银行通过与开发商进行商品房销售合作，将对负债业务、资产业务、中间业务等各类业务带来哪些效益和风险；项目合作的可行性结论以及对可提供个人住房贷款的规模、相应年限及贷款成数提出建议。项目调查报告经审核人员审核后，交有权审批部门审查核准。

（2）对借款人的调查。

① 调查的方式和要求：贷前对借款人的调查可以采取审查借款申请材料、面谈借款申请人、查询个人信用、电话调查、实地调查等多种方式进行。贷前调查人应通过面谈了解借款申请人的基本情况、借款所购（建）房屋情况以及贷前调查人认为应调查的其他内容。

② 调查的内容：材料的一致性；审核借款申请人（包括代理人）的身份证明；调查借款申请人的信用情况；审核借款申请人偿还能力证明；审核首付款证明、购房合同或协议、担保材料以及贷款的真实性。

贷前调查完成后，贷前调查人应对调查结果进行整理、分析，填写个人住房贷款调查审批表，提出是否同意贷款的明确意见及贷款额度、贷款期限、贷款利率、担保方式、还款方式、划款方式等方面的建议，并形成对借款申请人还款能力、还款意愿、担保情况以及其他情况等方面的调查意见，连同申请材料一并送交贷款审核人员进行贷款审核。

(二) 贷款的审查和审批

1. 贷款审查

贷款审查人负责对借款申请人提交的材料进行合规性审查，对贷前调查人提交的个人住房贷款调查审批表、面谈记录以及贷前调查的内容是否完整进行审查。贷款审查人认为需要补充材料和完善调查内容的，可要求贷前调查人进一步落实。贷款审查人对贷前调查人提交的材料和调查内容的真实性有疑问的，可以进行重新调查。

贷款审查人审查完毕后，应对贷前调查人提出的调查意见和贷款建议是否合理、合规等在个人住房贷款调查审查表上签署审查意见，连同申请材料、面谈记录等一并送交贷款审批人进行审批。

2. 贷款审批

(1) 组织报批材料。个人住房贷款业务部门负责报批材料的组织。报批材料具体包括个人信贷业务报批材料清单、个人信贷业务申报审批表、个人住房借款申请书以及个人住房贷款办法及操作规程规定的材料等。

(2) 审批。贷款审批人依据银行各类个人住房贷款办法及相关规定，结合国家宏观调控政策或行业投向政策，从银行利益出发审查每笔个人住房贷款业务的合规性、可行性及经济性，根据借款人的偿付能力以及抵押担保的充分性与可行性等情况，分析该笔业务预计给银行带来的收益和风险。贷款审批人应审查的内容包括：借款人资格和条件是否具备；借款用途是否符合银行规定；申请借款的金额、期限等是否符合有关贷款办法和规定；借款人提供的材料是否完整、合法、有效；贷前调查人的调查意见、对借款人资信状况的评价分析以及提出的贷款建议是否准确、合理；对报批贷款的主要风险点及其风险防范措施是否合规有效；等等。

(3) 提出审批意见。采用单人审批时，贷款审批人直接在"个人信贷业务申报审批表"上签署审批意见。采用双人审批方式时，先由专职贷款审批人签署审批意见，后送贷款审批牵头人签署意见。贷款审批人对个人贷款业务的审批意见类型为"同意"和"否决"两种。

(4) 审批意见落实。业务部门应根据贷款审批人的审批意见做好以下工作：

① 对未获批准的借款申请，贷前调查人应及时告知借款人，将有关材料退还，并做好解释工作，同时做好信贷拒批记录存档；

② 对需要补充材料的，贷前调查人应按要求及时补充材料后重新履行审查、审批程序；

③ 对经审批同意或有条件同意的贷款，信贷经办人员应及时通知借款申请人并按要求落实有关条件、办理合同签约和发放贷款等。

(三) 贷款的签约和发放

1. 贷款签约

经审批同意的，贷款银行与借款人、开发商签订个人住房贷款合同，以明确各方权利和义务。借款合同应符合法律规定，明确约定各方当事人的诚信承诺和贷款资金的用途、支付对象、支付金额、支付条件、支付方式等。贷款的签约流程如下：

(1) 填写合同。贷款发放人员应根据审批意见确定应使用的合同文本并填写合同。

(2) 审核合同。合同填写完毕后，填写人员应及时将有关合同文本交合同复核人员进行复核。同笔贷款的合同填写人与合同复核人不得为同一人。

(3) 签订合同。合同填写并复核无误后，贷款发放人应负责与借款人（包括共同借款人)、担保人(抵押人、出质人、保证人)签订合同。

2. 贷款发放

(1) 落实贷款发放条件。贷款发放前,贷款发放人应落实有关贷款发放条件,主要包括:确认借款人首付款已全额支付到位;借款人所购房屋为新建房的,要确认项目工程进度符合有关贷款条件;需要办理保险、公证等手续的,确认有关手续已经办理完毕;对采取委托扣款方式的借款人,要确认其已在银行开立还本付息账户用于归还贷款;对采取抵(质)押的贷款,要落实贷款抵(质)押手续;对自然人作为保证人的,应明确并落实履行保证责任的具体操作程序,对保证人有保证金要求的,应要求保证人在银行存入一定期限的还本付息额的保证金。

(2) 贷款划付。贷款发放条件落实后,贷款发放岗位人员应填写或打印相关文件,交信贷主管审核签字后,送会计部门作为开立贷款账户的依据;会计部门进行开立账户并划款;贷款发放岗位人员按照合同约定将贷款发放、划付到预定账户;按照合同规定需要借款人到场的,应通知借款人持本人身份证件到现场协助办理相关手续。

(四) 支付管理

贷款人可以采用受托支付或借款人自主支付的方式对贷款资金的支付进行管理与控制。贷款人受托支付是指贷款人根据借款人的提款申请和支付委托,将贷款资金支付给符合合同约定用途的借款人交易对象;借款人自主支付是指贷款人根据借款人的提款申请将贷款资金直接发放至借款人账户,并由借款人自主支付给符合约定用途的借款人交易对象。

(五) 贷后管理

个人住房贷款的贷后与档案管理是指贷款发放后到合同终止期间对有关事宜的管理,包括贷款本息回收、合同变更、贷后检查、贷款的风险分类与不良贷款管理以及贷款档案管理等工作。它关系到信贷资产能否安全收回,是个人住房贷款工作的重要环节之一。

1. 贷款回收

银行根据借款合同的约定进行贷款的回收。借款人与银行应在借款合同中约定借款人归还借款采取的支付方式、还款方式和还款计划等。借款人按借款合同约定偿还贷款本息,银行则将还款情况定期告知借款人。

(1) 贷款支付方式。贷款的支付方式有委托扣款和柜面还款两种方式。

(2) 还款方式。借款人要按照借款合同中规定的还款方式进行还款。常用的个人住房贷款还款方式包括等额本息还款法和等额本金还款法两种。

2. 合同变更

(1) 基本规定。合同履行期间,有关合同内容需要变更的,必须经当事人各方协商同意,并签订相应变更协议。在担保期内,根据合同约定必须事先征得担保人书面同意的,须事先征得担保人的书面同意。如需办理抵押变更登记的,还应到原抵押登记部门办理抵押变更登记手续。合同变更应由合同当事人亲自持本人身份证件办理或委托代理人代办。

(2) 合同主体变更。在合同履行期间,须变更借款合同主体的,借款人或财产继承人持有效法律文件,向贷款银行提出书面申请。经办人应对变更后的借款人主体资格、资信情况进行调查,核实担保人是否同意继续提供担保等,形成书面调查报告,按贷款审批程序进行审批。经审批同意变更借款合同主体后,贷款银行与变更后的借款人、担保人重新签订有关合同文本。

(3) 借款期限调整。期限调整是指借款人因某种特殊原因,向贷款银行申请变更贷款还款期限,包括延长期限、缩短期限等。借款人需要调整借款期限,应向银行提交期限调整申请书,并必须具备以下前提条件:贷款未到期;无欠息;无拖欠本金,本期本金已归还。期限调整后,银行将重新为借款人计算分期还款额。

延长期限是指借款人申请在原来借款期限的基础上延长一定的期限,借款合同到期日则相应延长。原借款期限与延长期限之和不得超过有关期限规定的要求;原借款期限加上延长期限达到新的利率期限档次时,从延长之日起,贷款利率按新的期限档次利率执行,已计收的利息不再调整。如遇法定利率调整,从延长之日起,贷款利率按新的法定利率同期限档次利率执行。

缩短期限是指借款人申请在原来借款的基础上缩短一定的借款期限,借款合同到期日则相应提前。对分期还款类个人贷款账户,缩短期限后,贷款到期日期至少在下个结息期内,即剩余有效还款期数不能为零。对到期一次还本付息类个人贷款账户,不允许缩短借款期限。缩短借款期限后新的借款期限达到新的利率期限档次时,从缩短之日起,贷款利率按新的期限档次利率执行,已计收的利息不再调整。如遇法定利率调整,从缩短之日起,贷款利率将按照合同约定的利率执行或按国家有关规定执行。

(4) 分期还款额的调整。银行允许借款人在合同履行期间申请调整分期还款额。借款人提前部分还款后,对于希望保持原贷款期限不变,仅调整分期还款额的申请,会计部门应在办理完提前部分还款手续后,按贷款余额、剩余贷款期限重新计算分期还款额;借款人提前部分还款后,如需调整贷款期限并相应调整分期还款额的,经办人应要求借款人按调整贷款期限提出申请,并按借款期限调整的规定办理。

3. 贷后检查

贷后检查以借款人、抵(质)押物、保证人、合作开发商及项目为对象,通过客户提供、访谈、实地检查、行内资源查询等途径获取信息,对影响个人住房贷款资产质量的因素进行持续跟踪调查、分析,并采取相应补救措施的过程,判断借款人的风险状况,提出相应的预防或补救措施。

4. 不良贷款的催收与处置

(1) 不良贷款催收。对不同拖欠期限的不良个人住房贷款的催收可采取不同的方式,如电话催收、信函催收、上门催收、通过中介机构催收,以及采取法律手段催收等方式。同时,应利用信息技术对不良贷款催收情况进行登记管理,实现不良贷款催收管理的自动化。个人住房贷款出现违约后,银行的经办人员或相关管理人员应该按照规定程序,对未按期还款的借款人发出催收提示和催收通知,督促借款人清偿违约贷款。

(2) 不良贷款处置。抵押物处置可采取与借款人协商变卖、向法院提起诉讼或申请强制执行依法处分。对认定为呆账贷款的个人住房贷款,贷款银行应按照财政部、中国人民银行和商业银行有关呆账认定及核销的规定组织申报材料,按照规定程序批转后核销。对银行保留追索权的贷款,各经办行应实行"账销案存",建立已核销贷款台账,定期向借款人和担保人发出催收通知书,并注意诉讼时效。

五、个人住房贷款借款人资信评估

(一) 个人资信评估的原则

个人申请住房贷款,银行应遵循以下原则对其资信状况进行评估:

1. 真实性原则

个人资信评估应客观公正,原始数据、资料等基础信息的采集、整理应真实可靠。

2. 谨慎性原则

为确保银行贷款安全,个人资信评估指标的设计、各指标的权重及资信等级的评定应坚持谨慎性原则。

3. 量化原则

为保证评估结果的客观性、可比性,减少主观判断偏差,个人资信评估应坚持量化原则。

(二) 个人资信评估的指标体系

个人资信评估指标体系由个人素质、购房及还款能力与贷款保护能力三类指标构成,每类指标设若干分指标(以中国工商银行为例,见表7-1)。

表 7-1 个人住房贷款借款人资信评估表

指标类别	指标名称(最高分值)	指标说明或计算公式	指标值	分数值	得分
个人素质	职业稳定性 (3分)	就业状态及过去三年中职业变更次数	下岗或失业	0	
			≤2 次	3	
			≥3 次	1	
	职业地位 (5分)		高级管理(专业)人员	5	
			管理(专业)人员	3	
			普通职员	2	
	受教育程度 (3分)	个人接受正规学校教育的程度	高等教育	3	
			中等教育	1	
			文盲或准文盲	0	
	年龄 (4分)		≤25 岁	2	
			25~50(含50)岁	4	
			50 岁到退休年龄	2	
			≥退休年龄	0	
	健康状况 (3分)	目前身体有无严重疾病	无	3	
			有	0	
	行为表现 (3分)	过去五年中有无不良信誉史	无	3	
			有	0	
	综合印象 (4分)	信贷人员对申请人的综合直观评价	良好	4	
			一般	2	
			不良	0	
	小计 (25分)				

续表

指标类别	指标名称（最高分值）	指标说明或计算公式	指标值	分数值	得分
购房及还款能力	房价收入比（17分）	住房价格/家庭年收入	≤6	17	
			6~8（含）	12	
			8~10（含）	8	
			>10	3	
	还贷收入比（选择一个公式）（18分）	1. 家庭月均收入水平/月均还款额	≤2	6	
			2~2.5（含）	10	
			2.5~3（含）	14	
			3~3.6（含）	16	
			>3.6	18	
		2. 家庭月均净收入水平/月均还款额	=1	6	
			1~1.3（含）	10	
			1.3~1.5（含）	14	
			1.5~1.8（含）	16	
			>1.8	18	
	小计（35分）				
贷款保护能力	贷款抵押成数（20分）	贷款额/房价	≤30%	20	
			30%~45%（含）	17	
			45%~60%（含）	15	
			60%~70%（含）	13	
	质押率（20分）	贷款额/质物价值	≤50%	20	
			50%~65%（含）	17	
			65%~80%（含）	15	
			80%~90%（含）	13	
	保证单位信用等级（20分）		≥AA	20	
			≥A	16	
			≥BBB	12	
			<BBB	0	
	自然人保证能力（10分）	自然人是否具有保证能力	有	10	
			无	0	
	双重担保（20分）	抵押加保证或质押加保证	[贷款抵押成数（或质押率）分值×75% + 保证人信用等级分值×25%] ×125%		
	抵（质）押物变现能力（10分）	抵（质）押物变现能力的强弱	较强	10	
			一般	6	
			较差	3	
	保险（5分）	借款人是否购买抵押财产保险	是	5	
			否	0	
	小计（40分）				

资料来源：摘自《中国工商银行个人住房贷款借款人资信评估指导意见》《住房信贷实务培训教材》，2000年6月第1版

1. 个人素质

(1) 职业稳定性。职业稳定性反映借款人目前的职业情况及职业稳定程度。如果借款人目前处于下岗待业或失业状态,该项指标应给予0分;职业稳定程度以过去三年中职业变动次数进行衡量。

(2) 职业状况。职业状况反映借款人的职业特点及素质,可以划分为高级管理人员(含国家高级公务员、高级专业人员)、管理人员(含国家一般公务员、专业人员)及普通职员(含其他从业人员)。

(3) 受教育程度。受教育程度反映借款人的文化素质,并间接反映借款人未来的职业发展潜力。受教育程度划分为高等教育(大学专科以上毕业)、中等教育(初中、高中及中等专业学校毕业)及文盲、准文盲。

(4) 年龄。年龄反映借款人的成熟程度及贷款偿还的有效时间。年龄划分为以下几个阶段:25岁(含)以下,25~50岁(含),50岁到退休年龄,退休年龄(含)以上。

(5) 健康状况。健康状况反映借款人目前的身体状况、有无严重疾病。健康状况可划分为两个档次,即身体状况差(有严重疾病导致长期病休或可能影响其继续工作的能力)和身体状况良好。

(6) 行为表现。行为表现反映借款人在过去五年中有无不良信誉史或违约记录。行为表现可划分为两个档次,即行为表现不良和行为表现良好。借款申请人有刑事犯罪记录的,不得予以贷款。

(7) 综合印象。综合印象反映信贷人员对借款申请人的综合直观评价。通过调查、交谈及访问等形式对申请人的个人素质进行补充、修正。综合印象可划分为三个档次,即良好、一般和不良。

2. 购房及还款能力

(1) 房价收入比。房价收入比考察借款人是否具备购买住房的能力,计算公式为

$$房价收入比 = 住房价格/家庭年收入$$

家庭年收入是指家庭全体成员的工资、奖金及其他合法收入。该项指标划分为四个档次,购房能力很强时该项指标为满分,其他档次均相应减分。

(2) 还贷收入比。还贷收入比考察借款人归还贷款的能力,可从下述两个公式中选择一个。

① 家庭月均收入水平/月均还款额。月均还款额是指当借贷关系成立后,借款人每月应当归还的贷款本息。该指标分为五个档次,该指标值大于3.6,可得满分,其他档次均相应减分。

② 家庭月均净收入水平/月均还款额。家庭月均净收入水平是指家庭月均收入扣除各项基本生活支出后的净额;月均还款额是指当借贷关系成立后,借款人每月应当归还的贷款本息。该指标分为五个档次,该指标值大于1.8时可得满分,其他档次均相应减分;该指标值小于1,原则上不予贷款。

3. 贷款保护能力

(1) 贷款抵押成数。贷款抵押成数是指贷款额与作为抵押物的住房价值(以所购住房的评估价值或购买价格两者中较低者为准)之比。该指标分为四个档次,当贷款抵押成数≤30%时,该项指标可得满分,其他档次均相应减分。

(2) 质押率。质押率是指贷款额与质物价值之比。该指标分为四个档次,当质押率≤50%时,该项指标可得满分,其他档次均相应减分。

(3) 第三方保证。该指标主要考察个人住房贷款采用第三方保证时保证人的资信情况,具体分为两种情形,即保证单位信用等级和保证人为自然人的保证能力。

保证单位信用等级分为四个档次：保证人信用等级在 AA 级（含）以上,该项指标得满分；保证人信用等级在 BBB 级（不含）以下,原则上为 0 分。当自然人作为保证人时,应对保证人的收入、财产及个人品质等保证能力进行考察。如果保证人具备贷款人要求的保证能力,则该项指标满分,否则得 0 分（根据中国工商银行信用等级评价标准,综合评分≥90 分为 AAA 级,≥75 分为 AA 级,≥65 分为 A 级,≥55 分为 BBB 级）。

(4) 双重担保。在贷款设定双重担保（抵押加第三方保证,或质押加第三方保证）的情况下,分值按下述公式计算：

[贷款抵押成数(或质押率)分值×75% + 保证人信用等级分值×25%]×125%

(5) 抵押物变现能力。考察通过处置抵押物收回贷款本息时,抵押物有效变现的难易程度。这一指标应着重考虑抵押物的区位、价格、升值潜力及借款人有无周转房等因素。

(6) 借款人购买保险情况。考察借款人是否购买抵押物财产保险。如果购买抵押物财产保险,则该项指标得满分,否则得 0 分；如果借款人除购买抵押物财产保险以外,还购买履约保证保险,另加 3 分；购买人寿保险或医疗保险,可分别加 2 分。

（三）个人资信评估中各因素的权重

个人资信评估指标体系中各指标分值的权重,直接影响资信评估的结果和质量。各行要根据当地实际情况,科学确定各指标的分数权重。

根据借款人素质、购房及还款能力与贷款保护能力三类因素在个人资信评估中的重要程度,给出如下参考权重。

(1) 个人素质：25 分。

(2) 购房及还款能力：35 分。

(3) 贷款保护能力：40 分。

借款人购买抵押物财产保险以外的其他保险品种,可另设附加分。

（四）个人资信等级评定

(1) 按照得分多少,个人资信等级分为 A、B、C、D 四个等级,80 分（含）以上为 A 级,70 分（含）至 80 分为 B 级,60 分（含）至 70 分为 C 级,60 分以下为 D 级。

(2) 对不同资信等级的借款人,应规定不同的贷款额度及贷款年限,对 D 类资信等级的借款人原则上不予贷款。

(3) 银行应该根据本行个人住房贷款质量状况,每年可对借款人资信等级评估表的指标量值进行修正,以提高贷款决策水平。

专栏资料 7-3

我国个人住房贷款模式多样化

2006 年,房贷市场贷款模式屡有创新,光大银行、建设银行相继推出固定利率房贷,农业银行在上海、北京及天津等 8 个分行正式推出个人住房接力贷款新业务。

固定利率房贷,是指银行与借款人约定一个利率,不管中央银行基准利率或市场利率如何调整,借款人都以约定的利率偿还银行贷款的房贷方式。与当前通行的浮动利率房贷相比,固定利率房贷可以有效规避利率风险和通胀风险;同时,借款人很容易算出每个月的还款负担,能够量入为出。

接力贷款,是指子女作为所购房屋的所有权人,非所有权人的父母也可以作为共同借款人向银行贷款,借款人的贷款期限和可贷金额都可以放宽。接力房贷主要适用于两类情况:作为父母的借款人年龄偏大,按现行规定(借款人年龄+贷款年限≤65年)可贷年限较短,月还款压力较大,希望通过指定子女作为共同借款人以延长还款期限;另一类是作为子女的借款人预期未来收入情况较好,但目前收入偏低,按现行规定可贷金额较少,希望通过增加父母作为共同借款人来增加贷款金额。申请个人住房接力贷款须同时具备以下条件:共同借款人均具有完全民事行为能力;作为共同借款人的父母和子女均具有稳定的职业与收入,共同借款人收入之和具有偿还贷款本息的能力;作为父母的借款人中,年龄较大的一方不超过60岁;个人住房接力贷款的期限可在子女年龄的基础上按照相关规定确定。

[资料来源:《消费日报》,2006年2月7日]

专栏资料7-4

中国工商银行全线松绑强制房贷险

2005年10月24日,中国工商银行总行正式宣布,今后在工商银行办理个人住房按揭贷款的客户,可以自由选择是否购买房贷险,并自由选择购买哪家保险公司的房贷险。这是中央银行自1998年将房贷险定为个人住房按揭贷款申请前提后,首家在全行范围内取消房贷险强制制度的银行。

房贷险的全称是"个人抵押住房综合保险",是购房者向银行申请贷款时,银行一般要求贷款人必须购买的保险。房贷险的强制制度本是中央银行为防范房贷风险而制定的。中央银行于1998年颁布了《个人住房贷款管理办法》,其中第二十五条规定:"以房产作为抵押的,借款人需在合同签订前办理房屋保险或委托贷款人代办有关保险手续。"从此,房贷险确立了其个人房贷强制险的地位。

"总行一直不是太看重个人房贷险。"工行一家分行相关业务负责人透露,房贷险的保险责任非常有限,尤其是主险的赔付比例非常低,而附加险——借款人意外保险则经常出现赔付情况。但银行个人房贷业务真正的风险在于借款人的违约风险,而这无法在房贷险中规避。但是在上海银行同业中,房贷险至今仍是申请个人住房按揭贷款的客户必须购买的强制险。建设银行上海市分行和中国银行上海市分行的相关工作人员都表示,购买房贷险是申请该行个人房贷的必要条件,没有任何情况可以减免。农业银行上海市分行取消了强制房贷险,但必须以担保的形式代替,即客户可以在房贷险和个人住房贷款保证担保中任选其一。

[资料来源:《燕赵晚报》,2005年10月25日]

六、公积金个人住房贷款

(一)基础知识

1. 公积金个人住房贷款的概念

公积金个人住房贷款也称委托性住房公积金贷款,是指由各地住房公积金管理中心运用个人及其所在单位缴纳的住房公积金，委托商业银行向购买、建造、翻建、大修自住住房的住房公积金缴存人以及在职期间缴存住房公积金的离退休职工发放的专项住房消费贷款。公积金个人住房贷款是住房公积金使用的中心内容。公积金个人住房贷款实行"存贷结合、先存后贷、整借零还和贷款担保"的原则。

2. 公积金个人住房贷款的特点

（1）互助性。公积金个人住房贷款的资金来源为单位和个人共同缴存的住房公积金。

（2）普遍性。只要是具有完全民事行为能力、正常缴存住房公积金的职工，都可申请公积金个人住房贷款。

（3）利率低。相对商业贷款，公积金个人住房贷款的利率相对较低。

（4）期限长。目前，公积金个人住房贷款最长期限为 30 年（贷款期限不得超过法定离退休年龄后 5 年）。

3. 公积金个人住房贷款的贷款要素

（1）贷款对象。公积金个人住房贷款是缴存公积金的职工才享有的一种贷款权利，只要是公积金缴存的职工，均可申请公积金个人住房贷款。对未缴存住房公积金的购房人，由正常缴存住房公积金且未申请使用住房公积金贷款的职工（一般不得少于 2 人）提供担保后，也可申请住房公积金贷款；提供担保的职工，在被担保人未全部偿还贷款本息前，不得支取住房公积金和申请住房公积金个人住房贷款。申请公积金个人住房贷款必须符合住房公积金管理部门有关公积金个人住房贷款的规定。贷款对象应具备的基本条件包括：具有城镇常住户口或有效居留身份；按时足额缴存住房公积金并具有个人住房公积金存款账户；有稳定的经济收入，信用状况良好，有偿还贷款本息的能力；有合法有效的购买、大修住房的合同、协议以及贷款银行要求提供的其他证明文件；有当地住房公积金管理部门规定的最低额度以上的自筹资金，并保证用于支付所购（大修）住房的首付款；有符合要求的资产进行抵押或质押，或有足够代偿能力的法人、其他经济组织或自然人作为保证人；符合当地住房公积金管理部门规定的其他借款条件。

（2）贷款利率。公积金个人住房贷款的利率按中国人民银行规定的公积金个人住房贷款利率执行。2015 年 8 月 26 日调整后的公积金个人住房贷款利率如下：5 年期以下（含）为 2.75%，5 年期以上为 3.25%。

（3）贷款期限。公积金个人住房贷款的期限最长为 30 年，若当地公积金管理中心有特殊规定，则按当地住房公积金信贷政策执行。

（4）还款方式。公积金个人住房贷款的还款方式包括等额本息还款法、等额本金还款法和一次还本付息法。一般而言，贷款期限在 1 年以内（含 1 年）的实行到期一次还本付息法；贷款期限在 1 年以上的，借款人从发放贷款的次月起偿还贷款本息，一般采取等额本息还款法或等额本金还款法。

（5）担保方式。目前，公积金个人住房贷款担保方式一般有抵押、质押和保证三种方式。实践中，住房置业担保公司所提供的连带责任担保是常见的保证方式。

（6）贷款额度。公积金个人住房贷款的最高额度按当地住房公积金管理部门的有关规定执行，单笔贷款额度不能超过当地住房公积金管理中心规定的最高贷款额度。目前，公积金个人住房贷款最低首付款比例为 20%。

4. 公积金个人住房贷款业务的职责分工和操作模式

（1）职责分工。

① 公积金管理中心的基本职责：制定公积金信贷政策、负责信贷审批和承担公积金信

贷风险。

②承办银行职责：基本职责包括公积金借款合同签约、发放、职工贷款账户设立和计结息以及金融手续操作；可委托代理职责包括贷前咨询受理、调查审核、信息录入，以及贷后审核、催收、查询对账。

(2) 操作模式。

第一种模式是"银行受理，公积金管理中心审核审批，银行操作"模式：银行受托受理职工公积金借款申请，公积金管理中心负责审批，银行负责审核审批、办理合同签约和贷款发放等具体金融手续。

第二种模式是"公积金管理中心受理、审核和审批，银行操作"模式：公积金管理中心受理职工公积金借款申请，审核审批后，由银行办理合同签约、贷款发放等具体金融手续。

第三种模式是"公积金管理中心和承办银行联动"模式：银行受理职工公积金借款申请，通过网络实时将资料、审查结果和审查信息传递给公积金管理中心，公积金管理中心进行联机审核审批后，将审批意见通过网络发送给银行，银行根据审批意见办理具体金融手续，将相关账务信息通过网络传送给公积金管理中心，与公积金管理中心联机记账和对账。

5. 公积金个人住房贷款与商业银行自营性个人住房贷款的区别

(1) 承担风险的主体不同。公积金个人住房贷款是一种委托性住房贷款，它是国家住房公积金管理部门利用归集的住房公积金资金，由政府设立的住房置业担保机构提供担保，委托商业银行发放给公积金缴存人的住房贷款。从风险承担的角度上讲，对于公积金个人住房贷款，商业银行本身不承担贷款风险；而自营性个人住房贷款是商业银行利用自有信贷资金发放的住房贷款，因此自己必须承担风险。

(2) 资金来源不同。公积金个人住房贷款的资金来自公积金管理部门归集的住房公积金，而商业银行自营性个人住房贷款来源于银行自有的信贷资金。

(3) 贷款对象不同。公积金个人住房贷款的对象主要是住房公积金缴存人，而商业银行自营性个人住房贷款不需要是住房公积金缴存人，而是符合商业银行自营性个人住房贷款条件的、具有完全民事行为能力的自然人。

(4) 贷款利率不同。公积金个人住房贷款的利率比自营性个人住房贷款利率低。

(5) 审批主体不同。公积金个人住房贷款的申请由各地方公积金管理中心负责审批，而自营性个人住房贷款由商业银行自己审批。

(二) 贷款流程

1. 贷款的受理和调查

银行要先和公积金管理中心签订"住房公积金贷款业务委托协议书"，取得公积金个人住房贷款业务的承办权之后才能接受委托办理公积金个人住房贷款业务。根据委托协议及公积金管理中心的具体要求，承办银行接受当地公积金管理中心委托办理公积金借款咨询和申请，经办人员会告知借款人必须符合当地公积金管理中心规定的住房公积金贷款条件；承办银行需要对借款人是否符合贷款条件，提供资料是否完整有效，以及提供的担保是否合法、安全、可靠等进行调查和初审，提出初审意见。银行对借款人的各种证件、资料审查合格后，签署意见并注明时间后报送公积金管理中心。

2. 贷款的审查和审批

(1) 贷款审查。住房公积金管理中心收到借款人的申请材料后，先由业务部门经办人员对借款人的资信状况进行考察、测算、核实及签署意见,经业务部门负责人审查后,报管理中心分管负责人批准。审核的内容主要包括借款人缴存住房公积金情况、借款用途、借款内容、借款人资信审查等。

(2) 贷款审批。

① 登记台账。承办银行将通过初步审核的公积金贷款登记台账,按照公积金管理中心委托要求和管理规定,将贷款初步审核意见连同借款申请材料、面谈记录等资料全部送公积金管理中心审批。

② 贷款审批。公积金贷款的贷款风险由公积金管理中心承担,公积金贷款的审批决策权属于公积金管理中心,公积金管理中心作为贷款审批环节的执行者,对贷款额度、成数、年限做出最终的决策。

③ 核对或登记台账。承办银行取回公积金管理中心出具的审批意见和委托放款通知书后,核对已登记台账。对于公积金管理中心受理贷款申请的,承办银行要跟踪公积金管理中心审批进程,及时取回公积金管理中心出具的审批意见、委托放款通知书及贷款资料,并登记台账。

3. 贷款的签约和发放

(1) 贷款签约。借款人的申请通过公积金管理中心审批后,向受委托主办银行出具委托放款通知书,明确贷款对象、金额、期限、利率等内容,同时公积金管理中心将委托贷款基金划入银行的住房委托贷款基金账户。银行凭委托放款通知书与借款人签订借款合同和担保合同,办理抵押手续。借款合同生效后填制各类会计凭证,办理贷款划款手续。交易完成后,向借款人出具借款回单,向公积金管理中心移交和报送公积金贷款发放明细资料。

(2) 贷款发放。承办银行必须在收到公积金管理中心拨付的住房委托贷款基金,办妥所购房屋抵押登记(备案)手续,审核放款资料齐全性、真实性和有效性后发放贷款。除当地公积金管理中心有特殊规定外,公积金个人住房贷款资金必须以转账方式划入售房人账户,不得由借款人提取现金。发放完贷款,承办银行向借款人提供回单,并将有关放款资料报送公积金管理中心。

4. 支付管理

贷款人可以采用受托支付或借款人自主支付的方式对贷款资金的支付进行管理与控制。除当地公积金管理中心有特殊规定外,公积金个人住房贷款必须采用委托支付的支付管理方式,即贷款资金必须由贷款银行以转账方式划入售房人账户,不得由借款人提取现金。

采用贷款人受托支付方式的,银行应明确受托支付的条件,规范受托支付的审核要件,要求借款人在使用贷款时提出支付申请,并授权贷款人按合同约定方式支付贷款资金。银行应在贷款资金发放前审核借款人相关交易资料和凭证是否符合合同约定条件,支付后做好有关细节的认定工作。受托支付的操作要点包括:明确借款人应提交的资料要求;明确支付审核要求;完善操作流程;合理确定流动资金贷款的受托支付标准;要合规使用放款账户。贷款人受托支付完成后,应详细记录资金流向,归集保存相关凭证。

5. 贷后管理

按照公积金管理中心委托要求,承办银行定期(按日)将有关公积金管理中心的账户记账回单、公积金贷款回收、逾期及结清等资料移交和报送公积金管理中心,定期与公积金管理中心核对公积金个人住房贷款账务,协助不良贷款的催收,及时结算住房委托贷款手续费。

第三节　个人汽车贷款

一、个人汽车贷款的含义、分类、特征与原则

1. 个人汽车贷款的含义与分类

个人汽车贷款是银行向申请购买汽车的自然人发放的，以所购汽车或其他财产或第三方保证作为担保，用于购买汽车的贷款。

个人汽车贷款所购车辆按用途可以划分为自用车和商用车。自用车是指借款人申请汽车贷款购买的、不以营利为目的的汽车；商用车是指借款人申请汽车贷款购买的、以营利为目的的汽车。

个人汽车贷款所购车辆按注册登记情况可以划分为新车和二手车。二手车是指从办理完机动车注册登记手续到规定报废年限一年之前进行所有权变更并依法办理过户手续的汽车。

2. 个人汽车贷款的特征

（1）作为汽车金融服务领域的主要内容之一，在汽车产业和汽车市场发展中占有一席之地。从国内外市场发展过程来看，汽车贷款除了是商业银行个人贷款的重要产品外，其在汽车市场中的地位和作用也非常突出。由于汽车产业属于资金密集型产业，对资金融通方面的需求较大，除了上游的汽车生产和批发环节外，作为大额消费品，在汽车销售市场中汽车贷款日益起到举足轻重的作用。

（2）与汽车市场的多种行业机构具有密切关系。由于汽车销售领域的特色，汽车贷款业务的办理不是商业银行能够独立完成的。首先，借款人要从汽车经销商处购买汽车，银行贷款的资金将直接转移至汽车经销商处；其次，由于汽车贷款多实行所购车辆作为抵押，贷款银行会要求借款人及时足额购买汽车产品的保险，从而与保险公司建立业务关系；最后，汽车贷款业务拓展中还有可能涉及多种担保机构和服务中介等，甚至在业务拓展方面商业银行还要与汽车生产企业进行联系沟通。因此，银行在汽车贷款业务开展中不是独立作业的，而是需要多方的协调配合。

（3）风险管理难度相对较大。由于汽车贷款购买的标的产品为移动易耗品，以汽车作为抵押的风险缓释作用有限，其风险相对于住房贷款来说更难把握。特别是在国内信用体系尚不完善的情况下，商业银行对借款人的资信状况较难评价，对其违约行为缺乏有效的约束力。因此，汽车贷款风险控制的难度相对较大。

3. 个人汽车贷款的原则

个人汽车贷款实行"设定担保，分类管理，特定用途"的原则。其中，"设定担保"是指借款人申请个人汽车贷款需提供所购汽车抵押或其他有效担保；"分类管理"是指按照贷款所购车辆种类和用途的不同，对个人汽车贷款设定不同的贷款条件；"特定用途"是指个人汽车贷款专项用于借款人购买汽车，不允许挪作他用。

二、个人汽车贷款的运作模式

在欧美等发达国家和地区的汽车消费贷款市场上，商业银行只是主要的贷款提供者之一，并没有占到绝对的垄断份额。这一方面是由于这些国家和地区的金融体系发达，另一方

面也由于商业银行在违约车辆回收、拍卖及变现等方面缺乏经验,不是专长所在。银行为了降低违约率,避免对违约车辆进行处理,或需要制定苛刻的贷款条件,要求借款人提供足够的担保,进行保险,或是需要与汽车销售商、保险公司等合作。相反,一些专业化的金融机构,如附属于汽车制造公司的汽车金融服务公司,可以建立与汽车制造商和经销商一体化的市场营销网络,提供贯穿于汽车生产、流通和销售以及售后服务的全过程。提供的融资形式包括:第一,分期付款销售。由汽车零售商与消费者签订分期付款合同,约定消费者在一定期限内向零售商分期支付汽车价款,然后零售商将该合同债权转让给汽车金融服务公司,金融公司还可以再转让给银行、保险等金融机构。第二,融资租赁。其是一种买卖与租赁相结合的融资方式,租期届满后承租人享有购买选择权。第三,信托租赁。由汽车零售商与信托公司签订信托合同,将汽车所有权转移给信托公司,信托公司再与消费者签订买卖或租赁合同。

鉴于专业公司在提供汽车消费贷款服务中的优势,我国颁布了《汽车金融机构管理办法》,在审核批准后成立中资、中外合资和外资独资的汽车金融机构,为汽车消费者提供贷款及相关金融业务,包括提供购车贷款和汽车租赁业务,办理汽车经销商采购车辆贷款和营运设备贷款,为贷款购车提供担保以及与购车融资活动相关的代理业务;汽车金融机构在提供汽车融资的同时,还可以通过发行公司债券与商业票据,以担保方式向金融机构借款,接受股东单位和贷款购车企业三个月以上期限的存款等方式取得融资所需要的资金。

商业银行的个人汽车贷款运作模式大体上可以分为直客式和间客式。间客式又可以分为经销商主导型和制造商主导型。简单地说,直客式是商业银行直接发放汽车贷款给消费者,而间客式就是商业银行通过经销商或制造商为汽车消费者提供间接的融资服务。

(一)以经销商为主导的"间客式"模式

这种"间客式"运行模式在目前个人汽车贷款市场中占主导地位。该模式是指由购车人首先到经销商处挑选车辆,然后通过经销商的推荐到合作银行办理贷款手续。汽车经销商或第三方(如保险公司、担保公司)协助银行对贷款购车人的资信情况进行调查,帮助购车人办理申请贷款手续,提供代办车辆保险等一系列服务,部分经销商为购车人按时还款向银行进行连带责任保证或全程担保。在这种情况下,由于经销商或第三方在贷款过程中承担了一定风险并付出了一定的人力和物力,所以它们往往要收取一定比例的管理费或担保费。简单来说,"间客式"运行模式就是"先买车,后贷款"。其贷款流程为:选车—准备所需资料—与经销商签订购买合同—银行在经销商或第三方的协助下做资信情况调查—银行审批、放款—客户提车。

(二)以银行为主导的"直客式"模式

与"间客式"的"先购车,后贷款"相反,纯粹的"直客式"汽车贷款模式实际上是"先贷款,后买车",即购车人先到银行申请个人汽车贷款,由银行直接面对购车人,对购车人资信情况进行调查审核,在综合评定后授予该购车人一定的贷款额度,并与之签订贷款协议。购车人在得到银行贷款额度后即可到市场上选购自己满意的车辆。在选定车型之后,到银行交清首付款,并签署与贷款有关的其他合同,由银行代购车人向经销商付清余款,购车人提车之后就是借款人按月向银行还款。"直客式"运行模式的贷款流程为:到银行网点填写个人汽车贷款借款申请书—银行对购车人进行资信调查—银行审批贷款—购车人与银行签订借款合同—购车人到经销商处选定车辆并向银行交纳购车首付—银行代理提车、上户和办理抵押登记手续—银行放款—购车人提车。由于在这种模式下购车人首先要与贷款银行做前期的接触，由银行直接对借款人的还款能力以及资信情况进行评估和审核，所以把这种信贷方式称为"直客式"模式。

由于汽车贷款购车过程中需要与汽车经销商等机构合作，所以购车流程也可以与上述"间客式"模式相似。但实质区别是，在"间客式"模式中银行将审查责任交给经销商或者第三方，购车人需要与汽车经销商合作；而在"直客式"模式中则是由银行负责客户的资信调查和信贷审查审批，购车人与银行直接合作。

（三）以制造商为主导的"间客式"模式

这种"间客式"模式的特点是，银行将汽车贷款零售业务批发给汽车制造商，或是汽车制造商在为消费者提供融资服务后，再将债权转让给商业银行。整个过程由制造商面对消费者，并负责贷前、贷中和贷后管理。汽车制造商往往是通过组建自己的汽车金融公司来提供汽车消费贷款服务，因此，这种模式又可以称为以非银行金融机构为主导的间客式模式。

三、个人汽车贷款的贷款要素

1. 贷款对象

个人汽车贷款的对象应该是具有完全民事行为能力的我国公民或符合国家有关规定的境外自然人。借款人申请个人汽车贷款，须具备贷款银行要求的下列条件：

（1）中华人民共和国公民，或在中华人民共和国境内连续居住1年以上（含1年）的港、澳、台居民及外国人。

（2）具有有效身份证明、固定和详细住址且具有完全民事行为能力。

（3）具有稳定的合法收入或足够偿还贷款本息的个人合法资产。

（4）个人信用良好。

（5）能够支付贷款银行规定的首付款。

（6）贷款银行要求的其他条件。

2. 贷款利率

银行会根据客户的风险进行差异化定价，个人汽车贷款利率按照中国人民银行规定的同期贷款利率规定执行，并允许贷款银行按照中国人民银行利率规定实行上下浮动。

3. 贷款期限

个人汽车贷款的贷款期限（含展期）不得超过5年，其中，二手车贷款的贷款期限（含展期）不得超过3年。借款人应按合同约定的计划按时还款，如果确实无法按照计划偿还贷款，可以申请展期。借款人须在贷款全部到期前30天提出展期申请。贷款银行须按照审批程序对借款人的申请进行审批。每笔贷款只可以展期一次，展期期限不得超过1年，展期之后全部贷款期限不得超过贷款银行规定的最长期限，同时对展期的贷款应重新落实担保。

4. 还款方式

个人汽车贷款的还款方式包括等额本息还款法、等额本金还款法、一次还本付息法、按月还息任意还本法等多种还款方式，具体方式根据各商业银行的规定来执行。

5. 担保方式

申请个人汽车贷款，借款人须提供一定的担保措施，包括质押、以贷款所购车辆作为抵押、房地产抵押和第三方保证等,还可采取购买个人汽车贷款履约保证保险等方式。

6. 贷款额度

所购车辆为自用车的,贷款额度不得超过所购汽车价格的80%;所购车辆为商用车的,贷款额度不得超过所购汽车价格的70%;所购车辆为二手车的,贷款额度不得超过借款人所购汽车价格的50%。汽车价格,对于新车是指汽车实际成交价格与汽车生产商公布价格中两者的低者;对于二手车是指汽车实际成交价格与贷款银行认可的评估价格中两者的低者。上述成交价格均不得含有各类附加税费及保费等。

四、个人汽车贷款业务的参与者

目前,我国参与个人汽车贷款的主要是商业银行和汽车金融公司。随着金融市场的国外开放,外资金融机构,尤其是那些属于汽车生产厂商的财务公司,将会成为市场中的活跃分子。此外,外资银行、独立的财务公司、外资保险公司及信用评估公司也会为了抢占市场而在各自的领域展开竞争。根据发挥的作用不同,整个汽车消费贷款业务的参与者可以分成三部分。

1. 授信机构

提供汽车消费贷款的机构有商业银行、汽车金融公司、财务公司和经销商。未来这四方会形成直接的竞争关系。值得注意的是,由于汽车的分销体系往往是以品牌为系列构建的,所以,依附于汽车生产企业的财务公司和经销商会关注某一类产品的营销,而银行则只看重借款人的信用及偿债能力,而不关注其购买的品牌。因此,在某种程度上,银行、汽车金融公司、财务公司和经销商之间又可在市场竞争中形成一定的交错互补关系,如在一些没有财务公司和经销商提供金融服务的产品上,银行能更广泛地提供服务。

2. 保险公司

保险公司介入汽车消费贷款是因为提供贷款的机构希望减少风险。财务公司和银行要求借贷者购买保证险种,一旦发生坏账时,由保险公司进行赔付。这样,保险公司与银行等机构一起承担风险,而提供消费贷款的授信机构在风险暴露前则有了一定的缓冲区。

3. 专业机构

专业机构包括征信机构、律师行及资信调查公司等。信用体系缺失会导致汽车消费贷款操作成本高、手续复杂。汽车消费贷款市场要想做大,必须有健全的信用体系作为支撑。对于客户的资信调查,除了由银行、财务公司等专门的金融机构进行外,还可以由专业的资信调查公司来进行,甚至有些公司愿意承担一部分担保风险,从而分得一部分利润。这一块业务与贷款、保险相结合,就形成了汽车消费贷款市场的一个完整结构。

五、个人汽车贷款业务操作流程

个人汽车贷款业务操作包括贷款的受理与调查、贷款的审查与审批、贷款的签约与发放、支付管理以及贷后管理五个环节。

(一) 贷款的受理与调查

1. 贷款的受理

个人汽车贷款的受理是指从客户向银行提交借款申请书、银行受理到上报审核的全过程。

银行可通过现场咨询、窗口咨询、电话银行、网上银行、客户服务中心、业务宣传手册等渠道和方式向拟申请个人汽车贷款的个人提供有关信息咨询服务。个人汽车贷款咨询的主要内容包括：

(1) 个人汽车贷款品种介绍。
(2) 申请个人汽车贷款应具备的条件。
(3) 申请个人汽车贷款需提供的资料。
(4) 办理个人汽车贷款的程序。
(5) 个人汽车贷款借款合同中的主要条款，如贷款利率、还款方式及还款额等。
(6) 与个人汽车贷款有关的保险、抵押登记和公证等事项。
(7) 获取个人汽车贷款申请书、申请表格及有关信息的渠道。
(8) 个人汽车贷款经办机构的地址及联系电话。
(9) 其他相关内容。

贷款受理人应要求借款申请人以书面形式提出个人汽车贷款借款申请，并按银行要求提交能够证明其符合贷款条件的相关申请材料。对于有共同申请人的，应同时要求共同申请人提交有关申请材料。申请材料清单如下：

(1) 合法有效的身份证件，包括居民身份证、户口簿或其他有效身份证件，借款人已婚的还需要提供配偶的身份证明材料。
(2) 贷款银行认可的借款人还款能力证明材料，包括收入证明材料和有关资产证明等。
(3) 由汽车经销商出具的购车意向证明（如为直客式模式办理，则不需要在申请贷款时提供此项）。
(4) 以所购车辆抵押以外的方式进行抵押或质押担保的，需提供抵押物或质押权利的权属证明文件和有处分权人（包括财产共有人）同意抵（质）押的书面证明（也可由财产共有人在借款合同、抵押合同上直接签字），以及贷款银行认可部门出具的抵押物估价证明。
(5) 涉及保证担保的，需保证人出具同意提供担保的书面承诺，并提供能证明保证人保证能力的证明材料。
(6) 购车首付款证明材料。
(7) 若借款所购车辆为二手车，还需提供购车意向证明、贷款银行认可的评估机构出具的车辆评估报告书、车辆出卖人的车辆产权证明、所交易车辆的"机动车辆登记证"和车辆年检证明等。
(8) 若借款所购车辆为商用车，还需提供所购车辆可合法用于运营的证明，如车辆挂靠运输车队的挂靠协议和租赁协议等。
(9) 贷款银行要求提供的其他文件、证明和资料。

银行受理人应对借款申请人提交的借款申请书及申请材料进行初审，主要审查借款申请人的主体资格及借款申请人所提交材料的完整性与规范性。经初审符合要求后，经办人应将借款申请书及申请材料交由贷前调查人进行贷前调查。

2. 贷前调查

(1) 调查方式。贷前调查应以实地调查为主、间接调查为辅。贷款调查可以采取审查借款申请材料、面谈借款申请人、查询个人信用、实地调查和电话调查及委托第三方调查等多种方式进行；除上述内容外，还应对购车行为的真实性进行调查。

（2）调查内容。贷前调查人在调查借款人基本情况、贷款用途和贷款担保等情况时，应重点调查以下内容：材料一致性的调查；借款人身份、资信、经济状况和借款用途的调查；担保情况的调查；等等。

贷前调查人还应通过借款申请人对所购汽车的了解程度、所购买汽车价格与本地区价格是否差异很大和二手车的交易双方是否有亲属关系等来判断借款申请人购车行为的真实性，了解借款申请人购车动机是否正常。通过与借款人的交谈、电话查询、审查借款人提供的收入材料等方式，核实借款人收入情况，判断借款人支取情况，了解借款人正常的月均消费支出，除购车贷款以外的债务支出情况等。

贷前调查完成后，贷前调查人应对调查结果进行整理、分析，提出是否同意贷款的明确意见及贷款额度、贷款期限、贷款利率、担保方式、还款方式、划款方式等方面的建议，并形成对借款申请人还款能力、还款意愿、担保情况以及其他情况等方面的调查意见，连同申请资料等一并送交贷款审查人进行贷款审查。

（二）贷款的审查与审批

1. 贷款审查

贷款审查人负责对借款申请人提交的材料进行合规性审查，对贷前调查人提交的面谈记录等申请材料以及贷前调查内容是否完整等进行审查。贷款审查人认为需要补充材料和完善调查内容的，可要求贷前调查人进一步落实；贷款审查人对贷前调查人提交的材料和调查内容的真实性有疑问的，可以进行重新调查。

贷款人应开展风险评价工作，以分析借款人现金收入为基础，采取定性和定量分析方法，全面动态地进行贷款审查和风险评估。贷款人应建立和完善借款人信用记录与评价体系。

贷款审查人审查完毕后，应对贷前调查人提出的调查意见和贷款建议是否合理、合规等提出书面审查意见，连同申请材料、面谈记录等一并送交贷款审批人进行审批。

2. 贷款审批

贷款人应依据审慎性原则，完善授权管理制度，规范审批操作流程，明确贷款审批权限，实行审贷分离和授权审批，确保贷款审批人员按照授权独立审批贷款。

贷款审批人依据银行个人汽车贷款办法及相关规定，结合国家宏观调控政策，从银行利益出发审查每笔个人汽车贷款的合规性、可行性及经济性，根据借款人的还款能力以及抵押担保的充分性与可行性等情况，分析该笔业务预计给银行带来的收益和风险。贷款审批人应对以下内容进行审查：借款人是否符合贷款条件，是否有还款能力；贷款用途是否合规；借款人提供材料的完整性、有效性及合法性；申请借款的额度、期限等是否符合有关贷款办法和规定；贷前调查人的调查意见、对借款人资信状况的评价分析以及提出的贷款建议是否准确、合理；对报批贷款的主要风险点及其风险防范措施是否合规有效。

贷款审批人应根据审查情况签署审批意见，对不同意贷款的，应写明拒批理由；对需要补充材料后再审批的，应详细说明需要补充的材料名称与内容；对同意或有条件同意贷款的，如果贷款条件与申报审批的贷款方案内容不一致，则应提出明确的调整意见。贷款审批人签署审批意见后，应将审批表连同有关材料退还业务部门。

(三) 贷款的签约与发放

1. 贷款签约

对经审批同意的贷款,应及时通知借款人以及其他相关人(包括抵押人和出质人等),确认签约的时间,签署《个人汽车贷款借款合同》和相关担保合同。借款合同应符合法律规定,明确约定各方当事人的诚信承诺和贷款资金的用途、支付对象、支付金额、支付条件、支付方式等。贷款发放人应根据审批意见确定应使用的合同文本并填写合同,在签订有关合同文本前,应履行充分告知义务,告知借款人、保证人等合同签约方关于合同内容、权利义务、还款方式以及还款过程中应当注意的问题等。对采取抵押担保方式的,应要求抵押物共有人当面签署个人汽车贷款借款抵押合同。

2. 贷款发放

(1) 落实贷款发放条件。贷款发放前,应落实有关贷款发放条件。同时,需要满足个人汽车贷款的担保条件:申请个人汽车贷款,借款人须提供一定的担保措施,包括以贷款所购车辆作抵押、第三方保证、房地产抵押、质押等。

以质押和房产抵押方式办理个人汽车贷款的,分别按照质押贷款业务流程和房产抵押登记流程办理;以贷款所购车辆作抵押的,借款人须在办理完购车手续后,及时到贷款银行所在地的车辆管理部门办理车辆抵押登记手续,并将购车发票原件、各种缴费凭证原件、机动车登记证原件、行驶证复印件、保险单等交予贷款银行进行保管。在贷款期限内,借款人须持续按照贷款银行的要求为贷款所购车辆购买指定险种的车辆保险,并在保险单中明确第一受益人为贷款银行。在担保条件的落实上,不得存在担保空白。

(2) 贷款发放。贷款发放条件落实后,贷款发放人应按照合同约定将贷款发放、划付到约定账户,按照合同要求借款人需要到场的,应通知借款人持本人身份证件到场协助办理相关手续。贷款发放的具体流程如下:

① 出账前审核。业务部门在接到放款通知书后,对其真实性、合法性和完整性进行审核。

② 开户放款。业务部门在确定有关审核无误后,进行开户放款。个人汽车贷款的放款包括放款至经销商在贷款银行开立的存款账户和直接转入借款人在贷款银行开立的存款账户两种方式,即通过贷款人受托支付或借款人自主支付的方式发放贷款资金。贷款银行须与借款人以合同或协议的形式对资金的使用和提取等内容作书面约定,保证贷款使用符合合同要求。

③ 放款通知。当开户放款完成后,银行应将放款通知书、个人贷款信息卡等一并交借款人作回单。对于借款人未到银行直接办理开户放款手续的,会计部门应及时将有关凭证邮寄给借款人或通知借款人来银行取回。贷款发放后,业务部门应依据借款人相关信息建立贷款台账,并随时更新台账数据。

(四) 支付管理

个人汽车贷款可以采取贷款人受托支付和借款人自主支付两种方式发放贷款资金。采用贷款人受托支付方式的,银行应明确受托支付的条件,规范受托支付的审核要件,要求借款人在使用贷款时提出支付申请,并授权贷款人按合同约定方式支付贷款资金。

贷款人受托支付的操作要点包括:明确借款人应提交的资料要求;明确支付审核要求;完善操作流程;合理确定流动资金贷款的受托支付标准;要合规使用放款专户。

贷款银行应在贷款资金发放前,审核借款人相关交易资料和凭证是否符合合同约定条件,支付后做好相关细节的认定记录。

(五) 贷后管理

1. 贷后检查

个人汽车贷款的贷后检查是以借款人、抵(质)押物、保证人等为对象,通过客户提供、访谈、实地检查和行内资源查询等途径获取信息,对影响个人汽车贷款资产质量的因素进行持续跟踪调查、分析,并采取相应补救措施的过程。其目的就是对可能影响贷款质量的有关因素进行监控,及早发现预警信号,从而采取相应的预防或补救措施。贷后检查的主要内容包括借款人情况检查和担保情况检查两个方面。

(1) 对借款人进行贷后检查的主要内容如下:

① 借款人是否按期足额归还贷款;

② 借款人工作单位、收入水平是否发生变化;

③ 借款人的住所、联系电话有无变动;

④ 有无发生可能影响借款人还款能力或还款意愿的突发事件,如卷入重大经济纠纷、诉讼或仲裁程序,借款人身体状况恶化或突然死亡等;

⑤ 对于经营类车辆应监测其车辆经营收入的实际情况。

(2) 对保证人及抵(质)押物进行检查的主要内容如下:

① 保证人的经营状况和财务状况;

② 抵押物的存续状况、使用状况和价值变化情况等;

③ 质押权利凭证的时效性和价值变化情况;

④ 经销商及其他担保机构的保证金情况;

⑤ 对以车辆抵押的,对车辆的使用情况及其车辆保险有效性和车辆实际价值进行检查评估;

⑥ 其他可能影响担保有效性的因素。

2. 合同变更

(1) 提前还款。提前还款是指借款人具有一定偿还能力时,主动向贷款银行提出部分或全部提前偿还贷款的行为。提前还款包括提前部分还本和提前结清两种方式,借款人可以根据实际情况决定采取提前还款的方式。对于提前还款,银行一般有以下基本约定:

① 借款人应向银行提交提前还款申请书;

② 借款人的贷款账户未拖欠贷款本息及其他费用;

③ 提前还款属于借款人违约,银行将按规定计收违约金;

④ 借款人在提前还款前应归还当期的贷款本息。

(2) 期限调整。期限调整是指借款人因某种特殊原因,向贷款银行申请变更贷款还款期限,包括延长期限和缩短期限等。借款人需要调整借款期限的,应向银行提交期限调整申请书,并必须具备以下条件:贷款未到期;无拖欠贷款本金和利息;本期贷款本金已偿还。

(3) 还款方式变更。个人汽车贷款的还款方式有多种,比较常用的是等额本息还款法、等额本金还款法和到期一次还本付息三种。在贷款期限内,借款人可根据实际情况提出变更还款方式,但由于各种还款方式需要遵循不同的计息规定,所以,还款方式变更需要根据银行的有关规定执行。

3. 贷款的回收

贷款的回收是指借款人按借款合同约定的还款计划、还款方式，及时、足额地偿还贷款本息。贷款的支付方式有委托扣款和柜台还款两种方式。借款人可在合同中选定一种还款方式，也可根据具体情况在贷款期限内进行变更。贷款回收的原则是先收息、后收本，全部到期、利随本清。

专栏资料 7-5

中国工商银行："幸福快车"个人汽车消费贷款

"幸福快车"个人汽车消费贷款是银行向申请购买汽车的借款人发放的人民币担保贷款，具有办理手续简便快捷、担保形式多样及贷款额度高等特点。

1. 申请人条件

在中国境内有固定住所，有当地常住户口或有效居住身份，具有完全民事行为能力，并且符合以下条件的中国公民均可申请"幸福快车"个人汽车消费贷款。

（1）有正当的职业和稳定的收入来源，具有按期偿还贷款本息的能力。

（2）遵纪守法，没有违法行为及不良信用记录。

（3）能够提供银行认可的有效权利质押物或抵押物或具有代偿能力的第三方保证。

（4）若为"间客式"贷款，还需持有与特约经销商签订的购车协议或购车合同。

（5）在中国工商银行开立个人结算账户，并同意银行从其指定的个人结算账户扣收贷款本息。

（6）银行要求的其他条件。

2. 贷款金额

以质押方式担保的，或银行、保险公司提供连带责任保证的，贷款最高额可达到购车款的80%；以所购车辆或其他财产抵押担保的，贷款最高额可达到购车款的70%；以第三方（银行、保险公司除外）保证方式担保的，贷款最高额可达到购车款的60%。

3. 贷款期限

汽车消费贷款一般为3年，最长不超过5年（含）。

4. 贷款利率

汽车消费贷款按照中国人民银行规定的同期贷款利率计算。在贷款期间，如果遇利率调整时，贷款期限在1年（含）以下的，按合同利率计算；贷款期间在1年以上的，实行分段计算，于下一年年初开始，按相应利率档次执行新的利率。

5. 贷款流程

借款人向银行提交如下资料：

（1）贷款申请审批表。

（2）本人有效身份证件及复印件。

（3）配偶的有效身份证件原件及复印件以及同意抵押的书面证明。

（4）居住地址证明（户口簿或近3个月的房租、水费、电费及煤气费等收据）。

（5）职业和收入证明（工作证件原件及复印件；银行代发工资存折等）。

（6）有效联系方式及联系电话。

（7）提供不低于规定比例的首付款凭证。

(8) 贷款担保证明资料：贷款担保可采用权利质押担保、抵押担保或第三方保证。采用质押担保方式的，质押物范围包括借款人或第三人由工商银行签发的储蓄存单（折）、凭证式国债及记名式金融债券，银行间签有质押止付担保协议的本地商业银行签发的储蓄存单（折）等；采用房产抵押担保的，抵押的房产应为借款人本人或其直系亲属名下的自由产权且未做其他质押的住房，并办理全额财产保险。采用第三方保证方式的，应提供保证人同意担保的书面文件、保证人身份证件原件及复印件、有关资信证明材料等。

(9) 在工商银行开立的个人结算账户凭证。

(10) 银行规定的其他资料。

银行对借款人提交的申请资料审核通过后，双方签订借款合同、担保合同并办理相关公证、抵押登记手续等。

汽车贷款由银行以转账方式直接划入汽车经销商的账户。

6. 其他

个人汽车消费贷款分为"直客式"和"间客式"两种模式：

(1) 间客式。借款人到工商银行特约汽车经销商处选购汽车，提交有关贷款申请资料，并由汽车经销商转交工商银行提出贷款申请。银行经贷款调查审批同意后，签订借款合同、担保合同，并办理公证、保险手续。

(2) 直客式。借款人直接向工商银行提交有关汽车贷款申请资料，银行经贷款调查审批同意后，签订借款合同、担保合同。借款人再到工商银行特约汽车经销商处选购汽车。汽车贷款由银行以转账方式直接划入汽车经销商的账户。

[资料来源：中国工商银行网站]

专栏资料 7-6

中国邮政储蓄银行：个人汽车消费贷款

个人汽车消费贷款，是指银行向符合要求的自然人发放的、用于专项购置一手自用车的人民币贷款。

自用车是指个人购买的、不以营利为目的的汽车，其在设计和技术特征上主要用于载运乘客及其随身行李和/或临时物品，包括驾驶员座位在内最多不超过 9 个座位，也可以牵引一辆挂车。

1. 贷款对象

借款人为具有完全民事行为能力的自然人，须具备《消费类贷款客户分类管理办法》中规定的一至五类消费类贷款客户条件。第一、二类客户总体收入还贷比控制在 75% 以下（含 75%）；第三至五类客户总体收入还贷比控制在 55% 以下（含 55%）。

严禁向如下人员发放个人汽车消费贷款：本人或配偶当前拖欠各类贷款的个人，从事非法职业人员，刑事涉案人员；本人为失业、无业人员，在校学生。

2. 贷款金额

单笔贷款金额最低 3 万元，最高 150 万元，且不得超过所购车辆价格的 70%。

所购车辆价格为购车发票价格（不含车辆购置税、保险费、改装费、装潢费、附加配置费用等其他费用）和车辆生产商公布的市场指导价格的较低者。

借款人家庭（含配偶）申请单笔汽车消费贷款金额与在我行汽车消费贷款余额合计不

高于150万元；借款人家庭在我行的个人汽车消费贷款不超过3笔（含本次贷款以及本行信用消费贷款、综合消费贷款项下申请的自用车贷款，已结清贷款除外）。

3. 贷款期限

第一、二类客户贷款期限最长不超过5年；第三至五类客户贷款期限最长不超过3年。

4. 贷款利率

贷款以中国人民银行同期同档次人民币商业贷款利率或我行认可的基础利率为基准利率。总行确定个人汽车消费贷款利率执行的下限，各分支行根据总行相关信贷政策的规定，并结合当地市场环境，按照一定比例浮动确定贷款利率。单笔贷款利率下限不得低于基准利率，客户信用评级每下降一级，执行利率原则上应上浮基础利率的0.1倍。

贷款期限1年以内的，执行固定利率；贷款期限超过1年的，每年1月1日，根据合同约定的浮动比例，以当日中国人民银行公布的基准利率或我行公布的基础利率重新确定执行利率。

5. 担保方式

个人汽车消费贷款须以所购车辆提供抵押。

第五类客户贷款采取见抵押登记证明前放款模式的，须追加合作机构或自然人保证（合作机构或自然人可缴纳一定金额的保证金）、存单质押，以及有权审批机构认可的其他阶段性担保方式。担保期间应至少覆盖贷款发放之日起至车辆抵押登记办妥并将机动车登记证书（应记载抵押登记情况）、购车发票、保险单、公证书原件（如需）等资料交付给贷款行之日止。

6. 还款方式

个人汽车消费贷款可采取等额本息还款法、等额本金还款法、一次性还本付息法、按月还息到期一次还本还款法等4种还款方式之一。其中，一次性还本付息法、按月还息到期一次还本还款法仅适用于一年期以内（含一年期）、单笔金额为30万元以内（含30万元）的贷款；使用等额本金还款法的，可先偿还全部或部分利息，按期偿还本金及剩余利息。

专栏资料7—7

汽车金融公司

汽车金融公司，是指经中国银保监会依据有关法律、行政法规和本办法规定批准设立的，为中国境内的汽车购买者及销售者提供贷款的非银行金融企业法人。汽车金融公司不得开设分支机构。汽车金融公司可从事下列部分或全部人民币业务：

(1) 接受境内股东单位三个月以上期限的存款。

(2) 提供购车贷款业务。

(3) 办理汽车经销商采购车辆贷款和营运设备贷款（包括展示厅建设贷款和零配件贷款以及维修设备贷款等）。

(4) 转让和出售汽车贷款应收款业务。

(5) 向金融机构借款。

(6) 为贷款购车提供担保。

(7) 与购车融资活动相关的代理业务。

第四节 个人教育贷款

一、个人教育贷款的含义、分类与特征

(一) 个人教育贷款的含义和分类

个人教育贷款是银行向在读学生或其直系亲属、法定监护人发放的,用于满足其就学资金需求的贷款。根据贷款性质的不同,个人教育贷款可以分为国家助学贷款和商业助学贷款。

1. 国家助学贷款

国家助学贷款是由政府主导、财政贴息、财政和高校共同给予银行一定风险补偿金,银行、教育行政部门与高校共同操作的,帮助高校家庭经济困难学生支付在校学习期间所需的学费、住宿费及生活费的银行贷款。

国家助学贷款是信用贷款,学生不需要办理贷款担保或抵押,但需要承诺按期还款,并承担相关法律责任。学生接到录取通知书后,可向学校咨询具体办理国家助学贷款的相关事宜;学生到校报到后,可通过学校向金融机构申请办理国家助学贷款。

国家助学贷款采取"借款人一次申请、贷款银行一次审批、单户核算、分次发放"的方式,实行"财政贴息、风险补偿、信用发放、专款专用和按期偿还"的原则。其中,财政贴息是指国家以承担部分利息的方式,对学生办理国家助学贷款进行补贴;风险补偿是指根据"风险分担"的原则,按当年实际发放的国家助学贷款金额的一定比例对经办银行给予补偿;信用发放是指学生不提供任何担保方式办理国家助学贷款;专款专用是指国家助学贷款仅允许用于支付学费、住宿费和生活费用,不得用于其他方面,银行以分次发放的办法,降低一次发放的金额,予以控制。

2. 商业助学贷款

商业助学贷款是指银行按商业原则自主向借款人或其直系亲属、法定监护人发放的,用于满足其就学资金需求的商业贷款。商业助学贷款实行"部分自筹、有效担保、专款专用和按期偿还"的原则。与国家助学贷款相比,商业助学贷款财政不贴息,各商业银行、城市信用社和农村信用社等金融机构均可开办。

(二) 个人教育贷款的特征

(1) 具有社会公益性,政策参与程度较高。个人教育贷款是作为支持教育事业发展的政策性举措推出的,对促进教育事业发展、提高国民素质具有重要作用,因此,个人教育贷款业务的发展会得到国家政策的支持,如国家以承担部分利息的方式对国家助学贷款进行补贴。

(2) 多为信用类贷款,风险度相对较高。个人教育贷款的借款人多为在校学生,而学生属于暂时无收入的群体,没有现成的资产可作为申请贷款的担保,因而个人教育贷款多为信用贷款,如国家助学贷款。同时,个人教育贷款的偿还主要依靠学生毕业后的工作收入,加之学生信用水平的不确定性,其风险度相对较高。

二、我国助学贷款的产生与发展

我国的助学贷款政策是在国家改变高等教育收费制度,大幅地提高学费水平的背景下,

为保证困难学生顺利完成学业的需要出台的。

(一) 第一阶段

1999年6月，我国关于国家助学贷款的管理规定出台，并在北京、上海、天津、重庆、武汉、沈阳、西安及南京等8个城市试点，这标志着国家助学贷款的启动。其运作模式是教育部、财政部、中国人民银行和中国工商银行组成全国助学贷款部际协调小组，教育部设立全国助学贷款管理中心，作为部际协调小组的日常办事机构；指定中国工商银行独家承办国家助学贷款，明确国家助学贷款属于商业性贷款，纳入正常的贷款管理；要求学生申请助学贷款必须具有担保，学生所借贷款利息的50%由财政贴息，学生所借贷款本息必须在毕业后4年内还清。特困生贷款到期无法收回的部分，由学校和助学贷款管理中心分别偿还60%与40%。由于规定有严格的担保条件和发生呆账的偿还责任，国家助学贷款在实际发放中遇到了重重困难，到1999年年底，试点的8个城市实际只发放国家助学贷款400多万元。

(二) 第二阶段

2000年2月，国家对助学贷款体系、条件和相关责任等政策进行调整，主要包括以下调整内容。

(1) 将助学贷款分为国家助学贷款和一般性商业助学贷款，后者金融机构均可办理，但财政不贴息。

(2) 取消学校和助学贷款管理中心共同承担特困生贷款的连带补偿责任，学生可选择申请担保和信用两种方式的国家助学贷款，但学校必须提供贷款介绍人和见证人（是指与借款人关系密切的自然人）。

(3) 学生须符合贷款人要求的学习、品德表现证明，无不良信用行为。

(4) 助学贷款利率可在中国人民银行规定范围内适当给予优惠，贷款到期后可申请展期。

但由于对国家助学贷款政策突破不大，信用方式发放国家助学贷款对商业银行激励不足，制度设计存在缺陷，助学贷款仍推而不动。到2000年6月末，国家助学贷款余额仅800多万元。

(三) 第三阶段

2000年8月、2001年7月及2002年2月，国家助学贷款政策先后做出较大调整。

(1) 国家助学贷款由8个试点城市扩大到全国范围，经办银行由中国工商银行扩大到四大国有独资商业银行，贷款对象扩大到研究生。

(2) 启动对地方所属普通高等学校开办由各级财政贴息的国家助学贷款工作。

(3) 见证人不必提供担保，取消"对不履行职责的介绍人、见证人公布其姓名"的规定。

(4) 利率按中国人民银行规定的同期限贷款利率执行，不上浮，欠交不计复利，还本付息方式更加灵活。

(5) 明确国家助学贷款是无担保的贷款，规定只要基层机构和贷款人员规范操作，对形成的呆坏账，不追究经办机构和经办人员的责任。

(6) 免征国家助学贷款利息收入营业税，对国家助学贷款业务单立台账，单设科目，单独统计、单独核算和考核。

由于进一步扩大了国家助学贷款范围，简化了助学贷款业务操作手续，同时鼓励金融机构积极开办助学贷款业务，所以，在一定程度上促进了助学贷款业务的发展。据中国人民银行不完全统计，自1999年至2002年9月，申请助学贷款的全部学生人数达146万人，银行已审批115万人，合同金额为81亿元，实际发放112万人，金额为66亿元，人均发放5 896元。

（四）第四阶段

2004年6月，教育部、财政部、中国人民银行及中国银监会联合出台了《关于进一步完善国家助学贷款工作的若干意见》，对助学贷款做了比较大的政策调整。

(1) 延长还款年限。改变以前自学生毕业之日起开始偿还本金、4年内还清的做法，实行借款学生毕业后视就业情况在1~2年开始还贷、6年内还清的做法。另外，如果借款学生毕业后自愿到国家需要的艰苦地区、艰苦行业工作，服务期达到一定年限后，经批准可以用奖学金方式代偿其贷款本息。

(2) 贴息方式有变化。改变以前在整个贷款合同期间，对学生贷款利息给予50%财政补助的做法，实行借款学生在校期间的贷款利息全部由财政补贴，毕业后全部自付的办法，借款学生毕业后开始计付利息。借款学生办理毕业或终止学业手续时，应当与经办银行确认还款计划，还款期限由借贷双方协商确定。若借款学生继续攻读学位，要及时向经办银行提供继续攻读学位的书面证明，财政部门继续按在校学生实施贴息。贷款还本付息可以采取多种方式，如一次或分次提前还贷。提前还贷的，经办银行要按实际期限计算利息，不得加收除应付利息之外的其他任何费用。

(3) 经办银行的确定采用新方式。经办国家助学贷款的银行原来由国家指定商业银行办理，以后将改为由政府按隶属关系委托全国和各省级国家助学贷款管理中心通过招标方式确定经办银行。

(4) 建立风险补偿机制。为鼓励银行积极开展国家助学贷款业务，按照"风险分担"原则，建立国家助学贷款风险补偿机制。按隶属关系，由财政和普通高校按贷款当年发生额的一定比例建立国家助学贷款风险补偿专项资金，给予经办银行适当补偿，具体比例在招投标时确定。国家助学贷款风险补偿专项资金由财政和普通高校各承担50%；每所普通高校承担的部分与该校毕业学生的还款情况挂钩。风险补偿专项资金由各级国家助学贷款管理中心负责管理。财政部门每年将应承担的资金及时足额安排预算；各普通高校承担的资金，按照普通高校隶属关系和财政部门有关规定，在每年向普通高校返还按"收支两条线"管理的学费收入时，由财政部门直接拨给教育主管部门。各级国家助学贷款管理中心在确认经办银行年度贷款实际发放额后，将风险补偿资金统一支付给经办银行。

(5) 加强贷后跟踪管理。在享受政策优惠的同时，借款学生将受到更严格的还款约束。对普通高校实行借款总额包干办法，普通高校每年的借款总额原则上按全日制普通本专科生（含高职学生）、研究生及第二学士学位在校生总数20%的比例，以及每人每年6 000元的标准计算确定。国家助学贷款管理中心以国家助学贷款学生个人信息查询系统为依托，进一步完善对借款学生的信息管理，对借款学生的基本信息、贷款和还款情况等及时进行记录，加强对借款学生的贷后跟踪管理，接受经办银行对借款学生有关信息的查询，并将经办银行提供的违约借款学生名单在新闻媒体及全国高等学校毕业生学历查询系统网站公布。在享受政策优惠的同时，借款学生将受到更为严格的还款约束：连续拖欠贷款超过一年且不与经办银行主动联系的借款学生姓名及居民身份证号码、毕业学校与违约行为等按隶属关系提供给国家助学贷款管理中心,经办银行将不再为其办理新的贷款和其他授信业务。借款学生毕业时,学校应在组织学生与经办银行办理还款确认手续后,方可为借款学生办理毕业手续,并将其贷款情况载入学生个人档案;积极配合经办银行催收贷款,负责在1年内向经办银行提供借款学生第一次就业的有效联系地址;学生没有就业的,提供其家庭的有效联系地址。

三、个人教育贷款的贷款要素

(一) 国家助学贷款

1. 贷款对象

国家助学贷款的贷款对象是中华人民共和国境内的(不含香港特别行政区和澳门特别行政区、台湾地区)普通高等学校中经济确实困难的全日制本专科生(含高职生)、研究生和第二学士学位学生。借款人申请国家助学贷款,须具备贷款银行要求的下列条件:具有中华人民共和国国籍,并持有合法、有效的身份证件;家庭经济确实困难,无法支付正常完成学业所需的基本费用(包括学费、住宿费和基本生活费);具有完全民事行为能力(未成年人申请国家助学贷款需由其法定监护人书面同意);学习刻苦,能够正常完成学业;诚实守信,遵纪守法,无违法违纪行为;贷款银行规定的其他条件。

2. 贷款利率

国家助学贷款的利率执行中国人民银行规定的同期贷款基准利率,不上浮。若遇中国人民银行调整贷款利率,执行中国人民银行的有关规定。

3. 贷款期限

贷款期限为学制加13年,最长不超过20年。

4. 还款方式

国家助学贷款还款方法包括等额本金还款法、等额本息还款法两种,但借款人须在借款合同中约定一种还款方法。学生在校期间的贷款利息全部由财政补贴,在校期间的贷款本金由学生本人在毕业后自行偿还。学生毕业后与经办银行确认还款计划时,可以选择使用还本宽限期。还本宽限期内学生只偿还贷款利息,不偿还贷款本金,还本宽限期最长3年。

5. 担保方式

国家助学贷款采用信用贷款的方式。

6. 贷款额度

全日制本专科生(含第二学位学生、高职学生)每人每年申请贷款额度不超过8 000元;全日制研究生每人每年申请贷款额度不超过12 000元。

(二) 商业助学贷款

1. 贷款对象

商业助学贷款的贷款对象是在境内高等院校就读的全日制本专科生、研究生和第二学士学位学生。贷款银行可根据业务发展需要和风险管理能力,自主确定开办针对境内其他非义务教育阶段全日制学校在校困难学生的商业助学贷款。借款人申请商业助学贷款,须具备贷款银行要求的下列条件:具有中华人民共和国国籍,具有完全民事行为能力,并持有合法身份证件;无重大不良信用记录,不良信用等行为评价标准由贷款银行制定;必要时需提供有效的担保;必要时需提供其法定代理人同意申请贷款的书面意见;贷款银行要求的其他条件。

2. 贷款利率

商业助学贷款的利率按中国人民银行规定的利率政策执行,原则上不上浮。借款人可申请利息本金化,即在校年限内的贷款利息按年计入次年度借款本金;如遇中国人民银行调整贷款利率,执行中国人民银行的有关规定。

3. 贷款期限

商业助学贷款的期限原则上为借款人在校学制年限加 6 年;借款人在校学制年限是指从贷款发放至借款人毕业或终止学业的期间。对借款人毕业后继续攻读学位的,借款人在校年限和贷款期限可相应延长,贷款期限延长须经贷款银行许可。

4. 还款方式

归还贷款在借款人离校后次月开始,贷款可按月、按季或按年分次偿还,利随本清,也可在贷款到期时一次性偿还。贷款银行可视情况给予借款人一定的宽限期,宽限期内不还本金,也可视借款人困难程度对其在校期间发生的利息本金化,但借款合同签订后,如需变更还款方式,需事先征得贷款银行的同意。

5. 担保方式

申请商业助学贷款,借款人须提供一定的担保措施,包括抵押、质押、保证或其组合,贷款银行也可要求借款人投保相关保险。

6. 贷款额度

商业助学贷款的额度不超过借款人在校年限内所在学校的学费、住宿费和基本生活费。贷款银行可参照学校出具的基本生活费或当地生活费标准确定有关生活费用贷款额度。学费应按照学校的学费支付期逐笔发放,住宿费、生活费可按学费支付期发放,也可分列发放。

四、国家助学贷款的申请与还款流程图

国家助学贷款的申请流程如图 7-1 所示。

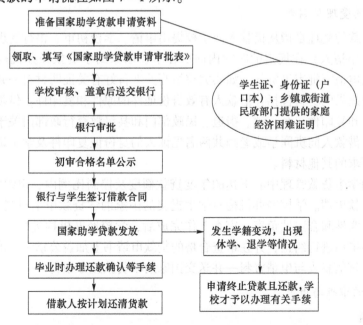

图 7-1 国家助学贷款的申请流程

国家助学贷款的还款流程如图7-2所示。

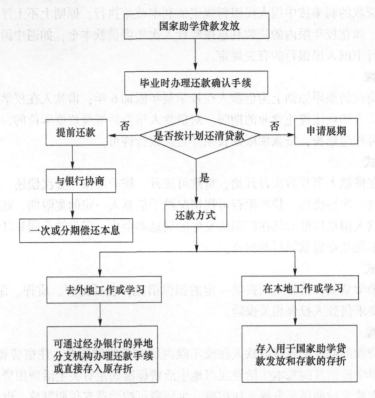

图7-2 国家助学贷款的还款流程

五、国家助学贷款流程

(一) 贷款的受理与调查

国家助学贷款的受理是指从借款人向学校提出申请、学校初审、银行受理到上报审核的全过程。学生（申请人）在规定的时间内向所在学校国家助学贷款经办机构提出申请，领取国家助学贷款申请审批表等资料，如实完整填写并准备好有关证明材料一并交回学校经办机构。申请人须提供的材料包括：借款人有效身份证件的原件和复印件；借款人学生证或入学通知书的原件和复印件；乡、镇、街道、民政部门和县级教育行政部门关于其家庭经济困难的证明材料；借款人同班同学或老师共两名见证人的身份证复印件及学生证或工作证复印件；贷款银行要求的其他材料。

学校在全国学生贷款管理中心下达的年度贷款额度及控制比例内，组织学生申请借款，并接受学生的借款申请。学校经办机构对学生提交的国家助学贷款申请材料进行资格审查，对其完整性、真实性和合法性负责。审查工作完成后，学校经办机构进行一定时间的公示，同时对有问题的申请进行纠正，并在审查合格的贷款申请书上加盖公章予以确认，编制国家助学贷款学生审核信息表与申请资料一并送交国家助学贷款经办银行。

(二) 贷款的审查与审批

1. 贷款审查

经办行在收到学校提交的国家助学贷款学生审核信息表和申请材料后，由贷款审查人负责对学校提交的上述资料进行合规性、真实性和完整性审查。贷款审查人认为有差错或遗漏的，可要求学校进行更正或补充。贷款审查人审查完毕后，在"国家助学贷款学生审核信息表"上签署审查意见，连同申请材料等一并送交贷款审批人进行审批。

2. 贷款审批

贷款人应根据审慎性原则，完善授权管理制度，规范审批操作流程，明确贷款审批权限，实行审贷分离和授权审批，确保贷款审批人按照授权独立审批贷款。贷款审批人应对以下内容进行查查：对贷款申请审批表和贫困证明等内容进行核对；审查每个申请学生每学年贷款金额是否超过该学校学费、住宿费和基本生活费合计金额；学校当年贷款总金额和人数不超过全国学生贷款管理中心与银行总行下达的该学校贷款年度计划额度；其他需要审核的事项。贷款审批人应根据审查情况在"国家助学贷款学生审核信息表"上签署审批意见；对未获批准的贷款申请，应写明拒批理由，并告知借款人；对需要补充材料后再审批的，应详细说明需要补充的材料名称和内容。

（三）贷款的签约与发放

1. 贷款签约

对经审批同意的贷款，高校会收到经办银行的"国家助学贷款学生审查合格名册"。贷款发放人根据贷款审批意见确定应使用的合同文本并填写合同，在填写或打印有关合同文本过程中，借款合同应符合《中华人民共和国合同法》的规定，明确约定各方当事人的诚信承诺和贷款资金的用途、支付对象（范围）、支付金额、支付条件、支付方式等，应做到贷款额度、贷款期限、贷款利率和还款方式等有关条款要与贷款最终审批意见一致。

合同填写并复核无误后，贷款发放人应负责通知学校组织借款人签订"国家助学贷款借款合同"等协议文件；在签订有关合同文本前，贷款人应履行充分告知义务，告知借款人等合同签约方合同内容、权利义务、还款方式以及还款过程中应注意的问题等。贷款人应要求借款人当面签订借款合同及其他相关文件。贷款发放人填写"个人贷款开立账户通知书"等，协助借款人办理贷款发放手续，并将上述材料等提交会计岗位进行账务处理。

2. 贷款发放

国家助学贷款实行借款人一次申请、贷款银行一次审批、单户核算、分次发放的方式；其中，学费和住宿费按学年（期）发放，直接划入借款人所在学校在贷款银行开立的账户上；生活费贷款（每年的2月和8月不发放生活费贷款）根据合同约定定期划入有关账户。贷款发放后，银行经办部门应依据借款人相关信息建立"贷款台账"，并随时更新台账数据。

（四）支付管理

对于学费和住宿费贷款，银行应当采用贷款人受托支付的方式向借款人交易对象（借款人所在学校）支付，按学年（期）发放，直接划入借款人所在学校在贷款银行开立的账户上。

对于生活费贷款，银行可以采用贷款人受托支付方式直接划入借款人所在学校在贷款银行开立的账户上，再由学校返还借款人；银行也可以采取借款人自主支付的方式，根据借款人的提款申请，按照合同约定定期划入借款人在贷款银行开立的活期账户。贷款支付完成后，银行应详细记录资金流向，归集保存相关凭证。

(五) 贷后管理

1. 贷款贴息管理

经办银行在发放贷款后，于每季度结束后的 10 个工作日内，按照高校国家助学贷款贴息资金汇总表汇总已发放的国家助学贷款学生名单、贷款金额、利率、利息，经合作高校确认后上报总行。

全国学生贷款管理中心在收到各贷款银行总行提供的贴息申请资料后的 10 个工作日内，将贷款贴息统一划入各贷款银行总行国家助学贷款贴息专户，再由总行直接划入各经办银行贴息专户。各经办银行在收到贴息经费后即时入账。

2. 风险补偿金管理

经办银行于每年 9 月底前，将上一年度（上一年 9 月 1 日至当年 8 月 31 日）实际发放的国家助学贷款金额和违约率按各高校进行统计汇总，并经合作高校确认后填制高校国家助学贷款实际发放汇总表上报分行，分行按学校和经办银行汇总辖内上报信息后，在 5 个工作日内上报总行，由总行提交全国学生贷款管理中心。

全国学生贷款管理中心在收到经办行总行提交的风险补偿金申请书、高校国家助学贷款实际发放汇总表、高校国家助学贷款风险补偿金确认书后 20 个工作日将对应的风险补偿金支付给贷款银行总行。贷款银行总行将风险补偿金划拨至各分行，各分行在收到总行下拨的风险补偿金的当日将其划入对应账户。

3. 贷款偿还

每年借款学生毕业离校前，学校应组织借款学生与经办银行办理还款确认手续，制订还款计划，签订还款协议。借款学生自取得毕业证书之日（以毕业证书签发日期为准）起，下月 1 日开始归还贷款利息，并可以选择在毕业后的宽限期内（目前规定最长为 36 个月）的任何一个月开始偿还贷款本息。经办银行应派人主动上门服务，为借款学生讲解还款有关事宜，并解答学校及借款学生的咨询。经办银行应向每一位借款学生发放"国家助学贷款毕业生资料确认书"，要求学生在毕业后一个月内填写完毕并寄回原经办行。经办银行对学生毕业去向及相关资料进行抽查，并与学校进行核实。例如，借款学生在学校期间发生休学、退学、转学、出国、被开除学籍等中止学业的事件，学校应在为借款学生办理相关手续之前及时通知银行，并要求学生到银行办理归还贷款或还款确认手续。经办银行在得到学校通知后，应停止发放尚未发放的贷款，并采取提前收回贷款本息、签订还款协议等措施，主动为学生办理相关手续。提前离校的借款学生在办理离校手续之日的下月 1 日起支付贷款利息；休学的借款学生复学当月恢复财政贴息。借款学生毕业后申请出国留学的，应主动通知经办银行并一次性还清贷款本息，经办银行应及时为其办理还款手续。

4. 贷款催收

各经办银行应建立详细的还贷监测系统，加强日常还贷催收，做好催收记录，确认借款人已收到催收信息。各经办银行应按季将已到还款期的借款学生的还款情况反馈给学校，学校负责协助经办银行联系拖欠还款的借款学生及时还款。

5. 贷后档案管理

各经办银行在与借款学生签订还款协议后，需将相关信息补录入零售信贷系统。在收到借款人毕业后发回的"国家助学贷款毕业生资料确认书"后，应及时在系统中进行资料更新；并严格按照零售贷款档案管理办法管理国家助学贷款相关档案。

专栏资料 7-8

生源地国家助学贷款

所谓生源地国家助学贷款,即由大学新生生源所在地各商业银行和城乡信用社开办,并由政府贴息,帮助大学生(含专科生、本科生和研究生)支付在校期间学费、住宿费及基本生活费的助学贷款。河北、贵州、山东等省份均已开办生源地国家助学贷款。

1. 河北省

河北省全面放开生源地国家助学贷款业务,大学新生老生均可申请。大学新生依据录取通知书,老生凭高校出具需贷款证明,贷款数额按河北省各普通高校贫困生所占比例进行分配,新生占1/3,老生占2/3。发放对象为河北省省、市属和中央部门属全日制普通高等学校招收,入学前户口为在河北省管辖内的家庭经济困难的全日制专、本科学生及研究生(包括第二学士学位)本人及其父母、法定监护人或当地农村信用社认可的其他自然人。申请贷款的条件包括以下几点。

(1) 符合下列条件之一的学生:
① 孤、残学生及烈士子女,且无正常经济来源的学生。
② 遭遇自然灾害,家庭收入严重下降,正常学习、生活受到较严重影响的学生。
③ 父母双方失业,且无固定经济来源的学生。
④ 父母一方失业,另一方收入不足以维持正常学习和生活的学生。
⑤ 家庭主要收入创造者因故丧失劳动能力,导致正常学习、生活有危机的学生。
⑥ 家有严重病人,造成家庭经济异常拮据的学生。
⑦ 老、少、边、穷及偏远农村中家庭收入不足以支付正常学费的学生。

(2) 受托借款人信誉良好,在农村信用社无不良记录。

(3) 具体使用贷款的学生学习成绩优秀,被河北省辖区内全日制普通高等学校正式录取,并拿到录取通知书。

(4) 学生遵守国家法律、法规和学校规章制度,无违法违纪记录和其他不良信用记录。

(5) 符合生源地国家助学贷款规定的其他条件。

2. 贵州省

贵州省通过农村信用社采取"小额信用贷款"的方式,向考上省内外大学的贫困学生发放生源地国家助学贷款。生源地助学贷款的具体发放办法是,凡因考上省内外大学而无钱上学的贫困学生,只需持高校录取通知书、身份证及家长的身份证,到所在乡(镇)信用社申请贷款,信用社按照农户小额信用贷款的操作程序,由家长申请贷款,最高助学贷款金额为6 000元,实行"小额发放,专户管理",贷款满足率为100%。

[资料来源:《人民日报》,2004年11月30日]

3. 山东省

山东省的生源地国家贷款由商业银行和城乡信用社开办,并由政府贴息,帮助凡山东省籍考生参加全国高等学校招生统一考试,并为考入山东省全日制普通高校中经济确实困难的大学生(含专科生、本科生和研究生,下同)支付在校期间学费、住宿费及基本生活费。办理时可由其家长或法定监护人凭本人户口本、身份证及户口所在地民政部门出具的经济困难证明以及有关学籍证明(新生凭大学录取通知书,在校生凭学生证和所在学校出具的学习证明),到户口所在地商业银行和城乡信用社申请生源地国家助学贷款。贷款最高数额每生每学年不超过6 000元。

第五节 其他个人消费贷款

其他个人消费贷款是银行向借款人发放的,用于住房装修、购买耐用消费品、旅游、医疗等消费用途的贷款。

个人住房装修贷款是指银行向自然人发放的,用于装修自用住房的人民币担保贷款。个人住房装修贷款可以用于支付家庭装潢和维修工程的施工款、相关装修材料和厨卫设备款等。

个人耐用消费品贷款是指银行向自然人发放的,用于购买大额耐用消费品的人民币担保贷款。所谓耐用消费品通常是指价值较大、使用寿命相对较长的家用商品,包括除住房、汽车以外的家用电器、电脑、家具、健身器材、乐器等。该类贷款通常是银行与特约商户合作开展,即借款人需在银行指定的商户处购买特定商品;特约商户通常与银行签订耐用消费品合作协议,该类商户应有一定的经营规模和较好的社会信誉。

个人旅游消费贷款是指银行向自然人发放的,用于借款人个人及其家庭成员(包括借款申请人的配偶、子女及其父母)参加银行认可的各类旅行社(公司)组织的国内外旅游所需费用的贷款。

个人医疗贷款是指银行向自然人发放的,用于解决市民及其配偶或直系亲属伤病就医时资金短缺问题的贷款。个人医疗贷款一般由贷款银行和保险公司联合当地特定合作医院办理,借款人到特约医院领取并填写经特约医院签章认可的借款申请书,持医院出具的诊断证明及住院证明,到银行机构申请贷款,获批准后持个人身份证、银行卡和银行签章的贷款申请书到特约医院就医结账。

近几年来,在实际工作中,大多数银行都不再设计专门的装修、耐用消费品、旅游和医疗消费贷款,而是给客户提供个人消费类贷款,贷款用途可以是住房装修、购买耐用消费品、旅游和医疗。

第八章

个人经营类贷款

　　个人经营类贷款是指银行向从事合法生产经营的自然人发放的，用于定向购买商用房，以及用于满足个人控制的企业（包括个体工商户）生产经营流动资金需求和其他合理资金需求的贷款。

　　目前，各银行对此类贷款产品没有统一的贷种称谓，但近几年市场需求旺盛，该项业务正逐步成为银行个人贷款业务的主要增长点之一。个人经营类贷款包括个人商用房贷款、个人经营贷款、农户贷款和下岗失业小额担保贷款。部分银行还设有农户小额信用贷款和农户联保贷款，它们是农户贷款的两种不同形式。农户小额信用贷款是指农村中小金融机构基于农户的信誉，在核定额度和期限内向农户发放的不需要提供担保的贷款。农户联保贷款是指在农村中小金融机构营业区域内，没有直系亲属关系的农户在资源基础上组成联保小组，贷款人对联保小组成员发放的，并由联保小组成员相互承担连带保证责任的贷款。

第一节　个人商用房贷款

一、个人商用房贷款的含义

　　个人商用房贷款是指银行向借款人发放的，用于购买商业用房的贷款，如中国银行的个人商用房贷款、交通银行的个人商铺贷款等。

　　目前，个人商用房贷款主要是为了解决自然人购买用以生产经营用房（销售商品或提供服务的场所）资金需求的贷款。商用房包括商铺、住宅小区的商业配套房、办公用房（写字楼）。

二、个人商用房贷款的贷款要素

1. 贷款对象

　　个人商用房贷款支持的商用房须满足以下条件：商用房所占用土地使用权性质为出让，土地类型为住宅、商业、商住两用或综合用地；商用房为一手房的，该房产应为已竣工的房屋，并取得合法销售资格；商用房为二手房的，应取得房屋所有权证及土地使用权证。

同时，借款人需具备以下基本条件：具有完全民事行为能力的自然人，年龄在18（含）~65（不含）周岁，外国人以及中国港、澳、台居民为借款人的，应在我国境内居住满一年并有固定居所和职业，同时满足我国关于境外人士购房的相关政策；具有合法有效的身份证明、户籍证明（或有效居留证明）及婚姻状况证明（或未婚证明）；具有良好的信用记录和还款意愿；具有稳定的收入来源和按时足额偿还贷款本息的能力；具有所购商用房的商品房销（预）售合同或房屋买卖协议；已支付所购商用房市场价值一定比例以上的首付款（商用房为50%及以上，商住两用房为45%及以上），并提供首付款银行进账单或售房人开具的首付款发票或收据；在银行开立个人结算账户；以借款人拟购商用房向贷款人提供抵押担保；两个以上的借款人共同申请贷款的，共同借款人限于配偶、子女和父母；贷款人规定的其他条件。

2. 贷款利率

个人商用房贷款利率不得低于中国人民银行规定的同期同档次利率的1.1倍，具体利率水平由贷款银行根据贷款风险管理相关原则自主确定。

3. 贷款期限

个人商用房贷款期限最短为1年（含），最长不超过10年。

4. 还款方式

个人商用房贷款可采用等额本息还款法、等额本金还款法和一次还本付息法等还款方式。

5. 担保方式

申请个人商用房贷款，借款人须提供一定的担保措施，包括抵押、质押和保证等，还可以采取履约保证保险的方式。

6. 贷款额度

个人商用房贷款额度通常不得超过所购商用房价值的50%，所购商用房为商住两用房的，贷款额度不得超过所购商用房价值的55%。

三、个人商用房贷款流程

（一）贷款受理与调查

1. 贷款受理

贷款受理人应要求商用房贷款申请人以书面形式提出借款申请，填写借款申请表，并按银行要求提交相关申请材料，清单如下：借款申请表；借款人及其配偶有效身份证件、户籍证明（户口簿或其他有效居住证明）、婚姻状况证明（结婚证、离婚证、未婚证明等）原件及复印件；个人收入证明，如个人纳税证明、工资薪金证明、在银行近6个月的平均金融资产证明等；借款人与售房人签订的商品房销（预）售合同或房屋买卖协议原件；所购商用房为一手房的，须提供首付款银行存款凭条或开发商开具的首付款发票或收据原件及复印件；所购商用房为二手房的，须提供售房人开具的首付款收据原件及复印件；拟购房产为共有的，须提供共有人同意抵押的证明文件；抵押房产如需评估，须提供评估报告原件；贷款人要求提供的其他文件或资料。

2. 贷前调查

个人商用房贷款调查由贷款经办行负责，贷款实行双人调查和贷款面谈制度；在调查借款申请人基本情况、贷款用途、收入情况和贷款担保时，应重点调查以下内容：

（1）借款申请人所提供的资料是否真实、合法和有效，借款行为是否自愿、属实，购房行为是否真实，并告知借款人须承担的义务和违约后果。

（2）借款人收入来源是否稳定，是否具备按时足额偿还贷款本息的能力，收入还贷比是否符合规定，在计算借款人收入时，可将所购商用房未来可能产生的租金收入作为借款人收入。

（3）通过查询银行特别关注客户信息系统、中国人民银行个人信用信息基础数据库，判断借款人资信状况是否良好，是否具有较好的还款意愿。

（4）贷款年限加上借款人年龄是否符合规定。

（5）借款人购买商用房的价格是否合理，是否符合规定条件。

（6）借款人是否已经支付首付款，首付款比例是否符合要求。

（7）贷款银行双人现场核实借款人拟购买的房产是否真实、合法、有效；抵押房产已办理所有权证书的，要查询抵押房产权属证书记载事项与登记机关不动产登记簿相关内容是否一致；对有共有人的抵押房产，应审查共有人是否出具了同意抵押的书面证明或在合同中签字确认；需要进行价值评估的，评估报告是否真实，评估价格是否合理。

（8）贷款申请额度、期限、成数、利率和还款方式是否符合规定。

贷款经办行调查完毕后，应及时将贷款资料移交授信审查审批部门。

（二）贷款审查与审批

1. 贷款审查

贷款审查应对贷款调查内容的合法性、合理性和准确性进行全面审查，重点关注贷前调查人的尽职情况和借款人的偿还能力、诚信状况、担保情况、抵（质）押比率、贷款风险因素、贷款风险程度等。

对贷前调查人提交的面谈记录以及贷前调查的内容，贷款审查人认为需要补充材料和完善调查内容的，可要求贷前调查人进一步落实；贷款审查人对贷前调查人提交的材料和调查内容的真实性有疑问的，可以重新进行调查。贷款调查人、贷款审查人和签批人应按各自的职责要求填写调查审查审批表。

贷款人应开展风险评价工作，以分析借款人现金收入为基础，采取定性和定量分析方法，全面动态地进行贷款审查和风险评估。贷款审查和风险评估工作完成后，应形成书面审查意见，连同申请材料、面谈记录等一并送交贷款审批人进行审批。

2. 贷款审批

贷款人应根据审慎性原则，完善授权管理制度，规范审批操作流程，明确贷款审批权限，实行审贷分离和授权审批，确保贷款审批人按照授权独立审批贷款。贷款审批人员应该依据银行商用房贷款管理办法及相关规定，结合国家宏观调控政策，从银行利益出发审查每笔商用房贷款的合规性、可行性及经济性，根据借款人的还款能力以及抵押担保的充分性与可行性等情况，分析该笔业务预计给银行带来的收益和风险。

贷款审批人应根据审查情况签署审批意见，对未获批准的贷款申请，应写明拒批理由；对需补充材料后再审批的，应详细说明需要补充的材料名称与内容；对同意或有条件同意贷款的，如贷款条件与申报审批的贷款方案内容不一致的，应提出明确调整意见。贷款审批人签署审批意见后，应将审批表连同有关材料退还业务部门。对未获批准的贷款申请，贷款人应告知借款人。

(三) 贷款签约与发放

1. 贷款签约

对经审批同意的贷款，应及时通知借款申请人以及其他相关人（包括抵押人和共有人等），确认签约的时间，签署借款合同和相关担保合同。贷款签约流程如下：填写合同→审核合同→签订合同。

2. 贷款发放

贷款发放条件落实后，贷款发放人应按照合同约定将贷款发放、划付到约定账户。贷款发放流程如下：出账前审核→开户放款→放款通知。

(四) 贷款支付管理

个人商用房贷款须采用贷款人受托支付方式，借款人须委托贷款经办行将贷款资金支付给符合合同约定用途的借款人的交易对象。银行应要求借款人在使用商用房贷款时提出支付申请，并授权贷款人按合同约定方式支付贷款资金。受托支付完成后，贷款经办行应详细记录资金流向，归集相关凭证并纳入贷款资料归档保存。

(五) 贷后管理

个人商用房贷款的贷后管理相关工作由贷款经办行及信贷管理部门共同负责。个人商用房贷款的贷后管理是指贷款发放后到合同终止前对有关事宜的管理，包括贷后检查、合同变更、贷款回收、不良贷款管理。

1. 贷后检查

贷后检查是以借款人、抵押物等为对象，通过客户提供、访谈、实地检查、行内资源查询等途径获取信息，对影响商用房贷款资产质量的因素进行持续跟踪调查、分析，并采取相应补救措施的过程。贷后检查的主要内容包括借款人情况检查和担保情况检查两个方面。

2. 合同变更

(1) 提前还款，是指借款人具有一定偿还能力时，主动向贷款银行提出部分或全部提前偿还贷款的行为。提前还款包括提前部分还本和提前结清两种方式，借款人可以根据实际情况决定采取提前还款的方式。

(2) 期限调整，是指借款人因某种特殊原因，向贷款银行申请变更贷款还款期限，包括延长期限和缩短期限等。

(3) 还款方式变更，在贷款期限内，借款人可根据实际情况提出变更还款方式，但由于各种还款方式需要遵循不同的计息规定，所以还款方式变更需要根据银行的有关规定执行。

3. 贷款回收

贷款回收是指借款人按借款合同约定的还款计划和还款方式及时、足额地偿还贷款本息。贷款的支付方式有委托扣款和柜台还款两种方式。贷款回收的原则是先收息、后收本、全部到期、利随本清。

4. 不良贷款管理

对于个人商用房贷款中的不良贷款，银行应按照贷款风险五级分类法对不良贷款进行认定和分析；建立商用房贷款的不良贷款台账，落实不良贷款清收责任人，实时监测不良贷款回收情况。对未按期还款的借款人，应采用电话催收、信函催收、上门催收、司法催收等方式督促借款人按期偿还贷款本息，以最大限度地降低贷款损失。

第二节 个人经营贷款

个人经营贷款是指银行向符合条件的自然人发放的，用于借款人合法经营活动的人民币贷款，如中国银行的个人投资经营贷款、中国建设银行的助业贷款等。

一、个人经营贷款的贷款要素

1. 贷款对象

个人经营贷款的贷款对象应该是具有合法经营资格的个体工商户。借款人申请个人经营贷款需具备银行要求的下列条件：具有完全民事行为能力的自然人，年龄在18（含）~60周岁（不含）；具有合法有效的身份证明、户籍证明（或有效居留证明）及婚姻状况证明；借款人具有合法的经营资格，能提供个体工商户营业执照；具有稳定的收入来源和按时足额偿还贷款本息的能力；具有良好的信用记录和还款意愿，借款人及其经营实体在银行及其他金融机构无不良信用记录；能提供银行认可的合法、有效、可靠的贷款担保；借款人在银行开立个人结算账户；贷款人规定的其他条件。

2. 贷款利率

个人经营贷款利率需同时符合中国人民银行和各银行总行对相关产品的风险定价政策，并符合总行利率授权管理规定。个人经营贷款利率可在基准利率基础上上浮或适当下降。

3. 贷款期限

个人经营贷款期限一般不超过五年，采用保证担保方式的不得超过一年。贷款人应根据借款人经营活动及借款人还款能力确定贷款期限。

4. 还款方式

个人经营贷款可采用按月等额本息还款法、按月等额本金还款法、按周还本付息还款法等。贷款期限在一年（含）以内的，可采用按月付息、到期一次性还本的还款方式；采用低风险质押担保方式且贷款期限在一年（含）以内的，可采用到期一次性还本付息的还款方式。

5. 担保方式

申请个人经营贷款，借款人须提供一定的担保措施，包括抵押、质押和保证三种方式。采用抵押担保方式的，抵押物须为借款人本人或第三人（限自然人）名下已取得房屋所有权证的住房、商用房或商住两用房、办公用房、厂房或拥有土地使用权证的出让性质的土地。贷款人应与抵押人或其代理人到房产所在地的房地产登记机关或土地登记机关办理抵押登记，取得他项权证或其他证明文件。采用质押担保方式的，可接受自然人（含第三人）名下的银行存单及国债作为质物。采用保证担保方式的，保证人须为银行认可的专业担保公司，并严格执行保证金管理制度。

6. 贷款额度

个人经营贷款额度由各商业银行根据贷款风险管理相关规定确定，通常各家银行会根据不同的抵（质）押物制定相应的抵（质）押率，抵（质）押物的价值或评估价格乘以抵（质）押率就成为贷款最高额度。

二、个人经营贷款流程

（一）贷款受理与调查

1. 贷款受理

贷款受理人应要求个人经营贷款申请人填写借款申请书，以书面形式提出个人贷款申请，并按银行要求提交相关申请材料。对于有共同申请人的，应同时要求共同申请人提交有关申请材料。申请材料主要包括：个人经营贷款申请表；借款人及其配偶有效身份证件、户籍证明、婚姻状况证明原件及复印件；经年检的个体工商户营业执照原件及复印件；个人收入证明，如个人纳税证明、工资薪金证明、个人在经营实体的分红证明、租金收入、在银行近六个月的存款等金融资产证明；等等。

2. 贷前调查

贷款人受理借款人个人经营贷款申请后，应履行尽职调查职责，对个人经营贷款申请内容和相关情况的真实性、准确性、完整性进行调查核实，形成贷前调查报告。

贷前调查应以实地调查为主，间接调查为辅，采取现场核实、电话查询以及信息咨询等途径和方法。贷款人应建立并严格执行贷款面谈制度。

贷前调查人应通过实地调查了解申请人抵押物状况，判断借款人所经营企业未来的发展前景等；通过面谈了解借款申请人的基本情况、贷款用途、还款意愿和还款能力以及调查人认为应调查的其他内容，尽可能多地了解会对借款人还款能力产生影响的信息，如借款人所经营企业的盈利状况等。此外，可配合电话调查和其他辅助调查方式核实有关申请人身份、收入等其他情况。

个人经营贷款贷前调查由经办行负责，贷款实行双人调查和见客谈话制度。贷前调查人对贷款资料的真实性负责，调查内容要点主要包括：借款申请人所提供的资料是否真实、合法和有效，通过面谈了解借款人申请是否自愿、属实，贷款用途是否真实合理，是否符合银行规定；借款人收入来源是否稳定，是否具备按时足额偿还贷款本息的能力；通过查询银行特别关注客户信息系统、中国人民银行个人信用信息基础数据库，判断借款人资信状况是否良好，是否具有较好的还款意愿；借款人及其经营实体信誉是否良好，经营是否正常；对借款人拟提供的贷款抵押房产进行双人现场核实，调查借款人拟提供的抵押房产权属证书记载事项与登记机关不动产登记簿相关内容是否一致，银行抵押物清单记载的财产范围与登记机关不动产登记簿相关内容是否一致，并将核实情况记录在调查审查审批表中或其他信贷档案中；贷款采用保证担保方式的，保证人是否符合银行相关规定，保证人缴存的保证金是否与银行贷款余额相匹配；贷款申请额度、期限、成数、利率与还款方式是否符合规定；等等。贷款经办行调查完毕后，应及时将贷款资料移交授信审批部门。

（二）贷款审查与审批

银行授信审批部门负责在调查人提供的调查资料基础上，对贷款业务的合规性进行审查。贷款审查应对贷前调查人提交的个人经营贷款调查审查审批表以及贷款调查内容的合法性、合理性与准确性进行全面审查，重点关注调查人的尽职情况和借款人的偿还能力、诚信状况、担保情况、抵（质）押比率、风险程度等，分析贷款风险因素和风险程度，调查意见是否客观，并签署审批意见。

（三）贷款签约与发放

贷款人应与借款人签订书面借款合同，须担保的应同时签订担保合同。贷款人应要求借款人当面签订借款合同及其他相关文件。借款合同应符合《中华人民共和国合同法》的规定，明确约定各方当事人的诚信承诺和贷款资金的用途、支付对象与范围、支付金额、支付条件、支付方式等。借款合同应设立相关条款，明确借款人不履行合同或怠于履行合同时应当承担的违约责任。贷款的签约流程为：填写合同→审核合同→签订合同。

贷款人应加强对贷款的发放管理，遵循审贷与放贷分离的原则，设立独立的放款管理部门或岗位，落实放款条件后，发放满足约定条件的贷款。

（四）贷款支付管理

《个人贷款管理暂行办法》规定，对于借款人无法事先确定具体交易对象且金额不超过30万元人民币的个人贷款和贷款资金可用于生产经营且金额不超过50万元人民币的个人贷款，经贷款人同意可以采用借款人自主支付方式。

个人经营贷款资金应按照借款合同约定用途向借款人的交易对象支付；如借款人交易对象不具备条件有效使用非现金结算方式的，经授信审批部门审批同意，贷款资金可向借款人发放，由借款人向其交易对象支付。

贷款人支付贷款资金，应对相关凭证进行审核，确保支付符合借款合同约定的条件。

（五）贷后管理

个人经营贷款贷后管理相关工作由贷款经办行负责，管理内容包括客户关系维护、押品管理、违约贷款催收及相应的贷后检查等工作。信贷管理部门负责贷后监测、检查及对贷款经办行贷后管理工作的组织和督导。

贷款发放后，贷款人要按照主动、动态、持续的原则要求进行贷后检查，通过实地现场检查和非现场监测方式，对借款人有关情况的真实性、收入变化情况以及其他影响个人经营贷款资产质量的因素进行持续跟踪调查、分析，并采取相应补救措施的过程。其目的就是对可能影响贷款质量的有关因素进行监控，及早发现预警信号，从而采取相应的预防或补救措施。贷后检查的内容主要包括借款人情况检查和担保情况检查两个方面。

个人经营贷款贷后检查应重点关注以下内容：

（1）日常走访企业。在政策、市场、经营环境等外部环境发生变化，或借款人自身发生异常的情况下，应不定期地就相关问题走访企业，并及时检查借款人的借款资金及使用情况。

（2）企业财务经营情况检查。通过测算与比较资产负债表、损益表、现金流量表及主要财务比率的变化，动态地评价企业的经济实力、资产负债结构、变现能力、现金流量情况，进一步判断企业是否具备可靠的还款来源和能力。

（3）项目进展情况检查。对固定资产贷款，还应检查项目投资和建设进度、项目施工设计方案及项目投资预算是否变更、项目自筹资金和其他银行借款是否到位、项目建设与生产条件是否变化、配套项目建设是否同步，以及项目投资缺口及建设工期等。

第三节 农户贷款与下岗失业小额担保贷款

一、农户贷款

(一) 农户贷款的含义

农户贷款是指银行业金融机构向符合条件的农户发放的，用于生产经营、生活消费等用途的本外币贷款。其中，农户是指长期居住在乡镇和城关镇所辖行政村的住户、国有农场的职工和农村个体工商户。一般情况下，大部分农户贷款被用于生产经营。

(二) 农户贷款的贷款要素

1. 贷款对象

农户申请贷款应当具备的条件主要包括：农户贷款以户为单位申请，并明确一名家庭成员为借款人，借款人应当为具有完全民事行为能力的我国公民；户籍所在地、固定住所或固定经营场所在银行业金融机构服务辖区内；贷款用途明确合法；贷款申请数额、期限和币种合理；借款人具备还款意愿和还款能力；借款人无重大信用不良记录；在银行业金融机构开立结算账户；银行业金融机构要求的其他条件。

2. 贷款利率

银行业金融机构应当综合考虑农户贷款的资金成本及管理成本、贷款方式、风险水平、合理回报等要素，以及农户生产经营利润率和支农惠农要求，合理地确定利率水平。

3. 贷款期限

银行业金融机构应当根据贷款项目的生产周期、销售周期和综合还款能力等因素合理确定贷款期限。

4. 还款方式

银行业金融机构应当建立借款人合理的收入偿债比例控制机制，合理确定农户贷款还款方式。农户贷款还款方式根据贷款种类、期限及借款人现金流量情况，可以采用分期还本付息、分期还息到期还本等方式。原则上，贷款期限在一年以上的农户贷款不得采用到期利随本清方式。

5. 担保方式

申请农户贷款借款人须提供一定的担保措施，包括抵押、质押和保证三种方式。

6. 贷款额度

银行业金融机构应当根据借款人生产经营状况、偿债能力、贷款真实需求、信用状况、担保方式、机构自身资金状况和当地农村经济发展水平等因素，合理确定农户贷款额度。

三、农户贷款流程

(一) 贷款受理与调查

贷款人（银行业金融机构）应当要求农户以书面形式提出贷款申请，并提供能证明其符合贷款条件的相关资料，建立完善信用等级及授信额度动态评定制度。银行业金融机构受理借款人的贷款申请后，应当履行尽职调查职责，对贷款申请内容和相关情况的真实性、准确性和完整性进行调查核实,并对信用状况、风险、收益进行评价,形成调查评价意见。

贷前调查的内容主要包括:借款人(户)基本情况;借款户收入支出与资产、负债等情况;借款人(户)信用状况;借款用途及预期风险收益情况;借款人还款来源、还款能力、还款意愿及还款方式;保证人担保意愿、担保能力或抵(质)押物价值及变现能力;借款人、保证人的个人信用信息基础数据库查询情况。

此外,贷前调查应当有效借助村委会、德高望重村民、经营共同体带头人等社会力量,深入了解借款人情况及经营风险、借款户收支和经营情况,以及人品、信用等软信息,并与借款人及其家庭成员进行面谈,做好面谈记录,面谈记录包括文字、图片或影像等,根据借款人实际情况对借款人进行信用等级评定,并结合贷款项目风险情况初步确定授信限额、授信期限及贷款利率等。

(二) 贷款审查与审批

贷款人应当遵循审慎性与效率原则,建立完善独立的审批制度,完善农户信贷审批授权,根据业务职能部门和分支机构的经营管理水平及风险控制能力等,实行逐级差别化授权,逐步推行专业化的农户贷款审批机制,根据产品特点采取批量授信、在线审批等方式,提高审批效率和服务质量;根据外部经济形势、违约率变化等情况,对贷款审批环节进行评价分析,及时并有针对性地调整审批政策和授权。

贷中审查应当对贷款调查内容的合规性和完备性进行全面审查,重点关注贷前调查尽职情况、申请资料完备性和借款人的偿还能力、诚信状况、担保情况、抵(质)押及经营风险等。依据贷款审查结果,确定授信额度,做出审批决定,在办结时限以前将贷款审批结果及时、主动告知借款人。

(三) 贷款签约与发放

贷款人应当要求借款人当面签订借款合同及其他相关文件,需担保的应当当面签订担保合同。采取指纹识别、密码等措施,确认借款人与指定账户真实性,防范顶冒名贷款问题。

借款合同应符合《中华人民共和国合同法》及《个人贷款管理暂行办法》的规定,明确约定各方当事人的诚信承诺和贷款资金的用途、支付对象与范围、支付金额、支付条件、支付方式、还款方式等。借款合同应设立相关条款,明确借款人不履行合同或急于履行合同时应当承担的违约责任。贷款的签约流程为:填写合同—审核合同—签订合同。

贷款人应加强对贷款的发放管理,遵循审贷与放贷分离的原则,设立独立的放款管理部门或岗位,负责落实放款条件,对满足约定条件的借款人发放贷款。

(四) 贷款支付管理

鼓励采用贷款人受托支付方式向借款人交易对象进行支付。采用借款人自主支付的,贷款人应当与借款人在借款合同中明确约定;贷款人应当通过账户分析或现场检查等方式,核查贷款使用是否符合约定用途。经贷款人同意,对有下列情形之一的农户贷款,可以采取借款人自主支付方式:农户生产经营贷款且金额不超过 50 万元,或用于农副产品收购等无法确定交易对象的;农户消费贷款且金额不超过 30 万元的;借款人交易对象不具备有效使用非现金结算条件的。

借款合同生效后,贷款人应当按照合同约定及时发放贷款。贷款采取自主支付方式发放时,必须将款项转入指定的借款人结算账户,严禁以现金方式发放贷款,确保贷款资金发放给真实的借款人。

(五) 贷后管理

贷款人应当建立贷后定期或不定期检查制度,明确首贷检查期限,采取实地检查、电话访谈、检查结算账户交易记录等多种方式,对贷款资金使用、借款人信用及担保情况变化等进行跟踪检查和监控分析,确保贷款资金安全。

贷款人贷后管理应当着重排查防范假名、冒名、借名贷款,包括建立贷款本息独立对账制度、不定期重点检(抽)查制度以及至少两年一次的全面交叉核查制度。

贷款人应当严格按照风险分类规定,对农户贷款进行准确分类及动态调整,真实反映贷款形态。对确实无法收回的农户贷款,贷款人可以按照相关规定进行核销,按照账销案存原则继续向借款人追索或进行市场化处置,并按责任制和容忍度规定,落实有关人员责任。

贷款人应当建立贷款档案管理制度,及时汇集更新客户信息及贷款情况,确保农户贷款档案资料的完整性、有效性和连续性。根据信用情况、还本付息和经营风险等情况,对客户信用评级与授信限额进行动态管理和调整。

贷款人要建立优质客户与诚信客户正向激励制度,对按期还款、信用良好的借款人采取优惠利率、利息返还、信用累积奖励等方式,促进信用环境不断完善。

二、下岗失业小额担保贷款

(一) 下岗失业小额担保贷款的含义

下岗失业小额担保贷款是指银行在政府指定的贷款担保机构提供担保的前提下,向我国境内(不含港、澳、台地区)的下岗失业人员发放的人民币贷款。下岗失业小额担保贷款遵循"担保发放、微利贴息、专款专用、按期偿还"的原则。

(二) 下岗失业小额担保贷款的贷款要素

1. 贷款对象

下岗失业小额担保贷款的贷款对象比较特殊,主要为下岗失业人员再就业提供金融支持,其必须满足以下条件:我国境内(不含港、澳、台地区)身体健康、资信良好,并具备一定劳动技能的下岗失业人员;年龄在 60 周岁以内,具有完全民事行为能力;具有当地城镇居民户口;持有"再就业优惠证",同时具备一定的劳动技能,具有还款能力;在银行均没有不良贷款记录。

2. 贷款利率

自 2008 年 1 月 1 日起,小额担保贷款经办机构对个人新发放的小额担保贷款,其贷款利率可在中国人民银行公布的贷款基准利率的基础上上浮 3 个百分点。其中,微利项目增加的利息由中央财政全额负担;所有小额担保贷款在贷款合同有效期内如遇基准利率调整,均按贷款合同签订日约定的贷款利率执行。

3. 贷款期限

贷款期限最长不超过 2 年,借款人提出延长期限,经担保机构同意继续提供担保的,可按中国人民银行规定延长还款期限一次。延长期限在原贷款期限到期日基础上顺延,最长不得超过 1 年。

4. 还款方式

还款方式包括等额本息还款法、阶段性等额本息还款法、按周期付息并到期一次性还本、一次性还本付息法等。

5. 担保方式

下岗失业小额担保贷款采用政府指定的担保机构提供担保的方式。政府指定的担保机构是指中国人民银行《下岗失业人员小额担保贷款管理办法》中规定的，下岗失业人员小额担保贷款担保基金会委托的各省（自治区、直辖市）、市政府出资的中小企业信用担保机构或其他信用担保机构。

6. 贷款额度

下岗失业小额担保贷款额度起点一般为人民币 2 000 元，对个人新发放的小额担保贷款的最高额度为 5 万元；对符合现行小额担保贷款申请人条件的城镇妇女，最高额度为 8 万元；对符合条件的妇女合伙经营和组织起来就业的，可将人均最高贷款额度提高至 10 万元。

第四节 小 额 贷 款

一、小额贷款的含义与产品

1. 小额贷款业务的含义

小额贷款，是指中国邮政储蓄银行向单一自然人发放的、用于满足其生产经营活动资金需求的、金额较小的贷款。

2. 小额贷款经营管理原则

银行各级分支机构办理小额贷款业务必须严格遵循国家法律法规，执行国家产业政策。小额贷款业务以"安全性、流动性、效益性"为经营原则，按照"小额速贷、整贷零还、有偿使用、持续发展"的方式开展经营，以"小额、流动、分散"为整体风险控制的基本原则。

3. 小额贷款业务产品

小额贷款业务根据客户对象的不同分为农户小额贷款和商户小额贷款；根据贷款担保方式的不同可分为联保贷款和保证贷款。农户小额贷款可分为农户联保小额贷款和农户保证小额贷款，商户小额贷款可分为商户联保小额贷款和商户保证小额贷款（图 8 - 1）。

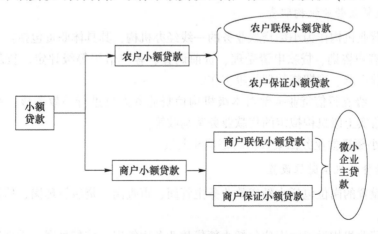

图 8 - 1 小额贷款分类

4. 小额贷款用途

小额贷款主要解决客户生产经营过程中的资金需求问题。

二、小额贷款机构设置与人员配备

小额贷款业务管理和经营机构层级从上到下分为五级，即总行、一级分行、二级分行、一级支行和小额贷款营业机构。总行和一级分行信贷业务部对小额贷款主要履行管理职能，按照"下管一级、监控到底"的管理原则对下级机构进行管理；二级分行和一级支行信贷业务部按照"扁平、高效"的原则直接经营与管理小额贷款业务。

无二级分行（或无一级支行）的地区，在保证岗位人员配备充足的前提下，可指定由某一级机构合并履行经营管理职能。没有一级支行的地区，小额贷款业务可由另外一个一级支行代管或由二级分行信贷业务部直管。

（一）一级支行信贷部职责

作为小额贷款业务基层经营管理机构，负责一个或若干个县域（城区）范围内小额贷款业务的经营管理，具体职责包括：

（1）贯彻、执行上级机构部署的业务发展、风险管理等方面的工作要求。

（2）负责辖区内小额贷款业务的营销推广、宣传、培训以及信用环境建设。

（3）负责对辖区内的县域经济和城乡居民、农村居民人均收入进行调查，收集当地的行业信息。

（4）负责权限范围内贷款审查审批、到期贷款提醒、逾期贷款催收、贷款档案管理等工作。

（5）在上级制定的绩效考核政策指引下，对所辖小额贷款业务人员考核评价，根据考核结果落实相应的贷款业务奖励政策，检查业务制度执行情况，对违反制度的个人进行处罚。

（6）负责辖区内小额贷款业务的统计、分析，按要求向上级行报送相关信息，向本级相关部门和下级行通报小额贷款业务经营与管理情况，向支行管理层报告小额贷款业务情况。

（二）小额贷款营业机构职责

小额贷款营业机构作为小额贷款业务的一线经办机构，其具体职责包括：

（1）负责客户咨询、贷款申请受理、贷前调查、客户信用等级评定、贷款发放、贷款回收、到期贷款提醒、逾期贷款催收等工作。

（2）协助一级支行信贷业务部对本级机构信贷业务人员进行绩效考核，并根据绩效考核结果，具体落实上级机构拟定的贷款业务奖励政策。

（3）负责小额贷款业务档案资料的整理和上报。

（三）小额贷款机构岗位设置

一级支行设置的岗位包括小额贷款业务主管岗、审查岗、贷后管理岗、信贷会计主管岗和信贷会计岗。

小额贷款营业机构设置的岗位包括小额贷款业务主管岗、信贷员岗、受理岗和记账岗。

二级分行直接经营市区业务的，可视同一级支行设置岗位。

信贷会计主管岗、信贷会计岗由会计部门人员担任，记账岗可由县支行会计部人员或储蓄网点综合柜员担任。

（四）小额贷款岗位职责

1. 一级支行小额贷款业务主管岗

该岗位负责主持信贷业务部的日常经营管理工作，同时贯彻执行上级制定的信贷政策和信贷发展目标：

（1）根据市场变化与业务发展需要，制订信用环境建设及市场拓展实施计划等。

（2）负责组建审贷委员会对贷款进行审批。

（3）负责组织小额贷款业务日常监控、贷后检查、逾期催收、风险分类等工作。

（4）负责组织本支行小额贷款营业机构和从业人员的绩效考核工作。

（5）负责组织辖区内小额贷款资产质量管理工作，包括逾期催收、资产保全等。

（6）负责安排部门内其他岗位人员的工作。

2. 一级支行审查岗

（1）负责审查信贷员拟提交贷款审批的材料的合规性、真实性和完整性，出具明确的审查意见。

（2）根据业务申请表中的授权，查询中国人民银行征信系统并打印个人信用报告。

（3）负责审核放款条件的落实情况。

3. 一级支行贷后管理岗

（1）对客户进行电话抽查回访，落实是否进行了现场调查，是否遵守各项规章制度。

（2）负责小额贷款业务日常监控，密切关注逾期贷款情况，建立逾期贷款催收台账，并协助信贷员进行贷款还款提示和逾期贷款催收工作。

（3）负责监控小额贷款还款提醒短信，及时查看还款账户余额不足客户还款账户资金缴存情况。

（4）负责组织贷后检查工作，检查信贷员贷后检查工作落实情况，监控贷后检查报告质量。

（5）根据贷后检查的需要查询中国人民银行征信系统并打印个人信用报告。

（6）负责贷款风险手工分类的初分工作和手工调整工作。

（7）负责收集、整理、装订和入档保管各类信贷业务档案、贷后检查档案，执行档案归集、调阅和销毁等档案管理制度。

（8）负责小额贷款业务统计、分析及各种业务报表打印。

（9）负责协助一级支行小额贷款业务主管岗开展人员绩效考核具体工作。

（10）根据小额贷款业务主管岗的工作分配，进行权限范围内的资产保全、不良资产处置等具体工作；进行不良资产的移交、诉讼、清收等工作。

4. 一级支行信贷会计主管岗

（1）负责信贷业务涉及的会计交易的日常管理工作。

（2）当资金头寸临近不足时，向上级会计部门申请资金头寸。

（3）负责授权一级支行信贷会计岗在信贷会计系统中进行相关会计操作。

（4）维护辖属机构的会计岗和记账岗。

5. 一级支行信贷会计岗

（1）负责行内借款利息以及收入资金的定期上划。

(2) 负责贷款停息与中止贷款停息、担保物与抵债资产管理、贷款核销与贷款核销收回等会计事项类交易的会计系统操作。

(3) 负责会计凭证及其他会计档案的打印与保管。

(4) 维护辖属机构的记账岗。

(5) 监控本机构资金头寸，资金头寸不足时会同本级会计主管提出增加资金头寸的申请。

6. 小额贷款营业机构小额贷款业务主管岗

负责贯彻执行上级机构制定的各项规章制度；组织实施市场营销、人员培训等工作；对信贷员进行调查任务分配、业务指导和监督检查。

7. 信贷员岗

(1) 负责权限范围内小额贷款业务的营销、宣传。

(2) 对借款人提出的借款申请（展期申请）进行调查，撰写调查报告，提出授信建议，并将小额贷款业务档案及时移交至档案管理岗。

(3) 负责本人所管户贷款的贷后检查、逾期催收及风险预警等工作，并根据情况变化更新借款人的基本信息和经济档案，协助贷后管理人员对所管户贷款形成的不良资产进行保全工作。

(4) 在授权范围内，查询借款人及相关债务人的个人征信信息。

(5) 负责审批通过的小额贷款业务系统内合同签署及出账工作。

(6) 负责小额贷款业务合同双人面签工作。

8. 受理岗

该岗位的主要职责如下：负责处理客户电话咨询、贷款申请，记录客户基本信息；在授权范围内查询相关债务人的个人征信信息；根据同级小额贷款业务负责人指示进行调查任务分配。

9. 记账岗

(1) 负责复核信贷业务人员提交的纸质借据信息，在信贷会计系统中进行放款操作，并将打印的放款单和分期还款计划表加盖名章后交给客户。

(2) 根据客户提交的提前结清贷款的申请在信贷会计系统中操作结清贷款交易。

(3) 根据客户提交的归还当期贷款本金和利息的申请在信贷会计系统中操作分期贷款归还当前期交易。

(4) 根据客户提交的归还欠款的申请在信贷会计系统中操作分期贷款归还欠款交易。

(5) 根据信贷业务人员提交的提前部分还本通知书在信贷会计系统中操作分期贷款提前部分还本交易。

(6) 负责打印小额贷款的结清证明、扣款单，通过单据重打印交易补打打印失败的单据。

三、小额贷款的贷款要素

（一）贷款对象

根据客户对象的不同，可分为农户小额贷款和商户小额贷款。农户小额贷款的目标对象为从事农、林、牧、渔业或其他与农村经济发展有关的生产经营活动的客户群体；商户小额贷款的目标对象为从事生产、加工、贸易、服务等活动的私营企业主、个体工商户等客户群体。

小额贷款申请人须满足以下基本条件：

(1) 中华人民共和国公民，具有完全民事行为能力。

(2) 信用观念强，资信状况良好，无不良社会和商业信用记录。

(3) 年龄在20周岁（含20周岁）至60周岁（含60周岁）之间，具有当地户口或在当地连续居住一年以上；农户小额贷款的申请人必须已婚（含离异、丧偶），家庭成员中必须有两名（含两名）以上的劳动力。

(4) 无赌博、吸毒、酗酒等不良行为。

(5) 应从事符合国家产业政策的生产经营活动，且应连续正常经营1年以上（含1年）。

(6) 贷款用途正当、合理，有一定的自有资金和经营管理能力。

(7) 微小企业主的微小企业必须为私人所有或私营控股，国有股份比例合计不得超过49%，且国家不能直接或间接参与日常管理。

(8) 有限责任公司个人股东、合伙企业个人合伙人贷款的，公司股东或合伙企业合伙人应在5人以内（含5人），且借款人在公司所持股份不低于20%。

(9) 主要经营场所或常住地址原则上应在一级支行规定的有效经营地域范围内，是否可以跨地域放款，由一级分行自主决定。

(二) 贷款额度

小额贷款额度在综合考虑客户还款能力、还款意愿、资金需求等因素基础上，评估小额贷款客户的最高授信额度。单一借款人最高授信额度不得超过该客户的还款能力与合理的资金需求二者中的较低者。对于联保贷款，还应综合考虑联保小组成员之间的资金实力差距情况。

1. 联保小组额度确定的方法

对于小额联保贷款，应尽量要求客户与跟自己经济实力相当的申请人组建联保小组，以保证联保额度的有效性。小组额度为各单户授信额度的最高值，且成员最高额度不得大于最低额度的150%。小组成员单笔贷款金额不得大于小组额度和各自授信额度中的较低值。

2. 还款能力的测算方法

(1) 适用于种植业、养殖业等生产经营周期较长的客户：

授信额度 = (每周期营业收入 − 每周期营业成本) × 贷款期间内生产周期期数 − 贷款期间内生活支出 − 贷款期限内应偿还的其他借款本金

(2) 适用于除种植、养殖以外的客户：

① 基于净收入的测算：全部客户均可采用下列方法测算授信额度，即授信额度 = 贷款期间内净收入 × 70%。

② 基于营业收入的测算：对于每月具有较为稳定的现金流的客户，可采用下列方法测算授信额度，即授信额度 = 平均月营业收入 × 100%。

③ 基于现金流的测算：对于工程承包类、家装建材类、货运物流等现金流不稳定的行业，必须采用以下方法测算授信额度，即授信额度 = 贷款期间内现金流入 × 30%。

其中，贷款期限内现金流入应根据客户同期历史经营情况进行测算，现金流入一般应取自客户用于生意结算的银行流水;对于以现金为主要结算方式的客户,则根据客户的日记账测算现金流入情况;对于无法提供银行流水及日记账的,不可采用基于现金流的方法进行测算。若客户同时符合基于净收入与营业收入两种方法测算还款能力的,测算后,二者取其高;若客户同时符合基于现金流和营业收入两种方法测算还款能力的,测算后,二者取其低。

3. 合理资金需求的测算方法

基于贷款用途进行测算,即通过审核客户贷款用途测算其合理的资金需求。

4. 资产负债率限制

(1) 对于商户小额贷款:以借款人获得银行贷款后的资产负债数据为准,服务行业客户资产负债率不得超过70%,其他行业不得超过50%。

(2) 对于农户小额贷款:资产负债率指标可不做限制。

(三) 贷款期限

小额贷款期限可以以月、季、半年或年为单位,具体贷款期限以总行授权书或批复为准。

(四) 贷款利率

小额贷款利率实行风险定价原则,由总行综合考虑资金成本、中央银行基准利率、通货膨胀率、贷款损失风险、经营管理成本及市场竞争状况等因素后,制定全国贷款产品利率的浮动范围。

各一级分行应根据自身实际经营情况和当地信贷市场竞争程度,在总行制定的贷款产品利率浮动范围内,自行确定辖区内的利率水平。各一级分行可根据实际情况,对不同的二级分行或一级支行、不同的贷款产品、不同的客户群体确定不同的利率,但利率标准必须明确、统一,在同一时间、同一县(市)内不得由信贷人员擅自决定对客户提高或降低利率。

(五) 担保方式

根据担保方式的不同,小额贷款分为信用贷款、保证贷款、联保贷款、抵押贷款和质押贷款。

信用贷款是指以借款人的信誉发放的贷款,借款人不需要提供担保。

保证贷款由一到多个满足条件的自然人或法人提供保证,又分为普通保证贷款(保证人为单笔借款合同做保证)和最高额保证贷款(保证人在最高债权额限度内为一定期间连续发生的借款合同做保证)。

联保贷款由联保小组成员相互承担连带保证责任,联保小组成员之间需经济独立,联保小组由3户组成,在本办法下发前已经生效的4~5户联保额度继续有效,额度失效后重新按照本办法规定执行。

抵押贷款是指借款人或者第三人以《中华人民共和国担保法》规定的财产为抵押物,从银行获得的贷款。

质押贷款是指借款人或第三方以《中华人民共和国担保法》规定的动产或权利为质押物,从银行获得的贷款。

1. 保证人条件

小额保证贷款必须由一名或多名自然人或法人为贷款提供保证担保,自然人保证人须满足以下基本条件：

(1) 具有完全的民事行为能力。

(2) 无不良社会或商业信用记录。

(3) 年龄在20周岁（含20周岁）至60周岁（含60周岁）之间，具有当地户口或在当地居住满一年以上，若保证人为农户或微小企业主，则应在本地有房产且连续居住3年以上。

(4) 无赌博、吸毒、酗酒等不良行为，家庭和睦。

(5) 有固定职业或稳定收入，并有合法、可靠的经济来源，具备相应的保证能力，应谨慎接受公检法部门工作人员担任保证人。

(6) 保证人家庭之间、保证人与借款人家庭之间的经济必须相互独立，且无其他债权债务关系，保证人不可为借款人的父母。

2. 保证人担保能力考核

每笔保证贷款应至少有1名保证人，保证人所担保的债权金额与其年收入挂钩，且所有保证人的担保能力之和应覆盖贷款本金，保证人担保能力与其年收入之间的关系如下：

(1) 保证人为农户的，其所担保的债权金额最高为其年收入金额；保证人为微小企业主的，其所担保的债权金额最高为其年净收入金额，保证人其他对外担保余额应予以扣除（住房按揭贷款担保除外）。

(2) 保证人为国家公务员、企事业单位正式职工或教师、医生等，其所担保的债权金额最高为其年收入金额的5倍，且其月均收入最低应为2 000元，保证人其他对外担保余额及本人贷款余额应予以扣除（住房按揭贷款担保除外）。

(3) 法人保证人符合银行公司贷款或小企业贷款准入条件的，可直接按照公司贷款或小企业贷款的相关授信原则，核定其授信额度用于担保；其他情况的法人保证人，均须由总行或经总行授权的一级分行准入并核定其可担保额度。

(4) 有限责任公司个人股东申请贷款，只能由最大股东或实际控制人来申请，若申请人非最大股东，最大股东须提供连带保证责任，同时有限责任公司法人须提供担保函。除此之外，还应按照相关规定提供保证人。同一时点，同一有限责任公司在银行仅能有一笔小额贷款业务。

（六）还款方式

小额贷款的同一笔贷款业务只能选择一种还款方式，还款方式不允许组合。小额贷款业务接受客户提前部分还本与提前结清贷款，均需由客户提供书面申请，由第三人代偿的、可由代偿人提出申请。

(1) 一次性还本付息法，即到期一次性偿还贷款本息。

(2) 等额本息还款法，即贷款期限内每期以相等的金额偿还贷款本息。

(3) 阶段性等额本息还款法，即贷款宽限期内只偿还贷款利息，超过宽限期后按照等额本息还款法偿还贷款。

(4) 按周期付息，到期一次性还本。贷款期限内每周期偿还利息，贷款到期后偿还贷款本金。

(5) 按周期付息，按还本计划表还本。

四、小额贷款业务流程

小额贷款业务流程可划分为贷前处理、贷中处理、贷后处理三大部分。贷前处理包括宣传与营销、咨询受理、授信调查;贷中处理包括贷款审查审批、合同签署、贷款发放;贷后处理包括贷后检查、贷款预警监测、贷款回收、逾期催收、资产保全、贷款结清、贷款核销等。小额贷款业务流程,如图8-2所示。

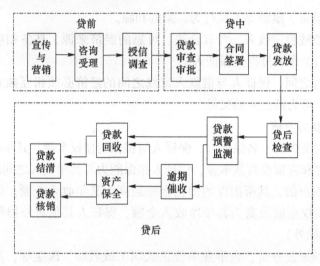

图8-2 小额贷款业务流程

(一)小额贷款贷前处理

1. 宣传与营销

各分支行应结合当地市场需求和自身业务处理能力等实际情况,制订业务宣传方案,有步骤、有计划、有针对性地开展宣传,掌握好宣传范围与力度,使业务量与处理能力相适应。宣传的内容应包括:

(1)信用文化建设宣传,大力宣扬"好借好还,再借不难""守信光荣,失信可耻"等信用理念,宣传征信知识,营造信用氛围,建造良好的信用环境。

(2)阳光信贷政策宣传,客户除支付利息外,不需要支付任何其他费用。

(3)小额贷款产品介绍,包括申请小额贷款应具备的条件,贷款额度、期限、利率、还款方式,办理小额贷款的流程、联保成员或保证人责任等。

2. 咨询受理

(1)客户咨询。客户可以通过电话、网络或到小额贷款营业机构、小额贷款营销机构等了解小额贷款的申请条件、办理流程、贷款要素等方面的规定。

客户咨询小额贷款业务,受理岗应向客户介绍贷款产品,了解客户的基本情况和贷款需求,判断客户是否满足贷款的基本条件;对于满足条件的客户,应指导其进行贷款申请;对于不符合条件的客户,应委婉地拒绝客户的贷款申请,并请客户关注其他信贷产品。

(2)受理。受理岗接受客户申请,核对客户提交的申请材料,在受理信息登记表中记录客户财务信息与非财务信息,指导客户填写贷款申请;对保证人和申请联保贷款的借款人,受理岗应向其明确说明保证责任。

(3) 客户资格初步审查。受理岗收到客户提交的申请表和相关申请材料后，应对申请人和保证人的主体资格进行审核，对申请人提交资料的完整性和规范性进行初审。

① 申请表填写内容审核：应由客户填写部分是否填写完整，申请金额、期限等关键信息是否正确，以及申请人和相关人员是否在相应位置签字等。申请人配偶临时不在本地、无法在申请表中签字的，可由银行将《××××银行小额贷款业务申请表》传真给申请人配偶，待其签字后传真给银行，作为其同意申请贷款的凭证；若申请人配偶长期不在本地，无法在所有单式上签字的，应要求借款人配偶签署法律委托书，授权银行查询其个人征信及同意对借款人债务承担连带保证责任。

② 审核申请人、申请人配偶及保证人的身份证原件是否符合规定、是否真实，是否对身份信息进行联网核查。

③ 审核营业执照是否为工商行政管理部门颁发，是否经年检并在有效期内，经营业务范围与客户实际经营范围是否相符，客户是否拥有营业执照的使用权。

④ 客户经营年限及贷款用途是否符合银行规定。

⑤ 申请联保业务的，须审核联保小组成员组成是否符合业务规定；申请保证业务的，须审核保证人是否符合业务规定，审核保证人单位证明或营业执照是否符合业务规定等；审核联保成员或保证人对贷款的连带责任关系是否明晰。

对于符合业务申请条件的，受理岗应将身份证、营业执照等证件的复印件与原件进行比较，在复印件上加盖"与原件相符"的章戳。对于未盖章戳、经办人员未签字的证件复印件，后续处理人员应拒绝继续操作。

如果申请人具有下列情形之一的，其申请不予受理，应退回业务申请并向申请人说明原因：

① 年龄在 20 周岁以下（不含 20 周岁），或在 60 周岁以上（不含 60 周岁）；
② 不能提供合法有效身份证明或固定住所证明；
③ 无固定的经营场所或经营场所超出服务范围；
④ 从事非法经营生产活动；
⑤ 经营时间不符合银行要求，即申请人正常经营时间低于 1 年；
⑥ 提供虚假证明材料；
⑦ 农户小额贷款申请人家庭劳动力人数少于 2 人；
⑧ 无具体贷款用途或贷款用途不符合银行贷款规定。

(4) 征信查询。受理岗或信贷员根据申请人的授权，查询银行内个人征信系统，并打印个人信用报告，对于需调整征信等级的，须列明调整原因。对于在非本行营业机构或营销机构场所申请贷款的客户，可先行调查后进行征信查询。

(5) 申请材料提交。受理岗根据获得的信息对申请人基本状况、偿还能力做出初步的判断，将认为可以进入调查环节的申请人材料提交给信贷员，进入调查环节。对于不符合银行要求的，应在两个工作日内通知申请人，告知其业务申请初审未通过。

(6) 调查任务分配。受理岗将申请人经营行业、地址等向二级支行小额贷款业务主管进行汇报，征得二级支行小额贷款业务主管同意后，将贷款调查任务分派给相应的信贷员，同时，将贷款资料转交给主调信贷员。信贷员不得担任其关系人的调查人，信贷员在任务分配时应主动向小额贷款业务主管说明情况。

3. 授信调查

（1）授信调查阶段的流程：调查前的准备→实地调查→采集客户的各项信息→调查结果初评→撰写客户调查报告。

（2）调查准备。信贷员接到分配的调查任务后，应分析客户基本情况和贷款资料，了解客户的行业特点、经营状况及主要经营风险，可事先准备好调查的提纲以及需要核实的关键问题。在外出调查前，应通过电话联系客户、联保小组成员或保证人，确定现场调查的时间，并提示客户需要准备的材料、需要到场的当事人，同时准备好笔记本、笔、数码相机等必要的调查工具。主调查人与辅助调查人需确定调查分工，双人同时进行实地调查。

（3）实地调查。小额贷款业务实行现场实地调查制度，信贷员必须到申请人的家庭（或常住地）和经营场所分别进行调查，收集申请人的基本信息、生产经营信息、贷款用途信息和影像信息等。对于申请人的关键财务信息应通过不同渠道进行交叉验证。调查内容包括以下几个方面。

① 申请人基本信息主要包括：申请人的个人职业经历、受教育背景、品行、健康状况、婚姻状况及经营能力等；主要家庭成员基本情况、居住情况、健康状况；家庭其他收入来源（包括家庭成员工资收入、小生意收入和其他收入）和主要生活支出（包括子女教育、赡养老人和医疗等支出）；家庭主要财产和负债情况，财产包括住房、非营运性交通工具、家电等财产，负债包括住房贷款、教育贷款、非营运汽车贷款、私人借款等。

② 申请人生产经营信息。对于主要从事农业种养殖的农户，应了解以下生产经营信息：种养殖历史、规模、投入成本和产出、收入，进销渠道，产品的历史价格波动和现行市场价格，以及面临的主要风险等。对于从事生产经营的商户，或以非农业生产经营为主的农户，应了解以下生产经营信息：经营状况，如经营历史、竞争情况、生产流程、其他投资情况等；经营收入和成本状况，如销售收入、主要生产或经营成本、主要供应商和客户，进、销货频率和结款方式等；资产负债状况，如现金、银行存款、存货、生产工具、交通工具、厂房、应收应付款、银行贷款和民间借贷等。在获取生产经营信息的过程中，应让客户提供尽可能多的生产经营记录和凭证，如账本、进销货单据、合同、银行流水等，以便更准确地判断客户实际的生产经营情况，并对重要文档抽样拍摄影像资料。

③ 贷款用途信息：信贷员在现场调查时，应采取措施获取并核实申请人贷款用途及需求金额的真实性和合理性，如拟采购设备、货物或原材料的报价单、订购单或采购合同，应付款证明，自筹资金数额，以及产生资金缺口的原因等。

④ 影像信息。信贷员应将相机时间与调查时间设置一致，拍摄的影像信息应包括以下内容：信贷员（主调、辅调）与客户（或其配偶、合伙人）在调查现场（包括住所及生产经营场所）的合影各一张（合影为当事人均在照片中出现即可），生产经营场所的影像资料应能体现出客户及其雇员工作的情况及经营场所临近的建筑物等；存货（包括主要生产原材料、产成品或商品）、机器设备照片一张；对于从事种植业的农户，应拍摄田地、农资、农机具等；对于从事养殖业的农户，则应拍摄养殖物、饲料等；对于特殊行业，如部分地区远离海岸的浅海养殖，经一级分行三农金融部门审批同意后，可不拍摄生产经营影像资料；对于客户可以提供的，能够证明其经营收入情况的相关资料，如订购单、采购合同、报价单、日记账等，应拍摄3~5张影像资料留存，包括资料汇总影像以及微距拍摄的账务明细，客户无法提供或客户同意提供纸质材料的，则无须拍摄；对于客户的身份证、户口簿、结婚

证、营业执照等,应拍摄影像留存。

⑤ 对保证人的调查:信贷员应向申请人和保证人分别询问其关系历史、保证人对于申请人的评价、保证人与申请人之间有无债权债务关系等。对于保证人为国家公务员、企事业单位正式职工或教师、医生等有相对稳定收入人群的,可通过非现场调查方式向其工作单位核实保证人的身份、工作单位和劳务关系的真实性,验证保证人收入状况的合理性;对于保证人为微小企业主或者有稳定收入的村民的,应通过现场调查的方式,对其联系方式、收入水平、资产状况、居住场所等进行验证。

⑥ 第三方侧面了解客户情况。信贷员应通过第三方(要求至少两个人,如老客户、邻居、村干部、客户的商业合作伙伴、雇员、邮政支局长等)侧面了解客户的资信状况。须了解信息主要包括:客户的为人、诚信状况;客户的家庭关系是否和睦,是否孝敬老人;客户的生活习惯,是否勤俭,是否有赌博、酗酒等不良嗜好;家庭生活水平如何;客户生产经营项目、场地等信息是否真实。

调查过程中,信贷员应注意从多方面、多渠道获取客户的个人信息、经营信息和家庭信息等,并通过多方进行相互验证和交叉检查。对关键财务信息,如销售收入、经营成本、负债等,必须经过至少两种信息来源的交叉验证后方能被确认。

(4) 调查结果初评。调查结束之后,信贷员应根据调查获得的信息,从客户的贷款用途、还款意愿和还款能力三个方面初步判断客户是否满足贷款的要求。对保证人进行调查后,信贷员应根据调查获得的信息,对保证人的担保资格做出初步判断;不满足银行规定的,应要求更换或者增加保证人,如申请人拒绝,应拒绝借款人的贷款申请。

(5) 撰写客户调查报告。对于初评结果通过的申请人,信贷员应根据实地调查所获取的各类信息,完成调查报告。调查报告中须对证明申请人贷款用途、还款能力和还款意愿等关键信息进行详细说明,写明授信建议。双人调查的,由主调汇总调查结果并撰写调查报告;辅调协助主调完成信息获取、调查报告整理、复核等工作。信贷员应在打印的调查报告上签字确认。

同时,符合以下条件的客户,再次申请时可沿用前次调查报告:距上次现场调查(该笔贷款须通过审批)的时间在四个月以内;贷款期间无逾期记录;担保条件未改变;贷款用途与上次调查时一致;申请贷款额度不大于上次申请贷款金额。

借款人提出贷款申请,由信贷员现场调查、分析,拍摄相关影像资料,证明客户资信状况未发生变化,原调查报告继续有效。从系统中重新打印调查报告,并在调查报告表外空白区域填写"经核实确认客户资信状况未发生实质性变化",由主、辅调信贷员签字确认后,将贷款申请资料提交至审批岗审批。若经信贷员实地调查,认为借款人生产经营情况较上次发生较大变化,则应重新编写调查报告。

(二) 小额贷款贷中处理

1. 贷款审查

小额贷款营业机构小额贷款业务主管在信贷系统将贷款提交给审查岗审查时,应将纸质文档资料及影像资料移交给审查岗。审查岗应对资料的合规性、真实性和完整性进行审查,对每笔贷款应通过电话就贷款申请和调查信息至少与借款人、保证人中的一人进行核实,对于金额较大的贷款或核实中发现疑点的,应向全部相关人员核实。审查要点如下:

(1) 审查申请人的有关资料是否齐全,内容是否完整、合规,如申请表中关键要素是否填写完整，借款人及相关人员是否签字。

（2）审查申请人主体资格是否符合银行相关业务规定条件，是否有不良信用记录，社会信誉、道德品行等方面是否良好。

（3）审查贷款用途是否具体、明确，是否合法、合规、合理。

（4）审查调查报告是否按要求填写完整，关键财务指标计算是否准确，对获得数据的方式是否进行了说明，是否进行了交叉验证，前后内容是否符合逻辑，客户信用评级表中的评级是否合理，调查报告中的授信建议方案是否合理，贷款金额、期限、利率、担保方式、还款方式等是否适合客户实际情况，信用评级表和调查报告是否签字确认。

（5）审查申请人的主要收入来源的可靠性和稳定性，以及主要经营风险和联保小组成员或保证人的担保能力等。

（6）审查信贷员是否按规定履行了实地调查职责，管户信贷员与申请人是否为关系人，授信调查意见是否客观、翔实。

审查完成后，审查岗须在贷款审查意见表上就贷款申请材料的合规性、真实性和完整性，以及电话核实结果，签署审查意见。对于符合条件的业务，即可以提交审批。对于不符合条件的业务，须退回信贷员，信贷员根据审查意见，进行相应的材料补充或作拒贷处理。

2. 贷款审批

在召开审贷会之前，审贷会成员应事先阅读即将上审贷会的贷款调查报告及其他相关贷款资料，做好开审贷会的准备工作。管户信贷员和非管户信贷员均应出席审贷会，由管户信贷员对贷款调查情况进行陈述，主要包括贷款申请人个人基本情况、贷款用途、生产经营情况、经营现金流量、还款能力和经营者个人信用情况等内容，非管户信贷员应进行补充。

审贷会成员根据调查报告，对客户贷款目的的合理性、影响客户还款能力和还款意愿，以及调查不完整或存在疑问的信息进行提问，由信贷员当面进行回答，审贷会成员可指定管户或非管户信贷员回答；审贷会成员根据信贷员回答情况和贷款资料内容独立做出各自的审批决策，只有审贷会的所有成员一致批准通过，贷款方为审批通过；审贷会审批通过后，应由一级支行小额贷款业务主管在《小额贷款额度/贷款审批表》上就是否同意贷款、授信额度、授信有效期、贷款金额、用途、利率、期限、还款方式、担保条件、授信条件等事项签署审批意见，其他成员签字确认。审查岗完成审查工作后，在系统内录入审查意见，对于不同意的申请，应退回信贷员；审贷会完成审批工作后，由小额贷款业务主管在系统内录入审批意见，对于不同意的申请，应退回信贷员或直接进行拒贷处理。对于由有权人终审的贷款，有权人应登陆信贷系统录入终审意见。

3. 合同签署

对经审批同意发放的贷款，信贷员应及时联系贷款申请人，告知审批结果，请客户携带身份证件，按约定的时间和地点到银行签署借款合同或协议、办理相关手续。客户若7天内未签订上述合同，则需要重新申请业务。

（1）签约前准备。信贷员在签约前，应根据贷款审批表和系统内的协议或合同编号填写联保小组协议（联保贷款）、贷款合同、手工借据。以上资料的填写必须做到标准、规范、要素齐全、数字正确、字迹清晰，不潦草、无错漏、无涂改。贷款额度、期限、利率、担保方式、还款方式等有关条款必须与最终审批意见一致。

在签订有关合同文本和借据前，应让客户仔细阅读贷款的合同文本和借据，对于客户的疑问应给予解释，告知相关责任人关于合同内容、权利义务、还款方式、每次还款具体时间和金额以及还款过程中应当注意的问题等。

(2) 合同签订。所有合同文本原则上必须由借款人、保证人等相关人员亲自至经办小额贷款营业机构当场签订。签署联保协议的时候，要求经办人员与联保小组成员合影，在签署借款及保证合同时，要求经办人员与借款人、保证人合影，影像以电子文件的形式归入客户档案。

合同、借据、联保协议（联保贷款）应由借款人、保证人及相关人员当场签字并按手印（优先为右手食指，如右手食指有伤，依次可按左手食指、右手拇指的顺序），严禁信贷员或其他人员代替客户签字。

经办人员将合同或协议移交合同签订受权人（可为一级支行或小额贷款营业机构小额贷款业务主管），由其对合同及相关单据进行审核。借款合同签署以后，方可进行系统借据生成及贷款发放操作。

4. 贷款发放

记账岗收到手工借据后在信贷会计系统中操作贷款发放，在根据还款方式选择分期或非分期贷款发放交易后，输入借据编号及放款金额，系统回显电子借据信息。在正式发放前，须将手工借据信息与系统中的电子借据信息进行核对，重点核对贷款利率、还款方式、期限（起止日期）、放款账户户名及账号是否一致，经办人及复核人是否签名。核对无误后，在会计系统中进行贷款发放操作并打印放款单。放款单由记账岗签字并加盖名章后，一份留存备查，一份交给客户。放款操作完成后，记账岗在借据上记账员处签名，其中会计联记账员留存，业务联和客户联分别交给信贷员与借款人。

(三) 小额贷款贷后处理

1. 贷后检查

贷后检查是及时发现和防范信贷风险的有效途径，小额贷款业务实行严格的贷后检查制度，按照"谁管户，谁检查"的原则，由管户信贷员负责贷后检查工作，承担贷后检查的责任。贷款发放后，管户信贷员必须对其负责的客户及时进行贷后跟踪检查，密切关注贷款的资产质量，发现问题及时向上级部门汇报，并采取有效的措施避免和减少贷款资金损失。检查时要做好贷后检查记录，并在信贷系统中完成相应的贷后检查报告。

(1) 贷后检查主要手段。小额贷款业务贷后检查主要手段包括电话访谈、见面访谈、实地检查、查询中国人民银行征信系统、监测贷款还款账户等。电话访谈和见面访谈是指通过电话或见面的方式与客户沟通，了解客户的生产经营和家庭情况，判断客户的还款能力和还款意愿是否发生了变化；实地检查是指到客户家庭住所或生产经营的现场，实地观察客户生产经营情况，查看有关单据和实物，与了解客户生产经营、家庭生活情况的其他人员交流，综合评价客户贷款风险。

(2) 贷后检查的内容。

① 贷款资金实际用途。

② 客户生产经营情况，经营收入、成本费用等影响客户还款能力的因素变化情况。

③ 客户婚姻状况、住址、联系电话等基础信息的变更情况。

④ 客户家庭成员人数及健康状况、家庭收入及支出情况等影响客户家庭还款能力的变化情况。

⑤ 客户从其他金融机构的贷款情况及民间融资情况。
⑥ 客户对外担保情况。
⑦ 担保变化情况，包括保证人或联保小组其他成员担保能力、资信状况等变化情况。
⑧ 客户是否有违法经营行为，是否卷入经济纠纷。
⑨ 客户贷款本息按期归还情况，贷款逾期原因，形成不良贷款的原因，贷款是否在诉讼时效期内。
⑩ 其他影响客户还款能力和还款意愿的情况。

2. 贷后催收

贷款催收是指贷款人督促借款人按时归还贷款本息的行为，分为贷款到期提示还款、贷款逾期催收和不良贷款催收。

(1) 贷款到期提示还款。小额贷款到期提示采取信贷系统自动短信提示和人工电话提示相结合的方式实现。信贷系统在每日上午 10 点左右，自动将本日应还款贷款及 3 日后应还款贷款筛选出来，并将应还贷款本息金额与客户预留还款账户的可用余额进行比对，若可用余额小于应还金额，且客户信息中留有移动电话号码的，则通过短信平台给客户发送还款提醒短信；对于没留有移动电话号码的客户，则由贷后管理岗进行电话提醒。

(2) 贷款逾期催收。管户信贷员应每日查看贷款台账，了解贷款逾期情况，在发生逾期后的一天内电话联系客户，询问逾期原因，并采取相应措施：

① 客户暂时忘记还款，并表示在 3 日内归还贷款，管户信贷员可不进行深入调查，只登记催收记录；

② 客户表示不能在 3 日内归还贷款或超过 3 日仍未归还贷款，管户信贷员与贷后管理岗或小额贷款营业机构小额贷款业务主管必须实地了解客户情况，催促客户还款，并在信贷系统中填写贷后特别检查报告；及时通知保证人或联保小组成员，由其协助进行贷款催收工作；对逾期超过 3 天的贷款，信贷员应同时向保证人或联保小组成员催收，催收措施可采取电话或走访形式；

③ 贷款逾期超过 10 天应进入不良贷款催收流程。

(3) 不良贷款催收。对于逾期超过 10 天的贷款，一级支行小额贷款业务主管、贷后管理岗应先对信贷员采取的一些催收措施进行评价，并进行初步责任认定。此后贷款催收工作主要由贷后管理岗负责，管户信贷员协助。贷后管理岗进行催收时必须打印《小额贷款逾期催收通知书》，送达借款人及保证人（联保人）签收并留存回执，正式对借款人及保证人（联保人）进行贷款清收，必要时可采取法律手段对借款人及保证人（联保人）进行追偿。小额贷款逾期催收通知书回执作为该笔贷款的信贷档案保管。对于逾期超过 30 天的贷款，二级分行小额贷款业务主管、业务管理岗必须介入催收，二级分行小额贷款例会上应研究决定采取法律诉讼或其他进一步的处理措施。

第五节 个人商务贷款

一、个人商务贷款业务概述

个人商务贷款业务，即小企业主个人商务贷款业务。小企业主包括在城乡地区从事生产经营的企业主（包括个体工商户、个人独资企业主、合伙企业合伙人、有限责任公司自然人股东）以及其他符合条件的农村和城镇生产经营者。

个人商务贷款业务是指中国邮政储蓄银行向自然人发放的用于本人或其经营实体合法生产经营活动所需资金的个人经营性贷款。贷款对象包括在城乡地区从事生产经营的企业主（包括个体工商户、个人独资企业主、合伙企业合伙人、有限责任公司自然人股东等，下同）以及其他符合条件的农村和城镇生产经营者。

个人商务贷款业务可采取额度授信方式与单笔授信方式，其中额度授信可分为循环授信和不可循环授信。

二、个人商务贷款的贷款要素

(一) 贷款对象

1. 个人商务贷款对象应满足的标准

（1）年龄在18周岁（含18周岁）至65周岁（不含65周岁）之间（以业务申请时，申请材料签署日期为准），在贷款行所在地（指二级分行所在行政区域内，直辖市、计划单列市为一级分行所在行政区域）内有固定住所、有常住户口或居住一年（含一年）以上，具有完全民事行为能力的中国公民。

（2）在贷款行所在地内拥有合法的经营实体［本人及配偶出资比例占30%以上（含30%），或借款申请人实际控制该经营实体］；经营实体原则上须正常生产经营一年（含）以上（以实际经营年限为准）；借款申请人在设立本经营实体前有本行业从业经验、生产经营情况良好，贷款担保足值可靠的，经营实体经营期限可放宽至6个月（含）以上。

（3）借款申请人为用款经营实体实际控制人（是指本人及配偶出资比例占30%以下或非企业股东、合伙人、个体工商户营业执照所列示的经营者、个人独资企业的投资人）的，需同时满足以下条件：

① 借款申请人或其配偶为该经营实体最大股东（合伙企业应为普通合伙人，个体工商户为营业执照所列示的经营者、个人独资企业的投资人）的亲属（仅包括子女、本人的父母、配偶的父母、本人的兄弟姐妹）。经营实体最大股东为法人股东的，借款申请人或其配偶应同时为法人股东的实际控制人。

② 借款申请人（含配偶）及其相应亲属占该经营实体二分之一（含二分之一）以上股份或投资份额。

③ 借款申请人实际经营该经营实体，且对经营实体全部资产和收入有绝对控制权和支配权。绝对控制权与支配权主要表现为：对经营实体的资产具有使用、支配、处置的权力；对经营实体主要购销渠道具有控制力；对于该经营实体人事安排具有决定权；对于该经营实体的收益具有所有权与支配权。

2. 个人商务贷款对象禁止标准

（1）借款申请人及其经营实体的法定代表人、实际控制人或出资额在30%以上的主要出资人、其他重要关系人有恶意不良记录，或足以影响银行资产安全的债务纠纷或诉讼纠纷。

（2）借款申请人在银行的信用评级在BBB级以下。

（3）生产、经营国家明令禁止或不符合环保标准的产品。

3. 个人商务贷款对象应具备的条件

（1）借款申请人生产经营稳定、持续，具有稳定的经营收入来源和按时足额偿还贷款本息的能力。

（2）具有合法有效的生产经营手续。

（3）具有良好的信用记录和还款意愿，无赌博、吸毒、酗酒等不良行为和不良社会记录，借款申请人及其配偶、所经营的经营实体在本行、中国人民银行的个人/企业征信系统、其他相关信用系统的信用记录符合本行的准入标准。

（4）能提供本行认可的合法、有效、可靠的担保。

（5）在本行开立个人结算账户（该账户在贷款发放前开立即可）。

（6）本行规定的其他条件。

（二）贷款金额

银行通过综合评价借款申请人的经营收入状况、实际资金需求、资产负债及担保等情况，为申请人核定授信金额，包括授信额度和非额度的单笔授信；原则上一个经营实体只能由一个对该经营实体具有绝对控制权的股东（或合伙人）或实际控制人申请一个授信额度（或非额度的一笔授信）。

银行投向单一经营实体的个人商务贷款授信金额（额度商务贷款授信额度金额与非额度商务贷款单笔授信金额合计值）不得超过1 000万元。原则上一个家庭只能由夫妻双方一方申请一个授信额度。

同时满足以下条件的，夫妻双方可分别申请授信额度：借款申请人及其配偶分别拥有不同经营实体或为不同经营实体的实际控制人；两个经营实体各自存在资金需求；借款申请人、其配偶及各自的经营实体均符合银行授信条件；借款申请人及配偶授信金额（额度商务贷款授信额度金额与非额度商务贷款单笔授信金额合计值）上限合计不得超过人民币1 000万元。

1. 基于收入的授信额度基准值测算

$$授信额度基准值 \leq 借款申请人经营实体的年营业收入 \times 对应比例 + 其他收入$$

年营业收入包括贷款投向经营实体在销售商品、提供劳务等日常活动中所产生的收入。其他收入包括借款申请人及其配偶的工资收入与房产土地租金收入，其中工资收入不含由借款申请人或其配偶实际控制的经营实体以工资或类似名义支付的报酬，房产土地租金收入需提供房产土地所有权属证明，且其他收入不得超过年营业收入的20%。对应比例中，生产制造业企业的取值为40%，批发和零售业企业的取值为30%，其他行业的取值为35%；对于混业经营的，原则上按照收入各自占比进行加权处理。

2. 基于现金流的授信额度基准值测算

$$授信额度基准值 \leq 借款申请人年度经营性现金流入合计$$

这种授信额度基准值测算方法适用于申请金额超过30万元（含30万元）的贷款，且借款申请人必须提供半年（含半年）以上的企业账户或个人（含配偶）账户现金流水。

3. 基于可处置财产净值的授信额度基准值测算

$$授信额度基准值 \leq 借款申请人的可处置财产净值$$

可处置资产净值是指资产的认定价值不得超过该资产市场价值，不扣除已设定的担保权利价值，具体包括货币类、房产土地类、动产类三类。其中，货币类包括能够提供相关凭证的现金、现金等价物及有价证券；房产土地类包括能够提供房产证、土地使用权证或有效购买证明的资产；动产类包括能够提供机动车行驶证的车辆，能够提供固定资产采购合同及付款凭证、能够合理评估市场价值且具有一定变现能力的主要生产经营固定资产，能够合理评估市场价值且具有较强变现能力的存货。

整体上，个人商务贷款授信额度基准值不得超过上述三种计算方法的最低值；对于贷款支用两次以上（含两次）且每次支用不少于12个月（含12个月）、三年内无逾期征信记录的客户，根据客户授信及用信情况及综合贡献度，客户授信额度可以在上述授信额度基准值基础上进行一定比例的浮动调整，浮动比例为100%～150%；对于特别优质、多家金融机构均有授信意向或因其他银行即将给予更高授信额度而流失的客户，可适当调整依照上述规则测算的授信额度基准值，客户授信额度最高不超过经上述调整后确定的授信额度基准值的200%。

（三）贷款期限

个人商务贷款授信额度有效期为1年，到期后应进行额度重检。

授信额度使用期为5年，额度项下单笔贷款支用申请日须在授信额度使用期内。

额度项下单笔贷款最长期限为5年。额度使用期与额度项下单笔贷款的最长期限之和为额度存续期，最长不得超过10年。

非额度单笔业务授信期限一般为1年，最长为3年。

"借款申请人年龄"与"额度存续期或贷款期限"（以年为单位）之和不得超过65年（含65年）。

对个人商务贷款授信期限的确定应综合考虑借款申请人所处行业平均资金周转速度、借款申请人的借款用途、还款能力和担保方式等因素，在规定范围内可允许借款申请人自主选择授信期限。

（四）贷款利（费）率

个人商务贷款实行风险定价和综合收益定价原则，根据总行授权书及利率管理相关规定执行。

（五）还款方式

个人商务贷款可以采用以下还款方式：

（1）等额本息还款法，即在贷款期限内按月（季）等额偿还贷款本息。

（2）按月（季）还息、到期一次性还本还款法，即在贷款期限内按月（季）偿还贷款利息。贷款到期时一次性偿还贷款本金，仅适用于贷款期限在1年以内（含1年）的贷款。

（3）阶段性等额本息还款法，即在贷款宽限期内只偿还利息。对于贷款期限在3年以内（含3年）的，超过宽限期后按月等额偿还贷款本息，宽限期不超过6个月（含6个月）。对于贷款期限在3年以上的，超过宽限期后按月等额偿还贷款本息，宽限期不超过12个月（含12个月）。

（4）一次性还本付息法，即到期一次性偿还贷款本息，仅适用于贷款期限在6个月以内（含6个月）的贷款。

（5）固定周期结息、按还本计划表还本，即贷款按周期结计正常利息，到期前按还本计划还本。

(6) 固定周期结息、任意还本，即贷款按周期结计正常利息，到期前任意还本。

（六）担保方式

个人商务贷款可以采取抵押、质押、保证等多种担保方式，也可将多种担保方式进行组合。符合一定条件的，还可采用纯信用的方式。

1. 抵押担保

个人商务贷款可受理的抵押物主要包括不动产类、动产类和其他类。

（1）不动产类主要包括房产所有权、国有建设用地使用权、符合一定条件的农村集体建设用地使用权（以总行具体产品制度要求、授权或批复为准）、林权等。

（2）动产类主要包括船舶、车辆、机械设备等。

（3）其他类。

2. 质押担保

质押担保主要分为两类，即动产质押担保与权利质押担保。

3. 保证担保

保证担保是指保证人承诺，当授信客户不履行债务时，依据约定履行债务或承担责任的担保方式。

4. 组合担保

组合担保是综合利用抵押、质押及保证等多种方式，为授信业务提供共同担保的担保方式。

（1）用于抵押房产的房龄一般不得超过20年。部分位于城市核心地段内，变现能力强、成交量活跃的房产，经一级分行小企业金融部同意的，可放宽至25年。

（2）禁止接受以下类型的房产用于抵押：已依法公告在国家建设征用拆迁范围内或存在明显拆迁风险的房产；所有人或共有人为"低保户"的房产；地方政府规定不能上市交易或办理抵押登记的房产；未经总行或一级分行批准，以同一处抵押物为3个以上（含3个）客户提供担保的房产；未经一级分行批准的物业管理方统一经营、承诺给付投资收益的房产（如酒店式公寓、市场方统一经营的产权式商铺）；未经一级分行批准的具备单独经营、单独变现能力的非临街商铺；未经总行批复，抵押权顺位为第二顺位的房产；价格波动较大、受法律、法规、市场环境影响，转让交易受到限制的房产；未经总行批复，接受农业用房、宅基地房屋、集体用地房屋以及其他依法不得抵押的房屋。

（3）谨慎受理以下类型的房产用于抵押：自建房、地理位置偏远或价值过高的别墅等存在拆迁隐患或不易变现的房产；涉及离异、继承、赠予等易于发生产权纠纷的房产；抵押人唯一住宅等易于造成司法部门执行力偏弱的房产；第三方抵押人提供的房产。

专栏资料 8-1

邮储银行农机购置补贴贷款

农业机械购置补贴是由农业部和财政部于2004年发起的，为加快农机化发展方式转变，调动农民购买和使用农机的积极性，在全国范围内对纳入实施范围并符合补贴条件的农牧渔民、农场（林场）职工、农民合作社和从事农机作业的农业生产经营组织提供的，用于购置和更新规定品目农业机具的补贴。农机购置补贴贷款是指由中国邮政储蓄银行向符合国家补贴条件的农户、农业生产经营组织提供的农业机械购置贷款。

1. 适用对象

（1）借款人信用观念强，资信状况良好，无不良社会和商业信用记录。

（2）借款人年龄在20周岁（含20周岁）至60周岁（含60周岁）之间，具有当地户口或在当地连续居住1年以上，拥有自有固定住所。

（3）借款人无赌博、吸毒、酗酒等不良行为。

（4）常住地址在经办行的有效经营地域范围内。

2. 贷款额度

单笔金额最高为50万元。

3. 贷款期限

最长贷款期限为24个月。

4. 还款方式

（1）等额本息还款法：贷款期限内每期以相等的金额偿还贷款本息。

（2）阶段性等额本息还款法：贷款宽限期内只偿还贷款利息，超过宽限期后按照等额本息还款法偿还贷款。

（3）按周期付息、到期一次性还本：贷款期限内，每周期偿还利息，贷款到期后，偿还贷款本金。

（4）一次性还本付息法：贷款到期日一次性归还贷款本息。

5. 贷款担保

三人及三人以下联保，自然人保证和抵质押担保。

专栏资料8-2

邮储银行农民专业合作社贷款

农民专业合作社是指依据合作社法，在农村家庭承包经营基础上，同类农产品的生产经营者或者同类农业生产经营服务的提供者、利用者，自愿联合、民主管理的互助性经济组织；同时要求合作社自身必须拥有实际经营项目，具有明确合理的资金需求。农民专业合作社贷款是指中国邮政储蓄银行向农民专业合作社法人或实际控制人、社员单独发放的法人或个人经营性贷款。

1. 适用对象

（1）申请农民专业合作社法人贷款模式的合作社须满足以下所有基本条件：

① 依据《中华人民共和国农民专业合作社法》，经工商行政管理部门核准登记，并办理年检手续，从事特殊行业的须持有有权机关颁发的经营许可证。

② 要有合法、健全的组织机构。

③ 有固定办公场所，有规范的合作社章程，可识别分析的财务会计制度且正常经营3年以上（含3年）。

④ 要有规范、严密的内控制度和财务管理制度。

⑤ 农民专业合作社、实际控制人、股东过往的经营历史和经营业绩良好。

⑥ 拥有稳定的销售渠道。

⑦ 拥有真实的资产项目。

⑧ 拥有至少 1 项县（区）级及以上政府给予的级别评定或荣誉奖励（包括享受过补贴政策）。

(2) 申请农民专业合作社普通社员贷款模式的，其所属合作社需满足上述基本条件外，普通社员自身还应满足以下所有条件：

① 中华人民共和国公民，具有完全民事行为能力。

② 信用观念强，资信状况良好，无不良社会和商业信用记录，借款人无赌博、吸毒、酗酒等不良行为。

③ 年龄在 20 周岁（含 20 周岁）至 60 周岁（含 60 周岁）之间，具有当地户口或在当地连续居住 1 年以上，拥有自有固定住所，婚姻状况为已婚（含离异、丧偶）。

④ 无赌博、吸毒、酗酒等不良行为。

⑤ 农户应从事种养殖或其他符合国家产业政策的生产经营活动，有合法、可靠的经济来源，拥有本行业 1 年以上（含 1 年）的经验。

⑥ 贷款的用途正当、合理，有一定的自有资金和经营管理能力。

⑦ 从事与农民专业合作社业务直接有关的生产经营活动，能够利用合作社提供的服务，承认并遵守农民专业合作社章程，是履行章程规定的入社手续的出资社员或非出资社员。

⑧ 加入农民专业合作社 1 年以上（含 1 年），与合作社在农资购买、产品经销和土地入社等方面签订明确的合约，或遵循历史惯例存在实际合作（如通过交易记录、日记账簿、应收应付款等进行交叉验证），双方合作期限在一个完整生产周期以上（含一个完整生产周期），经营稳定。

(3) 申请农民专业合作社实际控制人贷款模式的，合作社实际控制人除符合以上普通社员贷款满足的基础条件外，还应满足以下所有条件。

① 符合以下任意一种实际控制人的情况：本人及配偶合作社出资比例占 30% 以上（含 30%）；本人或其配偶为合作社营业执照法定代表人；本人或其配偶为该合作社最大股东的亲属（仅包括本人及配偶的父母、子女、兄弟姐妹）；本人（含配偶）及其相应亲属占该合作社二分之一以上（含二分之一）股份或投资份额。

② 本人实际经营农民专业合作社，且对合作社全部资产和收入有绝对控制权与支配权。绝对控制权与支配权主要表现为：对农民专业合作社的资产具有使用、支配、处置的权力；对农民专业合作社主要购销渠道具有控制力；对农民专业合作社人事安排具有决定权；对农民专业合作社的收益具有所有权与支配权。

2. 贷款额度

股东类普通社员额度最高 50 万元；非股东类普通社员额度最高 30 万元；合作社实际控制人额度最高 500 万元；合作社法人额度最高 1 000 万元。

3. 贷款期限

最长贷款期限为 24 个月。

4. 还款方式

(1) 等额本息还款法：贷款期限内每月以相等的金额偿还贷款本息。

(2) 阶段性等额本息还款法：贷款宽限期内只偿还贷款利息，超过宽限期后按照等额本息还款法偿还贷款。

(3) 按周期付息、到期一次性还本：贷款期限内，每周期偿还利息，贷款到期后，偿还贷款本金。

(4) 一次性还本付息法：贷款到期日一次性归还贷款本息。

5. 贷款担保

保证、抵质押和组合担保。

专栏资料8-3

邮储银行家庭农场（专业大户）贷款

家庭农场是指以家庭成员为主要劳动力，从事农业规模化、集约化、商品化生产经营，并以农业收入为家庭主要收入来源的新型农业经营主体。专业大户是指从事种植、养殖业或其他与农业相关的经营服务达到一定规模、专业化生产经营的新型农业经营主体。家庭农场（专业大户）贷款是指中国邮政储蓄银行向家庭农场（专业大户）等新型农业经营主体发放的个人生产经营性贷款。

1. 适用对象

（1）20周岁（含20周岁）至60周岁（含60周岁）之间，具有完全民事行为能力的自然人。

（2）具有当地户口或在当地连续居住一年以上。

（3）必须已婚（含离异、丧偶），家庭成员中有两名（含两名）以上的劳动力。

（4）应从事符合国家产业政策的生产经营活动，且应连续正常经营1年以上（含1年）。

（5）贷款用途正当、合理，有一定的自有资金和经营管理能力，有一定的农业生产经营能力，有稳定的土地供给，有生产经营风险保障机制，有稳定的销售渠道。

2. 贷款额度

信用贷款单笔金额最高为5万元；保证贷款单笔金额最高为50万元；抵质押及法人保证贷款单笔金额最高为500万元。

3. 贷款期限

最长贷款期限为24个月。

4. 还款方式

（1）等额本息还款法：贷款期限内每期以相等的金额偿还贷款本息。

（2）阶段性等额本息还款法：贷款宽限期内只偿还贷款利息，超过宽限期后按照等额本息还款法偿还贷款。

（3）按周期付息、到期一次性还本：贷款期限内，每周期偿还利息，贷款到期后，偿还贷款本金。

（4）一次性还本付息法：贷款到期日一次性归还贷款本息。

5. 贷款担保

信用、自然人保证、法人保证和抵质押担保。

专栏资料8-4

邮储银行农业产业链贷款

农业产业链贷款是指与农业产业链核心企业合作，向与核心企业保持长期合作关系并签订合同的借款人发放的生产经营性人民币贷款。

1. 适用对象

除根据借款人类型,满足对应的小额贷款制度、家庭农场贷款制度或合作社贷款的借款人准入条件外,还须同时满足以下条件:

(1) 借款人独立自主经营,有明确、合理的贷款资金需求。

(2) 借款人为核心企业的上游或下游客户,与核心企业的合作期限至少在1年以上(含1年),且与核心企业签订合同。

(3) 借款人在核心企业的推荐名单中。

(4) 借款人能够提供最近12个月与核心企业的交易结算账户银行流水(交易结算账户必须为借款人本人、其配偶或经营实体有限责任公司名下)。

(5) 借款人与核心企业的交易结算账户应在本行开立,接受本行监督。

(6) 借款人须承诺,未结清贷款前,不与核心企业终止合作。

(7) 业务办理行规定的其他条件。

2. 贷款额度、期限、还款方式和担保措施

根据借款人类型,最高额度、最长贷款期限、还款方式和担保措施均对应按照传统小额贷款、家庭农场贷款或合作社贷款执行。

专栏资料 8-5

邮储银行土地经营承包权贷款

土地承包经营权是通过家庭承包方式取得或招标、拍卖、公开协商等方式取得用于农副产品种养殖(包括林业、畜牧业)的土地承包经营权,且须经依法登记取得土地承包经营权属证明。土地承包经营权贷款即中国邮政储蓄银行以土地承包经营权抵押为担保方式向从事与农村经济发展有关的生产经营活动的客户群体发放的、用于满足其生产经营活动资金需求的贷款。

1. 适用对象

土地承包经营权抵押贷款业务的贷款对象包括农村专业合作社实际控制人、家庭农场主、专业大户、普通农户(包括符合个人商务贷款条件的涉农个商客户)、农民专业合作社法人客户等从事农业生产经营活动的主体。借款人应具备以下条件:

(1) 满足借款人所属经营主体相应制度的基本准入标准。

(2) 合法取得农村土地承包经营权,其承包经营的剩余期限必须在5年以上,且超过土地附着种养物的两个生产经营周期。

(3) 具备专业种养殖经营的成熟技术和相关设施条件,具备有效的市场渠道,且从事种养殖及加工生产经营时间不低于2年。

2. 贷款额度

额度根据借款人资金需求、还款能力及抵押物的评估价值综合确定。

3. 贷款期限

贷款期限须符合借款人所属经营主体相应制度的规定。

4. 还款方式

(1) 等额本息还款法:贷款期限内每期以相等的金额偿还贷款本息。

(2) 阶段性等额本息还款法:贷款宽限期内只偿还贷款利息,超过宽限期后按照等额本息还款法偿还贷款。

(3) 按周期付息、到期一次性还本：贷款期限内每周期偿还利息，贷款到期后偿还贷款本金。

(4) 一次性还本付息法：贷款到期日一次性归还贷款本息。

5. 贷款担保

土地承包经营权抵押。

专栏资料8-6

邮储银行烟草贷

烟草贷是指中国邮政储蓄银行向从事烟草销售的超市或商店经营者发放的，用于满足其生产经营活动资金需求的贷款。

1. 适用对象

(1) 拥有烟草专卖零售许可证且烟草专卖零售许可证登记人为本人，烟草专卖零售许可证有效期限须大于贷款到期日，在本行或其他行有代收烟草款业务。

(2) 已婚，30周岁（含30周岁）至60周岁（含60周岁）之间，具有完全民事行为能力的自然人。

(3) 拥有实体门店，且经营年限达2年以上（含2年）。如经营实体门店为租赁，则租赁合同到期日须晚于贷款到期日。

2. 贷款额度

单笔金额最高为50万元。

3. 贷款期限

最长贷款期限为12个月。

4. 还款方式

(1) 等额本息还款法：贷款期限内每期以相等的金额偿还贷款本息。

(2) 阶段性等额本息还款法：贷款宽限期内只偿还贷款利息，超过宽限期后按照等额本息还款法偿还贷款。

(3) 按周期付息、到期一次性还本：贷款期限内，每周期偿还利息，贷款到期后，偿还贷款本金。

(4) 一次性还本付息法：贷款到期日一次性归还贷款本息。

5. 贷款担保

(1) 30万元以下（含30万元）的贷款采取信用模式。

(2) 30万元以上（不含30万元）的贷款须提供自然人保证担保，且借款人须在当地拥有合法可交易房产、保证人须至少有一人在当地拥有合法可交易房产。

第九章

其他个人贷款

第一节　信用卡贷款

一、信用卡及信用卡贷款的含义

信用卡是由商业银行或其他发卡机构向社会发行的具有消费信用、转账结算及存取现金等功能的信用支付工具。信用卡于1915年起源于美国。当时，美国的一些商业、饮食业为了扩大销售，招揽生意，方便客户，曾创用了一种"信用筹码"，类似金属徽章，后演变成塑料卡片。客户可以凭这种卡片先赊销商品后付款，即消费贷款，这就是信用卡的起源。

信用卡虽然提供存取现金、转账结算等多种功能，但它实质上是一种消费贷款的工具或载体，它提供了一个有确定信用额度的循环贷款账户，持卡人可以支取部分或全部额度。一旦已使用余额得到偿还，该信用额度又可重新恢复使用，即信用卡是发卡机构签发给持卡人使用的一种塑料卡，本质上是发卡机构、持卡人和特约商户之间的一个信用契约协议。持卡人可以凭卡向特约商户购买商品和服务，特约商户可以凭持卡人签字的购物签账单向发卡机构要求支付发票金额，然后发卡机构再要求持卡人偿还所付发票的金额。这种信用方式最初是商户为鼓励客户购买小额物品而创造的，后逐步发展成为一种重要的消费贷款工具。在信用卡出现以前，大多数消费贷款都要通过担保方式获得，并以分期付款方式偿还。消费者每次贷款都必须重新向银行申请，并要求再次经过审批的种种程序。信用卡的出现是消费贷款的革命，信用卡的循环额度贷款，让借款人可以随时使用部分或全部额度而无须反复申请。

信用卡按照是否需要向发卡银行缴存备用金可分为贷记卡和准贷记卡。贷记卡是指发卡银行给予持卡人一定的信用额度，持卡人可在信用额度内先消费、后还款的信用卡；准贷记卡是指持卡人先按发卡银行要求交存一定金额的备用金，当备用金账户余额不足支付时，可在发卡银行规定的信用额度内透支的信用卡。

专栏资料 9-1

借记卡、准贷记卡与贷记卡的区别

1. 借记卡（Debit Card）

借记卡是"先付款"。为获得借记卡，持卡人必须在发卡机构开有账户，并保持一定量的存款。持卡人用借记卡刷卡付账时，所付款项直接从他们在发卡银行的账户转到售货或提供服务的商家的银行账户上。因此，借记卡的卡内资金实际上来源于持卡人的活期存款账户，借记卡的支付款项不能超过存款的数额。其实，对于持卡人而言，用借记卡付款的过程和从银行直接提款，然后用现金付账的过程，没有本质区别，只不过用卡更加方便。

2. 准贷记卡（Semi-Credit Card）

准贷记卡是我国为了适应政治经济体制、社会发展水平和人民的消费习惯等因素，在发展具有中国特色信用卡产业过程中创造的一种绝无仅有的信用卡品种，此种信用卡兼具贷记卡和借记卡的部分功能，一般需要交纳保证金或提供担保人，使用时先存款后消费，存款计付利息，在购物消费时可以在发卡银行核定的额度内进行小额透支，但透支金额自透支之日起计息，欠款必须一次还清，没有免息还款期和最低还款额。

3. 贷记卡（Credit Card）

贷记卡即狭义的信用卡，是一种向持卡人提供消费贷款的付款卡，持卡人不必在发卡行存款，就可以"先购买，后结算交钱"。根据客户的资信以及其他情况，发卡行给每个信用卡账户设定一个"授信限额"。一般发卡行每月向持卡人寄送一次账单，持卡人在收到账单后的一定宽限期限内，可选择付清账款，则不须付利息；或者付一部分账款，或只付最低还款额，以后加付利息。由于信用卡无须存款，所以，信用卡持卡人不必在发卡行开有银行账户。此种信用卡的核心特点是信用销售和循环信贷。

[资料来源：《燕赵都市报》，2006年1月10日]

二、信用卡的功能与分类

（一）信用卡的功能

随着信用卡业务的快速发展，使用信用卡作为日常支付工具已成为大多数人的选择，而信用卡作为一款信用支付工具，其在消费、转账、结算、存取现金等方面所表现出的强大功能也日渐得到人们的认可，信用卡主要有以下几个方面的功能。

1. 支付结算

信用卡的支付结算功能，可以提供广泛的结算服务，方便持卡人的购物消费活动，减少社会的现金货币使用量，加快货币的流转，节约社会劳动。

2. 汇兑转账

信用卡的汇兑功能，体现在持卡人外出商旅、销售、度假的过程中，在异地甚至异国都可以借助汇款的方式，通过任何一家国际信用卡组织的会员机构的网点，实现资金的调拨流转。

3. 特惠商户

发卡机构作为所有会员集体－全体持卡人的代表，要通过整合起来的市场力量，以更有力的讨价还价能力，从卖方获取更多的谈判收益，让持卡人分享。例如，各行发展的特惠商户会以一定折扣或者赠礼的形式让持卡人受惠。

4. 个人信用

持卡人通过使用信用卡，可以在金融机构进行个人的信用度积累，长期优良信用的积累会给持卡人带来很多高价值的回报。个人信用会牵涉到持卡人日常经济生活的方方面面。

5. 循环授信

信用卡实质上是消费信贷的一种，它提供一个有明确信用额度的循环信贷账户，借款人可使用部分或全部额度，一旦已经使用的余额得到偿还，该信用额度又可以恢复使用。尤其是贷记卡的持卡人，只要每月支付一定金额的最低还款额度，在此额度之外的账款及贷款利息可以延至下个还款期偿还，如果借款人的账户一直处于循环信贷状况，那么周转中的贷款余额几乎可以看作无期贷款。通过循环信用，持卡人可以在金融机构积累自己的信用度。

6. 其他功能

虽然信用卡的基本功能是大致相同的，但是通过发卡机构所提供的差别性服务可以形成种类繁多且功能服务各不相同、各有侧重的，针对不同目标客户群体的信用卡产品，因而所具备的功能举不胜举，在很大程度上信用卡所具备的差异化功能和附加值服务受限于社会的实际需求和发卡机构业务拓展产品开发能力。

（二）信用卡的分类

根据不同的分类标准，可对信用卡做以下分类。

1. 按照是否需要向发卡银行缴存备用金

信用卡按照是否需要向发卡银行缴存备用金可分为贷记卡和准贷记卡。贷记卡是指发卡银行给予持卡人一定的信用额度，持卡人可在信用额度内先消费、后还款的信用卡；准贷记卡是指持卡人须先按发卡银行要求交存一定金额的备用金，当备用金账户余额不足支付时，可在发卡银行规定的信用额度内透支的信用卡。

2. 按照持卡人的清偿责任

按照持卡人的清偿责任不同，信用卡可以分为主卡和附属卡。主卡是由持卡人本身对自己所持有的信用卡的所有支付款项承担清偿责任的信用卡。

附属卡的持卡人一般并不对自己所持有的信用卡承担清偿责任，而是由其主卡的持卡人来承担这一责任。

主卡和附属卡的功能与作用虽然相同，但都是以主卡持卡人的名义申领，所以，主卡的持卡人有权终止其附属卡持卡人的使用权。

附属卡持卡人使用信用卡所发生的一切债务均由主卡持卡人承担，由主卡持卡人直接向发卡机构或特约单位履行债务，因此，也决定了主卡和附属卡属于同一账户，信用额度共享。

3. 按照卡片等级

信用卡等级就是银行根据申卡人的收入程度和刷卡次数、刷卡金额以及还款及时性，所设立的白金卡、金卡、普卡。

白金卡是发卡机构为区别于金卡客户而推出的信用卡，并提供了比金卡更为高端的服务与权益，一般采取会员制度，有客户服务电话专线服务和倍显尊崇的附加值服务。通常具有全球机场贵宾室礼遇、个人年度消费分析报表、高额交通保险、全球紧急支援服务、24小时全球专属白金专线电话服务等服务功能。

金卡是发卡机构针对收入较高的人群发行的一种信用卡,与普卡的区别主要在年费和信用额度上,金卡的信用额度通常在万元以上。

普通卡是发卡机构所发行的最低级别的信用卡,但也能通过给持卡人所核定的授信限额体现出不同等级。

4. 按照发行对象

按照发行对象的不同,信用卡可分为商务卡和个人卡。商务卡是由发卡行向企事业、部队、院校等单位发行的信用卡,其适用对象为单位指定的人士,由持卡人所在单位承担最终清偿责任。个人卡是由发卡行向个人发放的信用卡,由持卡人承担最终清偿责任。

5. 按照合作发卡对象的性质

按照发卡行所选合作发卡对象性质的不同,信用卡可分联名卡和认同卡。联名卡是由发卡行与营利性机构(单位)合作发行的银行卡附属产品。发卡行与合作单位往往为联名卡持卡人在合作单位用卡提供一定比例的折扣优惠或特殊服务。

认同卡是由发卡行与非营利性机构(单位)合作发行的银行卡附属产品。认同卡的持卡人领用认同卡也就表示对认同单位事业的支持。

联名卡和认同卡所依附的银行卡品种必须是发卡行已经发行的卡产品,并应遵守相应卡产品的业务章程或管理办法。

6. 按照清算和还款币种

按照信用卡清算和还款币种的不同,信用卡可以分为人民币卡、外币卡和双币卡等。

7. 按照卡片的信息载体不同

按照卡片信息载体的不同,信用卡可以分为磁条卡、芯片卡和磁条芯片卡。

(三)信用卡与其他银行卡的比较

随着银行卡业务的发展,银行卡用途多种多样,其种类不断增多。银行卡主要有借记卡、准贷记卡和贷记卡三类。

真正意义上的信用卡是指贷记卡,即具有信用消费、转账结算和存取现金等功能。

准贷记卡和贷记卡的最大区别在于:贷记卡存款不计息,卡内透支享受一定期限的还款免息期;而对准贷记卡中的存款予以计息,但透支没有还款免息期,还不是真正意义上的信用卡。

信用卡与借记卡的主要区别如下:

(1)信用卡本质上是银行提供的一种消费信贷,可以透支;借记卡不能透支,只是一种消费结算的工具。

(2)信用卡存款不计息,借记卡存款计息。

(3)自由资金(溢缴款)在信用卡中取出时,银行要收取手续费。

(4)信用卡提供更完善的增值服务,如积分、商户折扣等。

三、信用卡名词术语解释

1. 信用额度

根据持卡人的申请,银行会为申请者信用卡核定一定的信用额度,持卡人可在该额度内签账消费或提取现金。附属卡持卡人可与主卡持卡人共享信用总额。银行可根据持卡人消费情况定期进行调整,持卡人也可以主动提供相关的财力证明要求调高信用额度。此外,当持卡人在出国旅游、乔迁新居等情况在一定时间内需要较高额度时，也可要求调高临时信用额度。

2. 可用额度

可用额度是指您的卡片即时可以交易使用的信用额度。即：

可用额度 = 信用额度 - 已入账的未还金额 - 未入账的已使用金额 + 溢缴款金额

可用额度的计算方式如下：例如，王先生的信用额度为 20 000 元，已入账的未还金额为 10 000 元，未入账的已使用金额为 4 000 元，溢缴款为 0 元，则此时你的可用额度为 6 000 元。

另外，可用额度会随着每一次的消费而减少，随王先生每一期的还款而相应恢复。

3. 溢缴款

溢缴款指的是持卡人的可用额度超出其信用额度的部分。溢缴款不计算利息，取出溢缴款需支付一定金额的费用。持卡人消费时，如果信用卡内有溢缴款，则先扣溢缴款，再扣信用额度，溢缴款大于消费金额，则不会形成透支。

4. 账单日

银行每月会定期对持卡人的信用卡账户当期发生的各项交易、费用等进行汇总结算，并结计利息，计算持卡人当期总欠款金额和最小还款额，并为持卡人邮寄对账单。此日期即为信用卡的账单日。

5. 到期还款日

到期还款日是指发卡银行规定的持卡人应该偿还其全部应还款或最低还款额的最后日期。到期还款日为银行生成账单日起，加上免息还款天数之后的日期。例如，持卡人的账单日是每月 3 号，免息还款期为 20 天，那么持卡人的到期还款日则为每月 23 号（3 + 20）。

6. 免息还款期

免息还款期是指按期全额还款的持卡人享有的针对消费交易的免息期间，免息时间从银行记账日起至最后还款日止，最短 20 天，最长 50 天。透支取现交易不享受免息还款期待遇。

若消费者在到期还款日前未全额还款，则不享受免息期待遇。银行将按日利率万分之五计收利息，并按月计收复利。计息日期从记账之日起至还款日止，计息本金以实际应还金额计算。若消费者在到期还款日前未还款或还款金额不足最低还款额，银行除将按规定计收利息外，还将按最低还款额未还部分的 5% 收取滞纳金。计算举例说明如下：

假设王先生的账单日为某月 17 日，到期还款日（以每月 30 天为例）为下月 7 日（若该月为 31 天，则为下月 6 日，大小月按此推算）。

若王先生于 4 月 15 日消费 10 000 元，且该笔消费款于当日记入王先生的账户，则银行记账日为 4 月 15 日，因王先生的账单日为 4 月 17 日，到期还款日为账单日后 20 天为 5 月 7 日，该笔消费最长可享受免息期为 23 天。

若王先生于 4 月 18 日消费 10 000 元，且该笔消费款于当日记入王先生的账户，则银行记账日为 4 月 18 日，由于该笔消费款应于 5 月 17 日账单日出账，因此，距到期还款日 6 月 6 日有 50 天，则该笔消费最长可享受免息期为 50 天。

7. 最低还款额

信用卡产生透支，而在到期还款日时无力全额偿还欠款，则可偿还最低还款额，通常为透支额的10%，设有最低标准。最低还款额的标准会在信用卡的对账单上标明。最低还款额的概念等于是在向银行表明您并非恶意透支而不想归还欠款，只是暂时没有偿还能力而已。偿还最低还款额将无损于个人信用。

一般情况下最低还款额为累计未还消费本金的一定比例（某银行为10%），所有费用、利息、超过信用额度的欠款金额、预借现金本金，以及上期账单最低还款额未还部分的总和。

最低还款额计算公式如下：

最低还款额 = 本期各种费用和利息 + 上期最低还款额未还部分 + 本期预借现金余额 +
（本期消费余额 + 上期未计入最低还款额且未还的消费余额）×10%

8. 循环信用

循环信用是一种按日计息的小额、无担保贷款。使用信用卡时，消费者可以按照自己的财务状况，在每月的到期还款日前，自行决定还款金额的多少。基于自身的理财需要，当消费者偿还的金额等于或高于当期账单的最低还款额，但低于本期应还金额时，应还全额减去所还金额的差值就是循环信用额。循环信用是一种十分便捷的贷款工具，不仅能让持卡人享有刷卡的便捷，更是轻松理财的好选择。循环信用的利息计算如下：李先生的账单日为每月18日，到期还款日为每月7日；4月18日银行为李先生打印的本期账单包括他从3月19日至4月18日之间的所有交易账务；本账单周期李先生仅有一笔消费，4月15日消费金额为人民币1 000元；李先生本期账单的"本期应还金额"为人民币1 000元，"最低还款额"为100元。

不同的还款情况，李先生的循环利息分别为：

（1）若李先生于5月7日前，全额还款1 000元，则在5月7日的对账单中循环利息为0元。

（2）若李先生于5月7日前只偿还最低还款额100元，则5月18日的对账单的循环利息为16.40元；具体计算如下：1 000元×0.05%×22天（4月15日至5月7日）+（1 000元 - 100元）×0.05%×12天（5月7日至5月18日）循环利息 = 16.40（元）。

9. 滞纳金

滞纳金是指截至到期还款日未还款或还款金额不足最低还款额时，按最低还款额未还部分的一定比例结计的费用。目前，滞纳金按最低还款额未还部分的5%计算，最低10元人民币，计算公式为

滞纳金 = （最低还款额 - 截至到期还款日已还款额）×5%

10. 关联还款

关联还款是一种比较便利的还款方式。持卡人可以指定一张本人借记卡作为信用卡的关联还款账户。到每个月还款日，银行会从持卡人指定的借记卡中扣除本月账单。

四、信用卡在我国的发展状况

信用卡在国外已有百年的发展历史，然而信用卡在我国的发展历史却并不长。20世纪70年代末期，当中国打开国门，大胆引进外国的先进科学技术和管理经验的同时，信用卡才作为国际流行的支付工具进入中国。1979年，中国银行广东省分行首先同香港东亚银行签订协议，开始代理其信用卡业务，中国大陆出现了第一张信用卡。经过近40年的发展，

我国信用卡从诞生到逐渐走向成熟，这期间也历经了不同的发展阶段。

1. 第一阶段：20 世纪 80 年代中期到 90 年代初期——培育阶段

这一时期工农中建交行等相继发卡。与此同时，各商业银行电子化建设同时起步，投资建设大量计算机业务处理系统，为银行卡业务的起步和发展奠定系统和网络基础。1985 年 3 月，中国银行珠海分行第一张"中银卡"（BOC 卡）问世；1986 年 6 月，中国银行北京分行发行了长城信用卡，经中国银行总行命名后，长城信用卡作为中国银行系统统一的信用卡名称，在全国各地的中国银行分支机构全面推广。长城信用卡的诞生和发展，不仅填补了我国金融史册上的一项空白，而且预示着我国传统的"一手交钱，一手交货"的支付方式将发生重大的变革。

2. 第二阶段：20 世纪 90 年代中期到 90 年代末——初级阶段

在这一阶段，全国"金卡工程"开始启动，此后，不仅国有商业银行各分支机构在大中城市独立发展信用卡业务，股份制银行也纷纷加入发卡行列。信用卡在国内推广后，由于没有先进的网络技术支持，防范风险的能力薄弱，全凭银行员工人工操作业务。在经济过热的 1992—1995 年，不少不符合银行贷款条件的个人、企业，通过与银行卡部授权人员的关系，利用信用卡从银行取出了成百上千亿元的资金。1996 年中国人民银行颁布了《信用卡业务管理办法》，在杜绝"协议透支""透支便利"的同时，也基本堵住了信用卡的信用功能，信用卡基本不能信用消费了。

之后几年，金融电子化成为热潮，各行都在加大网络基础建设。"借记卡"应运而生，以申领方便、全国通行（通过网络）、商户消费、没有风险得到各家银行的青睐。各行基本上停止了发行信用卡，转而推广借记卡，信用卡业务进入冬眠。此段时期只有广东发展银行在没有中国人民银行政策的扶持下坚持探索，1995 年在国内率先推出真正意义上的信用卡——贷记卡，工商银行于 1996 年 3 月发行国内第一张双币贷记卡——牡丹国际信用卡。

3. 第三阶段：20 世纪 90 年代末至今——联网通用阶段

在这一阶段，我国信用卡逐步实现了全国联网通用，银行卡业务在跨行交换的基础上逐步实现跨行异地交换。

1999 年中国人民银行出台了《银行卡业务管理办法》，提出了贷记卡的概念及有关规定，正式为标准信用卡正名，并允许各行发展信用卡业务。为与各行原来的信用卡有所区别，直接称为"贷记卡"，同时将原来需要交存备付金的信用卡产品叫作"准贷记卡"。从此，我国信用卡行业重新焕发活力。

2002 年各银行纷纷开设信用卡中心，发行自己的信用卡。2002 年 5 月 17 日，我国首家信用卡中心——中国工商银行牡丹卡中心在北京正式挂牌成立。牡丹卡业务领先同业步入专业化经营和公司化管理轨道。

2002 年 3 月中国银联的成立，标志着中国信用卡产业进入一个新的发展时期。同时，信用卡的功能、发行主体、发行程序等均在逐步规范发展。

2003 年全国信用卡发卡量增长率达到 16.87%，而在 2001 年、2002 年这一比例近乎为 0。信用卡市场的竞争逐步进入"跑马圈地"的"信用卡大战"时期，2003 年也因此在我国信用卡行业发展史上被誉为我国的"信用卡元年"。截至 2008 年年底，我国信用卡发卡量为 14 232.9 万张，同比增长 57.7%。截至 2009 年年底，我国信用卡发卡量达 16 500 万张，全年信用卡交易金额达 3.5 万亿元，其中消费金额 1.9 万亿元，信用卡总消费金额在社会消费品零售总额中的占比从 2006 年的 3.1% 上升到 2009 年的 15.2%，在 GDP 中的占比从 2006 年的 1.1% 上升到 2009 年的 5.7%，对促进消费、拉动内需起到了重要的推动作用。

五、信用卡贷款的主要特点

信用卡消费贷款实际上是运用信用卡的透支功能，允许持卡人在规定的限额内使用信用卡来结算支付购货消费款，形成透支，从而成为发卡银行对消费者发放的一种贷款。与其他消费贷款（如个人住房贷款）相比，信用卡贷款具有以下特点。

（1）一次申请，长期受益。普通消费贷款必须单独申请，并且手续较为烦琐；信用卡持卡人则只需在办卡时接受发卡银行一次资信审查便可以在核定的信用额度内反复透支，无须每次向银行提出贷款申请，省去了办理贷款的诸多手续。

（2）限额以内，按需定贷。普通消费贷款必须明确贷款金额，而信用卡持卡人可以在银行规定的信用额度内透支，每次根据实际需要自行决定具体的用款金额，不会出现贷款资金多余的现象，从而可以最大限度地发挥贷款资金的效用。

（3）时间灵活，随时还贷。普通消费贷款必须明确具体的还款期限，一般不能提前还款；信用卡透支在发生后没有明确具体期限，持卡人可以随时归还贷款本息，可以大大节省贷款利息支出。

（4）用途不定，灵活方便。普通消费贷款一般明确了具体的用途，必须专款专用；而信用卡透支没有规定具体的用途，可以随时满足需要，必要时还可以支取现金以解燃眉之急。

（5）免息待遇，经济实惠。普通消费贷款没有免息期待遇，借款人自获取贷款之日起，就需要按照借款合同规定计付利息；而贷记卡持卡人可以享受发卡银行提供的 60 天以下（一般为 26~56 天）的免息期待遇。

六、信用卡贷款业务流程

信用卡消费贷款业务流程，如图 9-1 所示。

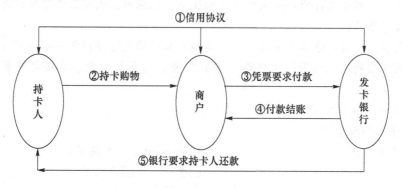

图 9-1 信用卡消费贷款业务流程

由于图 9-1 已经清楚地描述了信用卡消费贷款的业务流程，在此仅就信用卡的办卡程序进行简单解释。

（1）客户申请。客户需如实填写制式的《××银行信用卡申请表》，并提供身份证复印件和盖有单位财务公章的工资收入证明，交由银行信用卡中心（信用卡部）。

（2）银行受理、调查并确定信用额度。发卡银行根据客户提交的申请表中列明的职业、职称、家庭情况及工资收入等相关资料以及通过电话回访调查等，对信用卡申请人进行资信评估，并根据评估结果授予一定的信用额度。信用额度是发卡银行根据持卡人的资信情况评定的最大可用透支金额，在该金额限度内，持卡人可以随时随地消费或按照一定比例（一般为40%）提取现金，无须每次向银行提出申请。

（3）银行审批与邮寄信用卡片。银行审批通过后，一般将以挂号信形式把信用卡片、信用卡透支额度及使用指南按照申请表提供的地址邮寄给申请人。

（4）客户办理开卡手续。客户收到银行的挂号信后，需要在信用卡的背面亲自签上自己的名字，签署式样须与申请表上的签署相符（将来用卡签账时签名也要与之相同）。新卡收到后，并不能立即使用，必须拨打提供的免费客服热线或到银行营业网点办理开卡手续，激活信用卡再行使用。

（5）银行邮寄信用卡密码。在客户成功开卡后，银行会另函寄上交易密码，以保障客户的用卡安全。客户收到交易密码后，便可以正常使用该信用卡透支消费。

专栏资料9-2

建行龙卡贷记卡申请表
Long Card Credit Card Application Form

重要提示

1. 主卡申请人基本条件为年满18周岁，具有完全民事行为能力的中国公民（包含港澳台同胞）、外籍人士；附属卡申请人须年满13岁且经主卡申请人或主卡持卡人同意。

2. 为了确保您的申请顺利批准，请您仔细阅读《中国建设银行龙卡贷记卡申领协议》，并在申请人签字栏签字。

3. 请随本申请表一并提供以下材料复印件：

主卡、附属卡申请人身份证件；外籍人士应提供护照及担保；

您本人任一项的收入证明：个人所得税纳税单、社保单、代发工资存折或对账单、单位盖章的收入证明原件；

您本人的居住证明：您本人的房产证；本地户籍申请人可提供任一项与您直接相关的最近一个月的固定住所的电话费、水电煤（燃）气费、物业管理费、有线电视费、网络宽带费缴费凭据。

请开始填写（以下所有项必填）

◆ **申请卡种申请卡种**

VISA（威士卡）　　　　　　　　　Mastercard（万事达卡）
□金卡　□普通卡　　　　　　　　□金卡　□普通卡
若申请金卡未获批准，是否同意申请普通卡　□是　□否

◆ **您的基本资料**

中文姓名 _____　　拼音或英文姓名 _____
性　别　男　女　　　　　　　出生日期 ____年____月____日
身份证件　1. 居民身份证　2. 护照　3. 港澳居民往来内地通行证、台胞证
4. 军官证　5. 其他（请注明）_____

证件号码☐☐☐☐☐☐☐☐☐☐☐☐☐☐☐☐☐☐
婚姻状况　1. 已婚有子女　　2. 已婚无子女　　3. 未婚　　4. 其他（请注明）_____
学历　　　1. 研究生或以上　2. 大学　　　　　3. 大专　　4. 中专/高中
　　　　　5. 其他（请注明）_____
住宅性质　1. 自购（无贷款）　2. 自购（有贷款月还款金额____元）
　　　　　3. 与父母同住　　　4. 租用　　　　5. 单位分配
　　　　　6. 其他（请注明）_____
住宅地址_____市_____区（县）
_____邮政编码☐☐☐☐☐☐
住宅电话_____手　　机_____E‐mail_____
特征资料（用于开卡时身份确认，填写六位数字）☐☐☐☐☐☐

◆ **您的工作资料**
单位名称_____年收入（税后）_____
单位地址_____市_____区（县）_____
_____邮政编码☐☐☐☐☐☐
单位电话　区号_____　电话_____分机号_____
单位类别　☐1. 政府机关、事业单位　☐2. 国有企业　☐3. 上市公司　☐4. 民营企业
　　　　　☐5. 三资企业　　　　　　☐6. 私营　　　☐7. 其他（请注明）_____
职　　务　☐1. 厅局级以上　☐2. 处级　　　☐3. 科级　　☐4. 一般干部
　　　　　☐5. 总经理　　　☐6. 部门经理　☐7. 一般员工　☐8. 其他（请注明）____
职　　称　☐1. 高级　　　　☐2. 中级　　　☐3. 初级　　☐4. 其他
参加工作时间_____年_____月　现单位工作年限_____

◆ **对账单寄往地址**
☐住宅地址　　☐单位地址　　☐其他地址_____
_____邮政编码☐☐☐☐☐☐

◆ **您的信用资料**
在我行开立账户情况　☐1. 住房贷款　　☐2. 理财客户　　☐3. 其他个人贷款户
　　　　　　　　　　☐4. 大额储蓄（10万元以上）　　☐5. 无
持信用卡情况　　　　☐1. 有龙卡且代缴费　☐2. 有龙卡　☐3. 有他行信用卡　☐4. 无卡
在我行代发工资情况　☐1. 代发工资　　　☐2. 不代发工资

◆ **您的联系人资料（无须负担保责任）**
姓名_____性别_____与申请人的关系_____
单位名称及部门_____联系电话_____手机_____

◆ **您的附属卡申请人资料（不申请附属卡无须填写）**
中文姓名_____　　　　拼音或英文姓名_____
出生日期_____年_____月_____日　性　别　☐男　☐女
身份证件　☐1. 居民身份证　☐2. 护照　☐3. 港澳居民往来内地通行证、台胞证
　　　　　☐4. 军官证　　　☐5. 其他（请注明）_____

证件号码 □□□□□□□□□□□□□□□□□□
与主卡人的关系 □1. 配偶 □2. 父母 □3. 子女 □4. 其他（请注明）_____
通信地址 _____市_____区（县）_____
_____ 邮政编码□□□□□□
联系电话 区号_____ 电话_____ 手机_____
主卡卡号 □□□□□□□□□□□□□□□□（与主卡同时申请时不必填写）

◆ **申请额度**（发卡银行有最终审定权）

本人申请信用额度：人民币_____ 元 附属卡申请信用额度：人民币____ 元

◆ **境内消费是否使用密码**

□使用密码　　　　　　□不使用密码

◆ **约定账户还款授权**（在以下每组两项选项中选择其中一项）

本功能将在各分行陆续推出，如需申请该功能，请向各地发卡行咨询确认，并填写以下资料

偿还人民币款项	□全额　　□最低还款额
	申请贷记卡所在行的本人结算账户（16 或 19 位）□□□□□□□□□□□□□□□□□□□
偿还美元款项	□全额　　□最低还款额
	□人民币购汇　□美元账户
	申请贷记卡所在行的本人结算账户（16 或 19 位）□□□□□□□□□□□□□□□□□□□

◆ **推荐人资料**（没有时可不填）

姓名_____ 联系电话_____
推荐人身份证号 □□□□□□□□□□□□□□□□□□

◆ **请仔细阅读后签名**

兹声明：

1. 以上填写内容完全属实，并同意中国建设银行向有关方面查核上述资料的真实性。
2. 本人已仔细阅读《中国建设银行龙卡贷记卡申领协议》的全部内容，自愿签署并依约履行该协议。
3. 附属卡交易款项全部记入本人主卡账户。
4. 无论申请成功与否，本人均同意此申请表及所附相关资料均不返还本人。

◆ **主卡申请人签署**

____年____月____日

◆ **附属卡申请人签署**

____年____月____日

◆ **法定监护人签名**（若附属卡申请认未满18周岁，必须签署或同意主卡申请人为其办理附属卡）

____年____月____日

◆ **银行专用栏**

收表机构_____ 收表日期_____ 收表人_____
交表日期_____ 申请表编号_____ 来源代码 **AYJO**
营销单位代码_____ 营销员代码_____

| 录入日期 _____ | 录入人 _____ |
| 初审日期 _____ | 初审人 _____ |
| 初审意见 _____ |
| 审批日期 _____ | 审批人 _____ |
| 核准意见 _____ |
| 备   注 _____ |
| 主卡信用额度 _____ | 附属卡信用额度 _____ |

主卡卡号：☐☐☐☐☐☐☐☐☐☐☐☐☐☐☐☐

附属卡卡号：☐☐☐☐☐☐☐☐☐☐☐☐☐☐☐☐

专栏资料 9-3

信用卡国际组织

国际上主要有威士国际组织（VISA International）和万事达卡国际组织（MasterCard International）两大组织，以及美国运通国际股份有限公司（America Express）、大来信用证有限公司（Diners Club）及 JCB 日本国际信用卡公司（JCB）三家专业信用卡公司。在各地区还有一些地区性的信用卡组织，如欧洲的 EUROPAY 以及我国的银联和台湾地区的联合信用卡中心等。

威士国际组织是目前世界上最大的信用卡和旅行支票组织。威士国际组织的前身是 1900 年成立的美洲银行信用卡公司。1974 年，美洲银行信用卡公司与西方国家的一些商业银行合作，成立了国际信用卡服务公司，并于 1977 年正式改为威士国际组织，成为全球性的信用卡联合组织。威士国际组织拥有 VISA、ELECTRON、INTERLINK、PLUS 及 VISA CASH 等品牌商标。威士国际组织本身并不直接发卡，各品牌信用卡由参加威士国际组织的会员（主要是银行）发行。

万事达卡国际组织是全球第二大信用卡国际组织。1966 年美国加利福尼亚州的一些银行成立了银行卡协会，并于 1970 年启用 Master Charge 的名称及标志，统一了各会员银行发行的信用卡名称和设计，1978 年再次更名为现在的 MasterCard。万事达卡国际组织拥有 MasterCard、Maestro、Mondex 与 Cirrus 等品牌商标。万事达卡国际组织本身并不直接发卡，各品牌信用卡由参加万事达卡国际组织的金融机构会员发行。

七、信用卡贷款的风险及其防范

信用卡贷款具有高风险的特点，而且信用卡贷款的风险有可能超过信用额度，在分期付款贷款中，银行的风险随着贷款的每日偿还而减少，特别是大多数信用卡贷款都不设担保，如果客户违约，银行没有对特定抵押物的追索权。

信用卡贷款业务风险主要包括：

（1）持卡人的信用风险。有些持卡人在申领时经济状况良好，具备偿还能力，但可能因为某种原因发生变故后，无法履行债务从而造成发卡行损失的可能性。例如，持卡人经济状况恶化丧失收入来源，无力偿还信用卡已透支的款项；持卡人与发卡银行联系中断，其消费的款项难以收回；等等。

（2）不良持卡人恶意透支的风险。如持卡人利用信用卡可以透支的特点以套取或侵占发卡银行的资金为目的,超出偿还能力在规定的交易限额内多次取现或购物消费。

(3) 不法分子诈骗的风险。不法分子通过冒用被盗和他人丢失的信用卡,甚至伪造信用卡来骗取发卡银行、受理银行、持卡人或特约商户的资金。

(4) 特约商户操作不当的风险,如收银员没有按照操作规定核对止付名单、身份证件和预留签名,接收了本应止付的信用卡,造成经济损失等。

针对上述信用卡消费贷款业务风险,可以从以下几方面对其加以防范和控制:

(1) 严格对持卡人的信用控制。发卡银行应加强对客户的资信调查和评估。为确保申请人所提供资料的真实性、准确性,可通过信函、电话及上门走访等方式,特别是向征信机构调查核实信用卡申请人的资料,根据申请人资信评估的等级确定授信额度。

(2) 加强信用卡授权管理。

(3) 加强信用卡透支和止付管理,对持卡人透支实行严格控制。

(4) 及时通知客户,多次催促还款。

(5) 事故发生后要积极采取措施以减少风险损失,包括诉诸法律。

专栏资料 9-4

长假刷卡后莫忘及时还,善用信用卡透支功能

几分钱遭罚息 80 元

某先生在 2007 年"十一黄金周"到海外旅游,当时使用信用卡透支消费 4 万元,到了还款期,该先生准时将 4 万元整存进信用卡账户。过了 1 个月左右,他收到银行账单,上面却多出近 80 元的应还利息。这令他颇感不解,于是拨通了电话银行,被告知由于他上个月还款金额与应还银行金额相差几分钱,所以整个月的透支消费都不能享受银行的免息待遇。也就是说,即使晚还银行 1 分钱,持卡人也需要向银行缴纳整月的透支利息。

VISA 国际组织有关人士介绍,"全额还清才可以享受免息待遇"确实是一种国际上的通行做法,信用卡作为一种消费信贷的载体,一定期限的免息是银行让给持卡人的资金时间价值,持卡人可以根据自己的需要,选择全额还清并享受免息或者部分还清并向银行支付利息。

信用卡要善于透支

正是由于对于透支的不了解,许多人都不愿透支,这是一种不会理财的表现。由于透支是银行提供的一种优惠措施,如果不使用,实际上就是一种浪费。从目前的个人征信情况来看,巧用信用卡的透支功能也能大大增加自己的信用级别。为了避免信用卡透支带来的损失,有关业内人士建议可以使用以下办法:首先,要明确了解所持卡银行的还款计息方式;其次,要看清银行对账单,或在还款之前通过 ATM 机、电话银行或者网上银行等查清所欠确切金额;再次,需要提前在信用卡中存入一些现金,作为补缺之用;最后,在同一家银行办一张借记卡,并与信用卡绑定还款,让银行自动划款,以省却每次还款麻烦。

透支牢记几个数字

5‰:如持卡人逾期仍未全部还款,银行自最早一笔透支交易的记账日起,按当前实际透支金额及天数以日息 0.5‰ 的透支利率计算利息,同时还要按透支金额收取 3% 的手续费。

2 个月:对连续 2 个月还款不足最低还款额的持卡人,银行将冻结其消费贷记卡的使用,并委托法律机构追讨所欠款项。

56 天：现在国内信用卡的最长免息期为 56 天，所以可以在下个月收到账单后再付款。

10%：消费贷记卡每月最低还款额不得低于 10%。

5%：结账单所列明的应还款总额，对最低还款额未还的部分，银行还要按 5% 向持卡人加收滞纳金。

专栏资料 9-5

信用卡国际组织

案例（一）：2002 年，丁小姐在中国工商银行办理了一张牡丹贷记卡。2003 年 5 月，她就开始进行透支消费，2003 年 5 月至 7 月连续透支 25 笔，共计金额 6 000 元。银行从 2007 年 7 月开始，一直催促丁小姐还款，但电话联系丁小姐时，她竟然声称因工作忙常不在家而无暇顾及还款。银行于 2003 年 10 月 10 日给丁小姐发出最后通牒，但丁小姐对此通牒仍然置若罔闻。银行在催款无着的情况下，于 2004 年 3 月 3 日正式报案。警方立案后马上与丁小姐取得联系，而此时丁小姐正带着旅游团在云南，当她听到警方的电话后才感觉到问题的严重性。3 月 8 日，丁小姐回到上海后马上到公安局自首，但此时的她将面对的是法律的严肃处理。尽管丁小姐之后立即还了银行的透支款，但还款的性质也已经发生变化，变成了退还赃款。最后，法院还是根据法律规定对她做出了以下判决：拘役 4 个月，缓刑 4 个月，并处罚金 2 万元。

案例（二）：2003 年 6 月，28 岁上海青年徐某路过浦东一超市门口时，看见上海银行申领贷记卡摊位，一听只要一张身份证就可以申请办理具有透支功能的贷记卡，还能先消费后还款，待业在家的徐某一下子心动了。由于他的身份证遗失正在补办，徐某便瞒着家人偷偷从家里拿出母亲的身份证，去银行摊位登记了一张贷记卡。在填写登记表时，徐某只留下了真实姓名和地址，其余资料如家庭电话、工作单位、每月收入与公司职务等一律虚报。信用卡到手后，徐某先在 ATM 机上取款 1 800 元，然后到商场、酒店等处刷卡消费，短短两周就透支了 5 900 余元。2003 年 8 月，徐某拿到了自己的身份证，如法炮制，其又申请了一张自己名字的贷记卡。不到几天，6 000 元的透支额度便被消费殆尽。2004 年 6 月，为应付银行的催款，徐某东挪西凑，还了 3 000 元，但对余下的 8 900 余元透支钱款无力偿还。银行报案后，警方介入调查。尽管案发后，徐某的家属代为归还了透支欠款和利息，但司法机关仍认为其涉嫌信用卡诈骗罪。9 月 15 日上午，浦东新区法院判处徐某有期徒刑 6 个月，并处罚金 2 万元。

[资料来源：《世界商业评论》，2004 年 10 月 11 日]

警示：信用卡申领容易，使用一定要慎重，千万不要以为利用信用卡透支一点钱只会引起民事纠纷，不会触犯刑法。根据《中华人民共和国刑法》规定，信用卡诈骗罪有四种形式：使用伪造的信用卡；使用作废的信用卡；冒用他人信用卡；恶意透支。其中，恶意透支专指持卡人以非法占有为目的，超过规定限额或者规定期限透支，并且经发卡银行催收后仍不归还的行为。《中华人民共和国刑法》同时规定，进行信用卡诈骗活动，数额较大的，处 5 年以下有期徒刑或者拘役，并处 2 万元以上 20 万元以下罚金；数额巨大或者有其他严重情节的，处 5 年以上 10 年以下有期徒刑，并处 5 万元以上 50 万元以下罚金；数额特别巨大或者有其他特别严重情节的，处 10 年以上有期徒刑或者无期徒刑，并处 5 万元以上 50 万元以下罚金或者没收财产。

第二节 存单质押贷款

一、存单质押贷款概述

(一) 存单质押贷款的含义与分类

个人定期存单质押贷款简称存单质押贷款,是指中国邮政储蓄银行向借款人发放的、以未到期邮政储蓄整存整取定期人民币储蓄存单(包括邮政储蓄绿卡通、定期一本通导出的定期存单)为质押担保,且到期一次性收回本息的贷款业务。

根据担保人的不同,质押贷款可分为本人质押贷款和他人质押贷款。借款人以本人名下的存单提供质押担保的贷款称为本人存单质押贷款,以他人所有的存单提供质押担保的贷款称为他人存单质押贷款。提供质押担保的质押存单所有人称为出质人,出质人与借款人可以为同一人,也可以不同。

(二) 存单质押贷款业务的市场定位

1. 存单质押贷款市场需求的理论分析

存单质押贷款市场需求的形成有两个前提:一是客户持有定期存单;二是客户有短期融资需求。满足这两个条件的都可以成为存单质押贷款的潜在客户。所以,存单质押贷款业务的客户群体非常广泛。一方面包括城市中拥有大量存款的高端客户,他们一般拥有较高的收入,贷款目的多为满足购房、装修等高消费的一时大额用款,通过质押贷款,实现资金低成本由定期向活期转化。另一方面是拥有少量积蓄的中低收入者,包括一些个体工商户和农民,为满足季节性支出的需要,如购买农资物品、小孩上学的学费支出、做小生意的本钱等,也可能将自己多年的积蓄拿出来质押,获取短期的资金。

2. 银行开办存单质押贷款业务的市场定位

作为贷款零售业务的一种,近几年存单质押贷款在国内发展迅速。根据存单质押贷款客户的不同,可以把存单质押贷款市场细分为两部分:一部分是由高端客户组成的大额存单质押贷款市场;一部分是由中低端客户组成的小额存单质押贷款市场。目前,国内不少商业银行将目标客户锁定于有大额存单且持有本行存单的高端客户身上,存单质押贷款是为这类客户进行个性化理财服务的一种工具。至于中低端客户市场,尤其是农村市场,仍然是一项有着广阔市场需求的贷款融资方式——对于那些有存单的农村居民而言,不但可以避免提前支取而产生利息损失,还可以通过存单质押贷款的形式获得资金,以满足亲友的借款请求;对于那些没有存款的农民而言,则可以由亲友提供存单担保的方式获得贷款,目前均有很大的市场空间。

二、存单质押贷款六要素

(一) 贷款对象

存单质押贷款的贷款对象为具有中华人民共和国国籍,并具有完全民事行为能力,以及年满18周岁(含18周岁)的自然人。同一笔存单质押贷款只能对应一个出质人。

(二) 贷款金额

存单质押贷款的单笔贷款金额为1 000元~100万元,贷款金额不得超过所质押定期存单本金之和的90%。定期存单开户达到20天（含20天）后方可办理质押，不得即存即贷。借款人单户贷款金额不得超过100万元（含100万元）。

（三）贷款期限

存单质押贷款的贷款期限为1~12个月。若质押存单为不约定转存，贷款的到期日不得超过存单的到期日；若存单约定转存，贷款到期日在贷款规定期限范围内可以超过存单的到期日；若为多张定期存单质押，以距离到期日最近的存单到期日确定贷款期限。

存单质押贷款不办理贷款展期和在原合同上追加借款金额。

（四）贷款利率

存单质押贷款利率按照中国人民银行同期同档次贷款基准利率执行，期限为6个月以内（含6个月）的，按6个月贷款基准利率确定；期限为6个月至1年（含1年）的，按1年期贷款基准利率确定。各一级分行可以根据贷款金额大小、市场竞争、客户资质等情况适当向上浮动，但浮动范围不得超过中国人民银行规定的浮动范围，向上浮动最多不超过30%。贷款发放后如遇中国人民银行基准利率调整，仍按合同利率执行。

贷款发生逾期的，需按照逾期罚息利率对逾期贷款加收罚息，逾期罚息利率为贷款执行利率基础上加收50%。不按约定用途使用借款的，从未按约定用途使用借款之日起，按借款利率加收100%的罚息。

（五）担保方式：存单质押

存单质押贷款的质押物必须是在中国邮政储蓄银行同省邮政储蓄网点开立的、尚未到期的整存整取定期人民币储蓄存单。凡所有权存在争议、已做担保、挂失、失效或被止付、冻结的存单不得作为质押物。

存单需要凭预留密码进行支取，以未预留密码的存单作为质押时，出质人应转为凭密码支取，否则银行有权拒绝发放贷款。

（六）还款方式

存单质押贷款只采用一次性还本付息的还款方式。

第三节　国债质押贷款

一、国债质押贷款的含义与用途

（一）贷款的含义

国债质押贷款（以下简称国债质押贷款）是指以中国邮政储蓄银行向借款人发放的以其在本行持有的未到期储债或凭债为质押担保的贷款业务。

国债是指财政部在中华人民共和国境内发行，通过本行面向投资者销售的以电子、凭证方式记录债权的不可流通的人民币债券，包括储蓄国债（电子式）和凭证式国债（以下简称储债和凭债）两种。

（二）贷款的用途

贷款的用途必须真实、合理，不得将贷款资金用于非法目的，也不得用于股票、债券以及其他具有投资风险的金融资产、生产原材料与产成品的投资、囤积行为（正常的生产经营需求除外）。

二、贷款六要素

（一）贷款对象

贷款对象为具有中华人民共和国国籍，并具有完全民事行为能力的自然人。

国债质押贷款业务申请手续由申请人本人办理，国债质押贷款业务办理地点必须为原国债购买网点所在的一级分行辖区内，即不允许跨省申请贷款。

（二）贷款金额

贷款金额为 5 000 元～500 万元，贷款金额不得超过所质押全部国债质押余额之和的 90%。

借款人单户贷款余额不得超过 500 万元，严禁将国债质押贷款以任何变通的方式向任何客户集中发放。

（三）贷款期限

贷款期限以月为单位，最短为 1 个月，最长为 12 个月。国债质押贷款不得办理贷款展期。

（四）贷款利率

贷款利率按照中国人民银行同期同档次贷款基准利率执行，各一级分行可以根据贷款金额大小、市场竞争、客户资质等情况适当向上浮动，但浮动范围不得超过中国人民银行规定的浮动范围，向上浮动最多不超过 30%。贷款发放后如遇中国人民银行利率调整，仍按合同利率执行。

贷款发生逾期的，需按照逾期罚息利率对逾期贷款加收罚息，逾期罚息利率为贷款执行利率基础上加收 50%。

（五）担保方式

国债质押贷款必须以在中国邮政储蓄银行持有的凭债或储债作为质押物，在其他金融机构持有的不得作为质押物。凡所有权存在争议、已做担保、挂失或被止付、冻结的国债不得作为质押物。

任何一笔国债质押贷款中凭债与储债不得同时作为质押物，即每笔贷款只能质押同一种类型的国债。

国债质押贷款只能以申请人本人名下拥有的国债作为质押物。

（六）还款方式

国债质押贷款只采用一次性还本付息的还款方式。

第四编
公司信贷

第四编

公司计费

第十章

公司信贷概述

一、公司信贷相关概念

公司信贷的相关概念包括信贷、银行信贷、公司信贷、贷款、承兑、担保、信用证、减免交易保证金、信贷承诺、直接融资和间接融资等。

1. 信贷

信贷的概念有广义和狭义之分。广义的信贷是指一切以实现承诺为条件的价值运动形式，包括存款、贷款、担保、承兑、赊欠等活动。狭义的公司信贷专指银行的信用业务活动，包括银行与客户往来发生的存款业务和贷款业务。

2. 银行信贷

广义的银行信贷是银行筹集债务资金、借出资金或提供信用支持的经济活动。狭义的银行信贷是银行借出资金或提供信用支持的经济活动，主要包括贷款、担保、承兑、信用证、减免交易保证金、信贷承诺等活动。

3. 公司信贷

公司信贷是指以法人和其他经济组织等非自然人为接受主体的资金借贷或信用支持活动。

4. 贷款

贷款是指商业银行或其他信用机构以一定的利率和按期归还为条件，将货币资金使用权转让给其他资金需求者的信用活动。

5. 承兑

承兑是银行在商业汇票上签章承诺按出票人指示到期付款的行为。

6. 担保

担保是银行根据客户的要求，向受益人保证按照约定以支付一定货币的方式履行债务或者承担责任的行为。

7. 信用证

信用证是一种由银行根据信用证相关法律规范依照客户的要求和指示开立的有条件的承诺付款的书面文件。信用证包括国际信用证和国内信用证。

8. 减免交易保证金

减免交易保证金是信贷业务的一部分,在银行与客户之间进行交易时,从风险的角度看,银行承担了交易中的信用风险,为客户的交易做出一种减免安排,是信用支持的一种形式。

9. 信贷承诺

信贷承诺是指银行向客户做出的在未来一定时期内按商定条件为客户提供约定贷款或信用支持的承诺,在客户满足贷款承诺中约定的先决条件的情况下,银行按承诺为客户提供约定的贷款或信用支持。

10. 直接融资和间接融资

融资是指资金的借贷与资金的有偿筹集活动。通过金融机构进行的融资为间接融资;不通过金融机构,资金盈余单位进行与资金需求单位进行协议的融资活动为直接融资。

二、公司信贷的基本要素

公司信贷的基本要素主要包括交易对象、信贷产品、信贷金额、信贷期限、贷款利率和费率、清偿计划、担保方式和约束条件等。

1. 交易对象

公司信贷业务的交易对象包括银行和银行的交易对手。银行的交易对手主要是指经工商行政管理机关(或主管机关)核准登记,拥有工商行政管理部门颁发的营业执照的企(事)业法人和其他经济组织等。

2. 信贷产品

信贷产品是指特定产品要素组合下的信贷服务方式,主要包括贷款、担保、承兑、信用支持、保函、信用证和承诺等。

3. 信贷金额

信贷金额是指银行承诺向借款人提供的以货币计量的信贷产品数额。

4. 信贷期限

(1)信贷期限的概念。信贷期限有广义和狭义两种。广义的信贷期限是指银行承诺向借款人提供以货币计量的信贷产品的整个期间,即从签订合同到合同结束的整个期间。狭义的信贷期限是指从具体信贷产品发放到约定的最后还款或清偿的期限。在广义信贷期限的定义下,通常分为提款期、宽限期和还款期。

① 提款期,是指从借款合同生效之日开始,至合同规定贷款金额全部提款完毕之日为止,或最后一次提款之日为止,期间借款人可按照合同约定分次提款。

② 宽限期,是指从贷款提款完毕之日开始,或最后一次提款之日开始,至第一个还本付息之日为止,介于提款期和还款期之间。在宽限期内银行只收取利息,借款人不用还本;或本息都不用偿还,但是银行仍应按规定计算利息,直至还款期才向借款企业收取。

③ 还款期,是指从借款合同规定的第一次还款日起至全部本息清偿日止的期间。

(2)《贷款通则》有关期限的相关规定如下。

① 贷款期限根据借款人的生产经营周期、还款能力和银行的资金供给能力由借贷双方共同商议后确定,并在借款合同中载明。

② 自营贷款期限最长一般不得超过10年,超过10年应当报监管部门备案。

③ 票据贴现的贴现期限最长不得超过 6 个月，贴现期限从贴现之日起到票据到期日止。

④ 不能按期归还贷款的，借款人应当在贷款到期日之前向银行申请贷款展期，是否展期由银行决定。

⑤ 短期贷款展期期限累计不得超过原贷款期限；中期贷款展期期限累计不得超过原贷款期限的一半；长期贷款展期期限累计不得超过 3 年。

5. 贷款利率和费率

（1）贷款利率。贷款利率即借款人使用贷款时支付的价格。按照不同标准，贷款利率的种类可以划分如下：

① 本币贷款利率和外币贷款利率。通常根据贷款标价方式的不同将利率分为本币贷款利率和外币贷款利率。

② 浮动利率和固定利率。按照借贷关系持续期内利率水平是否变动进行划分，利率可分为固定利率与浮动利率。浮动利率是指借贷期限内利率随物价、市场利率或其他因素变化相应调整的利率，其特点是可以灵敏地反映金融市场上资金的供求状况，借贷双方所承担的利率变动风险较小；固定利率是指在贷款合同签订时即设定好固定的利率，在贷款合同期内，不论市场利率如何变动，借款人都按照固定的利率支付利息，不需要"随行就市"。

③ 法定利率、行业公定利率和市场利率。法定利率是指由政府金融管理部门或中央银行确定的利率，它是国家实现宏观调控的一种政策工具；行业公定利率是指由非政府部门的金融民间组织，如银行公会等确定的利率，该利率对会员银行具有约束力；市场利率是指随市场供求关系的变化而自由变动的利率。

（2）费率。费率是指利率以外的银行提供信贷服务的价格，一般以银行贷款承诺金额为基数按一定比率计算，包括承诺费、承兑费、银团安排费、开证费等。

6. 清偿计划

贷款合同应该明确清偿计划，借款人必须按照清偿计划还款。清偿计划一般分为一次性还款和分次还款，分次还款又有定额和不定额两类，定额包括等额还款和约定还款，等额还款又包括等额本金和等额本息两类。

借款人必须按照贷款合同约定的清偿计划还款。贷款合同中通常规定，如借款人不按清偿计划还款，则视为借款人违约，银行可按合同约定收取相应的违约金或采取其他措施。清偿计划的任何变更须经双方达成书面协议方为有效。

7. 担保方式

担保是指借款人无力或未按照约定按时还本付息或支付有关费用时贷款的第二还款来源，是审查贷款项目最主要的因素之一。《中华人民共和国担保法》中规定，担保方式包括保证、抵押、质押、定金、留置等方式。在信贷业务中经常运用的主要是前三种方式中的一种或几种。

8. 约束条件

（1）提款条件。提款条件按分类特征主要包括：合法授权；政府批准；资本金要求；监管条件落实；其他提款条件。

（2）监管条件。监管条件按分类特征主要包括：财务维持；股权维持；信息交流；其他监督条件。

三、公司信贷的种类

公司信贷种类是按一定分类方法和标准划分的信贷类别。划分信贷种类是进行贷款管理的需要，目的在于反映信贷品种的特点和信贷资产的结构。

1. 按货币种类划分

（1）人民币贷款。人民币是我国的法定货币，以人民币为借贷货币的贷款称为人民币贷款。

（2）外汇贷款。以外汇作为借贷货币的贷款称为外汇贷款。现有的外汇贷款币种有美元、港币、日元、英镑和欧元等。

2. 按信用支付方式划分

按信用支付方式划分，信贷包括贷款、承兑、保函、信用证、承诺等。

3. 按贷款期限划分

（1）透支。透支包括存款账户透支和信用卡透支。它是指存款人或信用卡人因急需资金而善意透支，即银行授予持卡人提取超过存款金额的权利，这种透支实质上是由银行提供的信贷服务，计算期限并不确定，但不同期限有不同档次的利率。

（2）短期贷款。短期贷款是指贷款期限在1年以内（含1年）的贷款。

（3）中期贷款。中期贷款是指贷款期限在1年以上（不含1年）、5年以下（含5年）的贷款。

（4）长期贷款。长期贷款是指贷款期限在5年（不含5年）以上的贷款。

4. 按贷款用途划分

（1）固定资产贷款。固定资产贷款也称固定资金贷款，是用于借款人建筑、安装、维修、更新改造固定资产的贷款，包括基本建设贷款和技术改造贷款。

① 基本建设贷款：是银行对实行独立核算并具有偿还能力的各类企业和国家批准的建设单位在当地经营性的建筑、安装、工程建设进程中，因自筹资金不足而发放的贷款。它主要适用于在新建、改建和扩建工程中发生的建筑安装工程费用以及设备、工程器具购置费和其他所有费用。

② 技术改造贷款：是对符合贷款条件的企事业单位进行技术改造、设备更新和与之关联的少量土建工程所需资金不足而发放的贷款。

（2）流动资金贷款。流动资金贷款是对借款人在生产经营过程中的周转资金需要而发放的贷款。根据贷款期限的不同，可分为短期流动资金贷款和中期流动资金贷款。

5. 按贷款企业性质划分

（1）生产企业贷款。生产企业贷款是对工农业等生产性企业的流动资金周转或固定资产更新、改造所需资金而发放的贷款。

（2）流通企业贷款。流通企业贷款是指对商贸等流通企业发放的主要用于采购库存商品、运输及结算所需资金。流通企业贷款主要是流动资金贷款。

（3）房地产企业贷款。房地产企业贷款主要是指房地产开发贷款，此贷款主要用于支持房地产企业从事住房开发、商业用房开发、土地开发和配套设施建设。

6. 按贷款经营模式划分

（1）自营贷款。自营贷款是指银行以合法方式筹集的资金自主发放的贷款，其风险由银行承担，并由银行负责收回本金和利息。

（2）委托贷款。委托贷款是指政府部门、企事业单位及个人等委托人提供资金，由银行（即受托人）根据委托人确定的贷款对象、用途、金额、期限、利率等代为发放、监督使用并协助收回的贷款。委托贷款的风险由委托人承担，银行（受托人）只收取手续费，不承担贷款风险，不代垫资金。

（3）银团贷款。银团贷款又称辛迪加贷款，是指由一家或几家银行牵头，组织多家银行参加，在同一贷款协议中按商定的条件，以及约定的时间和比例向同一借款人发放的贷款。

7. 按贷款偿还方式划分

（1）一次还清贷款。一次还清贷款是指借款人在贷款到期时一次性还清贷款本息。短期贷款通常采取一次还清贷款的还款方式。

（2）分期偿还贷款。分期偿还贷款是指借款人与银行约定在贷款期限内分若干期偿还贷款本金。中长期贷款采用分期偿还方式。

8. 按贷款利率划分

（1）固定利率贷款。固定利率贷款是指贷款利率在贷款期限内保持不变，遇利率调整也不分段计息的贷款。短期流动资金贷款均为固定利率贷款，即执行合同利率。

（2）浮动利率贷款。浮动利率贷款是指贷款利率在贷款期限内随市场利率或官方利率波动，按约定时间和方法自动进行调整的贷款。

9. 按贷款保障方式划分

（1）信用贷款。信用贷款是指凭借款人信誉发放的贷款。其最大的特点是不需要保证和抵押，仅凭借款人的信用就可以取得贷款。信用贷款风险较大，发放时需从严掌握，一般仅向实力雄厚、信誉卓著的借款人发放，且期限较短。

（2）担保贷款。担保贷款包括保证贷款、抵押贷款和质押贷款。

（3）票据贴现。票据贴现是指银行以购买借款人未到期商业票据的方式发放的贷款，即票据收款人在票据到期以前将票据权利转让给银行，并贴付一定利息从银行取得现款的一种短期融资方式；实质上是银行以票据为担保而对持票人发放的一种贷款。

10. 按贷款质量状况划分

国际通行的贷款质量分类方法以贷款风险程度为依据，将贷款资产划分为五类，即正常类贷款、关注类贷款、次级类贷款、可疑类贷款、损失类贷款。

第十一章

公司信贷业务流程

第一节 贷款申请受理与贷前调查

一、借款人

(一) 借款人应具备的资格和基本条件

1. 借款人应具备的资格

公司信贷的借款人应当是经工商行政管理机关（或主管机关）核准登记的企（事）业法人。

2. 借款人应具备的基本条件

《贷款通则》规定，借款人申请贷款应当具备以下基本条件：产品有市场、生产经营有效益、具有偿还贷款的经济能力；按规定用途使用贷款，不挪用信贷资金；按贷款合同期限归还贷款本息、恪守信用；等等。

3. 借款人应符合的要求

为保障信贷业务的正常开展，借款人应符合以下要求：

（1）按期还本付息的能力，原应付贷款利息和到期贷款已清偿；没有清偿的，已经做出银行认可的偿还计划。这一要求的实质是借款人必须资信状况良好，有按期偿还贷款本息的能力。原有贷款的本息是否发生逾期是借款人财务状况正常与否的标志。借款人原有贷款发生逾期，但已做出银行认可的偿还计划，是指借款人与银行已达成有关贷款展期的协议。

（2）除不需要经工商部门核准登记的事业法人外，应当经过工商部门办理年检手续，只有经过工商部门的年检并办理年检手续，才能核实借款人近期的状况，并保证法人资格的合法性。

（3）已开立基本存款账户或一般存款账户。要求借款人开立基本存款账户或一般存款账户，并存入贷款资金，既便于借款人结算和划拨资金，也有利于银行随时掌握借款人的资金动态。

（4）除国务院规定外，有限责任公司和股份有限公司对外股本权益性投资累计未超过其净资产总额的50%。

(5) 借款人的资产负债率符合银行的要求。资产负债率是体现借款人资本结构的主要指标，为提高贷款的安全性，银行通常希望借款人保持较低的资产负债率。

(6) 申请中长期贷款的，新建项目的企业法人所有者权益与项目所需总投资的比例不低于国家规定的投资项目资本金比例。投资项目资本金的具体比例，由项目审批单位根据投资的经济效益以及银行贷款意愿和评估意见等情况，在审批可行性研究报告时核定。资本金制度不适用于公益性投资项目，外商投资项目按现行有关外商投资企业法规中对出资比例的规定执行。

（二）借款人的权利和义务

1. 借款人的权利

《贷款通则》规定借款人的权利如下：

(1) 可以自主向主办银行或者其他银行的经办机构申请贷款并依条件获得贷款。
(2) 有权按合同约定提取和使用全部贷款。
(3) 有权拒绝借款合同以外的附加条件。借款人应承担的义务及责任应在借款合同中载明，如在合同以外附加条件，借款人有权拒绝。
(4) 有权向银行的上级监管部门反映、举报有关情况。
(5) 在征得银行同意后，有权向第三方转让债务。

2. 借款人的义务

《贷款通则》对借款人的义务规定如下：

(1) 应当如实提供银行要求的资料（法律规定不能提供者除外），应当向银行如实提供所有开户行、账号及存贷款余额情况，配合银行的调查、审查和检查。此项义务要求借款人如实提供银行要求的材料，不得误导银行；借款人必须如实向银行提供其多头开户、账户余额等情况，使银行可以真实掌握借款人资金运行情况，在此基础上银行对借款人的资信做出评价；银行的调查、审查、检查，贯穿于贷款审批、发放、执行的各环节中，银行可以借此了解借款人的生产经营情况，确保贷款的安全。对此，借款人应积极配合。
(2) 应当接受银行对其使用信贷资金情况和有关生产经营、财务核定的监督。
(3) 应当按借款合同约定用途使用贷款。企业借款用途与贷款能否按期归还有密切关系。许多情况下，贷款的用途会影响到偿还贷款的资金来源，如借款人擅自改变贷款用途，银行预期的贷款风险、收益就会变得不确定。因此，借款人有义务根据合同约定的要求使用贷款。
(4) 应当按贷款合同的约定及时清偿贷款本息。
(5) 将债务全部或部分转让给第三方的，应当取得银行的同意。银行提供贷款主要基于对借款人的信用评价。如借款人将债务转移至第三方，必须事先实现获得银行的同意。银行只有全面了解新债务人的资信状况、财务状况、生产经营状况和还款能力等信息之后，才能做出决定。
(6) 有危及银行债权安全的情况时，应当及时通知银行，同时采取保全措施。

二、贷款申请受理

（一）面谈访问

无论对于商业银行主动营销的客户还是向商业银行提出贷款需求的客户，信贷业务人员都应尽可能通过安排面谈等方式进行前期调查。前期调查的主要目的在于确定是否能够受理该笔贷款业务，是否投入更多的时间和精力进行后续的贷款洽谈，以及是否需要正式开始贷前调查工作。

1. 面谈准备

初次面谈前，调查人员应做好充分准备，拟定详细的面谈工作提纲。提纲内容应包括客户总体情况、客户信贷需求、拟向客户推介的信贷产品等。

2. 面谈内容

面谈过程中，调查人员可以按照国际通行的信用"6C"标准原则，即品德（Character）、能力（Capacity）、资本（Capital）、担保（Collateral）、环境（Condition）和控制（Control），从客户的公司状况、贷款需求、还贷能力、抵押品的可接受性以及客户目前与银行的关系等方面集中获取客户的相关信息。

（1）面谈中需要了解的信息包括：

① 客户的公司状况包括历史背景、股东背景、资本构成、组织构架、产品情况、经营现状等；

② 客户的贷款需求状况包括贷款背景、贷款用途、贷款规模、贷款条件等；

③ 客户的还贷能力包括现金流量构成、经济效益、还款资金来源、担保人的经济实力等；

④ 抵押品的可接受性包括抵押品种类、权属、价值、变现难易程度等；

⑤ 客户与银行关系包括客户与本行及他行的业务往来状况、信用履约记录等。

（2）面谈结束时的注意事项。在对客户总体情况了解之后，调查人员应及时对客户的贷款申请（此时的申请通常不正式）做出必要反应。

① 如客户的贷款申请可以考虑（但还不确定是否受理），调查人员应当向客户获取进一步的信息资料，并准备后续调查工作，注意不得超越权限轻易做出有关承诺；

② 如客户的贷款申请不予考虑，调查人员应留有余地地表明银行立场，向客户耐心解释原因，并建议其他融资渠道，或寻找其他业务合作机会。

（二）内部意见反馈

信贷业务人员在与客户面谈以后，应当进行内部意见反馈，使下一阶段工作顺利开展。

1. 面谈情况汇报

信贷业务人员在面谈后，应向主管领导汇报了解到的客户信息。反映情况应做到及时、全面、准确，避免上级领导掌握信息出现偏差。必要时可通过其他渠道，如银行信贷咨询系统，对客户情况进行初步查询。

2. 撰写会谈纪要

面谈后，信贷业务人员应及时撰写会谈纪要，为公司业务部门上级领导提供进行判断的基础性信息。撰写内容包括贷款面谈涉及的重要主体、获取的重要信息、存在的问题与障碍，以及是否需要做该笔贷款的倾向性意见或建议。实务操作中，贷款申请是否受理往往基于对客户或项目的初步判断，作为风险防范的第一道关口，在贷款的派生收益与贷款本身的安全性的权衡上，业务人员应坚持将贷款安全性放在第一位。

（三）贷款意向阶段

如果确立了贷款意向，则表明贷款可以正式受理。在该阶段，业务人员应做到：及时以合理的方式（如通过口头、电话或书面方式）告知客户贷款受理；或根据贷款需求出具正式的贷款意向书；要求客户提供正式的贷款申请书及更为详尽的材料。

1. 贷款意向书的出具

（1）贷款意向书与贷款承诺的区别如下：

① 贷款意向书和贷款承诺都是贷款程序中不同阶段的成果，常见于中长期贷款，但并非每一笔中长期贷款均需做贷款意向书和贷款承诺。有的贷款操作过程中既不需要贷款意向书也不需要贷款承诺。

② 贷款意向书表明该文件为要约邀请，是为贷款进行下一步的准备和商谈而出具的一种意向性书面声明，但该声明不具备法律效力，银行可以不受意向书任何内容的约束。贷款承诺是借贷双方就贷款的主要条件已经达成一致，银行同意在未来特定时间内向借款人提供融资的书面承诺，贷款承诺具有法律效力。

（2）出具贷款意向书和贷款承诺的权限如下：

① 出具贷款意向书的权限。在项目建议书批准阶段或之前，各银行可以对符合贷款条件的项目出具贷款意向书，一般没有权限限制，超越所在行权限的项目须报上级行备案。

② 出具贷款承诺的权限。项目在可行性研究报告批准阶段，各银行应按批准贷款的权限，根据有关规定，对外出具贷款承诺，超越基层行权限的项目需报上级行审批。

③ 出具贷款意向书和贷款承诺的要求。对于需要贷款的项目应及早介入、及时审查。在出具贷款意向书和贷款承诺时要谨慎处理、严肃对待，不得擅自越权对外出具贷款承诺，以免造成工作上的被动或使银行卷入不必要的纠纷。

2. 贷款申请资料的准备

在确立贷款意向后，向客户索取贷款申请资料是一个比较重要的环节。

（1）对"借款申请书"的要求。客户需要向银行提供一份正式的"借款申请书"。业务人员应要求客户在拟定"借款申请书"时写明借款人概况、申请借款金额、借款币别、借款期限、借款用途、还款来源、还款保证、用款计划、还款计划及其他事项。此外，业务人员还应要求"借款申请书"上由法定代表人或其授权人签字并加盖借款人公章。

（2）对借款人提供其他资料的要求。为了获取客户进一步的信息，除"借款申请书"外，业务人员要求客户提供的必要材料至少还包括以下内容。

① 无论借款人申请何种类型贷款都应提供的资料：借款人已在工商管理部门办理年检手续的营业执照复印件；法人代码证和税务登记证复印件；初次申请贷款的借款人应提交公司章程；借款人的贷款卡复印件；借款人连续三年经审计的财务报表和近期的月财务报表；如借款人为外商投资企业或股份制企业，应提交关于同意申请借款的董事会决议和借款授权书正本。

② 贷款担保形式不同借款人应提供的材料也就有所不同。如为保证形式，则需提交：经银行认可，由担保能力的担保人的营业执照复印件；担保人经审计的近三年的财务报表。如担保人为外商投资企业或股份制企业，应提交关于同意提供担保的董事会决议和授权书正本。如为抵（质）押形式，则需提交抵（质）押物清单；抵（质）押物价值评估报告；抵（质）押物权属证明文件。如抵（质）押人为外商投资企业或股份制企业，应出具同意提供抵（质）押的董事会决议和授权书；借款人同意将抵押物办理保险手续并以银行作为第一受益人。

③ 贷款类型不同借款人应提供的材料也就有所不同。如为流动资金贷款，借款人需提交：原、辅材料采购合同，以及产品销售合同或进出口商务合同。如为出口打包贷款，应出具进口方银行开立的信用证。如为票据贴现，应出具承兑的汇票（银行承兑汇票或商业承兑汇票）。如借款用途涉及国家实施配额、许可证等方式管理的进出口业务，应出具相应批件。如为固定资产贷款，借款人需提交：资金到位情况的证明文件（资本金、金融机构贷款及其他融资方式）；项目可行性研究报告及有关部门对研究报告的批复；其他配套条件落实的证明文件。如为转贷款、国际商业贷款及境外借款担保项目，应提交国家有关部门关于筹资方式、外债指标的批文；政府贷款项目还需提交该项目列入双方政府商定的项目清单的证明文件。

三、贷前调查

贷前调查是银行受理借款人申请后，对借款人的信用等级以及借款的合法性、安全性、营利性等情况进行调查，核实抵（质）押物、保证人情况，测定贷款风险度的过程。贷前调查是银行发放贷款前最重要的一环，是贷款决策的基本组成部分，也是贷款发放后能否如数按期收回的关键。

（一）贷前调查的方法

在进行贷前调查的过程中，有大量的信息可供业务人员选择。业务人员应当利用科学、实用的调查方法，通过定性与定量相结合的调查手段，分析银行可承受的风险，为贷款决策提供重要依据。

1. 现场调研

由于现场调研可获得对企业最直观的了解，所以现场调研成为贷前调查中最常用、最重要的一种方法，同时也是在一般情况下必须采用的方法。开展现场调研工作通常包括现场会谈和实地考察两个方面。

现场会谈时，应当约见尽可能多的管理层成员，包括行政部门、财务部门、市场部门、生产部门及销售部门的主管，因为这些成员在企业的经营中都发挥着重要作用，通过会谈可以获得许多重要信息。会谈应侧重了解其关于企业经营和发展的思路、企业内部的管理情况，从而获取对借款人及其高层管理人员的感性认识。

实地考察时，业务人员必须亲自参观客户的生产经营场所，认真视察公司的厂房、设备或生产流水线。实地考察应侧重调查公司的生产设备运转情况、实际生产能力、产品结构情况、应收账款和存货周转情况、固定资产维护情况、周围环境情况等。完成现场调研工作后，业务人员应及时写出现场工作检查报告，为下一步评估工作做好准备。

2. 搜寻调查

搜寻调查是指通过各种媒介物搜寻有价值的资料开展调查。这些媒介物包括书籍、期刊、互联网资料、官方记录等。搜寻调查应注意信息渠道的权威性、可靠性和全面性。

3. 委托调查

委托调查可通过中介机构或银行自身网络开展调查。

4. 其他方法

业务人员可通过接触客户的关联企业、竞争对手或个人获取有价值信息，还可通过行业协会（商会）、政府的职能管理部门（如工商局、税务机关、公安部门等机构）了解客户的真实情况。

信贷业务人员应避免过分轻信借款人提供的有关信息，或者被实地考察中的假象所迷惑。在实务操作中，建议采用突击检查方式进行现场调研，同时可通过其他调查方法对考察结果加以证实。

（二）贷前调查的内容

贷前调查是银行受理借款人申请后，对借款人的信用等级以及借款的合法性、安全性、营利性等情况进行调查，核实抵（质）押物、保证人情况，测定贷款风险的过程。贷前调查的主要对象就是借款人、保证人、抵（质）押人、抵（质）押物等。

1. 贷款合法合规性调查

贷款的合法合规性是指银行业务人员对借款人和担保人的资格合乎法律、合乎规章制度和信贷政策的行为进行调查、认定。调查的内容应包括：

（1）认定借款人、担保人法人资格。公司信贷业务人员应仔细核查借款人的法人资格、借款资格，营业执照的有效期、真实性、当年是否办理了年检手续，贷款卡的有效期与当年是否办理了年审手续以及近期是否发生内容变更、名称变更、注销、作废等情况。

（2）认定借款人、担保人的法定代表人、授权委托人、法人公章、签名的真实性和有效性，并依据授权委托书所载明的代理事项、权限、期限，认定授权委托人是否具有签署法律文件的资格、条件。

（3）对需董事会决议同意借款和担保的，信贷业务人员应调查认定董事会同意借款、担保决议的真实性、合法性和有效性。

（4）对抵押物、质押物清单所列抵（质）押物品或权利的合法性、有效性进行认定。

（5）对贷款使用合法合规性进行认定。信贷业务人员应调查认定借款人有关经营及进出口许可证是否真实、有效，贷款使用是否属于营业执照所列经营范围，并分析借款人生产经营是否符合国家和本地区的经济政策、产业政策。

（6）对购销合同的真实性进行认定。信贷业务人员需要分析借款用途的正常、合法、合规及商品交易合同的真实可靠性。

（7）对借款人的借款目的进行调查，防范信贷欺诈风险。

2. 贷款安全性调查

贷款的安全性是指银行应当尽量避免各种不确定因素对其资产和贷款等方面的影响，避免风险，保证银行稳健经营和发展。调查的内容应包括：

（1）对借款人、保证人、法定代表人的品行、业绩、能力和信誉进行调查，熟知其经营管理水平、公众信誉，了解其履行协议条款的历史记录。

（2）考察借款人、保证人是否已建立良好的公司治理机制，主要包括是否制定清晰的发展战略、科学的决策系统、审慎的会计原则、严格的目标责任制及与之相适应的激励约束机制、健全的人才培养机制和健全负责的董事会。

（3）对借款人、保证人的财务管理状况进行调查，对其提供的财务报表的真实性进行审查，对重要数据核对总账、明细账，查看原始凭证与实物是否相符，掌握借款人和保证人的偿债指标、盈利指标和营运指标等重要财务数据。

（4）对原到期贷款及应付利息清偿情况进行调查，认定不良贷款数额、比例并分析成因；对没有清偿的贷款本息，要督促和帮助借款人制订切实可行的还款计划。

（5）对有限责任公司和股份有限公司对外股本权益性投资情况进行调查。

（6）对抵押物的价值评估情况做出调查。

（7）对于申请外汇贷款的客户，业务人员要调查认定借款人、保证人承受汇率、利率风险的能力，尤其要注意汇率变化对抵（质）押担保额的影响程度。

3. 贷款效益性调查

贷款的效益性是指贷款经营的盈利情况，是商业银行经营管理活动的主要动力。贷款的盈利水平是商业银行经营管理水平的综合反映，同时也受外部环境众多因素影响。贷款效益性调查的内容应包括：

（1）对借款人过去三年的经营效益情况进行调查，并进一步分析行业前景、产品销路以及竞争能力。

（2）对借款人当前经营情况进行调查，核实其拟实现的销售收入和利润的真实性与可行性。

（3）对借款人过去和未来给银行带来收入、存款、结算、结售汇等综合效益情况进行调查、分析、预测。

四、贷前调查报告内容要求

信贷业务人员要将贷前调查与信用风险分析结果形成贷前调查报告，供风险管理部门或风险评审委员会评审、批准。在贷前调查阶段就应参照各商业银行要求安排调查提纲和计划。

1. 固定资产贷前调查报告内容要求

固定资产贷前调查报告内容主要包括借款人资信情况、项目可行性研究报告批复及其主要内容、投资估算与资金筹措安排情况、项目情况、项目配套条件落实情况、项目效益情况、还款能力、担保情况、银行从项目获得的收益预测、结论性意见等。

2. 流动资金贷前调查报告内容要求

流动资金贷前调查报告内容主要包括借款人基本情况、借款人生产经营及经济效益情况、借款人财务状况、借款人与银行的关系、对流动资金贷款的必要性分析、对流动资金贷款的可行性分析、对贷款担保的分析、综合性结论和建议等。

第二节 贷款审查与审批

一、贷款报审材料

信贷业务部门在将贷前调查评估的结果汇总整理后，形成贷款报审材料。贷款报审材料因不同的贷款种类而有所区别，商业银行对贷款报审材料的内容和格式做了相对统一的要求，一般情况下，短期贷款即为流动资金贷款，长期贷款即为固定资产贷款。

（一）短期贷款报审材料

1. 短期贷款报审材料的内容

（1）借款申请文件。借款申请文件包括：上报单位关于贷款报批的请示；流动资金贷款评审概要表；流动资金贷款评审报告；借款人借款申请书；外商投资企业和股份制企业的董事会关于同意申请借款的决议（有法定人数董事会成员签名）和借款授权书。

（2）借款人资信审查文件。借款人资信审查文件包括：借款人已在工商部门办理年检手续的营业执照；初次借款的借款人还需提交公司章程；若借款人为外商投资企业，需提交合资/合作企业的合同、章程；合同、章程的批复文件及批准证书；资本金到位情况的证明（验资报告等）；借款人近三年经财政部门或会计师事务所审计的财务报表（包括资产负债表、损益表和财务状况变动表）；贷款证；借款人信用等级证明材料或其他证明借款人资信情况的材料。

（3）贷款担保文件。贷款担保文件包括：银行与经银行认可的、有经济实力的法人签订的还款保证合同或上述法人出具的无条件按照银行要求的格式与银行签订保证合同的承诺函；保证人的营业执照；保证人最近三年的财务报表；采用抵（质）押担保，则需要由抵（质）押人提供无条件按照银行要求的格式与银行签订抵（质）押合同的承诺函；或已正式签订的抵（质）押合同；抵（质）押物权属证明文件；抵（质）押物清单；抵（质）押物价值评估报告；如保证人或抵（质）押人为外商投资企业或股份制企业，应出具含相关内容的董事会决议（有法定人数董事会成员签名）和授权书；借款合同、保证合同或抵（质）押合同（草本）。

（4）借款用途证明文件。借款用途证明文件主要包括原辅材料采购合同、产品销售合同、进出口商务合同。如为出口打包贷款，应出具进口方银行开立的信用证、由国际结算部门出具的信用证条款无疑义的材料、进口商与开证行的资信证明或说明；如为票据贴现，应出具经承兑的汇票、行内有关部门对票证真伪（包括核定密押）进行鉴定的材料、承兑人资信证明或说明文件；如借款用途涉及国家实行配额、许可证等方式管理的进出口业务，应出具其进出口许可证和应取得的其他批件。

（5）贷款审批人及贷款审查部门要求提供的其他材料。

2. 短期贷款报审材料中应注意的一些问题

（1）临时性贷款。临时性贷款具有临时调剂、短期融资的特点，报审材料中应注意说明：贷款金额与企业合理的临时资金需求的关系；借款人生产经营的一个循环过程与贷款期限的衔接，一般而言，临时贷款的期限不应超过6个月；还贷资金来源的可靠性及贷款用途的正当、合理性等问题。

（2）周转性贷款。周转性贷款是银行对企业在正常生产经营过程中经常性占用的合理流动资金需要所发放的贷款。它具有短期周转、长期使用的特点，故在贷款报审材料中应注意说明：借款人的资信情况、经营情况、财务状况、借款人在未来时期的获利能力和偿债能力、产品开发能力和市场竞争能力等，此外还应考虑银行的资金情况和银行的利益。

（3）出口打包贷款。出口打包贷款是出口商当地的银行凭进口商所在地银行开立的信用证及该信用证项下的出口商品为抵押向出口商提供的短期贷款。该类贷款报审材料中应报送的材料如下：进口方银行开立的信用证，由国际结算部门出具的信用证条款无疑义的材料，进口商与开证行的资信证明或说明，等等。

（4）票据贴现。票据贴现，应出具经承兑的汇票、行内有关部门对票证真伪（包括核定密押）进行鉴定的材料、承兑人资信证明或说明文件。

（二）中长期贷款报审材料

1. 借款申请文件

借款申请文件包括以下内容：上报单位关于贷款报批的请示；贷款评审概要表；贷款评

估报告和评审报告；借款人借款申请书（写明借款人概况、申请借款金额、币别、期限、用途、还款来源、还款保证、用款和还款计划等）；外商投资企业和股份制企业的董事会关于同意申请借款的决议与借款授权书。

2. 借款人资信审查文件

借款人资信审查文件包括：借款人已在工商部门办理年检手续的营业执照；初次借款的借款人还需提交公司章程；若借款人为外商投资企业，需提交合资或合作企业的合同、章程；合同、章程的批复文件及批准证书；资本金到位情况的证明（验资报告等）；借款人近三年经财政部门或会计师事务所审计的财务报表；贷款证；借款人信用等级证明材料或其他证明借款人资信情况的材料。

3. 项目立项文件

项目立项文件包括：项目可行性研究报告；专项贷款的规模已经落实的证明文件；转贷款项目、国际商业贷款项目及境外借款担保还需提供国家有关部门关于外债规模和筹资方式的批文；政府贷款项目列入双方政府商定的项目清单的证明文件。

4. 项目配套文件

项目配套文件包括：资金来源落实的证明文件；资本金已经到位或能按期到位的证明文件；其他金融机构贷款承诺文件。

其他配套条件落实的证明文件：原辅料供货协议或来源证明、土地征用落实证明、水电气落实证明、运输条件落实证明、环保批复文件、出口工贸协议、返销协议及其他材料、政府优惠政策（如税收减免）的证明文件。

5. 贷款担保文件

贷款担保文件包括：银行与经银行认可的、有经济实力的法人签订的还款保证合同或上述法人出具的无条件按照银行要求的格式与银行签订保证合同的承诺函；保证人的营业执照；保证人最近三年的财务报表；采用抵（质）押担保，则需由抵（质）押人提供无条件按照银行要求的格式与银行签订抵（质）押合同的承诺函；或已正式签订的抵（质）押合同；抵（质）押物权属证明文件；抵（质）押物清单；抵（质）押物价值评估报告；如保证人或抵（质）押人为外商投资企业或股份制企业，应出具含相关内容的董事会决议（有法定人数董事会成员签名）和授权书。

6. 开户及保险

借款人在银行开立基本户或相应存款户的承诺函；借款人根据银行的要求办理保险手续并将保险权益转让给银行的承诺函。

7. 其他有关商务合同

贷款审批人及贷款审查部门要求提供的其他材料。

二、贷款审查

信贷业务人员对调查人员提供的资料核实评定，复测贷款风险，重点审查以下几个方面。

（1）贷款的直接用途。核实信贷调查人员提供的有关贷款用途的证明文件是否真实、有效、有无遗漏，贷款用途是否符合有关法律、法规的要求，符合国家的产业政策和各商业银行信贷政策的有关规定，是否属于贷款支持的范围。

(2）借款人的借款资格条件。《贷款通则》规定，银行的贷款对象可以是经工商行政管理机关（或主管机关）核准登记的企（事）业法人、其他经济组织。银行为了保证其贷款的安全性，还必须对借款人的借款资格做出必要的规定。在贷款审查过程中，对借款人资格条件的审查内容主要有：借款人的产品市场需求情况、经营状况、经济效益情况、是否挤占信贷资金、还本付息能力、企业法人是否经过工商行政管理部门办理年检手续、是否在银行开立基本账户或一般存款账户、有限责任公司或股份公司的对外股本权益性投资累计额是否超过净资产总额的50%、资产负债率是否符合要求、申请中长期贷款的企业法人的股本及自筹资金比例是否符合要求、借款人的信用状况，固定资产贷款还必须审查项目的立项手续是否齐全，以及项目是否经过有权审批部门的批准等。

（3）借款人的信用承受能力。对借款人信用承受能力审查的主要内容包括借款人的信用等级、统一授信（或公开授信）情况、已占用的风险限额情况、是否存在超风险限额发放贷款以及借款人的应摊未摊、盘亏损失、潜在亏损等。

（4）借款人的发展前景、主要产品结构、新产品开发能力、主要领导人的工作能力及组织管理能力。

（5）借款人偿还贷款的资金来源及偿债能力。

（6）贷款保证人的情况。

对贷款保证人的审查内容应主要注重以下几个方面：首先，审查保证人的资格及其担保能力。审查保证人是否具有合法的资格，避免不符合法定条件的担保主体充当保证人；审查保证人的资信情况，核实其信用等级，一般而言，信用等级较低的企业不宜接受为保证人；审查保证人的净资产和担保债务情况，确定其是否有与所设定的贷款保证相适应的担保能力。其次，审查保证合同和保证方式，保证合同的要素是否齐全，保证方式是否恰当。最后，审查保证担保的范围和保证的时限，保证担保的范围是否覆盖了贷款的本金及其利息、违约金和实现债权的费用，保证的时限是否为借款合同履行期满后的一定时期。

（7）审查贷款抵（质）押物的情况。审查贷款抵（质）押物的情况主要包括抵（质）押物的合法性、抵（质）押物的所有权属、抵（质）押物的价值、抵（质）押物的登记、抵（质）押物的变现能力、抵押合同或质押合同的条款审查、抵（质）押物的保管和抵（质）押物的处理等。

（8）根据贷款方式、借款人信用等级、借款人的风险限额等确定是否可以贷款，以及贷款结构和附加条件。

三、贷款审批

贷款银行在对申请企业进行贷款审查后，应对审查合格的信贷项目提交审批人员审批。《中华人民共和国商业银行法》规定："商业银行贷款，应当实行审贷分离、分级审批的制度。"因此，银行应当建立审贷分离、分级审批的贷款管理制度。审查人员应当对调查人员提供的资料进行核实、评定，复测贷款风险度，提出意见，按规定权限报批。贷款审批是决策过程的方案设计和方案选择阶段。方案设计就是贷与不贷、贷多贷少、贷款期限长短等。方案选择就是对上述供选择的若干可能做出抉择。贷款的调查人员负责调查评估，贷款的审查人员负责贷款风险的审查，贷款的发放人员负责贷款的检查和清收。这样一种审、贷、查三分离的制度，就是审贷分离制度。分级审批制度是指银行根据业务量大小、管理水平和贷款风险度确定各级分支机构的审批权限，超过审批权限的贷款，应当报上级审批的制度。

审批人员根据该笔信贷业务预计给银行带来的效益和风险决定是否批准该笔信贷业务。审批结论为不同意的，将通知有关人员；如有权要求和申请复议人员认为确有必要进行复议的，可按有关规定由合规性审查人员受理复议申请或要求，并进行合规性审查以及提交审批人员进行复议；审批权限内审批结论为同意的，将审批结论及时通知有关人员；审批结论为续议的，通知有关人员办理续议事项；审批结论为同意但超过审批权限的，应组织并提交有关申报材料报上级行审批。

第三节 贷款合同签订与贷款发放

一、贷款合同签订

贷款经批准后，业务人员应当严格遵照批复意见，着手落实贷款批复条件，在落实贷款批复中提出的问题和各项附加条件后，即可签署借款合同。借款合同一经签订生效后，受法律保护的借贷关系即告确立，借贷双方均应依据借款合同的约定享有权利和承担义务。

二、贷款的发放

1. 贷款发放管理的重要性

在满足借款合同用款前提条件的情况下，无正当理由或借款人没有违约，银行必须按借款合同的约定按时发放贷款。这种做法主要基于以下三种原因：

（1）借款合同一旦签订生效，即成为民事法律事实，借贷双方之间的权利与义务关系即被确立，银行不按借款合同的约定履行义务，发放贷款，就构成借款合同项下的违约行为。

（2）影响借款人的利益。银行发放贷款的目的在于支持企业的正常经营，银行按时发放贷款，借款人就可以将借入的资金按预期的计划投入产品经营，保证企业的生产经营活动；反之，如果银行违约，借款人不能按预期得到资金，借款人的生产经营计划就会被打乱，影响企业正常的运作，从而可能使借款人蒙受损失。

（3）影响贷款的正常收回。银行违约，未按期发放贷款，借款人作为资金的需求者，可能需要采取其他手段募集资金，取得贷款后很可能发生挪用，同时，按正常生产周期确定的借款期限可能不够合理，借款人拖延归还贷款的可能性将极大。

2. 贷款发放的条件

作为贷款发放的重要先决条件，通常在借款合同内加以规定。银行必须按照借款合同的规定，逐条核对是否已完全齐备或生效，以确保贷款发放前符合所有授信批准的要求，落实全部用款前提条件。

（1）首次放款的先决条件包括以下几点：

① 贷款类文件：借贷双方已正式签署的借款合同；银行之间已正式签署的贷款协议（多用于银团贷款）。

② 公司类文件：现时有效的企业法人营业执照、批准证书、成立批复；公司章程；全

体董事的名单及全体董事的签字样本;就同意签署并履行相关协议而出具的董事会决议(包括保证人);就授权有关人士签署相关协议而出具的授权委托书以及有关人士的签字样本(包括保证人)。

③ 与项目有关的协议:已正式签署的合营合同;已正式签署的建设合同或建造合同;已正式签署的技术许可合同;已正式签署的商标和商业名称许可合同;已正式签署的培训和实施支持合同;已正式签署的土地使用权出让合同。

④ 担保类文件:已正式签署的抵(质)押协议;已正式签署的保证协议;保险权益转让相关协议或文件。在审查担保类文件时,公司业务人员应特别注意抵(质)押协议生效的前提条件(如向有关部门登记生效),对于抵押协议虽正式签署但生效滞后的贷款项目,应在抵押正式生效前,采取必要的手段和措施,规避贷款风险。

⑤ 与登记、批准、备案、印花税有关的文件:借款人所属国家主管部门就担保文件出具的同意借款人提供该担保的文件;海关部门就同意抵押协议项下进口设备抵押出具的批复文件;房地产登记部门就抵押协议项下房地产抵押颁发的"房地产权利及其他权利证明";工商行政管理局就抵押协议项下机器设备抵押颁发的"企业动产抵押物登记证";车辆管理所就抵押协议项下车辆抵押颁发的车辆抵押登记证明文件;已缴纳印花税的缴付凭证;贷款备案证明。

⑥ 其他类文件:政府主管部门出具的同意项目开工批复;项目土地使用、规划、工程设计方案的批复文件;贷款项目(概)预算资金(包括自筹资金)已全部落实的证明;有关对建设项目的投保证明;股东或政府部门出具的支持函;会计师事务所出具的验资报告和注册资本占用情况证明;法律意见书;财务报表;其他一切必要的批文、许可或授权、委托、费用函件等。

(2) 再次放款要求提交的文件。除首次放款外,以后的每次放款无须重复提交许多证明文件和批准文件等,通常只需要提交以下文件:

① 提款申请书。
② 借款凭证。
③ 工程检验师出具的工程进度报告和成本未超支的证明。
④ 贷款用途证明文件。
⑤ 其他贷款协议规定的文件。

(3) 担保手续的完善。在向借款人发放贷款前,银行必须按照批复的要求,落实担保条件,完善担保合同和其他担保文件及有关法律手续。

① 对于提供抵(质)押担保的:可以办理登记或备案手续的,必须先完善有关登记、备案手续;如抵(质)押物无明确的登记部门,则必须先将抵(质)押物的有关产权文件及其办理转让所需的有关文件正本交由银行保管,并且将抵(质)押合同在当地的公证部门进行公证。

② 对于以金融机构出具的不可撤销保函或备用信用证做担保的,须在收妥银行认可的不可撤销保函或备用信用证正本后,才能允许借款人提款。

③ 对于有权出具不可撤销保函或备用信用证的境外金融机构以外的其他境外法人、组织或个人担保的保证,必须就保证的可行性、保证合同等有关文件征询银行指定律师的法律意见,获得律师认可的书面意见,并在律师的主持下,完善保证合同、其他保证文件及有关

法律手续后,才能允许借款人提款。

3. 贷款发放的原则

(1) 计划、比例放款原则。应按照已批准的贷款项目年度投资计划所规定的建设内容、费用,准确、及时地提供贷款。借款人用于建设项目的其他资金(自筹资金和其他银行贷款)应与贷款同比例支用。

(2) 进度放款原则。在中长期贷款发放过程中,银行应按照完成工程量的多少进行付款。如果是分次发放或发放手续较复杂,银行应在计划提款日前与借款人取得联系。借款人如需变更提款计划,应于计划提款日前合理时间内,向银行提出申请,并征得银行同意。如借款人未经银行批准擅自改变款项的用途,银行有权不予支付。

(3) 资本金足额原则。银行需审查建设项目的资本金是否已足额到位。即使因特殊原因不能按时足额到位,贷款支取的比例也应同步低于借款人资本金到位的比例。此外,贷款原则上不能用于借款人的资本金、股本金和企业其他需自筹资金的融资。

4. 贷款发放的审查

贷款发放审查作为贷时审查的核心工作,银行必须严格掌握审查的要点,充分防范贷款执行阶段的风险。审查的内容可能因贷款项目的不同情况有所差异,一般主要包括以下内容。

(1) 贷款合同审查。银行应对借款人提款所对应的合同进行认真核查,包括合同真伪性的识别、合同提供方的履约能力调查,防止贷款挪用及产生对贷款不能如期偿还的不利因素。审查工作中,还应通过可能的渠道了解借款人是否存在重复使用商务合同骗取不同银行贷款的现象。信贷业务中涉及的合同主要有借款合同、保证合同、抵押合同、质押合同等。

(2) 提款期限审查。在长期贷款项目中,通常会包括提款期、宽限期和还款期。银行应审查借款人是否在规定的提款期内提款。除非借贷双方同意延长,否则提款期过期后无效,未提足的贷款不能再提。

(3) 用款申请材料检查。

① 审核借款凭证。借款人办理提款,应在提款日前填妥借款凭证。借款人名称、提款日期、提款用途等各项目都必须准确、完整地填写,并要加盖借款人在银行的预留印鉴。信贷员要根据借款合同认真审核,确认贷款用途、金额、账号、预留印鉴等正确、真实无误后,在借款人填妥借款凭证的相应栏目签字,交由有关主管签字后进行放款的转账处理。除非借款合同另有规定,银行不能代客户填写借款凭证,一般情况下,应要求借款人填妥借款凭证送银行审核后办理放款转账。

② 变更提款计划。借款人在借款合同签订后,如需改变提款计划,则应按照借款合同的有关条款规定办理,或在原计划提款日以前的合理时间内向银行提出书面申请,并得到银行同意。

③ 检查和监督借款人的借款用途与提款进度。监督借款人按规定的用途用款,是保证银行贷款安全的重要环节。借款人提款用途通常包括土建费用、工程设备款、购买商品费用、在建项目进度款、支付劳务费用、其他与项目工程有关的费用、用于临时周转的款项。要注意检查借款人的借款用途,监督提款进度。

(4) 有关账户审查。银行应审查有关的提款账户、还本付息账户或其他专用账户是否已经开立,账户性质是否已经明确,避免出现贷款使用混乱或被挪作他用。

（5）提款申请书、借款凭证审查。银行应当对提款申请书中写明的提款日期、提款金额、划款路线等要素进行核查，确保提款手续正确无误。银行应审查借款人提交的借款凭证是否完全符合提款要求，确认贷款用途、日期、金额、账号和预留印鉴正确、真实、无误。

5. 放款操作程序

在落实贷款批复要求，完善前述放款前提条件，并进行严格的放款审查后，银行应保留所有证明借款人满足提款前提条件的相关文件和资料，准备着手办理贷款发放。贷款发放过程中，在遵循前述放款原则的情况下，银行应按照有关程序发放贷款。但必须说明的是，由于各银行目前对公司业务人员前、后台工作的职责分工、内部机构设置存在差异，所以各银行应根据本地区实际情况制定详细的提款操作细则，规范贷款执行阶段的操作程序。

（1）操作程序如下：

① 借款人按合同要求提交提款申请和其他有关资料。

② 银行受理借款人提款申请书（按借款合同约定的固定格式并加盖企业公章及法人签字或在提交法人授权书的情况下受委托人签字）。

③ 创建贷款合同。

④ 有关用款审批资料按内部审批流程经有权签字人签字同意。

⑤ 按账务处理部门的要求提交审批及相关用款凭证办理提款手续。

⑥ 所提贷款款项入账后，向账务处理部门索取有关凭证，入档案卷保存。

⑦ 建立台账并在提款当日记录，并根据中国人民银行的要求登记信贷登记系统。

（2）注意事项。银行在办理放款手续时，应注意：借款人是否已办理开户手续；提款日期、金额及贷款用途是否与合同一致；是否按中国人民银行信贷登记咨询系统的要求及时更新数据信息并发送。

三、停止发放贷款情况及处理

（一）停止发放贷款的情况

在一定时期内终止发放贷款是银行对借款人违约实行的一种制裁，是执行法律赋予的信贷监督职能的具体体现，也是借款人承担违约责任的一种方式。在下列情况中，银行可以对借款人采取终止提款措施。

1. 挪用贷款

一般而言，从借款申请和借款合同来看，借款人对贷款的用途都比较明确，但一些借款人对贷款的实际使用往往与合同规定的用途相背离，如有的借款人将银行的流动资金贷款用于弥补亏损，或用于购买固定资产、搞基本建设，使企业的短期偿债能力减弱，致使贷款到期时无力偿还银行贷款；有的借款人甚至将银行的贷款用于炒买有价证券、期货或房地产等高风险的业务，或者将贷款转借他人牟取非法收入。发现此类行为，银行一般可以采取停止发放贷款的措施，甚至提前收回贷款。具体而言，挪用贷款的情况一般包括：用贷款进行股本权益性投资；用贷款在有价证券、期货等方面从事投机经营；未依法取得经营房地产资格的借款人挪用贷款经营房地产业务；套取贷款相互借贷牟取非法收入；借款企业挪用流动资金进行基本建设或用于财政性开支或者用于弥补企业亏损，或者用于职工福利。

2. 其他违约情况

（1）未按合同规定清偿贷款本息。

（2）违反国家政策法规，使用贷款进行非法经营。

（二）借款人违约后的处理

在贷款发放阶段，银行务必密切关注借款人的资金使用方向，一旦出现上述或其他影响企业偿债能力的违约情况，要立即终止借款人提款，并可视具体情况提前收回贷款。情况严重的，应采取进一步的措施，积极防范授信风险。如果出现上述任何违约事件，银行有权分别或同时采取下列措施：

（1）要求借款人限期纠正违约事件。

（2）停止借款人提款或取消借款人尚未提用的借款额度。

（3）宣布贷款合同项下的借款本息全部立即到期，根据合同约定立即从借款人在银行开立的存款账户中扣款用于偿还被银行宣布提前到期的所欠全部债务。

（4）宣布借款人在与银行签订的其他贷款合同项下的借款本息立即到期，要求借款人立即偿还贷款本息及费用。

第四节　贷后管理

一、对借款人的贷后监控

（一）经营状况监控

公司信贷业务人员一定要培养良好的观察能力，力求对企业进行全面、广泛的了解。一方面，要注意企业在日常的商务活动中是否出现不道德的谋利和不讲诚信的行为，是否出现隐瞒经营情况的现象及其他各种异常情况；另一方面，对异常情况一定要进行调查和分析，找出问题根源。

经营风险主要体现在以下几点：

（1）经营活动发生显著变化，出现停产、半停产或经营停止状态。

（2）业务性质、经营目标或习惯做法改变。

（3）主要数据在行业统计中呈现不利的变化或趋势。

（4）兼营不熟悉的业务、新的业务或在不熟悉的地区开展业务。

（5）不能适应市场变化或客户需求的变化。

（6）持有一笔大额订单，不能较好地履行合约。

（7）产品结构单一。

（8）对存货、生产和销售的控制力下降。

（9）对一些客户或供应商过分依赖，可能引起巨大的损失。

（10）在供应链中的地位关系变化，如供应商不再供货或减少授信额度。

（11）购货商减少采购。

（12）企业的地点发生不利的变化或分支机构分布不合理。

（13）收购其他企业或者开设新销售网点，对销售和经营有明显影响，如收购只是基于财务动机,而不是与核心业务有密切关系。

(14)出售、变卖主要的生产性、经营性固定资产。

(15)厂房和设备未得到很好的维护,设备更新缓慢,缺乏关键产品生产线。

(16)建设项目的可行性存在偏差,或计划执行出现较大的调整,如基建项目的工期延长,或处于停缓状态,或预算调整。

(17)借款人的产品质量或服务水平出现下降。

(18)流失一大批财力雄厚的客户。

(19)遇到台风、火灾、战争等严重自然灾害或社会灾难。

(20)企业未实现预定的盈利目标。

(二)管理状况监控

管理状况监控是对企业整体运营的系统情况进行调查,尤其是对不利变化情况的调查。此部分调查的特点是对"人及其行为"的调查。经营者本人、董事会成员和公司员工是最了解企业情况的内部人员,企业决策人行为和经营观念的变化直接反映了公司经营的变化,对企业产生巨大影响,从而直接关系到贷款的安全。银行一定要关注借款人的管理水平、管理架构、人员变化、员工士气变化以及企业内部人员的道德风险对公司经营的影响。

企业管理状况风险主要体现在:

(1)企业发生重要人事变动,如高级管理人员或董事会成员变动,最主要领导者的行为发生变化,患病或死亡,或陷于诉讼纠纷,无法正常履行职责。

(2)最高管理者独裁,领导层不团结,高级管理层之间出现严重的争论和分歧;职能部门矛盾尖锐,互相不配合,管理层品位低下,缺乏修养。

(3)管理层对环境和行业中的变化反应迟缓或管理层经营思想发生变化,表现为极端的冒进或保守。

(4)管理层对企业的发展缺乏战略性的计划,缺乏足够的行业经验和管理能力(如有的管理人员只有财务专长而没有技术、操作、战略、营销和财务技能的综合能力),导致经营计划没有实施或无法实施。

(5)董事会和高级管理人员以短期利润为中心而不顾长期利益,从而使财务发生混乱,收益质量受到影响。

(6)借款人的主要股东、关联企业或母子公司等发生重大的不利变化。

(7)中层管理层较为薄弱,企业人员更新过快或员工不足。

(三)财务状况监控

财务状况变化是企业还款能力变化的直接反映。银行应定期收集符合会计制度要求的企业财务报表,关注并分析异常的财务变动和不合理的财务数据,加强企业财务数据的纵横向比较,防止企业更改财务数据和材料的现象。

企业的财务风险主要体现在:

(1)企业不能按期支付银行贷款本息。

(2)经营性净现金流量持续为负值。

(3)产品积压、存货周转率下降。

(4) 应收账款异常增加。
(5) 流动资产占总资产比重下降。
(6) 短期负债增加失当，长期负债大量增加。
(7) 银行账户混乱，到期票据无力支付。
(8) 企业销售额下降，成本提高，收益减少，经营亏损。
(9) 不能及时报送会计报表，或会计报表有造假现象。
(10) 财务记录和经营控制混乱。

（四）与银行往来情况监控

企业与银行的资金往来是公司交易情况最直接的反映，也是银行利益的体现。银行应通过观察借款人与银行的资金往来情况，核查企业的银行对账单，分析公司的最近经营情况，并对异常的划款行为进行调查分析。

与银行往来异常现象包括：

(1) 借款人在银行的存款有较大幅度下降。
(2) 在多家银行开户（公司开户数明显超过其经营需要）。
(3) 对短期贷款依赖较多，要求贷款展期。
(4) 还款来源没有落实或还款资金为非销售回款。
(5) 贷款超过了借款人的合理支付能力。
(6) 借款人有抽逃资金的现象，并寻求贷款。
(7) 借款人在资金回笼后，在还款期限未到的情况下挪作他用，增加贷款风险。

银行应及时整理、更新有关企业信息，对重大情况应及时报告，并形成文字材料存档。除从企业本身获取信息外，也应努力从企业的外部机构，如其合作单位、监管部门、咨询机构、政府管理部门、新闻媒介等渠道收集企业的信息，注意信息来源的广泛性、全面性、权威性和可靠性，以便对企业变化情况进行全方位的把握。

二、担保管理

贷款发放后，对于保证人与抵（质）押物的管理主要是对担保人担保能力的变化和抵（质）押物状态和价值变化的跟踪和分析，并判断上述变化对贷款安全性的影响。因此，在贷后检查阶段，银行要侧重对保证人与抵（质）押物进行动态分析，认真做好日常维护工作。

（一）保证人管理

贷款保证是为了对借款人按约、足额偿还贷款提供支持，因此，银行应特别注意保证的有效性，并在保证期内向保证人主张权利。对保证人的管理主要包括以下三个方面：

(1) 审查保证人的资格。应注意保证人的性质，保证人性质的变化会导致保证资格的丧失。保证人应是具有代为清偿能力的企业法人或自然人，企业法人应提供其真实营业执照及近期财务报表；保证人或抵押人为有限责任公司或股份制企业的，其出具担保时，必须提供董事会同意其担保的决议和有相关内容的授权书。应尽可能避免借款人之间相互担保或连环担保。对有关联关系的公司之间的相互担保一定要慎重考虑。对业务上互不关联的公司的担保要分析其提供担保的原因,要警惕企业通过复杂的担保安排骗取银行贷款。

(2)分析保证人的保证实力。对保证人的评估方法和对借款人的评估方法相同。保证人的财务状况,如现金流量、或有负债、信用评级等情况的变化直接影响其担保能力。银行应同样以对待借款人的管理措施对待保证人。

(3)了解保证人的保证意愿。良好的保证意愿是保证人提供担保和准备履行担保义务的基础。应密切注意保证人的保证意愿是否出现改变的迹象,如保证人和借款人的关系出现变化,保证人是否出现试图撤销和更改担保的情况,应分析其中的原因,判断贷款的安全性是否受到实质影响,并采取相关措施。

(二)抵(质)押品管理

以抵(质)押品设定担保的,银行要加强对抵押物和质押凭证的监控与管理。对抵押品要定期检查其完整性和价值变化情况,防止所有权人在未经银行同意的情况下擅自处理抵押品,检查内容主要包括:抵押品价值的变化情况;抵押品是否被妥善保管;抵押品是否有被变卖出售或部分被变卖出售的行为;抵押品保险到期后有没有及时续投保险;抵押品是否有被转移至不利于银行监控的地方。

在抵押期间,抵押物的检查中,经办人员应定期检查抵押物的存续状况以及占有、使用、转让、出租及其他处置行为。如发现抵押物价值非正常减少,应及时查明原因,并采取有效措施。抵押人在抵押期间转让或处分抵押物的,商业银行必须要求其提出书面申请,并经银行同意后予以办理。经商业银行同意,抵押人可以全部转让并以不低于商业银行认可的最低转让价款转让抵押物的,抵押人转让抵押物所得的价款应当优先用于向商业银行提前清偿所担保的债权或存入商业银行账户;经商业银行同意,抵押人可以部分转让抵押物的,所得的收入应存入商业银行的专户或偿还商业银行债权,并保持剩余贷款抵押物价值不低于规定的抵押率。抵押期间,抵押物因出险所得赔偿金(包括保险金和损害赔偿金)应存入商业银行指定的账户,并按抵押合同中约定的处理方法进行相应处理;对于抵押物出险后所得赔偿数额不足清偿部分,商业银行可以要求借款人提供新的担保。

三、信贷业务到期处理

贷款的偿还使银行能收回已发放的贷款并获取相应的利息收入,也为银行发放新的贷款提供资金来源,从而形成信贷经营的良性循环。

(一)贷款偿还操作及提前还款处理

1. 贷款偿还的一般操作过程

(1)业务操作部门向借款人发送还本付息通知单。为了确保贷款的归还,除了在贷款合同中确定还款计划和违约责任条款外,业务操作部门还应按规定时间向借款人发送还本付息通知单,督促借款人按时足额还本付息。还本付息通知单应包括:贷款项目名称、还本付息的日期、当前贷款余额、本次还本金额和付息金额,以及利息计算过程中涉及的利率、计息天数、计息基础等。

(2)业务操作部门对逾期贷款要及时发出催收通知单。借款人收到还本付息通知单后,应当及时筹备资金,按时还本付息。在还本付息日当天营业时间终了前,借款人未向银行提交偿还贷款本息的支票（人民币）或支取凭条（外币）的，并且其偿债账户或其他存款账户中的存款余额不足以由银行主动扣款的，该笔贷款即为逾期贷款。业务操作部门对逾期贷款要及时发出催收通知单，做好逾期贷款的催收工作，以保证信贷资产的质量，提高贷款的收息率。贷款逾期后，银行不仅对贷款的本金计收利息，而且对应收未收的利息也要计收利息，即计复利。在催收的同时，对不能按借款合同约定期限归还的贷款，应当按规定加罚利息，加罚的利率应在贷款协议中明确规定。对不能归还或不能落实还本付息事宜的，应督促归还或依法起诉。银行则应按照国家有关规定提取准备金，并按照核销的条件和程序核销呆账贷款及应收款项。

2. 借款人提前归还贷款的操作过程

提前归还贷款（以下简称提前还款）是指借款人希望改变贷款协议规定的还款计划，提前偿还全部或部分贷款，由借款人提出申请，经贷款行同意，缩短还款期限的行为。

借款人有义务按照贷款协议规定的还款计划按时还本付息。如果借款人出于某种原因希望提前归还贷款，应与银行协商。由于借款人提前还款会打乱银行原有的资金安排，借款人应提前向银行递交提前还款计划，在征得银行的同意后，才可以提前还款。因提前还款而产生的费用应由借款人负担。

（二）贷款展期处理

1. 贷款展期的申请

借款人不能按期归还贷款时，应当在贷款到期日之前，向银行申请贷款展期，是否展期由银行决定。借款人申请贷款展期，应向银行提交展期申请，其内容包括：展期理由、展期期限，以及展期后的还本、付息、付费计划、拟采取的补救措施。申请保证贷款、抵押贷款、质押贷款展期的，还应当由保证人、抵押人、出质人出具同意的书面证明。

2. 贷款展期的审批

（1）分级审批制度。贷款展期的审批与贷款的审批一样，实行分级审批制度。银行应根据业务量大小、管理水平和贷款风险度确定各级分支机构的审批权限，超过审批权限的，应当报上级机构审批。

（2）贷款展期的担保问题。贷款经批准展期后，银行应当根据贷款种类、借款人的信用等级和抵押品、质押品、保证人等情况重新确定每一笔贷款的风险度。由于贷款展期本身就说明借款人的还款可能出现问题，加大了贷款的风险，所以银行在审批贷款的展期时，更应重视其担保问题。

对于保证贷款的展期，银行应重新确认保证人的担保资格和担保能力；借款人申请贷款展期前，必须征得保证人的同意。对于抵押贷款的展期，银行为减少贷款的风险应续签抵押合同，银行应要求借款人及时到有关部门办理续期登记手续，使抵押合同保持合法性和有效性，切实履行对抵押物跟踪检查制度，定期检查核对抵押物，监督企业对抵押物的占管，防止抵押物的变卖、转移和重复抵押。

3. 展期贷款的管理

在办理展期时应由银行和借款人重新确定有关贷款条件。

（1）贷款展期的期限。短期贷款展期的期限累计不得超过原贷款期限；中期贷款展期的期限累计不得超过原贷款期限的一半；长期贷款展期的期限累计不得超过三年。

(2) 贷款展期后的利率。经批准展期的贷款利率，银行可根据不同情况重新确定。贷款的展期期限加上原期限达到新的利率期限档次时，从展期之日起，贷款利息应按新的期限档次利率计收。借款人未申请展期或申请展期未得到批准，其贷款从到期日次日起，转入逾期贷款账户。

4. 展期贷款的偿还

贷款展期说明该笔贷款的偿还可能存在某些问题，因此银行应特别关注展期贷款的偿还。银行信贷部门应按照展期后的还款计划，向借款人发送还本付息通知单，督促借款人按时还本付息。展期贷款到期不能按时偿还，信贷部门更要加大催收力度，以保证贷款的收回；对于设立了保证或抵（质）押的贷款，银行有权向担保人追索或行使抵（质）押权，弥补贷款损失。展期贷款逾期后，也应按规定加罚利息，并对应收未收利息计复利。

（三）依法收贷

1. 依法收贷的含义

广义的依法收贷是指银行按规定或约定，通过催收、扣收、处理变卖抵押物，提前收回违约使用的贷款，加罚利息等措施，以及通过仲裁、诉讼等途径依法收贷。狭义的依法收贷是指按照法律、法规的规定，采用仲裁、诉讼等手段清理收回贷款的活动。

银行与借款人之间的借贷行为受法律的约束和保护。贷款一旦到期，银行不能通过正常途径收回贷款本息时，就必须依靠法律手段强制收回。运用法律手段正确处理银行开展信贷业务活动过程中发生的各种纠纷，对维护金融领域的正常秩序，加强贷款管理，保证国家信贷资产的安全、完整，保障银行的合法权益等都具有十分重要的意义。

2. 依法收贷的对象、程序与内容

如果银行贷款到期不能正常收回或银行与借款人之间发生纠纷，就应该依靠法律手段强制收回。当然，依法收贷也要按法律程序规范、有序地进行，达到依法收贷的目的，提高依法收贷的效果和作用。

① 为了便于管理，银行向仲裁机关申请仲裁和向人民法院提出诉讼一般以分（支）行的名义进行，分理处及其以下的营业机构不作为独立的诉讼主体。

② 依法收贷的对象，是不良贷款。

③ 依法收贷的顺序，一般是信用贷款、保证贷款、抵押贷款。

④ 按法律规定，向仲裁机关申请仲裁的时效为1年，向人民法院提起诉讼的时效为2年，诉讼时效期间从贷款到期之日计算。诉讼时效可因银行向借款人发出催收贷款通知函（须经对方签字），或借款人书面提出还款计划、双方重新签订协议等而中断。从中断之日起，诉讼时效重新计算。超过诉讼时效，贷款将不再受法律保护。

⑤ 对逾期贷款，银行分（支）行信贷部主管必须每季开出催收贷款通知函，并同时发送担保单位签收。

⑥ 及时申请财产保全。财产保全可以在起诉前申请，也可以在起诉后判决前申请，起诉前申请财产保全被人民法院采纳后，应该在人民法院采取保全措施10天内正式起诉。

⑦ 做好开庭前的一切准备工作，按时出庭，根据事实和法律陈述理由。

⑧ 依法申请支付令。债权人请求债务人偿付贷款本息的，可以不通过诉讼程序，而直接向有管辖权的基层人民法院申请支付令，但必须符合以下两个条件：债权人与债务人没有

其他债务纠纷；支付令能够送达债务人。

⑨ 充分运用执行手段，对于已发生法律效力的判决书、调解书、裁定书、裁决书，当事人不履行的，银行应当向人民法院申请强制执行。申请执行期限为两日，执行时效从法律文书规定当事人履行义务的最后一天起计算。

（四）贷款总结评价

贷款本息全部还清后，客户经理应对贷款项目和信贷工作进行全面总结，便于其他客户经理借鉴参考。贷款总结评价的内容主要包括以下几点。

① 贷款基本评价：就贷款的基本情况进行分析和评价，重点从客户选择、贷款综合效益分析、贷款方式选择等方面进行总结；

② 贷款管理中出现的问题及解决措施：分析出现问题的原因，说明针对问题采取的措施及最终结果，从中总结经验，防范同类问题重复发生，对发生后的妥善处理提出建议；

③ 其他有益经验：对管理过程中其他有助于提升贷后管理水平的经验、心得和处理方法进行总结。

第十二章

商业银行公司贷款

按照商业银行的服务对象划分,商业银行客户可分为公司客户和个人客户,因此,商业银行贷款可以划分为公司贷款和个人贷款。上述公司客户是广义的公司客户,即除个人客户之外的所有客户,包括企业法人、事业法人和其他经济组织。而本章的公司客户是指狭义的公司客户,即企业客户,本章的商业银行公司贷款仅指商业银行企业贷款。

专栏资料 12-1

企　业

所谓企业,是指依法设立的,在生产、流通及服务等领域中,从事某种相对固定的商品经济活动,通过提供某种满足社会需要的商品或劳务来实现盈利,进行自主经营,实行独立经济核算的经济组织。从法律形态划分,企业主要有三种基本组织形式,即个体企业、合伙企业和公司。个人企业是由个人出资并直接经营的企业,收入归个人所有,风险由个人承担;合伙企业是由两个以上的人或业主通过签订合伙协议共同经营的企业;公司是以法定程序设立的,以营利为目的的法人组织。公司是企业最重要的组织形式,它是以盈利为目的的法人经济实体,是以股东投资行为为基础而设立的集合体性质的经济组织。

按照贷款期限长短,商业银行企业贷款可分为短期贷款和中长期贷款。其中,短期贷款主要包括短期流动资金贷款、临时贷款和票据贴现贷款;中长期贷款包括中期流动资金贷款、技术改造贷款、基本建设贷款及房地产开发贷款等。

第一节　短期贷款

短期贷款主要是指商业银行发放的,为满足企业在生产经营过程中的流动资金需求,期限在 1 年以内(含 1 年)的贷款。

一、短期流动资金贷款

短期流动资金贷款是指商业银行对企业发放的,为满足企业在商品生产、流转以及正常经营活动中的资金需要的贷款。短期流动资金贷款具有以下特点：

（1）实质。解决借款企业铺底流动资金需要，期限一般不超过一年。

（2）原则。最多只能占到借款企业所需正常资金的70%。

（3）对象。适用于生产经营良好，还本付息正常，与银行有信用往来的企业。

（4）条件。产品有市场，生产经营有效益，不挤占挪用贷款资金，并恪守信用，能够履约付款。

二、临时贷款

由于季节性、临时性原因，引起超过银行批准的年度周转贷款限额的资金需要，或者没有与银行签订周转贷款协议而需要资金时，企业可以向银行申请临时贷款。这种贷款是企业向银行提出贷款频率较高的一种。

（一）工业企业的临时贷款

工业企业因季节性或临时性因素，引起超过银行批准的年度贷款额度的资金需要的，可申请临时贷款。临时贷款的发放与收回采取逐笔申请、逐笔核贷及逐笔收回的做法。在发放时，既要有具体物资对象，又要订明具体还款日期，如果到期无法正常还款，又没有正当理由，就要做逾期贷款处理，加收利息或予以扣款。贷款期限一般不超过6个月。同时，临时贷款也要纳入银行资金计划，否则，银行便可能没有足够的资金供应贷款。由于核定的生产周转贷款是一个年度平均数，不能适应季节性或临时性引起的资金需要的高峰，所以，企业最好提前向银行提出借款计划，弥补按年核定之不足，便于银行分季进行控制和调剂。

临时贷款的借款计划虽经银行批准，但当实际需要时，还必须逐笔提出申请。银行则应具体分析引起资金不足的原因，因为企业流动资金的运用过程是一个有机联系的整体，产、供、销活动又在连续进行，资金运用渠道不断变动，来源方的不同渠道也交织在一起参加周转，所以，审查贷款是否合理，不能简单地看直接用途，一定要搞清楚资金不足的根本原因。

（二）商业企业的临时贷款

对于商业企业，在经营过程中，由于提前或集中到货，节日、季节性储存商品和其他临时性原因，所需要的资金超过商品周转贷款额度时，可申请办理临时贷款。对各类社会服务行业（包括饮食、旅游、文化娱乐、科技、卫生及公用事业等），在经营过程中有超过自有及视同自有资金的临时性资金需要时，也可以申请临时贷款。

商业企业临时贷款的具体用途包括下列几种情况：

（1）农副产品的季节性集中收购，需要超过商品周转贷款额度时，可予以贷款支持。

（2）日用工业品的收购和购进，由于季节性和节日性储备形成先进后销，需要超过商品周转贷款额度时，在确保产品适销对路，进货数量适当的前提下，可予以贷款支持。

（3）企业因集中到货或销售不畅、资金周转不灵时，可申请贷款。银行要协助企业采取措施，压缩库存储备。

（4）企业由于不可预见或不可抗拒的特殊原因，需要增加储备以保障供应或销售受阻影响正常周转，发生临时性资金困难时，只要企业采取应急措施确保商品按时销售的，可予以贷款支持。

由此可见，临时贷款是针对企业临时性的资金需要而发放的，是企业所需流动资金超过其自有资金与商品周转贷款所发放的贷款，具有短期调剂的性质。

三、票据贴现贷款

银行承兑汇票和票据贴现都视同贷款管理。

（一）银行承兑汇票

1. 银行承兑汇票的含义与条件

银行承兑汇票是指商业银行承诺在企业的商业汇票到期日，支付汇票金额的票据行为。

签发银行承兑汇票，应按照《中华人民共和国票据法》的规定，遵循诚实信用的原则，具有真实的商品交易关系和债权债务关系。签发银行承兑汇票，应视同发放贷款。

向商业银行申请承兑的商业汇票出票人，必须具备下列条件：

（1）是企业法人和其他经济组织，并依法从事经营活动。

（2）资信状况良好，具有支付汇票金额的资金来源。

（3）在承兑银行开立存款账户。

2. 银行承兑汇票的操作程序和管理要点

（1）银行承兑汇票的操作程序如下：

① 提出承兑申请。由承兑申请人向贷款人提出承兑申请，填写《银行承兑汇票申请书》，并提交商品交易合同、运输凭证及担保与承兑保证金情况等资料。

② 资格审查。贷款调查人员应对承兑申请人进行资格审查，审查要点包括：

a. 是否与贷款人建立了信贷关系。

b. 是否进行了信用等级评估，信用等级评估结果如何。

c. 在贷款人开立账户及承兑保证金到位情况。

d. 担保情况。

e. 商品交易关系是否真实等。

③ 调查审核。贷款调查人员对承兑申请人进行资格审查后，填写《银行承兑汇票审批书》，提出初审意见，将文件资料送贷款调查部门负责人复审，按贷款审查、审批程序送贷款审查部门审核，报贷款签批人批准。

④ 银行承兑。经贷款签批人批准后，贷款人应与承兑申请人签订《银行承兑协议》，承兑协议必须由承兑申请人和承兑人双方法定代表人（或负责人）签名或盖章并加盖单位公章，贷款人业务部门据此办理签发银行承兑汇票手续。承兑人按中国人民银行的规定，向承兑申请人收取承兑手续费。

（2）银行承兑汇票的管理。贷款人应根据承兑申请人的信用等级情况确定收取承兑保证金的比例，并实行有效担保。

原则上不得为一般等级及其以下的企业签发银行承兑汇票，若要对其签发银行承兑汇票，应收取同额保证金或以同额银行存款单、银行承兑汇票及国债质押。各商业银行应对其分支机构核定可承兑总量或比例，实行承兑授权管理，并依法承担承兑风险。银行分支机构依据其上级行的承兑授权，在核定的可承兑总量或比例内，承兑商业汇票。要做好空白银行承兑汇票领用、交接登记工作，控制风险，防范案件发生。

（3）承兑银行对汇票到期付款的处理。银行承兑汇票到期前数日，客户部门应通知承兑申请人备款划入应解汇款科目。汇票到期日按照委托收款付款的处理手续办理划款。承兑申请人账户无款或不足支付的，应转入承兑申请人逾期贷款户，按照逾期贷款的规定加收利息。

银行承兑汇票申请人未使用汇票而要求注销的，可备函说明原因，向承兑银行申请注销，银行退还承兑保证金。

（二）票据贴现贷款

贴现是指票据持有人将未到期的票据提交银行，由银行按照票据的票面金额，扣除自贴现日起至到期日的利息后取得款项的一种融资方式。从表面行为看，票据贴现是票据的一种买卖或转让行为；从实质看，票据贴现是银行的一种特殊贷款方式，是指银行通过贴现把款项间接贷给票据的付款人。在贴现制度发达的国家，票据贴现贷款的重要性并不亚于担保贷款。

目前，在西方国家商业银行，可贴现的票据包括商业汇票、商业期票、银行票据和政府债券等；我国商业银行可以办理商业承兑汇票和银行承兑汇票的贴现。商业承兑汇票贴现是指商业承兑汇票的持票人为了在票据到期日前取得资金，贴付一定利息，将票据权利转让给银行的票据行为；银行承兑汇票贴现是指银行承兑汇票的持票人在票据到期日前，贴付一定利息，将票据权利转让给银行而取得资金的票据行为。

1. 票据贴现贷款的特点

票据贴现作为银行贷款的方式之一，与一般贷款相比较，其具有不同的特点。

（1）资金投放的对象不同。普通贷款以借款人为授信对象，贴现以持票人为授信对象，它实际上是一种票据买入行为，把商业信用转化为银行信用。

（2）在信用关系上的当事人不同。一般贷款的当事人是银行、借款人和担保人，而票据贴现的当事人主要是银行和贴现申请人，但当票据到期不能兑付时，票据行为的所有当事人，包括贴现申请人、承兑人、出票人以及若干背书人等，都是银行的债务人，对银行负有连带的清偿责任。

（3）资金融通的期限不同。一般贷款的期限可以达一年，乃至数十年，票据贴现期限一般不超过六个月，而且计算期限的方法和依据也不同。

（4）融资的流动性不同。一般贷款发放后，往往都是贷款到期后收回，而票据贴现可以在银行资金周转不灵时，通过再贴现或转贴现的方式进行转让，融资比较灵活。

（5）银行收取利息的时间不同。一般贷款都是以约定的时间（如每季度末月 20 日或每月 20 日）收取利息，而票据贴现在贴现时就预先收取了利息，因此，贴现利率一般低于同期的普通贷款利率。

（6）贷款的安全程度不同。一般贷款常有逾期、展期等情况，就是抵押贷款和质押贷款，到期如果不还，拍卖手续也比较繁杂，因此，不到万不得已，银行不愿以此方式处理，故多准予展期。而票据都以合法的商品交易为基础，具有很强的自偿性，另外，票据到期后，对于贴现的票据，承兑人必须无条件地向银行支付款项，如款项不能支付，银行可根据法律行使追索权，即向背书人、申请贴现人、出票人及其他票据债务人追索款项。

专栏资料 12-2

三大基本结算工具（票据）：汇票、本票、支票

票据是出票人签发，由出票人自己或委托他人在见票时，或在票据到期日无条件支付确定金额给收款人或持票人的有价证券。广义的票据包括各种有价证券和商业凭证。而《中

华人民共和国票据法》规定的是狭义票据，主要是指银行汇票、商业汇票、银行本票和支票。

汇票，是指出票人签发，委托付款人在见票时或者在指定日期，无条件支付确定的金额给收款人或者持票人的票据。汇票的法律特征是：由第三人向持票人或者收款人支付票面规定的款项。汇票分为银行汇票和商业汇票两种。凡是出票人和付款人都是银行的，属于银行汇票；凡是出票人是企业或个人，付款人是企业、个人或银行的，属于商业汇票。商业汇票又分为商业承兑汇票（由银行以外的付款人承兑）和银行承兑汇票（由银行承兑）。

本票（即银行本票），是指银行签发的、承诺自己在见票时无条件支付确定的金额给收款人或者持票人的票据。银行本票可用于转账，注明"现金"字样的银行汇票可以用于支取现金。银行本票可分为不定额本票和定额本票两种。

支票，是由出票人签发的，委托办理支票存款业务的银行或者其他金融机构，在见票时，无条件支付确定的金额给收款人或者持票人的票据。

专栏资料13-3

票据行为

票据行为是指引起票据权利义务关系发生的法律关系，票据行为是确定票据当事人之间权利与义务关系有效成立的重要条件。票据行为包括出票、背书、承兑及保证等。

1. 出票

出票是指出票人签发票据并将其交付给收款人的票据行为，出票是各种票据产生的前提，是基本票据行为，包括两个环节：一是签发票据，即出票人在票据上按照法律规定记载必要的内容并签章；二是将票据交付给收款人。出票的两个环节缺一不可，否则，出票行为未完成，票据不能产生。

2. 背书

背书是指票据背面或粘单上记载有关事项并签章的票据行为。背书发生在出票之后，它是持票人所为的行为，是汇票、本票及支票共有的行为。背书可分为转让背书和非转让背书。转让背书以转让票据权利为目的，而非转让背书分为委托背书和质押背书。

委托背书即委托收款背书，是持票人行使付款请求权，授予被背书人向出票人代理收款的背书。商业汇票以用于转账的支票的持票人委托开户银行收取票据款时，应当委托收款背书，即由持票人在票据背面"被背书人"处填入委托银行的名称，在"背书人"处记载"委托收款"和"托收"字样并签章，签章为预留银行签章。

质押背书是持票人以票据权利设定质权为目的而在票据上所做的背书。质押背书应记载被背书人名称、"质押"字样及背书人的签章。被背书人是质权人，背书人是出质人，质押背书确立的是一种担保关系，当背书人对被背书人不履行债务的情况下，被背书人依法实现其质权，可以行使票据权利。

背书必须记载背书人、被背书人和背书日期。背书未记载日期的，视为在票据到期日前背书。

3. 承兑

承兑是指汇票付款人承诺在汇票到期日支付汇票金额票据的行为。承兑是汇票特有的票据行为。

4. 保证

保证是指票据债务人以外的他人，为票据的某个特定债务人履行票据债务提供担保而在票据上所为的票据行为。票据的保证适用于汇票和本票。

2. 票据贴现贷款的申请与审批

（1）贴现申请人资格。向银行申请票据贴现的商业汇票出票人必须具备以下条件：

① 是企业法人和其他经济组织，并依法从事经营活动。

② 与出票人或其前手之间具有真实的商品交易关系。

③ 在申请贴现的银行开立存款账户。

（2）贴现申请。票据持有人需要资金时，持未到期的承兑汇票向其开户银行申请贴现的，要同时向银行提交票据贴现申请书、持票人与出票人或其前手之间的增值税发票和商品交易合同复印件，并填写贴现凭证，如实提供贴现资金的具体用途说明，以供银行审查。

（3）银行审批。银行对贴现的审查主要包括以下内容：

① 票式和要件是否合法、齐全。

② 票据的经济背景、收付款双方是否在银行开户以了解其安全性。

③ 承兑汇票是否可以转让，有"不得转让"字样的不能贴现。

④ 背书人的信用程度及人数多少。

⑤ 票据的期限。

⑥ 对该企业的贴现授信额度。

⑦ 贴现的原因或用途是否正当。

贴现银行必须在向承兑行查询确认银行承兑汇票的真实性后，再按申请贷款的程序和手续办理，填写《银行承兑汇票贴现审批书》。有权审批人员批准贴现后，交会计部门办理有关贷款发放和转账手续。

3. 票据贴现过程

（1）商业承兑汇票的贴现过程如下：

① 收款单位根据债权、债务双方商定的内容，签订汇票送交付款单位，付款单位收到后进行审核，审核后签章承兑，并将已承兑的汇票送还收款单位收执。

② 收款单位需要资金时，可将未到期商业承兑汇票向其开户银行申请贴现，提交贴现申请书。

③ 银行接到贴现申请后要进行严格的审核，包括对票据合法性、票据关系人的信用状况与票据期限等的审核。若同意办理，则扣除未到期贴现利息后，把实付金额转入企业的账户。

④ 收款单位开户银行通过票据交换或联行往来，将汇票及有关凭证送付款单位开户银行，委托其代为收款。

⑤ 付款单位在汇票到期日，按票面金额向开户银行付款。

⑥ 付款单位开户银行收到款项后，将款项划转收款单位开户银行。这里需要注意的是：如果票据到期后，付款人未交足票款的，承兑人开户银行将汇票退给贴现银行，贴现银行从贴现人账户中扣收贴现款项，并将票据退回交其自行处理。

商业承兑汇票的贴现过程，如图12-1所示。

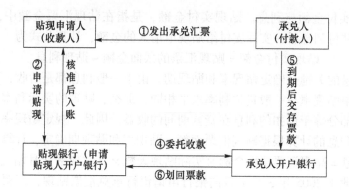

图12-1 商业承兑汇票贴现业务处理流程

(2) 银行承兑汇票的贴现过程如下：

① 收款单位根据商品交易内容签发汇票交由付款单位，付款单位持收到的汇票去开户银行申请承兑。

② 付款单位开户银行对汇票进行审核，并审查付款单位的资信情况，同意承兑的，则在汇票正面签字盖章。

③ 付款单位将经过银行承兑的汇票交由收款单位收执。

④ 收款单位如急需资金，可持未到期票据到自己的开户银行申请贴现。

⑤ 收款单位开户银行审核同意后，将贴现实付金额转入收款单位存款户。

⑥ 付款单位在票据到期日，将款项交存其开户银行。

⑦ 票据到期后，承兑银行将款项划转收款单位开户银行。与商业承兑汇票不同的是：票据到期后，不论付款单位有无交足票款，承兑银行必须无条件地将款项划转贴现银行。对于付款单位未交足的款项，承兑银行可从其账户扣收，并且采取一些惩罚措施。

银行承兑汇票贴现业务处理流程，如图12-2所示。

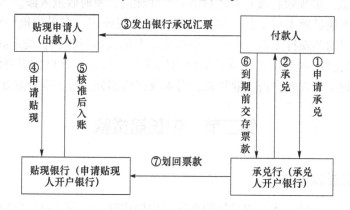

图12-2 银行承兑汇票贴现业务处理流程

4. 票据贴现贷款的期限和额度

(1) 贴现的期限。票据贴现的期限，是指票据从贴现之日起至到期日的时间。票据贴现的期限较短，一般为3~6个月，最长不超过6个月。具体计算采取的原则如下：从贴现日至到期日算头不算尾，满月不论大月小月一律按30天计算，不足1个月的按实际天数计算。

(2) 贴现的实付金额与利息。贴现实付金额,是指在贴现汇票金额中,扣除从贴现日至汇票到期日的贴付利息后,实际支付给贴现申请人的金额,计算公式为

$$贴现实付金额 = 贴现汇票的票面金额 - 贴现利息$$

计算贴现利息的关键是确定贴现率和贴现期。由于一般利息都是后收,而贴现利息却是预扣,所以,如果贴现率与一般贷款利率水平相同,那么,贴现的实际利率就会高于一般贷款利率,高出的部分等于预扣的利息在贷款期间的收益。因此,规定贴现率略低于同期一般贷款利率。贴现利息的计算根据贴现汇票面额、贴现率和贴现期确定,计算公式为

$$贴现利息 = 贴现汇票票面金额 \times 实际贴现天数 \times 日贴现率(月贴现率/30)$$

例如:某企业于 2005 年 3 月 1 日向银行申请银行承兑汇票贴现,汇票金额为 10 万元,汇票到期日为 7 月 15 日。经银行审查同意即日起办理贴现,贴现率按月 0.6% 计算。有关计算过程如下:

① 贴现天数从 2005 年 3 月 1 日起至 7 月 15 日止,共 4 个月零 14 天,合计 134 天。
② 贴现利息:$100\ 000 \times 134 \times (0.6\%/30) = 2\ 680$(元)
③ 贴现实付金额:$100\ 000 - 2\ 680 = 97\ 320$(元)

5. 票据贴现贷款的收回

商业汇票到期后,贴现票款的收回也就是票据贴现贷款的收回。收回贴现票款包括委托收款、到期付款和汇划票款三个环节。

(1) 委托收款。汇票到期前,贴现银行应通过联行或同城往来,向票据承兑行或委托付款单位开户银行收取票款,填制《委托收款结算凭证》,连同商业汇票一同寄达对方银行。

(2) 到期付款。付款人或承兑申请人要在票据到期日之前备足票款。承兑行或付款人开户行在收到贴现银行寄来的有关委托收款凭证和商业汇票后,经审查无误,于汇票到期日从承兑申请人或付款人结算账户中划转票款。

(3) 汇划票款。贴现银行接到对方行的划款凭证后,及时收款入账。

如果付款人不能足额支付票款,应按不同情况分别处理。在采用银行承兑汇票的情况下,承兑行应凭票向贴现行无条件支付,并对承兑申请人执行扣款,尚未扣回的承兑金额,按逾期贷款计收利息。在采用商业承兑汇票的情况下,付款人开户行应将汇票退回给贴现行,贴现行从贴现申请人账户内收取贷款,尚未收回的部分,按逾期贷款处理。

第二节 中长期贷款

一、中长期贷款概述

中长期贷款是中期贷款和长期贷款的合称。中期贷款是指商业银行发放的,期限在 1 年以上(不含 1 年)5 年以下(含 5 年)的贷款;长期贷款是指商业银行发放的,期限在 5 年以上(不含 5 年)的贷款。中长期贷款主要包括中期流动资金贷款、技术改造贷款、基本建设贷款及房地产开发贷款等。

(一) 中长期贷款的一般方式

1. 正规的中长期贷款方式

正规的中长期贷款方式是指由银行按正规的到期期限(1 年以上),并订有书面合同而

对借款企业发放贷款。这种正规的贷款构成银行中长期贷款的大部分。

2. 循环信贷方式

与短期贷款的循环信贷方法类似，中长期贷款的循环信贷方式是指在规定的期限内（通常2~3年），由银行随时提供规定的贷款数额，并由借款企业对贷款的未用部分支付一定的承担费。这种贷款方式特别适用于发展快而用款时间不能确定的企业。

3. 可转换中长期贷款的循环信贷方式

可转换中长期贷款的循环信贷方式是指当借款企业难以确定用款的时间时，银行可以按循环信贷方式贷款，当用款时间可以确定时，再转换为中长期贷款。这种转换由企业自主选择。

（二）企业借入中长期贷款的主要用途

（1）补充流动资产经常占用的资金增加数额。企业的流动资产，虽在各年中有一定幅度的波动，但绝不会从企业的资产负债表中完全消失，其中一部分就可以被视为固定性和经常性的资金来占用。随着企业销售的增长，其流动资产经常占用的部分就相应增加。而在企业自己积累有足够流动资金以满足流动性需要前，银行的中长期贷款是其一种较好的筹资方式。

（2）购置资本资产。企业借用中长期贷款的主要作用是购置厂房及设备。根据长期贷款应该用长期资金来提供的原则，企业借入这种贷款购置厂房和设备时，以它们从新资产获得的预期收益将会大于筹措该项投资所费的成本为依据。由于中长期贷款的偿还是依靠企业的净收益和该项资产在使用年限中所提的折旧备抵数额，银行在审核这种贷款时，要注意分析借款企业的预计收益表、预计现金流量表和财务状况变动表。

（3）作为过渡性的筹资。中长期贷款是企业在发行证券以前广泛使用的筹资方式。在高利率时期，企业往往愿意通过中长期贷款筹集长期资金，以避免已发行的证券在当市场利率降低后仍需负担高利息费用的支付。另外，由于规模限制，小企业只得依赖中长期贷款来筹措它们所需要的长期资金，待到企业发展并建立一定的信誉之后，再发行证券在资本市场上出售。

（4）收购其他公司。近几年来，英美各国刮起了收购与兼并之风，许多通过吸收兼并所成立的公司，都是利用银行的中长期贷款来筹措资金的。收购公司通常使用该公司所预期增加的现金收入的一部分来偿还贷款。

（三）银行发放中长期贷款时应考虑的因素

1. 银行本身的资金实力

商业银行在经营中长期贷款时，一定要仔细评价自身现在和未来的财务情况。这项自我评价包括鉴定存款的性质和波动的程度，以及各项有收益的资产的类型、质量、流动性和多样性，同时分析银行自己的资本。

2. 借款企业的信誉和营利能力

中长期贷款的信用分析方式与短期贷款的信用分析相似。但是，由于借款期限长，借款期间经济状况不易预测，更容易发生信用风险，所以，对借款企业的营利能力更加重视。商业银行对企业的规模、产品发展前景，以及企业主要负责人员的品德和管理能力必须充分了解。

借款企业的经济和财务状况评价，需要各方面具备专业知识的技术专家来负责，这就对银行负责人员提出了更高的要求。总之，银行必须注意借款企业可以赚得足够偿还贷款的收益的能力。对中长期贷款来说，担保品很可能不像短期贷款那么重要。因此，商业银行的中长期贷款一般都以信誉很高的企业为对象。

在评价中长期贷款的申请时，银行要对该行业的情况及借款企业的竞争环境和相对稳定性多加重视。那些极易受到周期性影响的企业、经营娱乐业或冷门行业的企业都不应是中长期贷款的合格申请人。

（四）中长期贷款较快增长的原因

1. 银行贷款能力的增长和营业费用的上升

银行贷款能力的增长和营业费用的上升，促使它们不得不为资金营运寻求其他出路，以增加收益。此外，政府的银行管理机构加强了对贷款业务的检查，这在某种程度上保证了贷款收回的可能性。

2. 企业的发展需要

从企业的发展过程来看，企业对期限较长的贷款需求量呈增长趋势。中小企业在资本市场上获得资金的条件较差，需要中长期贷款；大公司也经常在证券市场不利于发行证券的时候，改向银行借用中长期贷款。另外，工业技术的迅速发展及设备和其他固定资产价格的提高以及较高的工资率，也是企业向商业银行借用中长期贷款的原因。

3. 中长期贷款对借款企业具有很大的吸引力

中长期贷款对借款企业具有很大的吸引力，具体表现在以下几方面：

（1）成本较低。中长期贷款的综合成本要比公开发售证券支付的登记费和手续费低得多。另外，中长期贷款合同往往允许企业提前偿还贷款，从而减少资金的总成本。

（2）方便灵活。首先，中长期贷款的偿还条件对借款企业来说比较方便灵活，如中长期贷款合同可以适应借款企业的要求，约定一年中定期偿还一部分贷款，也可以每年偿还一次贷款。其次，倘若借款因为某些原因而不能按期还款时，银行还可以通融延期或转期。而债券无展期的优惠，到期必须偿还。

（3）安排迅速。中长期贷款在几天内，或者最多在几周内就可以通过订立合同而取得资金。而证券的公开出售常常需要几个月才能获得所需要的资金。

（4）可以获得财务上的咨询。办理中长期贷款的企业，可以从银行得到财务上的咨询。因为银行在处理这种贷款申请时，必须全面了解借款企业的经营情况，企业可以从它们对本企业的经营和计划提出的意见与评价中吸取有益的东西，改进今后的财务工作。

二、中期流动资金贷款

中期流动资金贷款是指商业银行为满足企业持续性、较长时期的流动资金需要而发放的贷款，贷款期限一般在一年以上。

由于这种贷款成了企业长期使用的资本，形成企业的长期营利能力，所以，贷款的偿还要靠企业新增的盈利，而不是靠进货销还式的自动清偿。这种垫付流动资本性的贷款不仅期限较长，风险也相对较高，银行在发放这种贷款时，通常要求借款人提供担保。

按贷款方式的不同，中期流动资金贷款可以分为以下几种。

（一）资产抵（质）押贷款

资产抵（质）押贷款是指以客户的资产作为抵（质）押而发放的贷款，主要包括存货、应收款、有价证券抵（质）押贷款和房地产抵押贷款。

1. 存货抵押贷款

存货抵押贷款是银行以借款人的存货资产作为抵押品而发放的贷款。存货是指企业的原材料、产成品和半成品等流动资产。

2. 应收款抵押贷款

应收款抵押贷款就是商业银行对借款人以应收款为抵押品而发放的贷款。应收款的信用质量状况如何，是银行确定可否作为抵押品和确定抵押率的依据。银行通常按应收款的50%~80%的抵押率对借款者发放贷款，经过严格的逐笔审查而选择的优质应收款票据甚至可以高达90%抵押率，如审查后按应收款总额来确定贷款抵押率，则一般较低，多在60%以下。

3. 有价证券质押贷款

有价证券质押贷款是银行以借款人提供的有价证券为质物而发放的贷款。有价证券主要包括债券、股票等。有价证券质押贷款存在不同程度的市场风险和偿还风险，因此，对有价证券也要根据贷款期限长短、偿还本息数量和风险程度打上一个折扣率。

4. 房地产抵押贷款

房地产抵押贷款是指银行以借款人的房地产作为抵押品而向借款人发放解决流动资金需要的贷款。借款人的房地产资产必须是依法可设定抵押权的房地产，否则不能作为抵押品。银行对房地产的估价、处分和不动产贷款类似。以企业的房地产作抵押的，一般适用于中长期流动资金贷款，或者以周转贷款最高限额签订一个总的抵押借款合同，而对于单笔季节性流动资金贷款则不适合用这种抵押品。

（二）流动资金保证贷款

流动资金保证贷款是指银行要求借款人请第三人以经济信誉或财产做担保而发放的流动资金贷款。借款人到期若无力偿还贷款本息的，由保证人代为偿还。

由于保证贷款有经济实力的第三人作为借款人的担保，所以比信用贷款安全系数要大些，但是毕竟没有掌握实在的物资，安全系数不及抵押。为了提高保证贷款的安全系数，银行必须对保证人的条件进行严格审查：保证人必须是具有法人资格的经济实体或能承担法律责任的个人，必须有良好的经济信誉和经济收入。

（三）流动资金信用贷款

流动资金信用贷款是指银行对工商企业发放流动资金贷款，仅凭借款企业的资信，没有抵押品做担保。信用贷款风险较高。目前，与西方商业银行一样，我国银行业一般只对那些信誉等级高、经济实力雄厚、非常熟悉的客户发放信用贷款。

三、中长期固定资产贷款

中长期贷款除了用于中期流动资金投入（1~5年）外，主要用于中长期固定资产贷款。中长期固定资产贷款是指银行为借款人新建、扩建、改造及购置等固定资产投资项目而提供的、期限在1年以上的贷款，主要包括技术改造贷款、基本建设贷款和房地产开发贷款等。

（一）企业固定资金需求与银行贷款

1. 固定资金周转的特点与贷款调节的必要性

固定资金是企业投资于劳动手段上的资金，其实物形态为固定资产，是企业进行再生产的重要物质基础。固定资金在周转方式、周转时间和补偿方式方面具有自身的特点。固定资金一次性预付，渐次转移，分次补偿。固定资产的价值在其整个使用周期内形成双重存在。由于固定资金的价值补偿和实物更新在时间上分离，所以，在固定资产使用年限内，处于沉淀状态的积累准备资金就有可能转化为固定资产投资，从而避免资金的闲置浪费。

处于沉淀状态的固定资产更新准备资金以及确定为追加固定资产投资的积累资金，不仅存在转化为投资的可能性，而且还具备使这种可能性转变为现实性的客观条件：第一，固定资产更新准备资金都以存款的形式构成银行稳定的信贷资金来源；第二，固定资产更新准备资金归各企业所有，转化为投资时，必须以不损害企业所有权为前提，唯有运用信用形式转化投资可满足这一要求；第三，银行机构普遍与企业关系密切，在动员和分配固定资产再生产资金方面，比其他任何部门都具有更强的实力和优越的条件。

运用银行贷款调节企业固定资金需求不仅是可能的，而且是十分必要的。这主要是因为：一是固定资产更新准备资金客观上存在地区、行业及企业之间的不平衡，需要银行充分利用时间差、空间差，进行高度社会化、灵活性的信用调节；二是企业进行固定资产更新改造，仅仅依靠自有资金往往不够，需要银行贷款更多地参与固定资金周转，以充分发挥贷款的调节作用。

2. 固定资产贷款的特色和要求

固定资产贷款的投资性，决定了它在许多方面具有不同于流动资金贷款的特点和管理要求。从贷款的组织管理方法来考察，其有五个不同特点和要求。

（1）固定资产贷款流动性差，风险大。这一特点要求固定资产贷款的规模要与银行长期稳定资金来源相适应（贷款规模应小于长期性资金来源）；应本着"三先三后"，即先流动资金、后固定资金，先生产、后建设，先技改、后基建的顺序安排贷款；贷款期限应以短期为主，中长期为辅；应按贷款期限长短收取利息，以促进缩短工期，加速贷款归还。

（2）固定资产贷款实行更多的计划控制，决策权集中，执行权分散。固定资产贷款在经济发展中的内在抑制扩张机制尚未真正建立以前，必须对其总额加以严格控制，对其使用做出刚性政策规定，以便限定其规模和投向。

（3）固定资产贷款的还款来源是贷款项目所增加的纯收入。固定资产贷款形成的厂房、机器设备等固定资产，它的价值转移和补偿不能一次完成，而是在许多再生产周期内逐渐将其价值转移于产品成本，逐渐从产品销售收入中取得补偿，而且这些固定资产形成新的生产能力，可以增加产品的生产，实现更多纯收入。因此，企业偿还贷款的资金来源只能是贷款项目新增加的纯收入，也包括新增固定资产提取的折旧基金。这就要求银行处理好收回贷款与财政税收、企业留利三者之间的关系，既不能把应该用来归还贷款的纯收入作为税利上交或留归企业，又不能把应该上缴财政的税利和企业的合理留利用来归还贷款。

（4）固定资产贷款项目投资来源多头。一个贷款项目常常由国家、省、市、地及县各级投资。对于银行来说，有工商银行、农业银行、中国银行、建设银行、交通银行等各家商业银行和金融机构多渠道贷款。这就要求各种渠道的资金统筹协调，先用自筹资金，后用贷款；要严格贷款审查和监督，防止企业行为脱离宏观指导，搞重复盲目建设。

（5）固定资产贷款项目的审批、管理涉及许多部门。国家控制总规模，发改委下达基建计划并安排技术改造，主管部门按系统申报、下达项目，制定技术改造规划，安排设备订货，建筑安装部门施工，财税部门安排税收计划，还有进出口主管部门，电力供应、交通运输部门，有关设计、咨询部门，城建、环保及消防等部门，都可能与贷款项目有直接联系，条块与部门交织结合，共同制约贷款项目。这就要求有关各方面统筹协调，共同把好关，选好项目。

3. 拟使用贷款的固定资产投资项目必须具备的条件

(1) 符合国家产业政策、信贷政策和银行贷款投向。
(2) 具有国家规定比例的资本金。
(3) 需要政府有关部门审批的项目，须持有批准文件。

专栏资料 12-4

固定资产投资活动中商业银行可提供的系列服务

固定资产投资活动因其特殊性，在世界各国都要受到政府不同程度的管理，如水利、公路等大型基础设施的建设，石油、煤炭等重大资源的开采等，须经政府许可。目前，我国对社会固定资产投资活动，通过分级审批的方式进行管理。通常，固定资产投资项目要经政府有权部门审批建议书（立项）、可行性研究报告及初步设计，并同意开工后，才能施工建设。商业银行贷款通常是项目建设资金的一个重要来源，在固定资产投资项目运作的各阶段，商业银行提供不同的服务。

1. 项目立项

项目业主提出拟建设的项目，编制项目建议书，并报政府有权部门审批。政府有关部门在审批项目建设书时，常要求业主提出资金安排方案，其中银行贷款部分，通常要求提供银行贷款意向书。在此阶段，银行与业主（客户）可初步接触，客户提出贷款申请，银行提出融资建议，经初步审查贷款后，出具贷款意向书。

2. 可行性研究

项目建议书经审批后，项目业主对项目进行可行性论证，编制可行性研究报告，有贷款需求的，可正式向银行提出贷款申请。为了满足项目报批的需要，银行可以根据项目情况，先出具有条件的贷款承诺函（又称支持函）作为项目资金落实的依据。项目可行性研究报告经政府有关部门批准后，银行将对项目贷款进行全面的评估、审查及审批，并与业主商订贷款方案，确定贷款后再出具正式的贷款承诺函。

3. 开工建设

可行性研究报告获得批准后，项目业主要编制初步设计，进行开工前的准备，有的项目还要报政府有关部门批准开工。在此阶段，银行承诺贷款的项目，银行要与业主及担保人签订贷款合同和担保合同。银行为业主开立项目贷款专户，项目开工后，按照合同约定的放款计划发放贷款，并定期了解项目进度及项目业主财务状况、监督贷款的支付使用。同时，银行按照合同约定的利率及计息方式定期从专户中计收贷款利息（在贷款宽限期内，暂不用归还贷款本金）。

4. 建成投产

项目建成，银行将参加必要的验收会议、了解项目决算情况并提出意见。项目投产后，业主开始对建成的固定资产计提折旧，并用折旧资金及生产经营的综合效益支付贷款本息、归还贷款本金；银行要定期掌握业主生产经营情况及财务状况、监控贷款风险，并按照合同定期计收贷款利息、逐步收回贷款本金。除提供贷款外，商业银行在固定资产投资项目建设中，还可提供项目融资顾问、银团贷款等服务。

与流动资金贷款相比,固定资产贷款主要应具有以下四个方面的特征:

(1) 贷款投资项目本身需要按国家规定的程序进行审批。

(2) 必须考虑贷款与其他非负债资金保持一定比例,即项目必须有一定比例的资本金。目前,我国政府规定的各行业项目资本金比例为:交通运输、煤炭项目为35%以上;钢铁、邮电与化肥项目为25%以上;其他项目为20%以上。

(3) 贷款一次审批,多次放款,贷款期限较长,贷款利率一年一定。贷款以整个项目全部贷款需求为评审对象,一次审批、承诺,而放款阶段是根据工程进度和年度用款计划,逐年、逐笔发放。贷款合同期限是指对项目发放第一笔贷款起至最后一笔贷款还清为止的期限。合同利率按照合同签订时中央银行公布的同档次利率作为贷款第一年利率,以后每年要随中央银行利率变动进行调整。

(4) 贷款是阶段性的。一笔贷款只能用于借款人的一次固定资产投资活动。从项目建设时投入,项目竣工投产产生效益开始归还借款,直到银行逐步收回全部贷款本息,贷款即退出企业生产活动。

(二) 技术改造贷款

技术改造贷款是指对符合贷款条件的企事业单位,因进行技术改造、设备更新以及与之相关联的少量土建工程,所需要资金不足发放的贷款。

1. 技术改造贷款的对象及条件

(1) 贷款对象。凡经工商行政管理部门批准,实行独立核算的国有工业、交通、商业、粮食工业和城镇集体企业,进行技术改造、设备更新和与之相关联的少量土建工程,以及科技、文教卫生及旅游等企事业单位,添置或改造必要的设施而发放资金不足时,都可以向银行申请技术改造贷款。

(2) 贷款条件。上述贷款对象向银行申请技术改造贷款,贷款项目必须满足以下条件:

① 贷款项目经济效益明显,能按期归还贷款。

② 贷款项目生产的产品质量合格,适销对路,或能够出口创汇,并符合国家的产业政策,有发展前途。严禁贷款支持生产积压、滞销产品。

③ 贷款项目投产所需要的原材料、燃料、动力及交通运输条件有保证。

④ 贷款项目所采用的工艺必须先进成熟,技术过关,不能使用陈旧设备。

⑤ 贷款项目必须有授权单位批准的计划任务书,建设所需要的材料设备、施工力量以及环保措施需要落实到位。

对不符合国家产业政策的行业、企业产品以及技术落后、能耗高的项目不予贷款;对实行承包责任制的企业申请技术改造贷款,应按照企业的自有资金状况、盈利水平和新增效益来测算企业的贷款承受能力与贷款期限,还款资金不落实的企业不予贷款。

2. 技术改造贷款的操作程序

(1) 企业提出申请。企业技改项目获得主管部门正式批准后,如拨款和自有资金不足,即可向银行提出贷款申请,填写《技术改造贷款申请书》,附可行性研究报告、实施方案、用款计划、近期会计报表以及其他有关资料。

(2) 银行审查。

① 项目初选和参与可行性研究。初选项目的审查重点和要求包括:改造的必要性;项目的生产方案,拟改造规模、市场需求与产品市场竞争能力;原材料、动力与其他物资来源、价格及其变动趋势,其他改造条件落实情况;投资、生产成本、产品价格和资金筹集情

况；财务效益情况和经济效益情况；项目单位的经营管理状况和承贷能力。

② 贷款项目的评估。贷款项目评估是银行在贷款决策之前，对贷款项目的必要性、可行性和经济合理性进行定性、定量分析。它是银行参与投资决策的重要手段，也是银行贷款决策的主要依据。

③ 项目概预决算的审查。

（3）贷款担保。贷款担保是银行要求借款单位向银行提供偿还借款本息及相关费用的一种担保方式，贷款担保单位承担偿还借款单位不能按期归还银行全部或部分贷款本息及相关费用的责任，或者以抵押物来充当贷款本息的资金来源。

（4）贷款的发放与支付。

（5）贷款检查与信贷制裁。

（6）项目竣工验收与投产后管理。

（7）贷款的回收与总结评价。

（三）基本建设贷款

基本建设贷款，是银行对工业、交通运输、农垦、畜牧、水产、商业及旅游等企事业单位的新建、扩建、恢复及重建的基本建设项目所需资金而发放的贷款。

1. 基本建设贷款的贷款对象与条件

（1）贷款对象。凡实行独立核算并能承担经济责任的全民所有制和集体所有制企业，以及国家批准的建设单位、中外合资及合作企业都可以申请银行基本建设贷款。

（2）贷款条件。借款人申请基本建设贷款必须具备如下条件：

① 申请银行基本建设贷款的项目，必须具备经批准的项目建议书、可行性研究报告及开工报告等。

② 贷款项目投资方向、贷款结构符合国家产业、技术政策。所有贷款项目必须经过贷款银行或银行委托有资格的咨询公司进行项目评估，贷款项目必须纳入国家中长期计划及行业规划计划。

③ 贷款项目总投资中，各项资金来源必须正当、落实，要有不少于总投资 30% 的自筹资金。

④ 借款单位必须具备法人资格，在经济上实行独立核算，能承担经济责任。贷款项目生产的产品适销对路，经济效益好，有偿还借款的能力等。

2. 银行基本建设贷款的发放与收回

（1）贷款项目的审查与评估。银行办理基本建设贷款，首先要认真审查贷款项目是否得到相关部门审批，前期准备工作是否完成，对贷款项目的必要性、技术可行性和经济合理性进行全面研究、论证和评估。

（2）贷款的申请与发放。企业建设项目的初步设计批准后，即可向开户银行申请贷款，经银行审查批准后，即可签订借款合同。为确保贷款的合理使用，在支付贷款时，银行应遵循"按计划、按程序、按指标、按进度"付款的原则。贷款单位支用贷款时，应根据核定的年度用款计划，结合订货合同、工程进度和其他建设费用的实际需要，用多少，支多少。

（3）贷款检查与收回。贷款投放后，银行要不定期地深入贷款单位和施工现场，检查贷款的使用情况。为了便于银行的检查监督，贷款单位应向银行报送会计、统计及施工进度等有关资料。贷款项目投产后，应按合同规定逐步收回贷款。

（四）房地产开发贷款

房地产开发企业在开发建设房地产项目时，若自筹资金不足，可以向银行申请房地产开发贷款。该类贷款主要用于：购买、投标或租赁获得土地；支付土地开发的费用；在土地上进行房屋建筑所需资金；购买已经建成的房地产。

1. 房地产开发贷款的特点

（1）资金运动量大，周转时间长。房地产商品相对于其他大多数商品来说，单位价值比较大。在房地产再生产过程中，各个环节都要占用大量资金，而且资金周转时间长，短则一年，长则可达二三十年。

（2）政策性强，受宏观经济影响较大。在国民经济的发展周期中，房地产业起着非常重要的作用。房地产业是国家宏观调控的重点，这使得房地产贷款成为政府影响和调控房地产业的一种工具，反映出房地产贷款较强的政策性。

（3）风险因素较多，管理难度较大。房地产业的生产经营联系面相当广，房地产市场也要受到来自宏观、微观、系统内外、政策和经营等多方面因素的影响，这就必然使房地产贷款的风险性较强，从而导致管理难度加大。具体来说，房地产贷款的风险主要有以下几种：

① 政策风险。例如，国家为了控制通货膨胀，稳定经济增长速度，抑制固定资产投资过热而采取一系列措施，在此种情况下，如果房地产投资亏损，就会给房地产贷款带来风险。

② 经营风险。由于房地产贷款金额大、周期长和涉及的部门环节多，若房地产开发企业经营不良，某个环节出现问题，可能会给房地产贷款带来风险。

③ 市场风险。房地产市场投机盛行或社会购房有效需求不足也是房地产贷款的风险因素。

④ 自然风险。房地产是土地及地上附着物，一旦发生来自自然的、不可抗力的风险，基本上是不能回避的。若没有进行保险或政府不进行援助，那么银行面临的损失将十分巨大。

2. 房地产开发贷款申请人应具备的基本条件

（1）经房地产开发主管部门批准设立，在工商行政管理部门注册登记，取得企业法人营业执照，且办理营业执照年检手续。

（2）取得房地产开发主管部门核发的房地产开发企业资质等级证书，并办理年检手续。

（3）建立现代企业制度，产权明晰，经营管理制度健全。

（4）资信良好，具有按期还本付息的能力，企业（项目公司除外）信用等级符合贷款银行的贷款要求。

（5）取得中国人民银行颁发的贷款证（卡），在贷款银行开立基本存款账户或一般存款账户，并在该银行办理结算业务。

3. 房地产开发贷款项目应具备的条件

（1）取得有权部门批准的项目立项批复。

（2）项目可行性研究报告规范，取得有权部门的批复。

（3）项目开发取得合法、有效批件。项目建设用地为出让性质的，应根据该项目国有土地出让合同约定，缴齐全部土地出让金，并取得项目《国有土地使用证》《建设用地规划许可证》《建设工程规划许可证》《建筑工程施工许可证》。对已开始销预售的项目，还需提供合法、有效的《销预售许可证》。

(4) 项目符合当地市场需求，有良好的经济和社会效益。
(5) 项目资本金不低于申请贷款项目总投资的35%，全部到位并先于贷款投入项目开发；对预期风险较大的项目，应相应提高项目资本金比例；项目资本金是指在项目总投资中，房地产开发商出资认缴的，不能以任何方式抽回，并且不承担任何利息和债务的自有资金。
(6) 贷款担保合法、有效并且足值，同时符合银行贷款担保的有关规定。以在建工程作为抵押的，只能用已建成的工程部分设定抵押权，且抵押率不得超过50%。对以土地及在建工程设定抵押权的，在对抵押物价值评估时，应在资产价值中扣除未缴纳的土地出让金、相关税费和施工单位垫资等应付款项。

4. 房地产开发企业申请贷款时应提供的资料
(1) 借款人营业执照。
(2) 借款人验资报告和公司章程及有关合同。
(3) 房地产开发主管部门颁发并通过年检的借款人资质等级证书。
(4) 借款人贷款证（卡）和资信证明材料。
(5) 借款人董事会或相应决策机构关于同意借款的决议。
(6) 借款人法定代表人证明书或法人授权委托书。
(7) 经会计（审计）事务所或有权部门核准的借款人近三年财务报告及最近一个月的财务报表。
(8) 经有权部门批准的项目立项批文和项目可行性研究报告。
(9) 贷款项目国有土地出让（转让）合同、土地出让金缴纳凭证及《国有土地使用证》，以及项目《建设用地规划许可证》《建设工程规划许可证》《建筑工程施工许可证》。优质客户申请项目贷款时上述"四证"暂时不全（含批准开发面积不全）的，优质客户应提供"四证"落实计划，保证贷款发放前取得齐全的项目开发批件；其他非优质客户申请项目贷款时，应提供齐全的"四证"。项目已开始销预售的，还需提供合法、完整的《销预售许可证》。
(10) 项目所在地总平面图、规划设计方案、投资概（预）算书、施工进度和资金运用表。
(11) 项目资本金来源及落实的资料。
(12) 采取担保贷款方式的，应根据有关规定，提供保证人、抵押物有关资料。以房地产设定抵押权的，应提供抵押物保险单或同意投保的承诺函。以划拨方式取得的国有土地使用权设定抵押的，还要提供土地管理部门批准设定抵押的证明。
(13) 项目监理单位资质证明和以往工作业绩材料。
(14) 联合开发合同、协议。
(15) 银行要求的其他资料。

5. 房地产开发贷款的管理程序
(1) 房地产项目的立项。
① 企业根据国家宏观经济发展规划、国家有关的房地产业政策和投资政策以及企业的发展目标确定建设项目。
② 编制项目建议书和项目设计任务书或可行性研究报告，以确定建设规模及总投资。
③ 向国家有关计划、建设及城建部门上报项目建议书等文件，申请立项，有关部门审查并征得相关银行意见后批准立项。
④ 企业在申请立项的同时，向银行提出借款申请及有关资料，寻求银行信贷支持。

(2) 房地产开发贷款的评估和审批。

① 在当地注册的企业法人，符合下列条件的均可向银行申请房地产开发贷款：借款企业保证贷款用途正当，具备偿还能力；借款企业应提供土地使用权有偿出让合同、开发建设方案、项目可行性研究报告、经批准的建筑设计书和贷款人要求提供的其他文件；借款企业应以土地使用权及其地上建筑物或以其他财产设定担保；借款企业有健全的财务管理和经济核算制度，应在贷款人开立结算账户和房地产借款专户。

② 银行根据企业的申请对贷款项目及有关情况进行考察，并以此做出支持与否的决策。在考察和立项的基础上，对企业贷款项目申请进行审查、评估。项目评估的主要内容包括项目总说明、项目概况、投资环境研究、市场研究、项目地理环境和附近地区竞争性发展项目、规划方案及建设条件、建设方式及进度安排、投资估算及资金筹措、项目评估基础数据的预测和选定、项目经济效益评价、风险分析、测算贷款风险度及评估结论等。

③ 银行在对房地产开发项目审查评估的基础上，按贷款审批程序审批贷款，确定贷款额度及贷款偿还期限和偿债资金来源。

(3) 房地产开发贷款的发放、管理和回收。

① 银行同意对企业发放贷款后，由借贷双方签订《借款合同》和《抵（质）押合同》，保管好抵押物，移交质物或权益给银行，并经公证部门公证和登记机关对抵押（质）物进行登记以得到法律依据。

② 发放贷款。只有当完成法律文件和遵守支付款项前的条件与要求时，贷款才能被提取使用。房地产贷款实行专户管理、专户专用。土地贷款可以被一次性提取，以完成对土地的购买；建筑贷款每一次提取应当是按工程进度支付批准的发展支出，而这要由建筑师、监理机构或者其他令银行满意的文件性证据来证明。

③ 银行应及时检查监督贷款的使用情况及效益，避免挤占挪用贷款和无效益投入。定期检查抵押（质）物的变化情况，发现问题应采用必要的补救措施。

④ 房地产开发贷款主要的还贷资金来源是房地产销售回笼资金。因此，银行应积极帮助房地产开发商搞好销售工作，解决实际困难，争取资金早日回笼，按期收回贷款本息。

⑤ 贷款本息可采取一次收回或分次收回的方法。对不能按期收回又不予展期的贷款，银行可依法通过处理抵押（质）物的方式进行回收。

(4) 房地产开发贷款中应注意的两个事项。

① 根据有关法规，土地使用权出让合同和房地产开发合同明确了动工开发日期的，在该日期之后的一年之内，未动工开发的，就要征收相当于出让金的20%以下的土地闲置费。如果在该日期之后，满两年还未动工开发的，政府可以无偿收回土地使用权。因此，贷款人应密切注意房地产开发商的动向，促其及时动工开发和销售，保证贷款的顺利回收。

② 以集体所有的土地使用权、农民的宅基地或部队的土地使用权搞房地产开发的，因为在产权的取得和抵押权的设定方面，国家有关法规进行了一些束缚性的规定，所以对该类房地产开发提供贷款有极大的风险，应该非常谨慎地进行处理。

专栏资料 12-5

项目评估

固定资产贷款项目评估，简称项目评估，是指商业银行对企业固定资产项目贷款决策之前，对项目综合效益和社会效益进行定性与定量分析，判断其建设的必要性、经济的有效合理性与技术的可行性，做出可行与否的结论，从而为投资决策提供重要依据的一项高层咨询业务活动。它是一种对投资项目进行科学论证和评价的理论和方法，是银行科学进行贷款决策的重要手段。

项目评估包括以下基本程序：

（1）组建评估小组。主持项目评估的机构或单位，应根据项目的大小和繁简程度，及时选配专、兼职人员组建项目评估小组。项目评估小组人员的数量和构成，应与项目评估工作任务相适应。

（2）制订评估计划。项目评估工作计划是项目评估各项工作的事前规划，是便于项目评估工作有条不紊进行的指导性文件，其内容包括评估目的、评估内容、信息资料及取得途径、人员分工和时间进度等。

（3）收集评估资料。项目评估所需资料可以通过两个途径取得：一是从可行性研究报告中取得；二是通过调查取得。对可行性报告中的各项数据资料要进行核实，弄清每项数据的来源、计算依据、计算方法和过程。其中准确无误的数据资料，可直接用于项目评估，不真实或错误的数据资料要加以修正。可行性报告中未能提供的计算所需要的基础资料、必要的旁证资料和补充资料等，则需要通过调查收集。调查可采用实地调查或信函调查等方式。收集到的全部资料要进行加工整理与汇总分类，从而使资料数据具有系统性和完整性。

（4）项目分析评估。项目的分析评估是将项目分解为不同的部分、不同的方面分别加以评估。按照项目评估内容，其可分为项目建设必要性分析、生产建设条件分析、项目技术分析、财务评价、经济评价和社会效益评价等方面。项目评估的依据主要有项目建议书及批复文件、可行性研究报告、论证意见与有关部门（如环保、电力等部门）的意见。通过分解评估分别得出项目是否可行、是否符合要求的分项评估结论。

（5）项目综合评估。项目综合评估是对各分项评估的结论意见汇总并进行综合考虑，一般有三种情况：一是各分项评估结论均符合要求，从总体上看，项目也具有可行性和合理性；二是分项评估结论全部或大部分不符合要求，或者虽然只有个别问题不符合要求但无法克服，这类项目在总体上既不可行也不合理；三是分项评估结论中有部分或个别问题不符合要求，但能够通过一定的改进措施加以克服，这类项目在得到改进后可行。

（6）项目评估报告的编写。项目评估报告是向有关领导和决策部门报告项目情况和评估结论的书面文件，是项目评估工作成果的集中体现。项目评估报告应撰写的内容包括项目概况、企业概况、市场分析、生产建设条件、技术、财务数据、财务效益、经济效益、总结、图表及附件等内容。

第三节 其他类公司贷款

一、银团贷款

1. 银团贷款的含义与特点

银团贷款是指由一家或几家银行牵头，联合多家银行或非银行金融机构，采用同一贷款协议，按商定的相同期限和利率等条件向同一借款人提供的贷款。银团贷款数额较大，由提供贷款的几家银行共同承担风险，贷款的收益也由几家银行共同分享。

银团贷款业务的主要特点与优势包括:
(1) 帮助企业在较短时间内筹措较大金额的资金。
(2) 帮助企业一次性获得长期稳定的资金,减少筹资事务,降低筹资风险。
(3) 帮助扩大企业影响,进一步增强企业的筹资能力。
(4) 简化提款手续,方便开展工作。

2. 银团贷款办理流程
(1) 借款人向牵头行提出贷款申请,填写银团贷款申请书。
(2) 借款人向牵头行提出正式书面委托,填写银团贷款委托书。
(3) 牵头行凭书面委托向同业发出组团邀请。
(4) 审批和筹组。
(5) 签订银团贷款合同。
(6) 发放贷款。贷款发放时,各成员行按协议规定,将款项划到借款人在代理行的专门账户,代理行按约定进行贷款管理。
(7) 贷后检查。
(8) 贷款到期收回本息,由代理行办理。本息收回时,由借款人按照协议规定及时归还代理行,代理行及时按比例划付各成员行。

3. 银团贷款的价格
银团贷款的价格由贷款利息和费用两部分组成,具体费用种类包括承诺费、管理费、参加费、代理费及杂费等;具体利率和费率水平参照中国人民银行的有关管理规定。

二、法人账户透支

法人账户透支是针对资信可靠的客户在经营中的临时资金需求,银行允许其在日常往来的结算账户中,在约定的范围及额度内,超过其存款金额签发支票,并予以承认和兑付的一种保证客户支付便利性的资金融通业务,即在约定的透支额度和期限内,当客户在银行开立的活期存款账户余额不足以支付结算时,允许客户以透支方式进行支付,以该账户回笼款项自动偿还。

法人账户透支适用于日常支付结算量较频繁的商业类、贸易类、服务类或以这三类业务为主营业务的企业。它能有效解决企业临时性、突发性资金需求,方便对外支付,同时减少企业现金管理工作量,节约财务费用,提高管理水平。

办理法人账户透支的条件主要有:企业资信可靠;当天(或数天)之内有较稳定的现金回笼;平时有较稳定的存款记录;遵守银行的有关规定,如透支的期限、额度。这种贷款形式有其灵活性,对客户进出融资较为方便,也避免了签发空头支票而影响声誉的可能。

法人账户透支额度原则上一年核定一次,银行会按季监测客户的经营状况,并据此调整透支额度。透支额度的核定,原则上不超过客户生产经营周转资金经常占用的最低需要量的30%,同时,最高不得超过该客户统一授信额度内短期信用额度的20%。

法人账户透支款项,原则上按中国人民银行规定的半年期贷款基准利率上浮10%~30%计收利息,并按透支额度收取一定费率的年度承诺费。透支利息以每日日终余额为基数按日计息,每月结息。

法人账户透支的期限一般不超过10天,透支额不得超过约定额度,且银行有权要求其随时（是指一旦有存款后）偿还。透支账户如出现透支余额连续超过45天（不含）的情况，则自动将透支账户余额转入逾期贷款管理，根据逾期天数，按利率万分之五计息。

三、循环贷款协议

循环贷款协议（Revolving Loan Agreement）是指银行与客户签署的、在一定时期一定限额内保证向客户供应相应额度资金的、具有法律效力的协议，即银行承诺在规定时间内给企业规定的贷款最高限额，直到企业用完协议中的最高额或协议期满为止。该种贷款期限原则上为一年，最长不超过三年，额度项下发生的单项信用到期日，原则上不超过额度到期日的六个月。借款企业要向银行支付承诺费，费率一般为未使用或全部承诺限额的 0.5%~0.75%。

循环贷款协议的特点是：方便客户使用资金；银行在规定时间和额度内保证供应资金；银行收取手续费。其好处是简化了贷款审批手续，有助于缓和企业商业周期的资金状况，保证客户资金要求。

循环贷款协议办理的条件为：资信优良的客户；协议额度既控制在客户偿债能力范围内，又要控制在银行承受风险能力范围内；一般要求客户在银行存有补偿余额。

循环贷款协议办理需提供以下资料：循环贷款协议申请书；提供生产经营、财务报表及担保等基础资料；客户近年来的生产经营情况、近期生产经营计划；贷款操作规程及银行承兑汇票、贸易融资等相关业务管理规定要求客户提供的相关资料；银行要求担保人提供的相关资料；等等。

对客户核定可循环使用信用额度，原则上应办理最高额担保；也可根据客户具体情况，根据在核定的额度内实际发生的单笔信用业务逐笔办理担保手续；符合信用贷款条件的，也可以信用方式办理具体业务。

四、票据发行便利

票据发行便利（Note Issuance Facilities，Nifs）是一种中期周转性的商业票据便利，是信誉较佳的大企业在金融市场上借助商业票据筹措短期资金的便利方式。它是借款人事先和商业银行等金融机构缔结具有法律约束力的一系列协议，此后，在一定时期内（一般为5年左右），以自己的名义发行一连串的短期票据，从而取得周转性便利的效果，承包的商业银行依约负责承购借款人卖不出去的全部票据。借款人发行的票据期限少至7天，长至一年，但以3~6个月居多，商业银行的承诺期限可达5~7年。由于商业票据是一种无担保票据，只有那些资本规模大、经营效益好及财务风险小的大公司才可以发行商业票据进行融资。

（一）票据发行便利的类型

票据发行便利包括循环包销便利和无包销的票据发行便利两种类型。

1. 循环包销便利

循环包销便利实际上是利用短期票据获取中期信贷，其做法是：包销集团和借款人签订协议，由包销集团向借款人提供中期贷款，借款人以预定利率发行总额相等的短期商业票据或短期存款证，由包销集团循环承购。包销人作为独家出售代理人，负责出售这些票据，并对未出售的票据进行承购。这种便利中，每次发行的票据都是短期的，而包销集团的承购义务却是中期的。

2. 无包销的票据发行便利

无包销的票据发行便利是指发行集团不承担承购义务，而只为借款人推销票据。这种情况下的借款人往往都是信用等级很高的客户,他们有足够的自信凭借其信誉完全售出全部票据而无须再使用包销等手段,由此可以节省一笔包销费用,降低发行成本。

(二) 票据发行便利的特点

1. 较低的便利成本

票据发行便利从本质上来说是一种直接信用。在其中,银行更多的是提供服务,而不是融通资金,因此,其发行成本较间接信用低。此外,票据发行便利还使得借款人可通过循环方式,以短期利率支撑中长期资金使用。

2. 充分的灵活性

在票据发行便利方式下,发行的金额、基础利率及循环发行的次数都由发行人决定,而且,利率可根据市场条件和借款人的信用等级进行适当的调整。同时,每次票据到期时,都可以用发行新票据所筹集的资金来偿还旧票据。此外,票据发行便利还使得借款人能够根据实际的资金需求,控制票据发行的节奏以及票据发行的连续程度,从而达到最经济地使用资金的目的。

3. 广泛的资金来源

票据发行便利所发行的商业票据,期限通常较短,投资人只承担短期风险,因而可以吸引大量的短期闲置资金。

4. 借款人可以有多种选择

在一次票据期满后,如果不再发行新票据,借款人可以要求承购银行贷款;如果市场情况恶化致使票据发行失败,借款人可以找承购银行借款。

参考文献

[1] 江其务,周好文.银行信贷管理学[M].北京:中国金融出版社,2005.
[2] 江其务,周好文.银行信贷管理[M].北京:高等教育出版社,2004.
[3] 戴国强.商业银行经营学[M].北京:高等教育出版社,2004.
[4] 鲍静海.金融学[M].北京:科学出版社,2006.
[5] 杨宜,房燕.商业银行业务管理[M].北京:机械工业出版社,2004.
[6] 孙绍年.货币银行学[M].北京:清华大学出版社,2006.
[7] 杨有振.商业银行经营管理[M].北京:中国金融出版社,2005.
[8] 徐志宏.商业银行信用卡业务[M].北京:中国金融出版社,2007.
[9] 中国人民银行.金融知识国民读本[M].北京:中国金融出版社,2007.
[10] 张云.中国农业银行个人金融业务实务[M].北京:经济管理出版社,2003.
[11] Peter S. Rose & Sylvia C. Hudgins.商业银行管理[M].刘园,译.北京:机械工业出版社,2008.
[12] 中国银行业从业人员资格认证办公室.个人贷款[M].北京:中国金融出版社,2016.
[13] 中国银行业从业人员资格认证办公室.公司信贷[M].北京:中国金融出版社,2016.
[14] 中国人民银行网站.http://www.pbc.gov.cn.
[15] 中国银行保险监督管理委员会网站.http://www.cbrc.gov.cn.